臺北捷運公司新進職員招考

一、共同資格

北捷考情資訊
https://goo.gl/LWjRHx

(一)國籍：具有中華民國國籍，且不得兼具外國國籍。大陸地區人民經許可進入臺灣地區者，應依「臺灣地區與大陸地區人民關係條例」第21條第1項規定：「…除法律另有規定外，非在臺灣地區設有戶籍滿十年，不得擔任公營事業機關（構）人員…」辦理。

(二)學歷：一律採認「畢業證書」，且需符合報考之應試類科要求之學歷條件，並為教育部認可之國內外學校畢業。

二、應試資訊

類科	僱用條件（應考條件）	共同科目	專業科目
A01 控制員(二) (運務類)	研究所理工學院、交通運輸、交通管理、運輸管理、物流管理、資訊管理及工業管理等相關院所畢。	論文、 英文	大眾運輸及軌道工程規劃管理
A02 技術員 (電機維修類)	1.高中(職)以上電機相關科系畢。 2.具汽車駕駛執照尤佳(如具備者請一併檢附駕照影本)。	語文科目 (國文、 英文)	基本電學
A03 技術員 (電子維修類)	1.高中(職)以上電子相關科系畢。 2.具汽車駕駛執照尤佳(如具備者請一併檢附駕照影本)。		電子學概要
A04 技術員 (機械維修類)	1.高中(職)以上機械相關科系畢。 2.具汽車駕駛執照尤佳(如具備者請一併檢附駕照影本)。		機件原理

類科	僱用條件（應考條件）	共同科目	專業科目
A05 技術員 (常年大夜班維修類)	1.高中(職)以上(不限科系)畢。 2.具汽車駕駛執照尤佳(如具備者請一併檢附駕照影本)。	語文科目(國文、英文)	綜合科目(數理邏輯、捷運法規及常識)
A06 司機員 (一般類)	高中(職)以上(不限科系)畢。		綜合科目(數理邏輯、捷運法規及常識)
A07 司機員 (原住民類)	1.高中(職)以上(不限科系)畢。 2.須具原住民身分者。		綜合科目(數理邏輯、捷運法規及常識)
B01 技術員 (水電維修類)	1.高中(職)以上電機相關科系畢。 2.具汽車駕駛執照尤佳(如具備者請一併檢附駕照影本)。		基本電學
B02 技術員 (土木維修類)	1.高中(職)以上土木、建築、景觀相關科系畢。 2.具汽車駕駛執照尤佳(如具備者請一併檢附駕照影本)。		土木工程學概要
C01 技術員 (水電維修類) 身心障礙類組	1.高中(職)以上電機相關科系畢。 2.具汽車駕駛執照尤佳(如具備者請一併檢附駕照影本)。		基本電學
C02 技術員 (土木維修類) 身心障礙類組	1.高中(職)以上土木、建築、景觀相關科系畢。 2.具汽車駕駛執照尤佳(如具備者請一併檢附駕照影本)。 3.領有政府機關核發有效之新制身心障礙證明。		土木工程學概要

詳細資訊以正式簡章為準。

千華數位文化股份有限公司
■新北市中和區中山路三段136巷10弄17號
■TEL: 02-22289070　FAX: 02-22289076

目次

第四單元　臺北捷運

第五單元　桃園捷運

第六單元　臺中捷運

第七單元　高雄捷運

第八單元　歷屆試題與解析

導讀

一、考試題型未曾公開，桃捷率先引爆公開考試資訊

本科由於過去「臺北捷運公司」及「高雄捷運公司」招考新進人員的考試題目從未公布，有點類似「黑箱」，致前幾年市面上各家出版社相關的考試用書，都是各吹一把號，內容甚不一致，也無所謂優劣的問題。

好消息是102年「桃園捷運公司」成立，招考各類新進人員，考畢後為昭公信，率先公布考題及解答，逼使北捷亦不得不跟進，故其在103年、104年考畢後，亦將考題跟著公開，以免再落人口實，遭致批評。

二、歸納分析各類考題命題範疇，重新整編課文內容

作者根據多年從事運輸學與捷運常識（含捷運系統概述）編撰的經驗，爰根據這幾次來「臺北捷運公司」及「桃園捷運公司」招考新進人員的考題，並參酌捷運相關教科書籍（如「軌道工程學」、「軌道運輸管理」等）及臺北、高雄、桃園及臺中等捷運官網資訊，有系統的重新編撰本書，相信這一本書可稱得上是市面上第一本完全針對捷運公司考試的用書，書中絕不會放入一些與這類考試無關的法規資料，讓考生浪費寶貴讀書時間。

三、依「捷運單位相關資訊以及教科書主要概念」，有系統編排本書

本書依前揭所示，搜羅捷運單位相關資訊以及大學教科書主要概念，精心整理編撰此考試專用書籍，讓考生能在有限時間內，獲致最佳效果。第一到第二單元介紹「捷運系統概論」、「大眾運輸規劃及管理」，此亦為各捷運公司皆可能命題的主要內容所在；第三單元介紹「大眾捷運法及相關捷運法規」，大眾捷運法為各捷運公司考試之出題頻率及百分比最高者。第四到第七單元則精編與命題有關之臺北、桃園、臺中、高雄等捷運系統概況。最後則將歷屆試題列為第八單元，供考生參閱。

四、建議考前花點時間，上網瀏覽報考捷運公司的近期資訊

不論是報考哪一家捷運公司，作者建議您，除了須將注意力大部分放在所要報考之捷運公司相關內容外，也希望您能撥出一些時間，對其他捷運公司的東西作重點式的瀏覽、研閱，除可增加考試實力，亦可增廣相關見聞（如桃捷之考試，有時會考一些北捷的資訊）。

由於本書作者雖長期對運輸相關考試的內容進行蒐集、整理及分析，汰舊換新，但恐涉獵不廣，所知不豐，謬誤疏漏之處，在所難免，尚祈先進有以教之。

編者　謹識

2022.8

參考書目

1. 張有恆，都市公共運輸，華泰文化，民國98年4月。
2. 張有恆，現代運輸學，華泰文化，民國106年2月。
3. 徐耀賜、黃民仁，運輸概論＜軌道運輸＞，國彰，91年9月。
4. 陳偉全、劉文宗、朱鳳彬，運輸工程學概論，高立，民國96年8月。
5. 張有恆，運輸管理，華泰文化，民國91年4月。
6. 董希堯，運輸學，華泰文化，民國83年9月。
7. 唐富藏，運輸管理，華泰文化，民國82年7月。
8. 唐富藏，運輸經濟學，華泰文化，民國79年10月。
9. 李克聰，運輸規劃，鼎漢，民國84年8月。
10. 黃漢榮，軌道工程學，高立圖書，民國94年7月。
11. 黃民仁、張欽亮，新世紀鐵路工程學，文笙，民國102年5月。
12. 張有恆，大眾捷運系統營運與管理，華泰文化，民國83年7月。
13. 臺北捷運公司網站。
14. 臺北捷運局網站。
15. 高雄捷運局網站。
16. 桃園捷運公司網站。
17. 臺中市政府交通局網站。
18. 交通部網站。

第一單元　捷運系統概論

第一章　捷運系統基本概念

一、都市大眾捷運系統的意義、特性與運量分類

(一) **意義**：我國「大眾捷運法」第3條將大眾捷運系統定義為「大眾捷運系統係指利用地面、地下或高架設施，**不受其他地面交通干擾，採完全獨立專用路權或於路口部分採優先通行號誌處理之非完全獨立專用路權**，使用專用動力車輛行駛於專用路線，並以**密集班次、大量快速輸送都市及鄰近地區旅客**之公共運輸系統。」

(二) **大眾捷運系統之特性包括下列五項：**

1. **專用路權**：行駛於專用軌道，無平交道，不受其他人車干擾。
2. **速度快**：平均每小時約30～40公里，最高時速可達80公里以上。
3. **運能高**：每小時單方向運量約可達2~6萬人次。
4. **班次密集**：設計最短班車時距為65秒至2分鐘，實際發車班距可隨尖峰、離峰時段及旅客多寡靈活調整。
5. **服務水準高**：可提供安全、便捷、準點與舒適的服務。

(三) **捷運系統的分類：**

1. **高運量捷運系統**：高運量捷運系統多採地下化與高架化專用路權型式，列車車廂較寬，車廂節數較多，且多採用1,435mm標準軌距及重軌（60kg／m）等，故俗稱地鐵、重軌或重運量捷運，運輸量每小時單方向能載運20,000人至50,000人次以上者稱之，其運具型態如鐵路重軌捷運系統、區域鐵路系統等。例如臺北捷運的淡水線、新店線、高雄捷運的紅線、橘線等，均屬高運量捷運系統。
2. **中運量捷運系統**：中運量捷運系統係指單方向運輸量每小時在5,000人次至20,000人次之間的捷運系統，其車體較輕、多採用膠輪，軌道較小，班次較密，服務於都市內或都市與郊區間。例如臺北捷運文山線採用的馬特拉VAL 256型2對車四節連結行駛者，即屬中運量捷運系統的一種。
3. **低運量捷運系統**：低運量捷運系統是指單方向運輸量每小時能載運在5,000千人次以下者。

二、興建都市大眾捷運系統之目的與功能

(一) **都市大眾捷運系統之目的**：都市大眾捷運系統係以保障迅速便捷之運輸效率，藉由其密集之行車班次及快捷、準時、安全、舒適之服務，以及廉宜之費率及輻射式、環狀路網，可於**最短時間之內運送最大量之旅客至都會各個區域，以解決人口遽增所產生的交通問題**。

(二) 根據「大眾捷運法」之定義，大眾捷運系統所扮演的功能可歸納為下列五項：

1. **大眾捷運系統具有專用路權，可以保障高度的行車效率**：捷運系統因具有專用路權，故無論係行駛地下、高架或地面，均須與其他的車流隔離，因此可大幅提高捷運系統的行車效率。
2. **捷運系統班次密，可以提供便捷的服務**：捷運系統大都可採用列車自動操作的方式，故能提供較密集之服務班次，且不致增加額外的營運成本。因此，在尖峰小時之發車班距約可達1至3分鐘，離峰則可調整為3至10分鐘左右。如此密集的班次，將可提供乘客便捷的服務，並使旅客可以精準地控制旅行時間。
3. **大眾捷運系統行車速率快，足以與私人的運具競爭，故可達到抑制私人運具成長的目標**：由於捷運系統具有專用路權，不受其他車流的干擾，其最高速率每小時可達80至100公里，即使受捷運車站站距不宜過長的影響，其平均營運速率最慢亦可達每小時30～40公里，且不會受紅綠燈或塞車之影響，因此仍可與在一般混合車流行駛之小汽車、機車競爭，故可增加大眾捷運吸引乘客的能力，達到抑制小汽車成長的目標。
4. **大眾捷運系統能提供高運能的運輸服務，可以養成民眾使用大眾運輸的習慣**：捷運系統通常是以列車的方式營運，每列車可聯掛6至10節車廂，每節車廂約可容納100至300人，班距約2、3分左右，故每小時單方向之最高運量約可達5.5萬至7.5萬人左右。由於捷運系統的運輸容量大且迅速便捷，故易養成民眾使用大眾運輸的習慣。
5. **捷運系統具有提升本國運輸科技及營運管理水準的功能**：捷運系統屬於高科技的產物，因此，有了捷運系統的建設，可以使得我國在運輸科技教育方面獲得專門的知識、技術及經驗；同時可促進相關工業的整合，使國內捷運系統的生產技術，可以迎頭趕上歐美等先進各國，步入開發國家之林。

三、大眾捷運系統在都會區扮演的角色

大眾捷運系統在都會區所扮演的角色，大致有下列五項：

(一) **大眾捷運系統係都會區大眾運輸系統的主要骨幹**：都市大眾捷運系統一旦建設完成，勢必成為承擔各大運輸走廊上運送乘客的主要角色，而公車亦將退居而為捷運系統之接駁系統，以擴大捷運系統的服務範圍，進而大幅提升捷運系統的載客人數。

(二) **大眾捷運系統將以擔任中短途之旅客運輸為主**：一般而言，捷運系統中之都市（市區）鐵路捷運系統，係以輻射路線（平均長度約20～30公里）提供都會區中心都市之旅客運輸服務；而區域鐵路則為長途運輸（平均長度約為30至60公里）而設計，故往往有較長的站距與較高之速率，以提供中心都市與都會區邊緣郊區及鄉鎮間快速、可靠之運輸服務，故無論是都市捷運鐵路系統或是區域鐵路系統，都是以服務中短程旅客為主，且以就學、工作之旅次為主要服務對象。

(三) **大眾捷運系統可協助解決都市交通擁擠的問題**：由於近年來小汽車及機車的快速成長，復因為民眾的守法習慣較差，因此造成都市交通擁擠混亂的現象。但是自臺北捷運系統開始營運後，配合臺北市政府的交通管理政策，已逐漸養成民眾搭乘捷運系統及公車的習慣，小汽車及機車的使用受到了些許的抑制，因而逐漸地解決了都市內交通擁擠的問題。

(四) **大眾捷運系統可負起促進地區開發與繁榮的角色**：大眾捷運系統的營運，不只可以解決交通擁擠的問題，並且可帶動捷運系統周邊地區的開發，進一步促進該地區的繁榮與發展。

(五) **大眾捷運系統的引進，可提高都市的形象**：大眾捷運的建設不僅是改善都市交通擁擠問題最有效的方法之一，且能符合「節能減碳」之趨勢，因而在國際間更被視為一個國家文明進步、開發的表徵，同時亦可提高都市的國際聲譽，使我國的都市躋身擁有現代化捷運系統的行列。

四、捷運運輸系統的效益

(一) **社會效益**：

1. 捷運系統使我們躋身於現代化國家之林。
2. 捷運系統為一積極性之投資，能反映我國對提昇技術層面及持續經濟發展之信心。

3. 捷運系統規模龐大，能增加許多就業機會。
4. 捷運系統為國家技術展示的櫥窗，能為本國供應商吸引更多之國外合約。經由現代化運輸技術之引進，改善國民的生活品質，強化我國的國際形象。

(二) **旅運效益：**

1. 捷運系統在專用路權上營運，可使乘客享受比使用公車、火車更為便捷、準時之服務。
2. 捷運系統為提高交通安全、減少道路交通事故之積極性措施。
3. 捷運系統具有便利、可靠等優點，吸引大量民眾乘坐，而成為都會區大眾運輸的骨幹。經由輔助性公車系統的發展及轉乘服務，捷運系統提供整合該都會區大眾運輸系統之機會。

(三) **經濟效益：**

1. 捷運系統能減少公路建設及維護的長期費用，且其地下施工提供其沿線公共管線設施一個 更新及現代化的機會。
2. 由於捷運系統沿線土地價值及發展利益之提高，能增加財稅及用地開發收益。
3. 捷運系統強化該都市中心區之商業、金融及行政中樞等活動機能，並使沿線成為就業、商 業活動、社區發展及娛樂設施成長及集中之焦點。
4. 由於促使運輸走廊上之土地利用與運輸更有效的配合，捷運系統成為促進該都會區之都市更新及再發展之有效工具。

(四) **環境效益：**

1. 捷運系統在市區中心部分進入地下，除可避免景觀之破壞外，更可藉由路面車流之減少，而改善空氣品質。
2. 捷運系統列車在空間、清潔、空調及隔音等之優良設計，使乘客享受輕鬆、舒適及準時的服務。
3. 捷運車站地區的發展，可提供畫設行人步道及徒步區的機會。地下化的路線及車站，可維護乘客及一般行人的安全。
4. 捷運車站之建築設計，應考量沿線的景觀及人文風貌，為該都會區創造出具有地方特色的車站建築風貌。

五、都會區興建捷運系統的條件

一個都會區宜否興建捷運系統，其一般須先考量的條件如下：

(一) 一般考量興建大眾捷運系統的都市人口最小規模約為一百萬人。
(二) 至少要有一半的人口住在中心城市。
(三) 中心城市人口密度每平方英里在一萬四千人至二萬人之間。
(四) 捷運系統到市中心之旅次，每天每平方公里需超過三十萬人，其最低條件則須超過十五萬人。
(五) 每日聯外運輸走廊單向交通量達七萬人以上，最低條件要達四萬人以上。
(六) 尖峰小時離開市中心區之周邊流量超過十萬人，最低條件要達七萬人以上。
(七) 捷運系統尖峰小時運量最適當的條件在三萬人至四萬人間，最低條件在二萬人以上。
(八) 市中心樓地板面積達五千萬平方英呎以上。

六、大眾捷運系統運輸工具之種類

大眾捷運系統之運輸工具共有下列五種：

鐵路捷運系統 RRT	係屬鋼輪鋼軌式傳統鐵路車輛，其車廂容量甚大，又可使用較多的車輛連掛，行駛在A型路權的專用車道上，以提供大量、迅速及可靠之運輸服務，屬於高運量捷運系統，**這是目前世界大都市最普遍採用的型式。**
區域鐵路系統 RGR	係屬於服務郊區與都市中心間之系統，即由中心商務區（CBD）輻射至郊區市鎮中心的鐵路系統，以輻射路線聚集在CBD以通勤旅次為主要服務對象。**RGR在營運時比典型之RRT的路線長，車站數少且速度快，旅客的平均旅次長度也較長。**
輪胎式捷運系統 RTRT	**亦稱為「膠輪捷運系統」。**與鐵路捷運類似，但車輛使用橡膠輪胎，或與傳統鋼輪並用，行駛在A型路權的專用車道上，係屬於高運量捷運系統。
輕軌捷運系統 LRRT	輕軌運輸車廂容量較小，聯掛輛數較少，**屬中運量捷運系統，使系統完全自動化，不需司機駕駛。**一般來說多是使用B型路權為主，不過它也可使用A或C型路權，而且是屬於「半大眾運輸系統（準大眾運輸）」。它是由電力推動的鐵路車輛，可以單節或列車的方式營運，所以輕軌運輸的優點就是具有各種路權型營運的能力（特別提醒，請勿將輕軌捷運（LRRT）與輕軌運輸（LRT）混淆）。

公車捷運系統 Busway	主要在經由**提供公車完全專用或部分專用路權（A型或B型路權）**與交通管制措施之配合，藉以提高公車營運速率，達到快速、舒適、便利與低成本的目標，期能吸引民眾來使用公車，提高公車系統的載客率與高績效服務水準，促進大眾運輸之發展。

七、重軌式捷運與輕軌式捷運之優缺點

	優點	缺點
重軌式捷運	1. 容量大。 2. 速度高。 3. 支撐導引及轉換車道之作用良好。	1. 基本設施之建造成本高，尤以地下化為然。 2. 施工期長。 3. 爬坡力低，對地形適應性差。 4. 噪音大。
輕軌式捷運	1. 造價較低（因所設計的服務水準較低）。 2. 可視實際需要，逐漸改為鐵軌式捷運系統。	因與一般道路混合使用，速度及容量皆降低。

八、輪胎式捷運系統之優缺點

輪胎式捷運系統相對於鐵路捷運系統而言，具有下列的優缺點：

優點	1. 在氣候乾燥之正常情況下，RTRT的黏著性較佳，故可適用於較陡的坡度，且可使用拖車來營運。 2. 在急轉彎之曲線上，RTRT的噪音比較小。
缺點	1. 由於有較大的滾動阻力，致使其能源消耗較大。 2. 最高行駛速度僅能為70～80公里／小時。 3. 列車行駛時會產生高溫及高熱，故在隧道中行駛，必須有良好的通風設備。 4. 由於受輪胎式車輪載重的限制，故其車廂較小。 5. 受雨天、冰、雪天候的影響較大，故使其只能在隧道中或在氣候較溫和之城市使用。 6. 由於在隧道中行駛，故其發生火災之危險機會較大。 7. 由於技術的複雜性及較高的能源消耗，致使其投資成本及營運成本均偏高。

九、公車捷運概述

(一) **公車捷運之要件與規劃原則：**「公車捷運系統(BRT)」亦稱為「快捷公車」或「快捷巴士」。它亦是大眾捷運系統一種，必須具有公車專用道、智慧型運輸系統（ITS）、先進低底盤巴士、優先號誌、高效率收費系統智慧型候車亭專用站台、列車動態資訊系統等要件。公車捷運的路線應以幹線服務為主，盡量減少彎繞，路線長度不宜過短或過長，參考國外案例，合理的路線長度係以20公里內為其規劃的原則。

公車捷運是**利用現代公車技術（如大容量、低地板、低成本的公車和先進的光學導向公車），在城市道路上設置公車專用道或修建公車專用道路，再配合智慧運輸系統（ITS）技術，採用軌道運輸的營運管理模式。**目前哥倫比亞波哥大、法國巴黎和盧昂、澳洲布里斯本、日本名古屋、荷蘭阿姆斯特丹及澳門等城市，皆已經有BRT在行駛，2014年臺中市政府規劃設計行駛的快捷巴士亦屬此類。這些城市之BRT具有下列共同的特色：

1. 公車之車型皆係採用新式的聯結式（雙節）車廂。
2. 設有月台門。
3. 舒適的候車空間。
4. 水平上下車。
5. 採取車外收費。

(二) **快捷巴士的優點：**

1. 車輛運行效率高。2.營運規劃彈性大。3.興建成本低。4.施工期間短。

(三) **快捷巴士的特性：**

1. **專用路權**：BRT的車道為了達到「捷運」的目的，全線路段採B型專用路權，僅供BRT車輛行駛，提高車輛行駛平均速度。
2. **車外收費**：採用與捷運類似的預付系統（感應式電子票證或車站區買票），配合車站出入口的閘門式設計，讓旅客快速上下車，提高運輸效率。
3. **舒適、便利車輛**：BRT車輛採低地板公車，與站台等高之設計，方便旅客上下車，創造無障礙的運輸空間；雙節多門設計的BRT車輛，可同時輸送更多的旅客。
4. **服務班次密集**：BRT營運班距，發車時間每3到6分鐘一班車，以密集的服務班次節省旅客等候時間。
5. **智慧型管理**：藉由智慧型運輸系統（ITS）技術，提供準確可靠的到、離站時間與即時的乘車資訊，並規劃BRT優先號誌讓BRT車輛可優先通過路口，達到類似捷運的運行方式。
6. **其他**：例如無障礙月台設計、車輛雙節多門，可達到便利及快捷之效果。

十、車輛動態特性

車輛動態特性是影響列車行駛速度、安全性、營運效率的主要因素，有關車輛之動態特性，包括下列五者：

(一) **列車行駛最高速度**：列車行駛最高速度應以運行條件與路線狀況為考慮，選定合理而經濟之數值，一般高運量大眾捷運系統之最高速率，約在每小時70公里至120公里之間；至於中運量捷運系統每小時最高速率約在60公里至80公里之間。

(二) **加速度及減速度**：車輛性能中對列車運行影響較大者為加速度及減速度二項。加速度雖與列車之動力大小有直接關聯，但基於乘客舒適感之考慮，其數值亦不能太大。

(三) **車輛最大爬坡能力**：爬坡能力除受機械動能之影響外，車輛本身之重量也影響爬坡能力，車輛單位組之尺寸愈小、重量愈輕、其爬坡能力就愈大；反之則愈小。鐵路技術最陡只能在坡度為10%的山坡上行駛，而一般都設計在3.0%至4.0%之間。

(四) **列車車輛煞車方式**：車輛大小影響車輛的重量，而車輛重量又影響到煞車距離之長度與旅客舒適程度之感受；而煞車設備的不同，使煞車的靈敏度亦不同。

(五) **車輛所允許之最小轉彎半徑**：由於列車車身長短不一，所允許的最小轉彎半徑也不相同。而最小轉彎半徑又會影響列車營運速度。一般而言，車輛單位組之尺寸愈小，所允許最小轉彎半徑就愈小；反之則愈大。但轉彎半徑愈小，其列車營運速度就愈低。通常新的鐵路捷運系統之轉彎半徑約在100至125公尺之間。

(六) **列車阻力**：鐵路列車於路線上運轉時必須發揮相當力量（即牽引力），以克服各種妨礙列車前進之抵抗力方能前進，此種阻礙列車進行之力的總稱為「列車阻力」。鐵路列車阻力基本上可分為六種：

1. **出發阻力**：阻礙停車中之車輛啟動之力稱為出發阻力。使用銅襯軸承之車輛起動時，因停車中軸頸與軸承間之油膜被車重破壞成為金屬與金屬之直接摩擦，故其摩擦阻力較運轉中之油膜完善時為大，因之車輛出發時之阻力較大。出發阻力之大小依軸頸、軸承鑲配之良否，停車時間之長短，氣溫及潤滑油粘度之高低等而異。軸頸與軸承鑲配愈精細其摩擦面愈平滑則其阻力愈小，依同一原因新製車輛之出發阻力即較舊車為大。停車時間愈長，油膜被破壞之程度亦愈大，故其阻力亦愈大。

2. **行駛阻力**：列車在平坦直線上行駛時所發生之阻力稱為行駛阻力。發生此項阻力之原因頗多，大體包括六項：

(1) **軸承摩擦阻力**：此項阻力在使用滾柱軸承之車輛即為車軸回轉時軸承中之滾柱與內外環間之滾動摩擦阻力，使用銅襯軸承車輛即為軸頸與銅襯軸承間之摩擦阻力。

(2) **車輪與鋼軌間之摩擦力**：車輪在鋼軌上迴轉時兩者之接觸狀態在理論上應為線接觸，惟實際上車輪通過鋼軌時因受車重之關係銅襯即向下撓，故兩者之接觸狀態乃成為面接觸因而產生摩擦阻力；且車輪經過鋼軌接頭處亦因衝擊而產生阻力；又車輛於直線上行駛時經常發生蛇行擺動，使左右輪緣與鋼軌交互摩擦而產生阻力。此項阻力與路線及車輛情形有關，鋼軌愈重、枕木數愈多、路況保養良好及車輛蛇行動愈小，此項阻力隨之愈小。

(3) **空氣阻力**：列車運轉時必須將周圍之空氣推開，因推開空氣所消耗之力稱為空氣阻力。空氣阻力大體可分成下列四種情況：

A. 列車前端與空氣衝撞之阻力，佔空氣阻力之大部分。

B. 列車後部因發生部分真空而產生之阻力，其大小次於(1)。

C. 在各車輛間之間隙，由於發生空氣渦流而產生之阻力。

D. 車輛之上下及側面與空氣發生摩擦之阻力。

以上四項阻力中前三項大致與運轉速度之平方成正比運轉速度成比例。空氣阻力依車輛之外形、面積之大小及連結車輛數之多寡而不同，但與列車之重量無關。

(4) **因動搖而發生之阻力**：車輛運轉時因發生前後、左右、上下之動搖而產生阻力。這種阻力約與速度之平方成比例。此項阻力又與路線及車輛之狀態有密切關係，路線及車輛之狀態良好時因動搖小，故此項阻力較小。

(5) **機械阻力**：動力車因動力傳動機件之摩擦而產生之阻力稱為機械阻力，內燃車逆轉機各齒輪、軸承、出力軸或柴油電氣機車之傳動齒輪，牽引馬連軸承等傳動機件轉動時所發生之摩擦力即屬這種阻力。

(6) **雜阻力**：前述五項阻力以外之阻力屬之，例如軔機裝置調整不妥，致使車輛運轉中閘瓦接觸於車輛時所產生之阻力即是。

3. **坡度阻力**：列車爬坡時除前述行駛阻力，須多付出一些力，以克服地心引力將車輛本身之重量提至坡道之高度。此項用於將列車重量提高至坡度上之力，通稱為坡度阻力。
4. **彎道阻力**：車軸在彎道上運轉時之阻力較在直線上運轉時為大，此項在彎道上增多之阻力稱為彎道阻力。發生彎道阻力之原因如下：
   (1)因離心力作用外側車輪輪緣與外側鋼軌發生摩擦所生之阻力。
   (2)車輛前部車輪向彎道內側，後部車輪向彎道外側在鋼軌上滑動之摩擦阻力。
   (3)因內外側鋼軌長度不同致使外側車輪向前，內側車輪向後在鋼軌上滑動，因而產生之摩擦阻力。
   (4)由其它各部份之運動不圓滑而生之阻力。
5. **隧道阻力**：鐵路列車通過隧道時，隧道內風壓會因此發生變化而增大空氣阻力，其增加幅度與隧道斷面形狀、長度、列車速度有關。
6. **加速阻力**：鐵路機車牽引力若大於列車等運轉時之總阻力（即行駛阻力或出發阻力與坡度阻力及彎道阻力之和）其超出總阻力之牽引力乃使列車作加速運動。此項使列車作加速運動之餘裕牽引力稱為加速力。加速力為列車加速必需之力，由力之利用方面來說可列為阻力之一種加以處理故稱為加速阻力。因此加速阻力得視為加速力之反力，故兩者之大小應為相等。

十一、捷運系統旅客到達及離開車站轉乘方式的通道設計

以一般人的步行速度估計，**旅客可接受的接運（步行時間）距離約為15分鐘／1,000公尺**，故都會區捷運車站轉乘設施在設計的優先順序上，應該秉持**人本與資源有效運用的原則**，**以步行旅客為優先，其次依序為公車、接送轉乘，再次為自行車及機車的停車轉乘**。**小汽車停車轉乘**除郊區車站或端點站會特別考量外，通常**在市區中間站不考量設置**。**接送轉乘可分為兩類：**

接送轉乘	**即K&R（Kiss and Ride之簡稱）**。係指搭乘捷運系統的乘客是由別人開車接送到車站，乘客再搭乘捷運。因此，接送車輛在車站之停車，僅屬「暫停」性質，故其停車時間較短。
停車轉乘	**即P&R（Park and Ride之簡稱）**。係指本人開車到車站，將其私用車停放在停車場後，再轉乘捷運系統進入市區，因此其私用車之停車時間較長。

十二、站距、班距、場站調度、速度與速率

捷運系統的規劃，在站距（Station Spacing）之設計與班次的調派方面，有別於市內公車與鐵路客運。茲就站距和班距兩者的優缺點說明如下。

(一) **站距：**

1. **過短之站距：縮短站距，必增多車站數，除增加車站之建造維護費**外，且使捷運車輛未能加速至最高設計速率即需減速剎車，增加乘客旅行時間。
2. **過長之站距：延長（提高）站距，雖可提高行駛速度並減少車站成本，卻增加乘客走路時間**（包括從旅次起點至最近捷運車站及下後至目的地）。

(二) **班距（Headway）：**

1. **過長之班距：雖可減低捷運之營運成本，卻迫使乘客等車時間增長。**
2. **過短之班距：雖可減少乘客等車時間，卻又提高了捷運之營運成本**，增加捷運業者之財務負擔。

理論上，班距與班次互為倒數，但對於班次頻率較高的捷運來說，乘客的平均等車時間約為班距的一半，較易為乘客所接受。

(三) **場站調度時間**：指車輛停留在路線終點站的時間，此時間不包括旅客上、下車所需的時間。對於捷運系統而言，司機休息與調整延誤時間，占場站調度時間的絕大部分。在車輛行駛完單趟里程後，場站調度時間可達到下列目的：

1.使駕駛員或服務人員得以休息或用餐。
2.便於調整排班，維持均一的班距。
3.預留時間便於車輛迴轉。
4.方便於列車頭(駕駛室)轉向。
5.緩衝行車延滯(delay)等所需的時間。

(四) **速度與速率：**

1. 商業速率：亦即車輛來回一趟之平均速率，包含場站調度時間。對運輸業者來說非常重要，營運速率決定系統所需車輛數與營運成的重要因數。
2. 營運速率：係指單趟不含場站調度時間。亦即「車輛的平均行駛速率」，此為乘客較為關心的營運重要變數。
3. 往返時間：車輛來回路線兩終點一趟所需的時間；或在同一方向同一車輛連續兩次通過路線上某一固定點的間隔時間。

十三、捷運系統之基本費率結構

就捷運系統的基本費率結構一般有單一費率與差別費率兩種，差別費率又包括點間費率、區域費率、距離費率等三者。

<table>
<tr><td>單一費率</td><td colspan="3">係指全線或全區使用同一票價，與乘用距離無關。</td></tr>
<tr><td rowspan="3">差別費率</td><td rowspan="3">以旅次的起訖點決定收費程度，又可分為右述三種：</td><td>點間費率</td><td>將全線任何起訖點間的各項組合，以矩陣票價來界定價格。</td></tr>
<tr><td>區域費率</td><td>係將一都市分成若干區（如市區、郊區或其他區），以矩陣票價表或其他方式規定任何區域組合的收費標準，旅客於同一區旅行，收取單一票價，若越區，則須付額外票價。</td></tr>
<tr><td>距離費率</td><td>係規定每公里的單位價格，依旅客之乘用距離計算，來收取費用。</td></tr>
</table>

十四、捷運系統列車最適基本營運單位之影響因素

選擇一個運輸系統的基本列車營運單位，在規劃都市捷運系統中是相當重要的一個步驟，因為其影響到系統績效和營運效率。其影響因素如下：

不同列車大小	即允許列車依照旅客需求，調整所需的車廂數。
使用最小列車單位	在低營運量需求的時候，可以以較短列車來營運，如此可使營運成本降低，使運輸能源消耗為最小。
車廂內部機械與電子設備的使用率	當一部車輛即使單獨在營運時，仍必須使用整套的機械和電子設備；但假若二節或三節車廂半永久性地聯結在一起時，可共用上述設備，如此將可減少設備的投資和維修成本。
每一車廂的駕駛控制組件數	由於駕駛室控制儀器非常昂貴，所以在不影響正常安全運作下，能使每一列車的控制組件數越少越好。
每一車架所能承受的車輛長度	車架的重量對車輛總重量的增加貢獻最大，同時車架重量將影響到投資成本、維修成本以及能源消耗等因素，基於上述理由，最好每一車架所能承受的車廂長度越長越好。

維修容易度	當基本營運單位的車廂越小，則其所包含更多的設備越多，如此在分解此一車廂零件時較為困難，但是較小的車廂卻比較容易駛進維修廠，其車架較兩節、三節或聯結車廂更易於操作修理，所以在設計修護廠和車輛組合時必須妥善考慮其損益。
車隊使用率	由於有些車廂在維修時，必須要連接在一起（如雙節或三節電聯車廂），因此降低了車隊的使用率。

十五、捷運系統運輸須考慮之安全事項

捷運系統運輸須考慮的安全問題有下幾端：

天然災害	1. 地震：利用陸上通訊網，地震感測器告知列車。 2. 水災：注重排水系統。 3. 地層下陷：防止導軌，車道位移。 4. 強風、大雨：設置警示系統。
人為因素	工程品質缺失，行車控制中心之人為疏忽，班次太密及保養不徹底等缺失。
系統意外或故障	車輛拋錨、轉轍器、煞車列車自動控制系統等故障。
保安問題	捷運車站安全監視系統及大眾廣播系統之建立。

十六、捷運車輛之行駛方式

加速方式	亦即車輛最初以其可應用之最大加速度方式來加速，然後以此加速度保持一段時間後，即逐漸降低至零，此時車輛速度為最高。
等速方式	大眾運輸車輛的等速行駛時間之長短，隨兩站間距離不同而有所差異。若站間距離較短，則車子可能在未達到等速行駛時即需剎車；若站間距離較長，則大部分的車輛便可採等速方式行駛。
滑行方式	因為軌道具有極低的滾動阻力，所以車輛常採用滑行的行駛方式，即當車輛達到最大速度時，馬達即停止運轉，於是車輛開始滑行直到接近下一車站必須停車時才使用剎車。
剎車方式	停站時的行駛方式是採用剎車。

十七、以車架數目和車身型式區分列車型式

大眾捷運系統車輛型式因車架重量不同所示受的車身也不相同，因此車架數目與車身大小有密切之關係：

單一車廂	單一車廂可有一個或二個車架或轉向架來支撐車身，而每個車架有二個平行且固定的車軸。大部分RRT或RGR系統的車輛都採用此種型式。由於目前大多數都市鐵路運輸系統所產生的噪音，是因為固定車軸架和彎軌道摩擦的結果，其每個車架上的車軸都固定與鐵軌成90度角的位置。若採用可活動之轉向車架，則轉彎時車軸會自動調整其與鐵軌所成的角度，以降低車輛轉彎時所產生的噪音和阻力。
多節車廂	**多節車廂包括雙節車廂及三節車廂。**因此多節車廂是由兩節以上的車身所組成，且支撐每節車身之車架並不彼此共用，車身之間有連結器相互連接，行駛時常保持兩節一組或三節一組而不分開。**臺北捷運文湖線（中運量）以外各線之車廂即屬此種營運型態。**
聯節車廂	聯節車廂是由兩節或三節車身共用一組或兩組車架，而彼此亦利用連結器互相連結而成。聯結車廂靠連結器而使內部貫通。
單向行駛或雙向行駛之車廂	此兩種車廂最主要之差別在於單向行駛之車廂只一端設有駕駛控制組件，而必須以環狀迴路來迴轉車輛；雙向行駛車廂則雙向均設有駕駛控制組件，並不需環狀迴路即可迴轉車輛。在調度靈活性上，雙向行駛之車廂比單向行駛者來得方便、快速，因此車輛調度成本雙向行駛車廂比單向者來得低。
雙層車廂	在歐洲有些國家，如英國、法國、瑞士等國之區域鐵路或高速鐵路皆有使用雙層車廂（double－deck）之鐵路車廂，以提高運輸系統之容量。

十八、以營運方式區分列車型式

以單一車廂營運	單一車廂擁有全套的營運設備，例如兩端各有駕駛室、電瓶設備、空氣壓縮與調節器、推進及控制馬達等，由於兩端都有駕駛室，故改變行駛方向無需迴轉，非常簡單；單一車廂可單獨營運，亦可按照不同的運輸需求，組合成不同的車廂數目（如1、2、……節組合）來營運。

以雙節車廂或三節車廂營運	這種營運方式是以共同使用機械或電力設備的列車為營運單位。無論雙節或三節車廂都是以半永久性的方式與其他車廂連接在一起，亦即雙節者必是2、4、6、8偶數車廂連接；三節車者必為3、6、9、12節車廂連接，而中間的車廂可以是無動力或有動力的車廂。
動力車廂與拖車的列車組合方式	這種方式主要是列車兩頭連掛有動力及駕駛控制室的車廂，而中間可連掛多節無動力之拖車。
混合多節車廂或稱車隊組合方式	這種營運方式是由許多種車廂（單一車廂、雙節車廂、三節車廂、其他電聯車廂），混合組成之列車營運方式。車隊大小可依旅客需求量之多寡來加以調整。

十九、大眾捷運系統車輛之支撐方式

目前大眾捷運系統車輛之支撐方式有輪胎式、鋼軌式、磁浮式（maglev）以及氣墊式（air cushion）等四種。

輪胎式支撐	其「支撐用的車輪」係在傳統鐵軌外側之混凝土車道上行駛，而「導引用的車輪」則是一組水平方向，較小輪胎式的車輪，在兩側軌道之垂直表面上行駛。輪胎式捷運之車輛，每一個車架有8個輪胎式車輪，其中4個用來支撐，另4個用來導引；另外有4個鋼輪，僅供轉轍及緊急支撐時之用。
鋼軌式支撐	鋼軌式捷運車輛是採用傳統式的支撐方式，它是唯一以「輪緣」來支撐及導引車輛行駛在兩條鋼軌上的運具。由於鋼輪行駛在鋼軌之接觸方式，會使滾動阻力變小。因此，相較於輪胎式支撐系統，它是平均每噸重量能源消耗最少之運具。此外，鋼軌式捷運車輛具有簡單與堅固之特性，故而維修成本較低，而使用年限亦較長。
磁浮式支撐	磁浮系統的原理在於利用「超導磁鐵」特性，形成所謂「吸引與排斥性」的懸浮方式。磁浮運輸系統乃是利用磁力懸浮的方式（Maglev）。所利用磁力相吸與相斥的原理，使車輛浮離地面約1至10公分，減少摩擦力，並且採用線型馬達作為推進系統，以大幅提高車輛行進的速度，該系統不會造成噪音或空氣污染，並可增進能源使用之效率。此種車輛迄今尚未廣泛地被採用。

氣墊式支撐	氣墊式捷運車輛係利用壓縮空氣之力量使車輛懸浮，貼地而行。此方式因噪音太大、車輛的設計及軌道與轉轍技術，仍有待突破，故亦未被廣泛地採用。

二十、氣墊式及磁浮式運輸工具之優缺點

	優點	缺點
磁浮式	1. 車輛與地面無接觸，且用電力推進，無噪音、振動及污染等公害問題。 2. 高速度下，仍能保持穩定，也可免除氣墊系統中氣墊與空氣作用的麻煩。 3. 推動機大都是用線型馬達，可使推進與懸浮併在一起，一物兩用的方法使製造簡化，而降低費用。	1. 電力供應及軌道建造技術仍未完善。 2. 如何把產生的強烈磁場和乘客隔離及減少對沿線工地的影響，仍是一個大問題。 3. 轉轍器問題仍有待解決。
氣墊式	1. 使用空氣墊把車輛懸浮於軌道上，可以消除車輛與軌道間的摩擦力，增進推進的效率。 2. 使用氣墊可以減少軌道的費用，此外，氣墊裝置平穩，不須嚴格要求導路的平滑。 3. 旅客乘坐較舒適。 4. 車輛及導路的維護費較低。	1. 須用動力維持氣墊，沿路須供給高壓大電流的電力。 2. 氣墊產生極大的噪音。 3. 氣墊車輛技術發展仍未完善。 4. 轉轍及安全裝置之技術仍待加強。

二一、提高捷運系統運輸效率之設計原則

欲提高捷運系統運輸效率，須遵循下列設計原則：

(一) 需配合其他輔助性的交通運輸系統（如公共汽車、準大眾運輸等）設計停車場，以服務較廣之地區。

(二) 車站位置應選擇已發展地區和具有發展潛力地區，人口密集或重要公共活動場所附近。

(三) 車站設計應依需要，適當配置為原則，考慮各種功能車站與地面交通之配合及人行道系統、集散道路系統之配合設計。

(四) 實質整合原則，將轉換站、候車站、停車轉乘、步行設施加以整合。

二二、捷運路網規劃之步驟

捷運路網規劃興建之步驟如下：

(一) 都市發展分析。
(二) 都市運輸需求與空間結構分析。
(三) 捷運路網方案提出。
(四) 專家系統推論。
(五) 捷運路網方案評估。
(六) 路網修改及決定最佳路網。

二三、捷運系統路線之設計原則

(一) **捷運鐵路之路線應位於主要運輸走廊上，作為主要路線聯絡郊區幾個匯集點中心區**，並以高速度、高運量的交通工具作為幹線性的服務。

(二) **配合其他輔助性的交通運輸系統**，如公共汽車、準大眾運輸與私用小汽車匯集之停車場，**以服務較廣之地區。**

(三) 捷運路線工程設計，應注意事項：

1. 捷運建設機構訂定最小曲線半徑及最大縱坡時，應考量環境特性、舒適性、安全性、列車特性及列車行駛速率。
2. 捷運車站之月台，原則上設置於直線段。但如有配套措施能維持車門處之安全間隙，得設置於曲線段，惟其最小曲率半徑不小於1000m。
3. 在直線與圓曲線間應設置緩和曲線，惟在大半徑曲線得不設置緩和曲線。緩和曲線得採用克羅梭曲線或三次拋物線曲線。
4. 為降低軌道車輛轉彎時之離心效應，平面曲線段應按軌距、曲線半徑、設計速率計算後佈設超高，但不得大於規定之最大超高。
5. 最大超高之訂定應考量車輛停滯時於曲線路段時之安全性。曲線段之超高，原則上採用外軌抬高之方式佈設。
6. 為避免停止中之車輛溜逸，捷運車站及儲車軌之路線縱坡以水平為原則，若無法以水平佈設，其最大縱坡不得大於千分之三。
7. 捷運路線之縱坡變化點應佈設豎曲線，豎曲線得採用圓曲線或拋物線，豎曲線之長度及半徑應考慮列車長度及車廂間高差之限制。

(四) 捷運鐵路之路線，在郊區須考慮好的道路系統及廣大的停車空間與之配合，**在市中心應有良好的步道系統與車道配合。**

(五) 捷運鐵路之路線**在郊區可以使用高架或路基提高，但仍以立體分離交叉口的型式為佳，以節省建造費用**，在都市中心區則採用地下化為佳，地下施工應考慮地質、地下水、公用設施，及現有建築物基礎工程之處理，以選定適當的路線位置及深度。

二四、捷運土建工程

捷運車站為都會之特殊建築結構物，尤其平面與高架車站，更為都會之地標，地下車站則為地下街與地下活動之據點，其出入口通風口亦為地面之地標或不悅之景觀，不可不慎重規劃。

車站為運輸過程中，擔負將乘客集中、轉運及分散之功能，透過車站，使用者得以轉乘捷運系統之列車，經營者得以提供使用者所需之服務。因此車站設計之良窳，直接涉及車站運作效率、乘客便利與安全。長期而言，更能影響乘客搭乘捷運系統之意願。茲就車站分類、站位之選定、車站規劃設計、車站轉乘設施規劃、車站細部設計等說明如下：

(一) **捷運鐵路車站之設計原則：**

1. 須以專用路權行使，與其他交通路線採完全隔離及控制進出的車站型式。
2. 捷運鐵路車站的位置應選擇已發展地區和具有發展潛力地區，人口密集或重要公共活動場所附近；並具有良好的輔助集散服務交通系統者為優先。
3. 捷運鐵路車站對都市的發展具有引導作用，影響周圍土地使用的發展，因此，整體綜合性的開發配合，亦為車站選定的重要考慮因素。
4. 捷運站按功能區分為中間站、端點站及轉運站，各依其需要，適當配置於路網上；並考慮各種功能車站與地面交通之配合發展，及適當的停車設計、人力道系統、集散道路系統、集散公車系統之配合設計。

(二) **大眾捷運系統之車站設計旅客流量的基礎：大眾捷運系統之車站設計旅客流量，係以「目標年車站尖峰小時流量」（其為車輛型式及列車組態之考慮因素之一）為基礎。**系統運量（運能）之決定則取決於載客量、席位數、路線數、發車間距之整合，故在規劃捷運車站時應權衡各元素組合之綜效。

(三) **捷運車站進出口佈置須考慮之因素：**捷運車站之佈置設計，須使旅客平均步行進出車站距離為最短，提供簡明的方向指示資訊，以利旅客遵循及使旅客搭乘至車站的交通工具能保持通暢，並提供足夠的設施容量，因此就進出口佈置可分為下列兩者：

1. **交通工具之進出口：**

(1)除步行外，至車站之交通工具依序為摩托車、公車、計程車、私人汽車接送（K&R）及「停車－搭乘（P&R）」，故須依序提供各交通工具至車站的進口靠近程度。

(2)各類交通工具須減少互相交叉的機會。

(3)K&R、計程車、公車之停車位可儘量靠近車站。

(4)各交通工具之出口，視情形分開，並避免出口位於主要幹道之上。

2. **旅客進出口：**

(1)聯貫車站內外的連續性步道系統，並提供良好資訊，以指示旅客進出方向。

(2)提供行人至附近商店，住宅區及停車場的步行相連系統，並使其與其他車輛分隔。

(3)旅客進出口處，至少須兩處，以方便旅客自由選擇，並分散於車站的兩側。

(4)車站內的步道系統，須能提供流暢、舒適的服務。

(四) **車站型式：**

1. **車站建造型式：**捷運系統依路軌建造方式不同，主要可分為高架、平面、地下三種；而捷運車站依月台與地面之關係，亦可分為高架車站、平面車站、地下車站。

地下型車站	購票大廳及月台均設於地面下，以樓梯或電扶梯為旅客出入通道，車站內照明通風須良好及閉路電視以偵測整個車站，其出入口須注意旅客使用之便利性，**在都市中心區一般均採地下型車站，不但可解決用地問題，並使其對周遭環境負面衝擊最小。**
地面型車站	**旅客出入時較便利，建造費用亦較低**，但因土地利用程度不高，故多於**人口密度較少，交通量較小的地點採用**。在地面車站之出入口需設置坡道供殘障者以輪椅推送，並於不同月台間設電梯及天橋供聯繫。
高架型車站	其購票大廳及月台均高架，一般以電扶梯或樓梯為進出設施，有些地區之高架車站內無空調設備。**其對周遭環境將發生較大衝擊，關於噪音及聳立於地面的車站外型，都是須注意的問題。**

2. **車站功能型式：**車站依其在路網運輸功能型態，可分為端點站、中間站及交會站三種。

(五) **月台型式**：供列車停靠上下乘客及乘客候車之用，其佈設方式分為下列五種型式。以下型式**就車站功能而言，最好採用島式月台。**

島式月台	其型式為島式月台即是軌道在兩側，月台在中央，如淡水站等大部分高運量路線車站皆有採用此種型式佈設，但文湖線之南港展覽館站、西湖站、大直站、松山機場站亦為此種月台。**此種月台車站最適合當起、訖（終端）站，而從營運觀點來看，捷運終端站之月台，亦是採島式較側式為佳。**這種月台的優缺點如下： 1. 優點： (1)用地較省。 (2)設備及監督或營運人員較少。 (3)旅客誤乘車輛折返時，不須另外付費。 2. 缺點： (1)由於共用一月台，旅客易搭錯班車。 (2)因須增加隧道的寬度，故建造成本較高。 (3)旅客進出較為不便。
側式月台	「文山線與內湖線（棕線）」除前述之南港展覽館站、西湖站、大直站、松山機場站外，所有車站皆為側式月台。淡水線（紅線）包含紅樹林站一復興崗站段各站都為此類；新店線（綠線）則是七張站、新店區公所站段為側式月台。這種月台，上、下午尖峰時刻乘客可分開使用月台，它的優缺點如下： 1. 優點： (1)旅客進出干擾度較少。 (2)搭乘車輛較易分別。 (3)建造成本較少。 2. 缺點： (1)用地較大。 (2)營運、監督系統及人員可能須配置較多。 (3)較不易控制旅客的流動方向，而造成擁擠現象。
疊式月台	捷運地下車站位置，因道路窄而採隧道工法時，將兩個單一月台分別位於上、下樓層，呈現相疊的排列方式，多用於兩條以上鐵路交會的車站或設置於腹地不足之車站，如臺北捷運之西門站、東門站、中正紀念堂站、古亭站、府中站、景安站等。

側式疊式月台	側疊式月台屬於側式月台的一種。捷運地下車站，車站穿堂位於1樓，並將兩條軌道分成上、下行不同樓層的月台形式，大多在車站腹地不足時的狀況使用，少部分情況下也可預留空間，方便未來擴建為同月台平行轉乘站的可能。例如：臺北捷運中和線永安市場站、景安站、新莊線臺北橋站、板橋線府中站及環狀線中原站、橋和站、中和站。
混合式月台	混合式月台**係指「同時設有側式與島式兩種月台的車站」**，如臺北捷運的北投站和松江南京站即是此類。**「松江南京站」為臺北捷運首座島式及側式月台並存的地下十字交岔轉乘站**，轉乘距離比其他非跨月台轉車站為短，但穿堂層在中央部分切分成兩個獨立進站付費區，分別抵達松山新店線兩側月台，並於中和新蘆線島式月台才相通。也因此旅客在搭乘松山新店線前須遵循行車方向選擇月台動線搭車。

(六) **車站位置之選定：**

1. **運量預測**：為求服務較多之人口，選擇人口密度高、商業繁盛、有大型公共設施等**運輸流量較大之地區設站**。如果運量預測結果顯示過高，而用地無法滿足時，應在站距合理縮減下增設一站，反之，應加大站距設站或預留站站位，俟擬設站地區發展達設站規模時，再興建車站，以降低建設營運成本。總結言之，**捷運車站設計旅客流量基本上是以「目標年車站尖峰小時流量」為基礎來規劃**。

2. **站距**：為維持車站合理的服務半徑及捷運系統行車合理的速度及營運，在市中心之站距希望在800公尺至1000公尺之間，郊區則在800公尺至2000公尺之間，站間行車時間約為1分鐘最為理想。再者，由於車站具營業功能，因此多設一個車站將增加旅客使用的方便及易吸引旅客搭乘，進而對車輛利用率及營收將有助益，但車站之投資成本，包括建造成本、營運成本，尤其建造成本，不但相當大且具沉沒成本性質，因此如何就服務旅客面積及營運者的成本為考慮，以選擇站距是極重要的。**一般而言，站距規劃應考慮的因素的有下列四個因素：**

滿足旅客的要求	包括就旅次長度、旅次需求及乘客時間價值等考慮，一般以最短旅行時間成本為主，即車上、車外之總旅行時間最少。
合乎經濟性	儘量求取以最低的車輛總投資成本，而能服務最大的面積，並吸引更多乘客數。

社會成本最小	係就整個社會觀點而言，同時考慮全體乘客與營運者的立場，以使社會成本最小化，一般以乘客的列車行駛時間及步行時間評價、旅客步行速率、列車速率、平均旅次長度、路線長度、車站設置成本及旅次需求數等為考慮。
配合土地使用	如配合其他運輸工具或接近主要旅次聚集地。而根據學者V.R.Vuchic建議，若捷運鐵路之車站數設計錯誤時，寧可發生車站數設計過多的錯誤，而不願有車站數過少的錯誤，因捷運系統一旦興建完成，當發現車站數設計不佳時，則可於立即因實際需要關閉某幾站，而當車站數過少時，由於另行興建不易，因此造成較低的可及性，使旅客另擇其他運具，而影響營運收入。

3. **地質、地形**：設站地點之地質狀況良好，則施工較易、工程費用較節省，且車站月台坡度最好維持0.25%以下。
4. **軌道定線**：為使月台與捷運車輛保持合理寬度約8至10公分，以維持乘客上、下列車之安全，因此車站不宜設置於軌道彎曲之處，就工程之限制而言，**如路線轉彎處之曲率半徑應大於1000公尺才適合設站。**
5. **管線**：車站站位之選定過程需考慮管線遷置之可行性，並研析施工期間對於重要管線之安全與影響。
6. **地點**：在不妨礙路網運輸機能之原則下配合現狀，儘量避免拆遷，並考慮已發展地區及有發展潛力之地區。
7. **便利**：注重旅次之集散及接駁轉乘之方便，並以輔助集散系統良好者優先設置。
8. **都市發展**：捷運建設除配合都市發展外，亦能帶動地區之開發，因此對於未來具有發展潛力之地區，應予設站。
9. **土地取得**：設站位置應以市、省、國有土地等土地取得較容易之公有土地為優先考量。
10. **環境**：有特殊之自然環境及歷史古蹟等文化資產保存法保護地區，儘量避免設站而破壞該等地區。
11. **其他**：考慮其他因素，如接駁系統、轉乘設施、可否聯合開發、不動產價格、民意溝通等。

(七) **車站規劃與配置：**

1. **車站配置**：車站內部空間可分為公用區與非公用區（此區限制通行），而公用區可細分為：

 (1) **月台**。

 (2) **穿堂**：位於月台之上面、下面或一邊，穿堂之配置及尺寸將視進出口至車站與通路至月台間之關係，以及使用該車站之乘客數而定，其區域又可分為付費區與非付費區。

 (3) **進出口**：各車站非公用區主要供辦公室設施、操作區、機房、儲物等空間使用，非員工不准進入，其配置視車站建造不同而異。

2. **車站服務設備**：車站公用區內所配置之服務設施包括售票機、驗票機、樓梯、電扶梯、服務員辦公室、公廁、電話等，其配置之容量須合理反應預期設計年，在正常運作及緊急疏散情況下之尖峰時刻之旅客流量。

3. **車站設施容量的估算**：可依下列之步驟求得

 (1) 決定尖峰小時進站、離站、轉車等之乘客數。

 (2) 決定尖峰分鐘進站、離站、轉車等之乘客數。

 (3) 估計正常營運時之設施需求。

 (4) 估算緊急情況下之設施需求。

 (5) 比較正常營運下與緊急情況下，何者設施需求較高，以較高者為設計依據。

(八) **車站內部環境與維護系統之設計**：細部設計階段則進一步對車站及附屬設施之造型、周遭景觀、內部空間等完成設計。此時先就車站造型所欲表達之意象；諸如文化、經濟社會之象徵意義詳加探討，另就車站周圍環境所欲提供附近社區居民之機能予以界定，以便車站地區亦成為都市居民活動之地點。因此，**捷運系統車站內部環境與維護系統設置應考慮下列因素：**

安全防護系統	1. 避免車站內有服務員監視之死角。 2. 與附近警察局或安全人員直接相通，及直接警報系統。 3. 以閉路電視偵測整個車站。
防火措施	1. 建築車站時，須考慮防火材料的選用。 2. 與外界消防單位有直通聯絡設備。 3. 車站本身消防設備須齊全及時常加以保養。

通風設備	由於列車行進時所排放的廢氣或摩擦能量，及旅客本身散發之熱量，都須藉良好通風設備予以排放及輸進新鮮空氣，一般有自然及機械通風法，自然通風係列車於隧道通風管中，行進的壓迫及吸入空氣。而機械法則使用排氣管、配風管等進行抽排空氣之作業。
吸音設備	由於車站內旅客人聲之嘈雜及車輛行進的噪音，裝設吸音設備，除了考慮技術性減低列車本身行進所發生噪音外，並可於車輛及車站中採用隔音、吸音材料。

(九) **捷運車站停車場之設計**：捷運車站停車場的設計與一般停車場之設計不同，其差異主要為下列二者：

1. 捷運車站停車場有顯著之尖峰流量及流向，進出口及行人通道應特別安排，以緩和交通流量之集中，維持動線的流暢，並減少人車之爭道。
2. 捷運車站停車場之車位，其每日重複使用之機會極少，車輛進出亦不頻繁，故停車位不須太寬大，以節省造價。其他的設計及規劃方法與一般停車場大致相似。

二五、捷運列車需求之計算

(一) **車輛乘載率（站立密度）**：車廂乘載率設計之大小須考量電聯車之負載能力及旅客乘坐之舒適度。車廂內部若以縱向座位之設計為主，則可獲得較大容量；車廂座位若是以橫向設計為主，則可滿足乘客較佳之舒適度。一般而言，每一座位需要約0.35～0.55平方公尺之車廂地板面積，每一立位則需要約0.125～0.25平方公尺之車廂地板面積。由於座位比立位需要多出二倍甚至三倍以上的面積，因此在車輛設計時，必須在最大旅客容量與最佳舒適度之間，取得一最適當之交互損益關係。

臺北捷運電聯車乘載之標準概同於大多數美國運輸業者所採用以0.20平方公尺為最小立位面積，亦即每平方公尺站立5人，做為列車運轉計畫及車輛採購之依據。此標準尚可提供尖峰乘客有一可接受範圍內之搭乘品質；若選取立位面積較小之數值，作為列車運轉計畫及車輛採購之依據，則有可能會高估車輛之容量，此類數值僅宜用於其他相關設施之規劃設計。

(二) **營運速度（行車速度）**：快速大量的運輸乃捷運系統標榜號召最有力的特點之一，因此在系統選擇時，營運速度的考量往往是一個重要的因素。有關列車的營運速度，包括列車於路線上的加速度、減速度、最高行駛速限……等特性，而其綜合之表現則為「列車平均（行駛）速度」。**列車平均速度係由起站至終點站之總距離除以行駛時間（含抵達各站之停靠時間），寫成公式為：**

列車平均速度=移動距離（總距離）÷消耗時間（總消耗時間）

影響列車平均行駛速度之因素，除了系統本身特性的差異之外，路線條件，如：坡度、曲率、站間距離……等對列車所產生之速度限制，以及列車停靠站時間的長短，均為平均行駛速度的重要變數。臺北捷運之規劃考量前述因素及參酌其他都市經驗對傳統鋼輪系統以約34km／hr來計算，此速度包括列車於車站平均約25秒之停靠時間。將列車營運路線長度除以列車平均行駛速度，便可以求得列車於該路線之全線行駛時間之基礎。

(三) **路線長度**：捷運系統路線、車站之選擇因涉及運輸需求效益、服務範圍、搭乘便利性、可及性等多方面之考量，於臺北都會區更受到用地、管線、交通等因素限制，站位及路線常於路線走廊研究階段即經過縝密評估與多方之協調而選定，故在計算其行車距離時，其路線長度或站間距離除非有特殊重大因素考量外，通常不會有大量變動，即或於設計階段有些微調整，亦不致影響列車需求數估算結果，因此於計算之初須將各路線長度輸入。

(四) **列車備用率**：備用列車係為列車臨時故障或進廠檢修時，用來補充線上營運列車之不足，考量臺北捷運系統為國內捷運系統營運之先河，於維修人力及經驗上不可能遽致純熟，故捷運局規劃手冊規定高運量之備用列車數為列車需求總數之百分之十，即列車需求總數＝營運列車數／0.9＝1.11×營運列車數。

(五) **列車數計算**：在決定營運型態之後，便進行列車運轉計畫之研擬。首先估量各營運型態之正確列車行駛距離，並以該系統之平均行駛速度推算列車往返所需的時間（Round Trip Time）。惟其中必須再加上列車於區間端點迴轉所花的時間，此一迴車時間，對高運量捷運路線而言，若經由剪式橫渡線，迴車時間為3分鐘，若經由袋狀儲車軌迴車，時間則增為5分鐘；至於中運量之VAL膠輪自動導引系統，依其系統特性，迴車時間是以每迴轉一次增加180公尺之行駛距離來估算。然後，依據各營運區間所須分攤之運量，訂定尖峰和非尖峰營運之列車班距。接著，再將每一營運區間之往返時間以列車班距加以切割，計算出各營運區間之運轉所需列車數。

二六、環境保護措施

(一) **隔音牆設計、減振設計**：於捷運高架路段設置標準型隔音牆，以降低其噪音範圍設置路段，除鄰近工業區側及空曠帶外，其餘路段加設隔音牆。另在振動影響較敏感之地點加設彈性鐵軌支撐及浮動底板等減振設施，以降低振動影響。

(二) **工地污水處理工程**：

1. 施工前於工區外圍施築防溢座及圍籬，並闢建雨水截流系統及考量設立沉砂池，於暴雨時截留工區之地表逕流並導入預設之沉砂池，經沉砂處理至符合放流水標準後始可放流。
2. 施工車輛洗車場地坪以R.C.打設或舖設鋼板，其上安裝洗車架（格柵或軌道），清洗後之污水須導入沉澱池，經沉澱處理後再循環使用或處理至合乎放流水標準後排放至工區外排水系統或承受水體。

(三) **空氣污染防制**：

1. 工地周界設置施工圍籬，以有效區隔施工與未施工之區域，圍籬之高度、型式及架設方式依相關主管機關之規定辦理。
2. 工地進出口前設置洗車設備，洗車設備包括洗車台、廢水收集坑、加壓沖洗設備及廢水沉澱池等。以水管加壓沖洗方式沖洗車輛，並妥善處理洗車廢水，不讓未經清洗乾淨之車輛機具駛離工地，其洗淨應以車輪行經路徑上無明顯殘餘污泥輪痕為原則。

(四) **防洪設計**：所有出入口、通風井及與車站設施相關之結構物開口均加以保護此類保護裝設包括水密門、水密蓋板或防洪閘門，並盡可能於建築物或結構物內部操作。

(五) **機廠之污水處理廠**：考量機廠內之工作人員生活污水、機廠車輛維修清洗零組件廢水、洗車廢水等水量水質，經收集系統收集至處理場，處理場所採用之處理方式採三級處理，共可去除95%之BOD 及SS，處理後進行放流或再回收利用。

(六) **噪音振動防制**：

1. 營造工程噪音管制，包括柴油發電機、打樁機、空氣壓縮機、破碎機、挖土機及壓路機等，均需符合管制法噪音標準限值。
2. 工地外運輸車輛，駕駛者須接受指揮及稽查，執行事項如下列依規定之路線及時間通行。

(1)依規定之速度限制行駛，並嚴格限制裝載重量。

(2)若預期有不可避免之高噪音，事先進行「睦鄰及告知」活動

(3)維護因運輸損壞之路面，以降低卡車產生振動量。

(七) **廢棄物處理**：廢棄物處理含一般生活垃圾、有害事業廢棄物、一般事業廢棄物及廢土等，均依相關規定辦理分類與處理。

(八) **稽查**：安衛環保處對於施工期間之環境對策執行成效及環境管理成效評估與監測作業，進行定期與不定期之查驗。

(九) **古蹟維護**：施工期間，如有需要將委請考古學者、專家擔任實地監測及緊急諮詢顧問之工作。發現有考古遺物出土時，立即停工，並依文化資產保存法與其施行細則之相關規定辦理。另安排工程施工人員參加古蹟遺址講習訓練，加強古蹟遺址之瞭解、重視及鑑定能力，避免古蹟遺址遭施工作業破壞。

二七、捷運車廂設計之未來發展趨勢

(一) **提升旅客的舒適程度**：捷運車輛未來將朝增加座位數及空調設備之方式，提高服務的水準。

(二) **減少噪音、震動等對環境所造成的負面影響**：改進車輛外型更美觀，並使用視野廣闊之窗戶。

(三) **使用鋁等較輕的金屬，減低車輛的重量**：以增加能源使用效率，並降低營運成本。

(四) **使用更精密的設備，控制車輛**：利用間接馬達及煞車控制、反打滑控制器與防止車輪滑動之制滑器等控制車輛之行使，以改進車輛營運之績效及經濟效益。

(五) **增加動力對重量的比率**：以利車輛得以在更短的站距間，迅速完成車輛加速、減速之任務；並使其能在較長之站距間，得以較高之速度行駛。

二八、捷運車輛設計之發展趨勢

(一) 增加更多精密的設備。

(二) 為增加能源使用的效率，應多使用較輕的金屬，來減低車輛的重量。

(三) 增加動力對重量比率。

(四) 減少噪音、震動等對環境負面的影響。

(五) 改進車輛外觀，增進其美觀。
(六) 使用視野更廣闊的窗戶。

二九、捷運車站鄰近地區私有建築與車站進出通道相連之效益

(一) **提高土地使用性**：由於車站進出通道可與私有建築相連，促使了土地充分的使用，捷運系統帶來了大量的人潮，使得土地利用亦向平面擴張，提高土地的使用性。
(二) **促進地區之發展**：由於捷運系統人潮促進了車站附近地區的活動，使得商業行為相對的增加，促進地區經濟的發展。
(三) **帶動新市區的形成**：由於私有建築與捷運車站相通之後可促進建物之更新，進而帶動新社區之形成。
(四) **運輸系統之整合**：利用鄰近地區之私有建築和車站進出通道相連，可規劃連接不同之運輸系統，除分散旅次外，並可促進運輸系統之整合發展。

三十、甘特圖（Gantt chart）之意義

甘特圖（Gantt chart）是條狀圖的一種流行類型，顯示專案、進度以及其他與時間相關的系統進展的內在關係隨著時間進展的情況，是由亨利．甘特於1910年開發出。**甘特圖係各類工程在作規劃與控制工作時，經常被使用的工具。析言之，它常被利用來作為規劃、控制及評估專案各項工作進度，為計畫與實際進度之時序圖。其主要構成是將「橫座標」等分成時間單位（年、季、月、週、日、時等），表示時間的變化；「縱座標」則記載專案各項工作。**計畫書中的甘特圖，會以虛線表示準備期，實線表示執行期。另一種作法為，以虛線表示計畫線，實線表示實施線（邊進行邊畫），若兩線有差異時需備註說明理由。

三一、聯合開發之意義與其效益

(一) **聯合開發之意義**：聯合開發為捷運建設當局與公營或民間投資業者合作開發捷運路線場站或其鄰近之不動產，藉由實質上結合運輸設施與其他公共或私人土地使用，使建築物內部動線及空間安排構成一個複合體，**其目的在使捷運建設當局以及公營事業或私人投資開發業者均能分享開發之利益，也共同承擔開發之風險。**

(二) **聯合開發之效益：**

增加捷運系統之乘客量	在確保捷運系統營運功能的前提下，藉由捷運場站地區之不動產聯合開發建設計畫，可吸引更多的旅客使用捷運系統。
促進都市發展	場站附近地區的交通可及性在大眾捷運系統完成後，將大為改善。隨著交通條件的改良，配合場站聯合開發之建設，可帶動鄰近地區的發展，提昇場站地區土地使用強度，對於鄰近較老舊的地區，方可配合辦理都市更新，增進居住品質，改善都市環境。
籌措大眾捷運建設財源	捷運係不動產之聯合開發建設，尚可藉由不動產銷售及租賃所得之利益，來挹注大眾捷運建設所需之經費，除減輕政府籌措大量建設財源之負擔外，並可匡導現存大量民間游資於國家重大建設行列之中，增加大眾捷運系統營運管理機構在財務調度上的彈性。

三二、鐵道運輸系統設計階段會面臨的問題

鐵道運輸系統在設計階段會面臨的問題有下列八項：

(一) 在旅運需求與列車目標班距已知下，求算系統所需列車數。

(二) 分別計算固定/移動閉塞號誌系統下的列車最短運轉時隔，作為號誌系統設計與決策之參考。

(三) 列車通過銜接點的班距若以兩分鐘為目標，探討銜接點的相關設備該如何設計。

(四) 在已知目標班距下，研究折返點之軌道佈設與號誌系統設計。

(五) 車站月臺寬度與相關設施之設計。

(六) 根據旅運需求量與特性，設計（選擇）適當的車廂大小及配置。

(七) 根據已知需求與預定的服務水準，設計各種設施的數量與規格。

(八) 評估新增通勤車站對容量之影響，以及探討如何調整站內軌道佈設方式來降低對容量的衝擊。

第二章 大眾捷運系統規劃設計與電聯車相關設施

一、大眾捷運系統之（運輸工具）技術類型

大眾捷運系統可採用地下、地面及高架三種方式來建造，可提供班次密集、運量大、速度快、準時又安全且舒適的服務。其技術類型可分為下列六類：

鐵路捷運 RRT	鋼輪鋼軌式傳統鐵路車輛，其車廂容量甚大，又可使用較多的車輛連掛，屬於高運量捷運系統，這是目前世界大都市最普遍採用的型式。
輕軌捷運 LRRT	應用鋼輪鋼軌式傳統鐵路車輛，但車廂容量較小，聯掛輛數較少，屬中運量捷運系統。
膠輪捷運 RTRT	與鐵路捷運類似，但車輛使用橡膠輪胎，或與傳統鋼輪並用，屬於輪胎式中運量捷運系統。
單軌捷運 MONORAIL	包括跨坐式及懸掛式兩種型態，聯掛輛數通常在六輛以內，車輛使用橡膠輪胎，屬中運量捷運系統。單軌捷運系統比其它捷運系統，具有右述之優點：(1)所佔空間小；(2)建設成本較低；(3)外型較美觀；(4)噪音較小；(5)使用橡膠輪胎在混凝土路軌上行走，比較安靜。
磁浮捷運 MagLev	利用磁力感應原理及線性馬達，使車體懸浮離地面十公分的空中，行駛完全由電腦控制，屬中運量捷運系統。
自動導引捷運 AGT	具有專用路權及無人駕駛，是以自動化運轉的導引式捷運系統，車輪以橡膠輪胎或傳統式鋼輪，屬中運量捷運系統，又可分為穿梭大眾捷運、團體捷運系統及個人捷運三種。

二、自動導引系統之意義與種類

(一) **意義**：自動導引捷運系統（Automated Guided Transit，AGT）係指**具有專用路權，無人駕駛，全部自動控制行駛的大眾運輸工具。**

(二) **種類**：自動導引捷運系統一般**可分為個人捷運（Personal Rapid Transit, PRT）和團體捷運（Group Rapid Transit, GRT）及穿梭大眾捷運（Shuttle-Loop Transit, SLT）三種**。

個人捷運	個人捷運係一種行駛於專用路權的運輸工具，使用小容量之車廂（約可搭載二至六人），利用電腦控制，自動地行駛在導引系統上之運輸方式。
團體捷運	團體捷運系統係指行駛於固定路線上有軌自動控制的大型車廂，服務一群相同起訖旅次之乘客，車廂容量約十至五十人。
穿梭大眾捷運	此系統是自動導引捷運系統中，使用最普遍、最簡單的系統，基本上是以捷運車輛在兩個或少數場站間，做直線來回穿梭服務。

(三) ATS（Automatic Train Stop）：即自動停車裝置，可在列車司機員不能遵守號誌之險阻而冒進時，自動啟動列車煞車裝置，迫使列車停車之裝置。

三、捷運系統鐵路的區間閉塞制

(一) **區間閉塞制（block system）的意義**：捷運系統鐵路有別於其他運具，因它必須遵循固定的軌道行駛，絕不容許有追越或在系統內讓其他列車先行通過之情形。因此，**為了行車安全，避免列車追撞或對撞的危險，故在同一區間的路線內，不論同向或反向，絕不容有兩列車同時行駛的現象，此即稱為區間閉塞制。**

(二) **區間閉塞制的運用，依其演進順序可分為下七種：**

通訊區間閉塞制	係指在每個區間之「始點」端，欲容許列車進入區間時，必須先以電話或電報方式詢問「終點」端，前次列車是否已經駛出此區間，而列車若係在單線上行駛時，更應確認對方有無來車；若確認該路線已完成清道，始得准許列車進入該區間，同時由號誌工人以手操動，使號誌顯示平安位置，故**此種方式又稱為「人工區間閉塞制」**。
嚮導區間閉塞制	亦即在兩站間備嚮導員一人，列車之得否行駛，完全由此唯一合法指定之嚮導員「隨車」嚮導，才可以在兩站間行駛。

路牌區間閉塞制	係指相鄰兩站間，各設有如電話之電氣路牌「閉塞機」一台，以一對架空電線連接成一組，並備有同質圓餅型路牌若干個，分別鎖置於閉塞機內。在「對方」確認並告知前次列車已離此區間，同時反向亦無列車進入時，由對方按電鈕，並電話通知時，這一邊才可從閉塞機內取出路牌交給駕駛員，作為行車權之憑證。當路牌取出後，閉塞機立刻被電磁鎖牢，非俟該路牌由列車攜抵對方置於閉塞機之後，無法取出第二個路牌。
電氣區間閉塞制	此方式與通訊閉塞制的操作方式類似，只是兩站間的號誌同時受電氣磁鎖控制，而此項電鎖號誌不受本站人員的控制，係由前一站之人員加以控制。
無證閉塞制	為了免除傳遞路牌之繁冗，簡化程序，以提升行車效率，在相鄰兩站各設無證閉塞機一座，用一對架空電線連接成一組，兩站都在出發號誌機之外方，各裝設軌道接觸器或短軌道電路。當列車從甲站出發，即啟動軌道接觸器，使甲站的出發號誌不再顯示進行號誌，待該列車到達乙站，啟動乙站的軌道接觸器後，甲乙兩站始能依照程序來操作閉塞機，使恢復正常狀態，以備再次閉塞。
自動區間閉塞制	利用軌道電路，使號誌能自動顯示，不需人力的操作。當列車駛入本區間時，在該區入口的號誌，就會立即自動顯示險阻；當待列車已駛離本區間，號誌就會自動恢復平安位置。其構造原理甚為簡單，即利用鋼軌為導線，與車輪與鋼軌組成電路，再藉繼電器應用誘導式或電磁原理，影響另一個局部電路，藉此方式進行操作號誌。
移動區間閉塞制	此種區間閉塞制大都用於自動控制系統之鐵路或捷運系統上。採用移動閉塞區間制的列車，可隨時與控制中心保持連繫，使在該路線上之後面尾隨列車，可以持續得知前行列車之狀況，這種方式，可以使得區間之長度為零。以此種區間閉塞制行車，將可使路線之容量達到最大化，臺北捷運中運量系統文湖線之機電控制即是採取此種閉塞制。

四、捷運系統鐵路之連鎖制

(一) **連鎖之意義：**

1. **連鎖（Interlocking）之意義：連鎖裝置號誌系統是行車安全的核心裝置**，它必須結合各項號誌基本設施（包括轉轍器、號誌機、軌道電路等）資訊，接收調度命令，查核安全條件並加以鎖定。在捷運系統中，因有連鎖裝置，可防止人為產生的錯誤操作，控制顯示正確的號誌，以確保行車安全，此即連鎖之作用。終站車場之路線分歧，軌道輻輳，或鐵路互交之處，列車往來，需要適當指揮機制。將號誌機與有關之轉轍器及其他相關號誌設備作互相關聯與牽制，以**防止人為錯誤扳動轉轍器或顯示互相矛盾之號誌謂之連鎖。**

2. **相關設施：**

 (1) **道岔（turnouts）：道岔是電聯車改變行車路徑的地方**，岔道路徑通常是由轉轍器來控制。**為路線的分歧裝置，用以使車輛由一軌道進入另一軌道者，通稱轉轍器，由轍舌、轍叉、導軌、及護軌等四部分組成。**轍舌由兩根活動的尖軌及轉轍桿組成，可以左右移動，使軌道變更方向。轍叉在兩軌道相交處，由兩翼軌及一叉心組成，使車輛得以通過。

 「道岔導軌」位於轍舌與轍叉之間，其功能在**防止車輪在岔心處進錯路線。**倘若沒有護軌，則車輪很容易會在岔心處進錯路線。護軌為防止車輛經過轍叉時，由翼軌的喉部跨越鼻端軌面時，輪緣錯進輪緣槽而於主軌內側加設的一段短軌。一般來說，鐵路列車在行經道岔時，必須降低行車速率，以為安全。

 (2) **岔心：**直線軌與岔軌分離之軌道稱為岔心，岔心由護軌、翼軌及鼻軌組成，兩岔心間之夾角大小決定道岔號數。道岔岔心所形成的角，稱為轍叉角，道岔號數代表道岔各個部份的主要尺寸，根據公式，道岔號數越大轍叉角越小，轍叉角度數就越小，長度也越長，則導曲線半徑越大，導曲線半徑越大，列車通過道岔就越平穩，過岔速度越高，缺點就是比較貴及佔地較多。

 (3) **轉轍器：轉轍器決定捷運列車之行駛方向，亦即轉轍器是道岔的轉換裝置，用來實現轉換道岔、鎖閉道岔及反映道岔尖軌所處的位置。**當列車由一軌道轉至另一軌道或欲進入維修車場、工廠之軌道時，在軌道上必須有特殊的布置，以引導車輪輪緣順利進入所指定的軌道，此布置即稱為道岔。而道岔之構造主要包括一組轉轍器、一個岔心（Frog）、兩根護軌及一排岔枕，其中一組轉轍器係由兩根活動的轉轍器、一組滑板、轉轍桿、轉轍器標誌所組成。

(4) **脫軌器：脫軌器是一種軌道上的保護裝置，用於保護軌道上的人員或者重要的機車車輛**，一旦有機車或車輛進入軌道即行脫軌以保證被保護對象的安全。

(二) **連鎖制之功用**：連鎖制（interlocking system）用於鐵路轉轍或交叉，為號誌之心臟部分，**其目的在保障安全，防止列車衝撞**，關係至為重要。

(三) **連鎖制之要素**：連鎖包含下列三要素：

1. 號誌之裝置，能管轄道岔上一切可能列車之行動。
2. 將所有操作號誌之槓桿與轉轍器、出軌器之槓桿，聚集於號誌樓，以便統一管理。
3. 為防止人為之錯誤，所有槓桿因機械之連鎖，互相牽制，而絕對沒有相衝突之表示。

(四) **連鎖制之種類**：包括號誌機與轉轍器，號誌機與號誌機，轉轍器與轉轍器，以及號誌機與脫軌器等四項。

號誌機與轉轍器的連鎖	要使一個號誌機能夠顯示進行之號誌，必須確信位於進路上的各個轉轍器已扳至開通進路的位置；同時尖軌亦已密靠正軌；若任何一個號誌機之有關轉轍器位置不正確時，號誌絕不會顯示進行號誌。反之，當號誌機一經顯示進行號誌後，有關進路上的各個轉轍器立即被鎖住，如此方**可避免因無意之錯誤而扳動了進行號誌**。
號誌機與號誌機的連鎖	此種進行號誌之主要目的在避免進路相衝突的號誌機同時顯示進行號誌，同時亦在使其所屬之號誌機與主號誌機的操作，**具有連帶的關係與順序**。
轉轍器與轉轍器的連鎖	**在未設號誌機的行車或調車進路上，若有任何一個轉轍器方位發生錯誤，都可能發生危險。**為避免此種現象發生，因此乃將轉轍器之間予以相互連鎖。

號誌機與脫軌器的連鎖	在交叉軌道上，通常沒有轉轍器，若僅靠號誌機的連鎖，而列車駕駛員若有疏忽情形，此時仍無法保障行車之安全，故增設脫軌器（derail），使一個軌道的號誌與另一個軌道的脫軌器相連鎖，在此情況下，**該軌道的號誌顯示平安時，另一軌的號誌必然會顯示險阻**，而脫軌器也一定會鎖定在脫軌的部位。如此，縱然另一軌的駕駛員疏忽，此種設計必會將該列車引導出軌，而不致發生兩列車對撞，此係「兩害相權取其輕」之不得已設計。

五、捷運列車的驅動方式與動力型式

(一) **捷運列車的驅動方式**：當今捷運系統的電聯車大多採用「**交流三相鼠籠式感應電動機**」驅動。其方式如下：

1. 這種電動機的轉子並沒有線圈，是以銅棒做為導體。
2. 此電動機的定子線圈分成三相。
3. 此電動機的定子鐵心是做為架構支撐用，也是磁路的一部分。

(二) **捷運列車動力型式**：捷運列車的動力型式可分為動力分散式與動力集中式兩種。

1. **動力分散式列車**：動力分散式列車是一種動力分布在多個車廂的鐵路列車（俗稱火車），其特點是動力來源分散在列車各個車廂上的發動機或電動機，而不是集中在機車上，**臺北捷運列車皆為此種動力的電聯車，分為中運量以及高運量兩種不同系統**。多數的動力分散式列車因加速性能較佳，適合走停很頻繁的通勤客運列車或是縱坡度變化大的崎嶇地形。動力分散式列車依動力來源又可分為兩類：
   (1) 使用柴油內燃動車組（Diesel Multiple Unit；DMU）的柴聯車。
   (2) 以架空電纜或第三軌提供電力來驅動牽引電動機電力動車組（Electric Multiple Unit；EMU）的電聯車。
2. **動力集中式列車**：動力集中式列車**是鐵路運輸中最傳統的運行方式**，由一台動力機車牽引數個無動力車輛，在軌道上行駛，機車大多是在列車的最前端牽引車輛，亦有自車尾逆推牽引的情況，除使用於客運外，常見於貨運及軍事用途。

六、行車控制中心

捷運系統最大的特色在於自動化的行車控制系統，它能熟練操作捷運電聯車的相關設備，遇有任何突發狀況會即時採取適當的應變措施，確保捷運行車安全。行車控制系統則是由中心行車控制中心（operation control center，OCC）負責操作。

(一) **行控中心的任務：行控中心是捷運系統的中樞**，主要負責整體捷運系統與列車的運作及操控。行控中心想要控制行駛中的電聯車速度時，**通常是以「自動列車控制系統」的電腦加以控制**。其主要任務如下：

平時情況	負責監控列車、維持整體系統的運作。
異常狀況	負責迅速擬定降級運轉之模式，並即時調度列車。
緊急狀況	負責整合列車調度、電力與環境控制系統之應變，降低事故之危險狀況。

(二) **相關措施：**

1. **阻抗搭接器**：每一個軌道block都會有絕緣軌道接頭（Insulate Rail Joint, IRJ）作電路絕緣區隔，軌道旁邊會有**阻抗搭接器（Impedance bond）**或其他信號系統，當列車行入此區間列車車輪壓兩個鐵軌會造成短路，此短路信號會藉由「阻抗搭接器」判別再經遠端遙控系統回傳至控制中心，行控中心的控管面板上就會顯示此區間佔軌，並依此作為管控在設定列車路徑時，不至於讓列車發生追撞事故。
2. **蜂鳴器**：當以人工方式駕駛對車時，若時速超過24公里時，駕駛台的蜂鳴器會響起。

(三) **行車控制中心營運人員的組成與任務：**

1. **主任控制員**：負責監督整個行控中心的運作。
2. **路線控制員**：負責管制整條路線上之列車和車站之通盤運作。
3. **列車控制員**：負責路線上之列車行進及行駛誤點時之速度調整。
4. **資訊助理員**：受主任控制員之指揮，當發生任何故障或無法正常營運服務時，負責將訊息告知車站工作人員和旅客。

5. **工程控制員**：日間時，接收及記錄設施和設備之所有維修及緊急狀況的要求，並指揮維修站值班人員進行維修；夜間時，控制整個軌道及周圍之工作工程，並聯絡列車調度員有關工作臺車之運行。
6. **電力控制員**：負責控制整個系統之電力分配。
7. **環境控制員**：負責消防設備訊息之監控及監視車站和隧道內環境控制系統。

七、捷運收費系統設計

(一) **應考慮的條件**：運輸營運機構，不論公、民營，皆須賴載運旅客之票價收入以抵付一部分或全部開支，因此收費系統之設計良否，關係旅客進出與使用方便程度，也影響營運機構之收入，因此就收費系統之設計，**良好的收費系統須滿足下列條件：**

方便旅客之使用	包括退票之處理及故障率低。
收費系統合乎營運者的經濟要求	營運者在對收費系統之投資成本與其所具功能上，作一抉擇（trade-off），以合乎經濟效率為優先考慮。
具可親性	在於以尊重旅客為著眼點，設計收費系統，以使旅客有良好之接納印象。

(二) **收費系統的構成要素：**

1. 車票。
2. 自動售票機。
3. 驗票閘。
4. 自動找零機。
5. 補票機。
6. 監視系統。

八、軌道工程

臺北捷運軌道工程包含膠輪及鋼輪兩種系統之軌道型式，**除第一條通車之木柵「中運量捷運線」採膠輪車輛直接行駛於鋼筋混凝土行駛路面，後為擴大營運服務範圍之內湖延伸線採膠輪／鋼製行駛路面／鋼筋混凝土行駛路面系統，其餘「高運量路線」皆採鋼軌鋼輪設計，車輛行駛於鋼軌頂面系統。**臺北捷運高運量路線先後陸續完成有淡水、中和、新店、南港、板橋土城線、新莊線、蘆洲支線、南港東延段、信義線及松山線。

茲就鋼輪／鋼軌及膠輪／鋼製路面／混凝土路面之軌道工程基本規劃設計部分，分別說明如下：

(一) **中運量捷運系統膠輪軌道工程**：以木柵線及內湖線中運量捷運系統膠輪軌道工程而言，其主要功能即是提供全線車輛運行之承載與導引及輸送車輛行駛所需之直流電力動力，使車輛在設計範圍內維持正常之運轉。膠輪軌道工程之基本設施概略如下：

1. 行駛路面（Running Surface）。
2. 導電軌與絕緣器（Guidance／Power Rail&Insulator）。
3. 轉轍器（Turnout／crossover）。
4. 步道（Walkway）。
5. 電纜線架（Cabletray）。
6. 止衝擋（Buffer）。

(二) **高運量捷運系統鋼輪軌道工程**：**鋼輪軌道工程規劃包括系統目標、軌距、鋼軌斷面、承托系統、軌道元件、營運基本參數等**，為達成捷運系統安全、經濟、舒適的目標，至少必須符合建造與營運的總成本應儘可能降低、維修養護的頻率減少及成本降低、電聯車在軌道上安全運行，不致改變軌道線形、降低電聯車行駛產生的噪音與振動、軌道電路的連續性與絕緣性良好及乘客的安全與舒適等。

1. **鋼輪軌道基本規劃**：臺北高運量捷運系統在初期規劃階段，歷經英國捷運總顧問（BMTC）與美國捷運總顧問（ATC）的評估與近年來的經驗累積，將軌道基本設計做完善規劃與釐定，概述如下：

(1)**幾何規範**：

軌距 Track Gauge or Gauge	1435±1.5公厘，量測基準點在T／R-14mm處，**同股軌道之兩根鋼軌頭部內緣間距**。
鋼軌斷面 Rail Section	UIC 60。
鋼軌傾斜度 Rail Inclination	1：40，**係指鋼軌向軌道中心傾斜的角度**。
縱斷面坡度 Profile Grade	最大3.0%。

曲線半徑 Curve Radius	**正線最小半徑200公尺。機廠最小半徑140公尺。**
超高度 Cant	最大130公厘。
不平衡超高 Unbalanced Cant	希望值最大為90公厘，絕對值最大為110公厘。
支承間距 Support Spacing	基鈑750±25公厘。枕木間距：直線段和半徑＞800公尺之曲線段為750公厘；半徑≦800公尺但＞450公尺之曲線段為675公厘；半徑≦450公尺之曲線段為600公厘。

(2) **列車運轉參數：**

A. **速率（Speed）**：最高運轉速度每小時80公里，**電聯車最高設計速度每小時90公里。**

B. **車輛（Vehicles）**：**四軸式車廂，每組電聯車含有3節車廂。**

C. **最大軸重（Maximum Axle Load）**：164仟牛噸。

D. **車輪（Wheels）**：鋼質多層耐磨（Steel Multiple Wear），在全新時之直徑為760公厘至850公厘，鋼輪剖面為UIC S1002已磨耗輪型（Worn Wheel Profile）。車輪直接與鋼軌接觸，設計及材料的選用上須同時配合車輛及軌道的特性，才能確保最佳運轉品質及最低維修需求。其中與鋼軌接觸之車輪踏面及輪緣的形狀與輪軸的蛇行動（包括左右振動及以車輛垂直中心線為軸的偏搖動合成之蛇行振動）關係密切。**高運量捷運系統捷運列車車輪踏面一般有圓筒踏面與圓錐踏面（踏面具一斜度）之分。**圓筒踏面雖可減少車輛蛇行運動，但考慮到車輪為能圓滑地通過彎道，減少輪緣的磨耗及防止踏面的偏磨等因素，高運量捷運系統（高鐵在內）的**大部分車輪踏面都設計有一斜度（如TGV錐面斜率為1／40），其主要原因是為了讓列車在過彎時，可以維持軌道間的距離，避免出軌。**至於車輪材料則係採用低碳鋼材以增加韌性。

E. **列車運轉組合（Train Operating Consist）**：兩組電聯車（6節車廂）。

F. **交通量（Traffic）**：每天9000軸次通量。

G. **運轉**（Operations）：每天20小時，一年365天，班車最短間隔2分鐘。

H. **牽引動力**（Traction Power）：750伏特直流電。

I. **軌道電路**(Track Circuits)：軌道電路並非透過軌道傳遞電力的線路，而是一個安裝在軌道上的電路裝置，藉著列車通過時車軸的導電作用，偵測列車在路軌上之位置，從而令信號系統作出適當的燈號顯示。

2. **鋼輪軌道構造**：軌道主要包括**鋼軌、扣件系統與承托系統**三大部分。捷運電聯車行駛在鋼軌上，因鋼輪與鋼軌間接觸而產生之各項輪軌負荷，會經由鋼軌傳至道床，再由道床傳至土建結構（例如：地面段之路基、高架段之橋面版或地下段之仰拱），再往外傳遞。鋼軌與道床則仰賴扣件系統結合，因道床型式的不同，相對地對扣件系統的要求亦有不同程度的考量。傳統道碴道床本身具有一定程度的吸音減振功能，對扣件系統的要求較為單純，一般係採彈性扣夾（Spring Clip）結合鋼質墊板（Baseplate）或高分子材料之墊片（Pad）而成；但無道碴道床本身較為剛性，故扣件系統需有吸音減振之設計。

九、捷運工程的施工方法

捷運系統擁有專用的路權，與地面其他道路分離互不干擾，為滿足此一基本要求，捷運系統形式基於環境需要及地形限制分為地面、高架、地下三種建造型式：

(一) **地面段**：臺北捷運初期路網，淡水線復興崗站至淡水站因係沿淡水河岸建造，並無與其他道路平交的問題存在而採用平面建造型式，包括五個地面車站、八座橋涵及兩座隧道。

(二) **高架段**：淡水線圓山站至復興崗站段及文湖線是高架建造型式（松山機場站至大直站間之地下段除外），並融合當地特有景觀，以美化沿線都市景觀。

(三) **地下段：地下段施工採用二種工法，一為明挖覆蓋法；一為潛盾工法。**

明挖覆蓋法	**應用於地下車站、交換軌道分叉等跨距較大處或地質不適潛盾工法之路段。**
潛盾工法	本工法係以潛盾機自工作井處深入地下，隨開挖前進，並立即組立環片，直到另一工作井，**對地面交通影響較小。潛盾工法大致應用於地下深隧道，明挖覆蓋法不適用之地區，或因交通問題而須採潛盾工法者。**潛盾隧道的內徑為5.4或5.6公尺，其作為永久性支撐的環片有預鑄混凝土、鑄鐵與鋼結構等三種型式。

十、最小曲線半徑

最小曲線半徑是一個鐵路上常用的技術標準，在非專業的場合亦稱「轉彎半徑」，**其意義等於幾何學上的曲線半徑。**衡量彎曲的程度，在數學上叫做曲率。彎曲程度，也就是說圓的半徑的倒數，就是圓的曲率。**在鐵路上提到此參數時，一般係指水平面上的彎道。**由於列車在高速通過彎道時由於慣性有向彎道的外側翻車的危險，在鐵路的設計和建造時，對不同速度等級的鐵路規定了車輛可以安全通過的圓曲線的最小半徑，就是線路的最小曲線半徑。

曲線半徑越長，彎道的曲率就越小，在同一速度下，行車受慣性影響也越小；當曲率一定時，行車速度越小，行車受慣性影響也越小。

高速鐵路和平原地區幹線鐵路一般比較平直，用較大的曲線半徑，行車速度可以較快；山區鐵路、工廠支線、車輛段道岔的咽喉區、編組站、城市地鐵等受地形的制約較大的地段，只能使用較小的曲線半徑，列車必須限速通過。臺灣高速鐵路，最小曲線半徑6,250m，最大縱坡35‰。阿里山森林鐵路，最小曲線半徑則為40m而已。

十一、鋼軌研磨

鋼軌研磨的重點在鋼軌保養，鋼軌定期研磨，可以(1)消除及延緩波狀磨耗發展；(2)消除鋼軌表面的接觸疲勞層防止鋼軌踏面剝離；針對鋼軌斷面研磨還可以(1)改善輪軌接觸條件；(2)降低輪軌接觸應力。因此定期進行鋼軌研磨，可達到「(1)減少噪音；(2)增加鋼軌平均壽命；(3)延長車輛使用年限」之目的。根據鋼軌研磨的目的及磨削量，鋼軌研磨可分為三種：

(一) **修復性研磨**：主要用來消除鋼軌的波狀磨耗、車輪擦傷、軌距緣角裂紋與焊接接頭的馬鞍形磨耗，鋼軌的一次磨削量較大，研磨週期長。但是這種研磨方式並不能消除引起波狀磨耗、鋼軌剝離及接觸疲勞裂紋的潛在因素，在以後列車通過時，這些裂紋還將會持續出現及擴展。

(二) **預防性研磨**：係在裂紋開始擴展前將這些裂紋萌生區域研磨掉，近年來已發展成為「控制鋼軌接觸疲勞」的技術。它嘗試控制鋼軌表面接觸疲勞的發展，研磨週期較短，以便在鋼軌表面裂紋萌生初期就予以消除。目前高標準鐵路普遍採用「新線通車前研磨」及「預防性研磨」方向發展。

(三) **鋼軌斷面復原研磨**：對曲線地段的鋼軌斷面進行非對稱研磨；能明顯降低輪軌橫向力和衝角，達到減輕鋼軌側向磨耗目的、增加車輛轉向性能。

十二、列車識別碼

臺北捷運行控中心有「列車識別碼（PTI）／速度錶面板」系統，**列車識別碼包括列車編號、司機員編號及目的地編號**。列車識別碼尚可將列車資訊送給行控中心電腦，自動統計列車相關資訊。**列車識別碼可提供司機員操作界面，如車速、速度碼、超速警示、故障警示及列車停妥指示等。**

十三、隧道通風

隧道通風指以自然或機械通風設施等保持隧道內維持新鮮空氣，以維持隧道內人員之舒適感。

(一) **隧道的種類**：目前大眾化之列車隧道大致可分為：鐵路、捷運及高速鐵路隧道等。各種不同之列車，其**車速及車種不同在隧道內產生「活塞效應」**（指在隧道中高速運行的車輛所帶來的平均空氣流動。當車輛在隧道內行駛，會帶動隧道中的空氣產生高速流動，這情況尤以鐵路列車更為明顯。由於這現象類似汽缸內活塞壓縮氣體，因以為名。）**之程度亦大不相同**。且隧道是單向運行、雙向運行，或是否有地下車站等等，都將關係著通風設施之佈置。

(二) **隧道通風的考量因素**：**在正常營運狀況下，隧道通風設施應考量將列車產生之廢氣及熱源、粉塵等順利排除，以維持旅客在隧道內舒適之環境**。在緊急狀況例如失火狀態，將藉由通風設施將火場之煙塵及熱源，在影響旅客最小之範圍下排除。且良好之通風設施應能提供新鮮空氣並導引旅客之逃生方向。

(三) 列車隧道的通風排煙設施：

隧道風機 TVF	捷運的地下車站與隧道連接處常設有豎井與大氣連接，在豎井內則設置有TVF，正常營運時可以協助改善隧道內之環境品質，**當失火緊急狀況發生時則用以協助排煙並提供旅客安全逃生環境。**列車若於月台旁失火時，TVF採取兩端同時排風，將空氣由穿堂導入月台，再導入軌道區而由豎井排除。**列車若於隧道內失火時，則隧道一端送風另一端排風**，例如如果捷運列車在隧道內故障且後車廂失火，則隧道內之送風方向應為由下游車站往上游車站送。送風方向之風速應達2.5m／sec（台鐵及高鐵為2.0m／sec），以導引旅客逃生。
月台下方排風口 UPE	UPE位於月台下方，**正常營運時UPE為啟動狀態**，以排除列車產生之熱氣。
隧道上方排風口 OTE	OTE為月台旁軌道區上方之緊急排煙設施，一般採用與UPE相同之風機，**當月台旁軌道區列車失火時，UPE關閉，失火車廂上方之OTE排煙風門開啟，其它OTE排煙風門則仍維持關閉。**
噴流式風機 Jet Fan	在車行隧道內為增加空氣之流動或控制空氣之流向，必要時必須設置噴流式風機。**在平常時可以提供隧道內新鮮空氣，失火緊急狀態則做為排除煙塵使用。**

(四) 列車隧道的防煙設施：

防煙垂壁	依據中華民國內政部營建署頒布之「建築技術規則」，樓地板面積超過500 平方公尺，應予以水平區劃，其每一水平區劃面積不得超過500平方公尺，CFD煙控模擬時以設計圖之尺寸模擬。
偵煙探測器	依內政部「各類場所消防安全設備設置標準」，在裝置面高度未滿4公尺時，一種或二種探測器之有效探測範圍為150平方公尺，換算成任一火源位置之水平直線距離不超過7公尺便應設有偵煙探測器，且每一防煙區劃至少設置一個。CFD煙控模擬時依設計圖設置偵測點。

排煙風門、排煙天窗及防煙鐵捲門	在地下車站內為緊急狀態之應變都設置有排煙風門，且為區隔防煙區塊，區塊與區塊間則設置有防煙鐵捲門。在部分車站站體且設置有排煙天窗，例如臺北捷運信義線之大安森林公園站即為此類。
天花板	地下車站為增加天花板上方至樓板間之蓄煙空間，其設計常採用鏤空設計，其建材常以不燃之鋁板為主，控制鏤空天花之開孔率將可以順利讓天花下層煙火往天花上層擴散。

(五) **隧道內之排煙模式**：當隧道內發生火災時，將由司機員將火災之狀況告知行控中心環控控制員，**由行控中心下達適當排煙模式**；排煙原則是對列車及乘客的影響最小。例如捷運列車在隧道內故障且後車廂失火，則隧道內之送風方向應為由下游車站往上游車站送，意即當列車前端發生火災時，其送風方向是從列車後端向前端之方向吹，人員則朝逆風之方向逃生。

(六) **消防栓之裝置**：捷運隧道內應每50公尺裝置一消防栓，並附閥和63公釐水帶快速接頭。

十四、捷運車道結構

捷運車道之**下部結構包括基樁、基礎、墩柱、帽梁**，上部結構則**包括基礎、墩柱、面版、跨高架橋、吊裝等**。

十五、道碴與軌枕

(一) **道碴**（Ballast）：道碴是鐵路運輸系統中，用作承托軌道枕木的碎石，乃是常見的軌道道床結構。軌道上使用道碴的作用有三：

1. 可以將枕木維持在定位上。
2. 可以避免雜草的生長。
3. 有助於雨水的排洩。

(二) **軌枕**（crossties）：**鋪在道碴的上面，軌條的下面，以承受車輪的壓力**，將之傳佈於較大面積的道碴，使其上面的軌條得保持一定的距離與方位，並防阻軌條因列車行駛時被拖帶而爬行，以確保行車安全，並承受列車行駛所產生的壓力。

軌枕的舖墊，以橫舖為多數，即軌枕與軌條互成直角。軌枕的材料，為木枕、鋼枕或混凝土枕，其中又以木枕的性能最佳，因列車出軌不致造成損壞。但現代化的鐵路，由於列車的車次密、載重大、速度高，而木枕又易遭腐蝕，還需為了抵抗風化及劈裂須塗裝且每年亦須養護更換約3%。反之，預力混凝土枕木具有可永久保持軌距，使用年限長，且重量足夠，行車穩定的優點。因之晚近以來乃有採用預力混凝土枕木的趨勢，並已成為主流。

十六、鋼軌（軌條）與護軌

(一) **鋼軌**：鋼軌軌條的作用為**軌道結構的主要元件，提供列車安全、平順的運行踏面，導引列車行使的功能**。軌條型號凡以UIC開頭者，均為國際鐵路協會（International Railway Association）所推薦的軌條，**該協會所推薦的標準軌條，計有UIC 54及UIC 60兩種（54／或60，意即54／60公斤／公尺）**，這兩種軌條的特性為軌頭厚以及軌底寬度適中，而且軌頭厚的軌條因為耐磨，所以壽命也較長，適用於班次頻密的鐵路系統。另外，軌底寬的軌條為軌枕或墊板提供足夠的承壓面積，並同時讓軌條更加穩定。

軌條（rails）為軌道結構的主體，用以直接支撐車輪，給予光滑的行走面，確保列車行走的安全與穩定。其斷面為工字形，由頭、腰、及底三部分構成。軌條直接承受行車所產生的各種垂直壓力、橫壓力、及縱壓力，底宜寬，以防傾斜，身宜高，以增強度。

軌條均以熔鋼鑄成，具有極大的堅度、硬度、及韌性。**軌條的連接，或採對接法接頭，或採錯接法接頭。**前者兩側軌條的接頭在同一位置左右對稱，後者一側軌條的接頭與另一側軌條的中部左右相對。但當兩條斷面不同的鋼軌接連時，則須採用異形的接頭。

鋼軌條形狀為倒T型，軌條標準長為11.9m可供12m長車輛運送，較長軌條（25m）由列車運送，連續焊接軌條的焊接長度為439m，焊接長度有增加趨勢，因其減少養護成本、較高營運速率、貨運列車較少損壞、較少磨耗有較好行車品質。一般鋼軌的重量分類大約可分為三個等級：(1)輕型鋼軌：重量為31～40公斤，適用於運量較低的支線；(2)中型鋼軌：重量為45～57.5公斤，適用於普通路線；(3)重型鋼軌：重量為50～69公斤，適用於運量較高之幹線。**我國高速鐵路及重軌捷運軌條皆以60kg／m為主，因此種鐵**

軌的截面積比50kg／m鐵軌的截面積大（對於承擔拉力或壓縮力等軸向力的構件而言，與軸向垂直的橫斷面的面積稱為截面積，亦可稱為斷面積）。

(二) **護軌**：護軌亦稱為護輪軌，是鐵路兩條鋼軌內側用於防止輪緣橫向滑動的一對平行鋼軌。通常在道岔岔心處以及鐵路橋樑會設置護軌以保證列車行駛的安全。當輪緣從基本鋼軌一側脫離時，另一個輪緣會被對應的護軌卡住，防止列車的繼續側移。**在軌道路線的轉彎處，常會鋪設「護軌」，其目的即在於避免列車過彎道時出軌。**

十七、標準軌、窄軌與寬軌

鐵路之標準軌距為1.435公尺，歐美各國鐵路大多採用此種軌距，**我國臺灣高鐵、臺北捷運（除文湖線外）、高雄捷運，以及即將陸續完成的桃園捷運，亦皆採用標準軌距。**（依鐵路修建養護規則第18條規定，軌距之測量，其軌距為1067公厘者，應於兩軌頭內面之軌頂下14公厘處測量之，軌距762公厘者，應於兩軌頭內面之軌頂下9公厘處或11公厘處測量之）。**比標準軌道狹的稱為窄軌，臺灣環島鐵路為1.067公尺軌距即屬此類**。其優缺點如下：

(一) 採用標準軌道可方便採購國際間之機車或車輛；而窄軌所用的機車或車輛必須以本國之軌距設計製造，是其缺點。

(二) 採用標準軌因軌距較寬，占用路面須較大，而窄軌所占用路面較小。

(三) 標準軌花費成本較高，窄軌成本較低。

(四) 標準軌之行車速率較快，窄軌之行車速率較慢。

(五) 標準軌穩定性較窄軌高。

(六) 標準軌可承載較大之壓力，窄軌之承載壓力較小。

大於標準軌距1.435公尺的軌距稱為寬軌，這種軌距的優點如下：

(一) 寬軌可以使用較大型的機車，提高列車行駛速度。

(二) 寬軌因機車牽引力高，車長及車寬等車輛容積較大，故增大運輸能力。

(三) 寬軌可減少搖晃，增加列車穩定性，旅客乘坐舒適，減少貨物損傷。

(四) 寬軌機車可用直徑較大動輪，較少轉數，能行駛較長距離，故可減輕車輛磨耗。

(五) 車輛寬度可以加寬，底盤有空間可供檢查、修理或裝置各式各樣容器使用。

十八、電動機（馬達）

電動機（Electric motor）又稱為馬達、摩打或電動馬達，是一種將電能轉化成機械能，並可再使用機械能產生動能，用來驅動其他裝置的電氣設備。大部分的電動馬達通過磁場和繞組電流，在電機內產生能量。

電動機與發電機原理基本一樣，其分別在於能量轉化的方向不同：**發電機是藉由負載（如水力、風力）將機械能、動能轉為電能**；若沒有負載，發電機不會有電流流出。

馬達旋轉原理的依據為「佛來明左手定則」或「右手開掌定則」，當一導線置放於磁場內，若導線通上電流，則導線會切割磁場線使導線產生移動。電流進入線圈產生磁場，利用電流的磁效應，使電磁鐵在固定的磁鐵內連續轉動的裝置，可以將電能轉換成動能。與永久磁鐵或由另一組線圈所產生的磁場互相作用產生動力。

(一) **馬達依使用電源分類：**

1. **交流馬達**：將交流電通過馬達的定子線圈，設計讓周圍磁場在不同時間、不同的位置推動轉子，使其持續運轉。

優點	**價格低廉、構造簡單堅固、維修保養容易、速率變動小，可靠度較高，而且生產容易、無接觸零件、較不用保養、使用期限長。**
缺點	轉速受電源頻率固定，使用一般交流頻率無法使馬達高速運轉，最高僅達3600rpm。高速馬達必需用變頻器來產生所需要的工作頻率，速度控制較為麻煩。

2. **直流馬達**：使用永久磁鐵或電磁鐵、電刷、整流子等元件，電刷和整流子將外部所供應的直流電源，持續地供應給轉子的線圈，並適時地改變電流的方向，使轉子能依同一方向持續旋轉。

優點	一般而言同樣的體積直流馬達可以輸出較大功率，**直流馬達轉速不受電源頻率限制可以製做出高速馬達**，只要控制電壓即可控制速度，比較簡單容易，故臺北捷運系統中運量文湖線的車輛運轉乃是採直流750V供電電壓。
缺點	**碳刷使用一段時間會磨損須更換，電樞會磨損。**

3. **脈衝馬達**：1923年，英國人詹姆斯（James Weir French）發明**三相可變磁阻型（Variable reluctance）步進馬達，簡稱「步進馬達」**。步進馬達是脈衝馬達的一種，將直流電源透過數位IC處理後，變成脈衝電流以控制馬達。而且馬達旋轉一圈分成數等分（數步），可使角度的控制更為精密。步進馬達就是一步一步前進的馬達，主要包含有如齒輪狀突起的定子和轉子，定子上繞有（激磁）線圈，藉由切換定子線圈中的電流流向，產生變化的電磁吸引力，以一定角度逐步轉動轉子。步進馬達的微電腦控制器產生所需要的脈波訊號，當訊號自微電腦輸出後，先藉由驅動器將訊號放大，電壓訊號控制定子線圈上的電流，進而控制馬達運轉的角度。**整個控制流程中並無利用到任何回饋訊號，稱閉迴路控制（Close loop control），故也不需感測器，可降低成本。**

優點	1. 系統結構簡單，無需位置感測器，故成本較低。 2. 角度與速度控制容易，轉速和輸入脈波頻率成正比。 3. 重複及定位精度高，不會有角度累積誤差。 4. 靜止時具高保持轉矩。
缺點	1. 若發生失速或失步的情況，無法立即作修正補償。 2. 在某一頻率容易產生振動或共振現象。

(二) **馬達依構造分類：**

感應馬達	特點是構造簡單耐用，且可使用電阻或電容調整轉速與正反轉，典型應用是風扇、壓縮機、冷氣機。**捷運對車車頂空調設備箱內的壓縮機馬達，其功能即在壓縮低溫低壓的氣態冷媒，成為高溫高壓的氣態冷媒。**
同步馬達	特點是恆速不變與不需要調速，起動轉矩小，且當馬達達到運轉速度時，轉速穩定，效率高。
步進馬達	特點是脈衝馬達的一種，以一定角度逐步轉動的馬達，因採用開迴路（Open Loop）控制方式處理，因此不需要位置檢出和速度檢出的回授裝置，就能達成精確的位置和速度控制，且穩定性佳。
可逆馬達	基本上與感應馬達構造與特性相同，特點馬達尾部內藏簡易的剎車機構（摩擦剎車），其目的為了藉由加入摩擦負載，以達到瞬間可逆的特性，並可減少感應馬達因作用力產生的過轉量。

伺服馬達	特點是具有轉速控制精確穩定、加速和減速反應快、動作迅速（快速反轉、迅速加速）、小型質輕、輸出功率大（即功率密度高）、效率高等特點，廣泛應用於位置和速度控制上。
線性馬達	具有長行程的驅動並能表現高精密定位能力。線性馬達工作原理相較於旋轉馬達可說是完全相同，線性馬達可視為將旋轉馬達從表面切至軸中心然後攤平，**故驅動線性馬達不需依賴輪軌間之摩擦力**。
其他	旋轉換流機（Rotary Converter）、旋轉放大機（Rotating Amplifier）等。

十九、架空電車線與第三軌集電

(一) **架空電車線、第三軌集電與相關名詞的意義：**

1. **架空電車線：架空電車線又稱為「架空電纜」，係在供應電力，是電力化鐵路常用的兩種供電網路方式之一，也是無軌電車唯一的供電方式。**在鐵路和城市軌道交通系統中，架空電車線只有導線的一個電極，電力機車通過受電弓取電，再通過金屬輪軌迴流到電網中。在無軌電車等使用膠輪的系統中，架空電車線有一正一負兩根互相平行的接觸導線（簡稱觸線），通過兩個集電杆取電並形成通路。相對於第三軌供電而言，架空線供電之優勢在於(1)維修容易；(2)設備磨耗較低；(3)供電品質較佳。
架空電車線的懸掛類型大致為簡單懸掛，鏈式懸掛，剛性懸掛三種。其中簡單懸掛和鏈式懸掛都是彈性懸掛。相應的架空電車線也**根據懸掛類型分別稱為彈性接觸網和剛性接觸網。**

簡單懸掛	簡單懸掛只有導線，沒有承力線，優點是結構簡單，支柱高度低，支撐點承受的負荷較輕，一般運用於隧道等低淨空的場合。**在城市輕軌和無軌電車中，廣泛使用簡單懸掛。**其缺點是跨度小，懸掛點有硬點，且在運行中導線會上下震盪，不適用於高速鐵路。
鏈式懸掛	鏈式懸掛將導線和承力線之間用懸索連接起來，解決了簡單懸掛中跨度小和硬點的問題，因此大量使用在長距離、高速度、大跨度的電力化鐵路中。**在城市地鐵中，如果使用鏈式懸掛，運行速度有望達到120km／h以上**。

剛性懸掛	剛性懸掛是以硬質的金屬條（通常是銅條）代替軟質的導線的新型懸掛方式。**隨著材料科學和結構力學的發展，剛性懸掛利用了第三軌供電的接觸面積大的優點，而克服了鋼軌過重無法懸掛的缺點。**城市軌道交通從地下線路開到地上線路時，直接與彈性懸掛的線路無縫對接，不用更換機車。同時，由於剛性懸掛使用集電弓，沒有使用集電靴的第三軌容易脫落的缺點，可以達到更高的運行速度。但缺點是由於接觸軌與集電弓炭條的接觸面積接大，對集電弓炭條的損耗也較大。

2. **第三軌集電**：我國大眾捷運系統之牽引供電型式採用軌道供電系統的鐵路，採另設一條帶電（高壓電）路軌，這條帶電路軌即稱為「第三軌」。從第三軌取得的電力一般都會經列車的車輪及路軌傳回發電廠，**因其係高壓電（供電電壓為直流電壓750V／伏特），經「集電靴」進入電聯車之推進系統，供給電聯車之牽引動力，故必須做適當的絕緣隔離，以確保安全。也因為第三軌電容量（電壓值）架高電車線為大，為避免人畜觸電，通常安全措施是以「絕緣蓋板」隔絕第三軌的帶電部位。**

   由於架空電車線受到隧道淨空的限制比較大，在城市地鐵的運用當中會受到土建及建造成本的考慮。因此**目前全世界先進之捷運系統，基於設備之經濟效益，捷運電聯車行駛時所需的電能，通常是由「第三軌供電」設備取得，臺北捷運系統亦是使用此種供電方式。**然而部分城市軌道交通為了銜接現有的傳統鐵路，仍會採用架空電車線（例如東京地鐵大部分的路線及首爾地鐵1號線）。另外，架空電車線可能會使部分人產生視覺（心理障礙），對景觀造成一定的負面影響。

   由於第三軌有觸電的風險，只能用於封閉線路，因此不適合用於與其他交通路線相交的鐵路運輸系統中。另一方面，地面重型鐵路系統為了高速客運和貨運重載的需要，會使用更高的電壓，如25千伏的供電系統，如果使用軌道供電會形成電弧，集電弓在列車高速運行的時候也能很好地與接觸網接觸，集電靴則有機會脫離供電軌。

(二) **高架電線或第三軌集電方式之優缺點：**

1. **經濟因素的考慮：**

   (1) 捷運鐵路系統使用第三軌最主要的原因是因為**第三軌系統隧道淨空或直徑較小，可降低建造成本。**

(2)在車輛安裝相關設備方面，**第三軌系統的投資與維修成本都較低；而且其輸電能力也較架空電線方式供電來得優越。**

(3)如果捷運系統大部分建在地面上，**若採用架空線供電之方式，則其設備成本會比第三軌集電力式來得高。**

(4)如果捷運系統大部分建在隧道內，亦可以**架空電線方式**，在隧道內頂上架設，雖然如此輸送電力的設備成本將較第三軌集電方式為低，但是它**往後長期維修的成本將較第三軌方式為高。**

2. **安全因素的考慮：**

(1)雖然有些人認為，採用高架電線供電方式，對一般民眾來說，較第三軌集電方式來得安全。此種說法固然正確，但**由於捷運系統大多為隔離的專用路權，正常情況下，民眾不容易接近，故可降低其危險性。**話雖如此，當然亦須經常宣導，教育民眾，使其瞭解第三軌之危險性。

(2)捷運系統車輛在隧道內若發生意外，而乘客必須撤離時，通常須將第三軌之電源關閉以策安全，但是此種作法**將會增加隧道內的溫度，而且因無電源致無法使用照明設備，這也是它的缺點。**

3. **技術因素的考慮：**

(1)就技術而言，高架線供電方式之集電架在車輛與電線之間，僅需一個接觸點即可；而**第三軌集電方式，則以集電靴與第三軌作面的接觸，如此可提供較可靠的輸電服務。**

(2)然而其在進行維修工作時，必須將第三軌的供電隔離；至於高架供電方式除非很靠近導線，否則不必如此做，因此就此點而言，**第三軌集電方式在維修時較為繁瑣且耗時。**

4. **景觀因素的考慮：地面高架電線供電方式在景觀方面，由於高架電線、電桿林立，容易產生負面的視覺效果。**而第三軌集電方式，不論是在隧道、地面或高架上，都不會有此現象，故會給人正面的視覺效果而有良好的印象。

二十、捷運系統電壓與變電站

捷運供電系統之功能是負責將台電公司提供之**三相交流電，電壓為161KV高壓電，轉換成電聯車使用之750V直流電力及380／220V三相四線式之廠站設備使用之交流電力。**為考量整體供電系統之可用度，所有電源、變電、輸電及配電設備皆採用雙迴路系統架構設計，其中**電聯車之電源，係採用第三軌方式供電。**

161KV饋線及變壓器均有兩套（平時以一經常、一備用之方式供應下游之供電系統），以確保供電正常。供電系統主要係由「主變電站（BSS）、牽引動力變電站（TSS；簡稱動力變電站）、車站變電站（SSS）」所組成。

主變電站 **BSS**	**紅橘線共有三個主變電站，將台電161KV交流電源降壓成22KV交流電源，供應牽引動力變電站及車站變電站電源**。並設有緊急發電機組以備台電停電時，供電給捷運系統維生負載。
動力變電站 **TSS**	**動力變電站是將供電降壓整流為列車行車使用電力之變電站**。它位於每站車站內，TSS內有二組整流器單元，將交流22KV整流為750V直流電後，經由直流電纜將直流750V傳輸至第三軌。
車站變電站 **SSS**	位於各車站上下行端處，將主變電站的22KV電源降壓成380V交流電源以供各車站內水電、環控等相關負載。

二一、場站及關聯建築物的供電與配電

台電受電室	**由台電高壓供電，經變電站分別引接至各電氣室之分電盤供應各種負載。**
主低壓 配電盤	**依負載需求特性區分「非必要性負載」及「維生性負載」等二種匯流排**，並以輻射狀網路連接至各負載。
維生性負載	啟動備用緊急電源時，捷運車站將僅供應維生性負載的電力需求，**僅供安全有關重要設施用電**，如緊急照明、消防泵、排煙設備、排水泵、電梯、通訊、消防緊急用插座、標誌、防火電捲門等。 **各場站皆設置有「緊急（柴油）發電機」，發電機的作用是將動能轉換為電能。係當主變電站發生故障而停止供電時，供應車站內維生性用電，以備緊急事故時發揮救生、通風排煙的作用。**
非必要性 負載	**一般照明及插座、給水泵、電扶梯、空調設備、維修設備等之需求。**

二二、輔助電力系統

(一) **輔助電力系統電源的種類：**

交流 380伏特	**係由直流750伏特經靜態變流器轉換而成，三相，60赫茲。**供給空調、空壓機、推進設備冷卻風扇及電池充電器使用。
交流 110伏特	**係由交流380伏特經電池充電器轉換而成，單相，60赫茲。**提供駕駛室電暖器、清潔列車用電源插座使用。
直流 37.5伏特	**係由交流380伏特經電池充電器轉換而成。**提供煞車裝置控制回路、車門及推進系統回路、各類儀表、喇叭、聯結器控制電路、雨刷、駕駛室前窗除霧器、故障指示燈、照明及蓄電池電源。

(二) **操作運轉：**

1. **第三軌直流750伏特電源：透過T車兩組靜態變流器，提供DM1、T及M2車之交流電源及直流電源**。
   (1) **交流三相／60赫茲／380伏特：提供列車空調、空氣壓縮機及推進設備鼓風機。**
   (2) **交流單相，60赫茲，110伏特：提供駕駛室電暖器及各車廂清潔用插座。**
   (3) **直流37.5伏特：提供照明及電池充電器等低電壓設備。**
2. **兩組變流器負載分配為：**
   (1) **一組變流器**：供應各車廂前端空調、DM1車推進設備鼓風機及空氣壓縮機。
   (2) **另一組變流器**：供應車廂尾端空調及M2車推進設備鼓風機。
3. 兩組變流器正常運作下，變流器1輸出104.4 KVA，變流器2輸出88.5KVA。但是，當有一組變流器故障時，另一組變流器將輸出133KVA。
4. **列車停於捷運機廠維修軌，在無第三軌供電下，可藉由電力插座，以交流三相四線式380／220V電源直接供電。**
5. **捷運車廂內地板插座電源支電壓為交流單相110V。**
6. **供應道旁控制設備機箱內機板運作裝置之電源，為直流48V電壓等級。**

(三) **其他相關名詞：**

1. **截流網或截流導體**：在軌道的下方常埋設有電流的截流網或截流導體（有如輸油管線、天然氣管線），**其作用在將洩漏電流或雜散電流送至變電站。**

2. **飛輪二極體**（flywheel diode）：一般直流的電感性負載（如直流馬達、RELAY等），因其電流儲能特性，在導入電壓時其電流會逐漸上升，相對的切斷電源時電流也是逐漸下降，此時若無其他負載供其消耗，該電流會在電感上產生高壓電（電弧），易造成開關器損毀、絕緣破壞甚至爆炸。飛輪二極體在電源作用時剛好為逆向，故不導通。但在電源切斷後，因為與電感釋放電流成順向而導通，因此可提供電感釋放電流，又因二極體順向偏壓極低，故不至於產生高壓電弧。**飛輪二極體位於捷運馬達的控制箱中、構成馬達的電力煞車迴路，當電力煞車時，可幫助推進馬達轉換成為發電機來產生作用。**
3. **閘關閉開關**（Gate Turn-Off Switch, GTO）：具有開關機能的電力用半導體元件，稱為電力切換元件，為閘極電流控制元件，是一種雙穩態半導體開關元件。
4. **矽控整流器**（silicon controlled rectifier, SCR）：是一種三端點的閘流體（thyristor）元件，用以控制流到負載的電流。其缺點是無法用於高頻工作，易受雜訊電壓尖突而錯誤導通，工作溫度範圍有限制。
5. **雙極性接面電晶體**（bipolar junction transistor, BJT）：俗稱三極體，是一種具有三個終端的電子器件。這種電晶體的工作，同時涉及電子和電洞兩種載子的流動，因此它被稱為雙極性的，所以也稱雙極性載子電晶體。雙極性電晶體能夠放大訊號，並且具有較好的功率控制、高速工作以及耐久能力，所以它常被用來構成放大器電路，或驅動揚聲器、電動機等設備，並被廣泛地應用於航空航天工程、醫療器械和機器人等應用產品中。通斷（傳遞訊號）時的雙極電晶體表現出一些延遲特性。大多數電晶體，尤其是功率電晶體，具有長的儲存時間，限制操作處理器的最高頻率。

二三、高運量電聯車車體結構

近代大眾運輸工具中，除要求提高安全性、增加運輸量、增快列車之速度外，對於電聯車所產生的噪音、能源的消耗也有愈來愈嚴格的限制。高運量電聯車因為運量高、速度快，增加電聯車對軌道的衝擊，且行駛中之電聯車產生高噪音，車輛功率耗損增加，以致電聯車停止時，煞車消耗能量增加。

有鑑於上述原因，故**電聯車應朝高強度、輕量化發展，其中影響最大者為電聯車車體結構，因為它占電聯車整體重量之絕大部分。**

以臺北都會區捷運電聯車來說，其車體結構係由底架、車頂、前後面板和左右側壁等六部分所組成。

底架 Underframe	底架是車體結構中最堅固之部分，**其上設有車廂板（Car Floor），以承載旅客重量，而其下方則用以安裝機電設施。**
車頂 Roof	車頂結構通**常用來支撐蒸發器（Evaporators）與空調風管以及照明燈具等較輕之設備**，其中車廂頂板大多壓製成波形斷面（Corrugated Sheet），用以增大其撓性剛度EI值。
前後面板 End Walls	每一車體結構均有前後兩片面板，除駕駛室（Cab）前端之面板，因其結構強度攸關操作員以及乘客安全甚鉅，有補強結構外，其餘各端之面板結構則較為簡單。
左右側壁 Side Walls	車體的側壁結構具有左右對稱之特性，**通常由包含窗框、門柱在內之側架結構（Side Frame）以及側架外板（Side Sheet）所組成。**

二四、電聯車的列車組成

臺北都會區捷運高運量電聯車**以3節車廂（2節動力車及1節無動力車）組成一個車組**（Electrcal Multiple Unit, EMU），**再由2車組以其尾部聯結成1列車，列車以DM1-T-M2-M2-T-DM1六節車廂固定編組方式上線營運**，其中DM1車配有駕駛室，兩車廂間有通道相通。有駕駛室之動力車（DM1車），無駕駛室無動力之拖車（T車）、無駕駛室之動力車（M2車）。

二五、捷運車輛基本組件

高運量捷運系統車輛（電聯車）的**基本組件**主要為「車體、轉向架、動力系統、控制系統、煞車系統、輔助電力系統、空調系統」等部分所組成。其**子系統**主要為「車體結構與內裝、車門系統、轉向架設備、連結器設備、煞車系統、動力導引系統、輔助電力系統、照明設備、空調系統、車上通訊與號誌系統」等。

(一) **基本組件：**

1. **車體**：一般而言，捷運車體結構係由底架、車頂、左右側壁及前後面板等六部分所組成。

(1) **底架**：車體之底架係由兩組車端底板以及多支橫樑焊於車底邊樑而成，是為車體結構中最堅固之部份；其上設有車廂板以承載旅客重量；而其下方則用以安裝機電設施。此外，在車體發生意外碰撞時，其所產生之挫曲應力或衝擊動能亦均藉底架結構之彈性或塑性變形而加以承受或吸收。

(2) **車頂**：車體之頂蓋係由車頂邊樑、車頂縱樑、車頂橫樑及頂板所組成。車頂結構通常係用以支撐空調風管與蒸發器及照明燈具等較輕之設備。因此，其結構強度之設計值較低。此外，車廂頂板大多壓製成浪形斷面以增大其撓性剛度EI值。

(3) **左右側壁**：車體之側壁結構具有左右對稱之特性，通常係由包含門柱、窗框在內之側架結構及側架外板所組成。當車體承受垂直負荷時，其車體底架部分主要係承受彎曲應力之作用，而剪切應力則可略而不計。但其側壁部分，則除了彎曲應力外，尚需承受剪切應力之作用。

(4) **前後面板**：每一車體結構均有前後兩片面板、但就電聯車而言，除駕駛室前端之面板稱為車端面板外，其餘各端之面板，統稱為車間面板。車間面板之結構較為簡單，主要係由面板支架及其外板所組成；而車端面板部分，則因其結構強度攸關操作員以及乘客安全甚鉅。因此，除了支架與外板之外，尚有抗撞支柱等補強結構存在。此外，鋼結構材料因強度大、韌性強、加工不易，致使其車頭造型過於單調缺乏曲線美感。因此，目前以鋼材所製之車體結構，其車頭部份大多加有FRP罩板。而此FRP罩板，除了具有質輕、難燃、易於加工成型等特性之外，更可依業主或設計者之需要，調製成各種亮麗之顏色以及立體之造型，以美化車頭並增進車體之美感。

2. **轉向架**（Bogie）：**又稱為台車，包括轉向架框、承樑、輪軸組、懸吊系統**。它是鐵道車輛上最重要的部件之一，它直接承載車體自重和載重，引導車輛沿鐵路軌道運行，保證車輛順利通過曲線，並具有減緩來自車輛運行時帶來震動和衝擊的作用，因此**轉向架的設計直接決定了車輛的穩定性和車輛乘坐的舒適性。高運量捷運列車一節車廂一共有八個鋼輪，兩個轉向架（每一個轉向架有四個鋼輪）**。

架框是轉向架的主體，形狀類似H型，**由兩組側架、兩個橫樑及兩個端架用電焊方式組成**。架框可支撐車體、傳動單元及煞車系統，並提供其他元件焊接、承載與組裝。側架與構樑間形成封閉之內部支撐提供最佳之強度重量比，重量輕且防腐蝕。

架框上有旋轉限制組，經由調整墊片可限制轉向架對車體之旋轉。另有牽引連桿作為車體與轉向架間傳遞縱向力量之元件。

側架採用具有箱形斷面之衍樑材質，橫樑則採用圓形之無縫鋼管以減少所需之焊道長度，端架之材質為高張力鋼。

3. **煞車系統**：煞車系統為行車安全最重要系統，關係到全列車營運上的安全，保障乘客生命安全財產。通常煞車系統以營運觀點可**分為營運煞車及緊急煞車**，營運列車之運動行為大致以「**起步** → **加速** → **達一定速度** → **減速** → **停車**」的循環反覆動作來完成運輸目的。

(1) **煞車的方式**：

A. **以能源轉換方式分類**：

(A) **電力煞車**：電力煞車就是在車上另行加裝一套電動機，利用馬達變成發電機的反方向動力作用之方式來減低車速，不但可以將列車速度減慢，還可以發電節省能源。**電聯車在煞車減速時，常會利用「電力煞車」的方式煞車，其作用是將動能轉換為電能；回收動能，或是以電能的形式將動能消耗掉；將車上的原驅動電動機運轉成發電機模式。**

電阻器煞車	**當第三軌電壓高於950伏特時，閘流體導通**，煞車能量會經由煞車電阻轉換為熱能。
再生式煞車	當進行電力煞車時，**感應電動機同步轉速降低，轉子轉速高於同步轉速，產生煞車轉矩**，將牽引馬達變成發電機運轉，所產生之電能回送第三軌供線上其他電聯車使用。

(B) **機械煞車**：在電聯車的煞車過程中，從80公里／小時到完全停止，理論上可以全部由電力煞車完成。因交流感應電動機煞車時同步轉速降低，轉子轉速高於同步轉速，其所產生的轉差率正比於煞車轉矩。當同步轉速降低到0時，轉子轉速理論上也降到0使電聯車完全停止。但是感應電動機當速度降到一定範圍之下時，其所產生的轉差率及煞車轉矩遞減，很難在限定的煞車距離內使電聯車完全停止。

B. **以服務方式分類**：

(A) **常態煞車**：電聯車運轉時充分使用電能**「再生式煞車」**，將煞車時的動能轉換成電能，回送至第三軌供其他電聯車使用。若煞車命令超過電力煞車所能提供的煞車能力，則加入摩擦煞車。或當速度降至8公里／小時（301型）或4公里／小時（321型）以下時，使用摩擦煞車將列車完全停止。

「摩擦煞車」係運用空氣壓力，將煞車襯墊緊壓於煞車碟片，使動能轉換為熱能，達到煞車之目的。在手動行駛模式下由司機員操作，不受行車速度之限制。**列車一般都是使用再生式煞車，只有在再生式電能不能被吸收時才使用動態煞車。**

(B) **緊急煞車**：係指摩擦煞車其減速度達1.3公尺／秒2，電聯車正常運轉時，緊急煞車電氣回路閉路，其控制電源使緊急煞車電磁閥激磁。**當緊急煞車電磁閥失磁，即產生緊急煞車。緊急煞車採用「碟式煞車」。**碟式煞車包含有駐車煞車之作動器、無駐車煞車之作動器二種型式。每個車輪均裝有作動器，兩種型式成對角排列。**煞車時利用壓縮空氣將作動器推動，使夾持器之襯墊緊壓煞車碟片。**

(C) **駐車煞車**：**係彈簧預力式煞車。**電聯車運轉時，使用空氣壓縮彈簧解除煞車；煞車時則釋放空氣，使彈簧回復夾緊煞車襯墊。駐車煞車電磁閥激磁時，壓縮空氣解除煞車。若操作駕駛室駐車按鈕使回路斷電，壓縮空氣被釋放，駐車煞車作用。鬆放按鈕則駐車煞車被解除。**駐車煞車於車站內停車上下旅客時使用，於機廠內長時間停車使用。可以由司機員操作，不受行駛模式之限制。**

(2) **煞車的設備：**

A. **空壓系統：**

空壓設備	壓縮空氣提供電聯車氣控回路使用，主要設備為空氣壓縮機和馬達，另附有冷卻器、安全閥、空氣濾清器、水分離器等。壓縮機為雙段3缸活塞式，其中2缸為低壓缸，1缸為高壓缸。**由輔助電力系統提供3相380伏特，60赫茲電源。**
空氣乾燥設備	空氣過濾乾燥器可過濾壓縮空氣中的水份、油霧及磨耗的微粒，使壓縮空氣保持清淨、乾燥。

儲氣槽	主儲氣槽	無動力車（T車）上有2個主儲氣槽，提供常態煞車、緊急煞車等所需的氣壓，**主儲氣槽裝有自動洩水閥排除水份。**
儲氣槽	車門控制儲氣槽	每車廂均有一個車門控制儲氣槽，**以提供車門作動所需之氣壓。**
	煞車儲氣槽	每車廂均有一只煞車儲氣槽，**提供煞車活塞所需的氣壓。**壓縮空氣由主儲氣槽經過濾器、單向閥、隔離閥等管路，進入煞車儲氣槽。
氣壓錶	駕駛室儀表板左上方設有壓力錶，顯示主儲氣槽與煞車壓力情形。	
氣動喇叭	氣動喇叭位於DM1車車頭，由司機員操作。另裝置間斷聲音之喇叭於M2車車尾，由計時器控制，用於維修作業聯結時使用。	

B. **懸吊系統控制裝置**：煞車時，空氣彈簧負載訊號傳至該車解碼器與荷重切斷閥，以控制煞車所需氣壓，此訊號同時傳送至空調、推進等系統，以提供其控制參考。

C. **編碼器**：DM1車駕駛室設有一個編碼器，可由自動列車駕駛系統或手動操作模式接受訊號，並以脈寬調變發出訊號，指示列車加減速，**編碼器發出之訊號藉由列車同步控制線傳送到每一車廂之解碼器及動力車（DM1，M2）之推進邏輯。**

D. **煞車控制單元：**

駐車煞車控制單元	主儲氣槽之壓力經過隔離閥、過濾器、單向閥、限制閥、電磁閥及調節器等控制，**於釋壓時產生駐車煞車。**
荷重切斷閥	限制煞車氣缸壓力。依彈簧反應之載重狀況，以控制煞車氣壓缸氣壓，若彈簧所受壓力訊號消失時，則**荷重切斷閥依電聯車滿載（W4）狀況執行煞車。**
緊急電磁閥	接受動力／煞車聯鎖控制訊號，**提供緊急煞車氣壓回路作用。**

解碼器	依據車輛載重與電力煞車情形，輸出控制訊號至「氣電轉換器」來調節摩擦煞車。當電力煞車符合減速要求時，摩擦煞車不作動。如電力煞車不足則加入摩擦煞車。**若電力煞車失效時，則摩擦煞車能補足相同減速能力，使煞車功能不受影響。**
繼動閥	接受氣電轉換閥或緊急電磁閥所傳送之空氣壓力，**快速補充或釋放氣壓。**
壓縮機調節閥	設置於無動力車（T車）上，**可調整壓縮機之壓力。**
氣電轉換閥	由解碼器完成分析之訊號，**經「類比式氣電轉換閥」將電氣訊號轉換成相等比例的空氣壓力而輸出。**

E. **車輪防滑設備**：電聯車為防止車輪打滑，**使車輛保持最佳之輪軌黏著力，有效縮短各段煞車距離及避免車輪損壞**，在每一轉向架配置有一個「電磁釋壓閥」及兩個「速度偵測器」。動力車（DM1車與M2車）車輪防滑設備：則是**由推進邏輯控制，而無動力車（T車）則由防滑控制單元控制。**兩者均自該車的四組速度偵測器取得各輪軸之轉速，以最高之速度為參考，據以查證煞車時是否有滑行現象，並輸出控制信號至電磁釋壓閥，使煞車氣壓缸能釋壓、保持或回升氣壓，而達到最佳的煞車狀況。

4. **動力系統與控制系統**：車輛動力系統或推進系統為車輛可自由地前進後退與加速減速以達到運轉目的之系統裝置。此系統包括**集電裝置、牽引動力系統、驅動控制系統、車上號誌與通訊等、傳動軸系、傳動系統、車輛控制系統、變流器**。

(1)**動力系統**：動力系統主要包括**集電裝置、變流器、牽引馬達、傳動軸系**等。集電設備與供電系統接觸後經變流器換流之後送達牽引動力系統運轉。動力轉向架上配備有牽引馬達，而牽引馬達之配置，則因數量之不同而有變馬達配置與單馬達配置之分。

A. **功能**：車輛動力系統為提供列車行車動力的系統，它藉由**集電裝置的「集電弓或集電靴」**，與電源線接觸來得行車所需的動力。**電源的種類依系統和車輛的需求而有交流和直流兩種。**

B. **組成元件：**

(A) **集電裝置：**

集電靴	指的是安裝在列車轉向架上，為列車從剛性供電軌（第三軌）進行動態取流（採集電流），滿足列車電力需求的一套動態受流設備。**集電靴裝置在電聯車轉向架兩側，一節車廂通常有兩個轉向架、共四個集電靴。**平常集電靴不使用時，可以加以鎖定並保持在放下位置，需要集電時，則利用氣缸上的脈衝氣壓作用來打開鎖定。此時集電靴因氣缸內壓力漸漸減低，而使得它慢慢上升並接觸到供電軌，集電靴即可集取所需要電能。**對車設備的接地，即是採用接地集電靴裝置來完成。**
集電弓	乃使用高壓電纜取電的列車，取電的裝置。集電弓是由導電率較高的金屬物料製作，通常使用合金製作，因為合金不但堅固，而且導電能力高（取決於合金的組合）。**集電弓多安裝在重型鐵路系統和高速鐵路，但部分輕型鐵路亦都會使用集電弓**，因為集電弓比上一代的集電杆更堅固耐用。

(B) **線開關。**

(C) **線濾波器和線反應器：**主動式電力線濾波器之基本原理即藉由換流器產生一個補償電流注入電力線路上以抑制出現在電力線路上的負載諧波及提供負載所需之虛功，使市電端之功率因數到達單位功因，也就是使市電所供應之電流為純正弦且與市電電壓同相位，因此市電將只提供負載所需之實功部分，其他部分則是由主動式電力線濾波器來提供。

(D) **截波器：**它是將電壓值固定的直流電，轉換為電壓值可變的直流電源裝置，是一種直流對直流的轉換器已被廣泛地使用，如直流電機的速度控制、交換式電源供應器（Switching-Power-Supply）等。

(E) **變流器：**又稱為逆變器（Inverter），是一個利用高頻電橋電路將直流電變換成交流電的電子元件，其目的與整流器相反。

(F) **牽引馬達：**牽引馬達是馬達的類型之一，用於驅動車輛的輪子，包括汽車、電車、鐵路機車、動車組及地鐵車輛等。早期的牽引馬達以直流電驅動，電壓多為600V，隨著GTO及IGBT等可用在牽引逆變器的功率晶體的出現，以交流電驅動的牽引馬達也隨之出現，具有比同等輸出的直流電機體積更小、效益更高、易於檢修等優點。

(G) **傳動軸系**：傳動軸是由軸管、伸縮套和萬向節組成。伸縮套能自動調節變速器與驅動橋之間距離的變化。萬向節是保證變速器輸出軸與驅動橋輸入軸兩軸線夾角的變化，並實現兩軸的等角速傳動。傳動軸（Drive Shaft）連接或裝配各項配件而可移動或轉動的圓形物體配件，一般均使用輕而抗扭性佳的合金鋼管製成。對前置引擎後輪驅動的車來說是把變速器的轉動傳到主減速器的軸，它可以是好幾節由萬向節連接。傳動軸是一個高轉速、少支承的旋轉體，因此它的動平衡是至關重要的。一般傳動軸在出廠前都要進行動平衡試驗，並在平衡機上進行了調整。

(2) **驅動控制系統**：牽引馬達之控制方式不外是**截波器與變壓變頻**控制其轉矩致使控制行車速度。

邏輯控制單元是一個具有電腦背景的處理器，一般可分為中央處理器、匯流排、輸入／輸出、電源供應器、介面處理器和各種控制器等部分。電源供應器負責提供必要的電源，輸入部分則作為各種資料的輸入，當資料輸入後，匯流排負責資料的傳遞，中央處理器則負責輸入資料的處理。介面處理器則負責處理控制單元各部分間介面的處理，輸出部分則負責資料的輸出。

另外，控制驅動之設備主要為測重設備及速度感知器，將此兩信號送至微處理器作為車輛性能之重要控制依據資料。

(3) **列車自動控制系統**（Automatic Train Control System, ATC）：即**自動列車控制系統**，係將列車運轉過程全部加以整合，並採自動控制方式的系統。自動列車控制系統，通常包含下列設備：

A. 電聯車與行控中心之間通訊所需的車載設備。

B. 電聯車與行控中心之間通訊所需的道旁設備。

C. 行控中心的控制設備：此種系統包括**列車自動防護（ATP）、列車自動偵測（ATS）及列車自動操作（ATO）三個子系統**。為確保捷運車輛行車安全自動列車控制，其規劃與設計有其必要。然而在車輛聯結、解聯、機廠之情況下可採取手動操作。

列車自動保護系統（ATP）	其主要功能是監督軌道的狀況與列車之行駛速度，以確保列車在最安全的狀況下行駛；其次要功能則是能對列車司機提供適當的資訊和警告信號，並保持適當的剎車距離，以防止車輛追撞或進入未經許可之區間。
列車自動偵測系統（ATS）	又稱為「**列車自動監視系統**」。其主要功能是幫助控制中心的調度員，監督整個系統是否依時刻表或班距運轉。ATS系統可起始設定通過轉轍區的行車路徑，調度列車以及使列車對由行控中心發送之監控命令做出正確反應，其方法為藉由「列車對道旁通訊（TWC）系統」經由阻抗聯接器耦合至軌條。TWC系統可使行車控制中心與道旁ATS設備區對列車發送及接收由列車發送之列車識別碼和列車目的地碼訊息，任一列車皆須被設定識別碼和目的地碼，以便當列車停靠月台時，能將此訊息傳給道旁系統，如此ATS才可獲得列車相關資訊的最新訊息。相對地，行控中心操作員也能對列車發送訊息，遙控改變列車的目的地。
列車自動操作（駕駛）系統（ATO）	行車經由CTC控制中心之電腦加以控制，達成列車運轉完全自動化，不僅列車無需人員駕駛，調度上也全由控制中心統一完成，操作上完全採用自動化。列車自動運轉系統具有(1)速度調整、(2)車站程式化停車、(3)列車啟動等三個功能。提供列車司機員正常執行的功能，這些功能包括：**順暢地加速至命令的行駛速度、調節和保持速度碼命令的速度，並順暢地自動靠站停車**，「電聯車自動化停車系統」即屬於此種系統。總之，ATO裝置可以根據自動列車控制裝置（ATC）或自動列車保障裝置（ATP）等訊號系統所提供的訊號自動加減速，使用ATO裝置可以令列車減少加減速的時間和長度，從而增加列車的班次。

總結來說，捷運列車自動控制系統（ATC）的功能：

A. 列車自動防護系統（ATP）在提供防止列車碰撞之監視功能。

B. 列車自動監視系統（ATS）在監督全線行車狀況，以達成捷運系統迅速、安全、舒適之行車要求。

C. 列車自動操作（運轉）系統（ATO）在控制車速、停靠車站。

(4) **導引系統**：導引的意義與種類：係指車輛行駛時前進或後退的引導方式，可分為中央導引和側面導引兩種方式。因系統的不同，導引材料也不相同。

A. **鋼軌式捷運車輛**：係靠鋼輪的輪緣來導引。

B. **輪胎式捷運車輛與磁浮式車輛**：係由側面一組水平方向的較小車輪，及在兩側軌道之垂直表面上作引導。

(5) **車上號誌顯示與通訊**：車上號誌顯示與通訊等設備均由設備供應是依據業主的需求提供車輛製造廠，便於佈置。

(6) **車站處理機系統**：具有對車站內自動收費設備管理、監視及營收稽核之功能，並將中央處理機下傳之參數或更新程式轉送至各車站內自動收費設備，或將車站內自動收費設備交易資料或訊息轉送至中央處理機功能之系統，稱為「車站處理機系統」。

(7) **電扶梯系統**：電扶梯、電梯標工程之規劃，係以車站站體立體動線、連續運輸、最大運量之旅客需求為導向，以提供車站旅客上下月台及交會車站月台間之最短動線距離，並配合上下班尖峰時段，提供足夠的旅客運輸流量，引導大眾多搭乘舒適、便捷之捷運加以設計；期使尖峰時段的捷運車站人潮，藉著電扶梯的大量運送，疏導旅客迅速進出車站，減少人員擁擠，以發揮大量運輸的功能為主要目標。

(8) **自動收費系統**：自動收費系統包含自動售票機、驗票閘門（含無障礙驗票閘門）、站務員售票機、查詢機、錢幣計數袋裝設備、車站處理機系統及中央資料處理機系統，以作為旅客進出捷運車站之管制，並提供捷運系統完整之票務處理、現金處理、營運稽查及捷運系統管理資訊系統等功能。

(9) **車門系統**：乘客車門係由外側滑動車門，以氣動式操作，且此門具有1500mm之淨寬，以方便乘客上下車。此類車門係由駕駛員於駕駛室內操作。每一車廂之二個乘客車門，即乘客中央車門，於緊急情況下能以手動操作。每一車廂之另六個乘客車門則僅能由駕駛員自動操作。所有駕駛室車門均為手動操作。一緊急逃生門係安裝於DM1車前端，其車門設計為一般滑動栓塞式操作以便進入另一列車，或設計成展開為朝下之坡道，以便乘客緊急疏散時能順利逃至軌道。

5. **輔助電力系統**：輔助電力系統為提供除了牽引動力之外之所有用電的電源如車內照明及緊急供電的電源。主要設備包括**電池組、電池充電器、靜態換流器、照明設備等**。

(1) **功能**：輔助電力系統提供車上照明、空調、壓縮空氣、控制和緊急電源等所需的電力。藉以提高乘車的舒適度與可靠度，並於發生緊急狀況時提供乘客的安全疏離。

(2) **組成元件**：

A. 集電裝置。

B. 保護開關。

C. 靜態換流器：機場捷運電聯車之輔助電力系統為靜態換流器，其主要功能為將750伏特直流電轉換成3相380伏特交流電，提供下列設備使用：

(A) 空調系統。

(B) 濾波電容及VVVF 鼓風機馬達。

(C) 空氣壓縮機（空壓機）。

(D) 電池充電器。

D. 變壓器。

E. 充電器和電池

(二) **對車組（Married Pair）**：亦即「雙車廂電車組」。臺北捷運內湖線電聯車即是以2組對車（4車組）聯結營運，每一車廂提供「一字型」座位20個，滿載共計可搭142人，行駛速度最高可達每小時80公里。

(三) **推進系統**：**捷運系統第三軌提供直流750伏特電源，經「集電靴」進入電聯車之推進系統，供給電聯車之牽引動力**。推進系統設備包含集電靴、推進變流器、推進邏輯、主控制器、調車控制器、煞車電阻／充電電阻、閘刀開關、線開關、線電抗器、冷卻風扇、牽引馬達、齒輪箱等。

1. **當司機員啟動主控制器下達指令後，主控制器輸出控制訊號至推進邏輯，由推進邏輯決定變流器的操作模式，提供牽引馬達所需之電流**。同時，牽引馬達的電壓、電流及轉速等數值回授至控制邏輯，經由回路控制，最後使電聯車的速度與主控制器所下的指令相吻合。

2. 在煞車時，由於轉子轉速大於磁場同步轉速，轉子的機械能將轉換為電能回送至第三軌供其他線上之電聯車使用，**若此時線上無其他電聯車，此能量將於煞車電阻上消耗掉。**

(四) **駐車煞車裝置：駐車煞車（Parking Brake）意指當車輛停止時，駕駛人操作駐車煞車機構時，該車輪便會被鎖住而使得車輛停駐於地上，車輛不會再移動。**此時車輛儀錶警示系統便會出現圖示，告知駕駛人駐車煞車系統正在作用中。**當今車輛駐車煞車操作上一般是用手來操作，所以普遍稱之為手煞車（hand brake）**；但有些車輛則是以腳踏板來煞車，再加上電子輔助煞車亦手腳並用來操作，為避免駕駛人混淆不清，觀念上的誤解而造成駕駛操作不當，產生行車上安全問題。故針對大、小型車的駐車（手）煞車，對車輛種類設計機構與作用上的不同，在使用操作上能有更清楚的瞭解，進而能正確操作及駕駛，對安全大有助益。

(五) **輪軸系統及懸吊系統：**

1. **輪軸系統：電聯車車輪為一體成型，全新車輪直徑為850毫米，耐磨度為55毫米；車輪裝有煞車碟片。**車輪材質為鍛鋼，規格符合美國鐵路協會（AAR）Class-B之標準。車軸為實心車軸經過熱處理，例如臺北捷運淡水線動力車（DM1及M2車）與無動力車（T車）的轉向架所使用之車軸在外形上略有差異，兩者不可互換。新店／中和 ／南港線電聯車車軸僅有一種型式，動力車及無動力車可互換。**車輪、齒輪箱、軸箱等設備皆以冷壓力式與車軸結合。車軸規格符合美國鐵路協會Grade-G之標準。**

2. **主懸吊系統：**採用錐形橡皮彈簧作為主懸吊系統。**每個轉向架有8只橡皮彈簧，每2只橡皮彈簧與軸箱及架框之側架連接構成一組懸吊系統。**車軸上的負荷均由錐形橡皮彈簧所承受。**轉向架的輪軸藉著主懸吊系統與架框本體相連，利用錐形橡皮彈簧來吸收電聯車的震動能量以減低蛇行運動，提供良好的乘車品質。**主懸吊系統具有以下之優點：

(1) 使用年限長。

(2) 安全性高，其垂直方向的剛性較小，可大幅吸收振動能量，而側向及縱向的剛性較大，可減低車輛的蛇行運動。

(3) 重量輕、維修容易。

(4) 可承受車軸上任何方向的負荷。

3. **次懸吊系統：轉向架藉著「次懸吊系統」與車體底盤相連接，承受車體的垂直負荷、橫向負荷以及旋轉運動。**次懸吊系統的主要元件為空氣彈簧（橡反氣囊），**每個車廂由4只「空氣彈簧」所支撐，分別置於轉向架上。**其中一個轉向架上之兩只空氣彈簧各有一水平閥控制，另一個轉向架上兩只空氣彈簧其氣管互相連通，僅受一只水平閥控制，形成「三點式空氣懸吊系統」能緩和車體晃動。「空氣彈簧」利用水平閥（Leveling Valve）來調整囊內空氣量，得到不同程度的彈簧特性，使車輛在不同的載重下，保持車廂地板與月台等高（115公分）。**在正常情況下，水平閥可維持車廂地板高度變化在9公厘以內。**當車輪直徑在832～814公厘時，為彌補因車輪磨損而引起的地板高度變化，可在橡皮氣囊下安裝1片調節板（厚度9公厘），如車輪直徑在814～74公厘間時則安裝2片調節板。
4. **水平閥：可依旅客多寡調整車廂高度。**當旅客進入車廂時，車體與轉向架之相對距離減少，水平閥之控制桿打開壓縮空氣入口，使壓縮空氣進入次懸吊空氣彈簧，直到車體與轉向架間之距離恢復原設定值。反之，若旅客離開車廂，水平閥之控制桿打開壓縮空氣出口，使次懸吊空氣彈簧內之空氣排至大氣中，直到車體與轉向架之距離恢復原設定值。
5. **縱向聯結組：將加速或煞車力傳給軛（Yoke）後再傳至車體。**軛經由固定塊傳遞「大王梢」與「連桿」間之縱向力。
6. **防滾桿組：補償或平衡車體滾動及車體左右兩側之負荷。**
7. **列車自動停止裝置：俗稱「絆腳閥」**。設置在DM1車第一個轉向架之左前端下方，其高度可調整。絆腳閥與緊急煞車電路連通，正常時為閉路，管內充氣，當列車碰到軌道旁之絆腳桿或障礙物時，絆腳閥之作用桿使內部壓力迅速排放，壓力開關作動，緊急電磁閥斷電，立即緊急煞車。「絆腳閥」在列車前進或後退時均可作動，**絆腳閥碰觸絆腳桿或障礙物之後，自動彈回垂直位置。**

(六) **空調系統**：電聯車內空調系統的空調設備，包括壓縮機馬達、送風機及冷凝器等，茲分項說明其作用方式如下。

1. **空調設備**：空調系統提供車廂內溫濕度維持在一定的情況，使乘客感覺舒適。主要空調設備包括如下：

(1) **蒸發器**：蒸發器是製冷四大件中很重要的一個部件，低溫的冷凝「液」體通過蒸發器，與外界的空氣進行熱交換，「氣」化吸熱，達到製冷的效果。

(2) **受液器**：受液器收集冷媒後，為高壓液態，經膨脹閥噴入蒸發器，形成低溫低壓冷媒，再經一次吸熱而成為冷凍循環系統。

(3) **壓縮機**：冷媒帶有熱經過壓縮機之壓縮，壓縮機給與熱能及壓力，冷媒由低壓器體轉為高壓氣體。

(4) **膨脹閥**（expansion valve）：**其功用為可隨熱負荷大小來控制冷媒流量。**

A. **整個系統為完全封閉且對外不透氣的系統，其內充入極易蒸發又極易冷凝的物質，即冷媒，以壓縮機為整個系統的心臟，利用機械能去壓縮氣體冷媒，使之成為高壓高溫狀態。**經冷凝器冷凝為高壓液體再進入冷媒控制器，使冷媒流量受控制並被降壓，此時冷媒將急速膨脹為低壓狀態後，再送入冷凍空間之蒸發器吸熱而帶走冷凍空間的熱量，降低冷凍空間之溫度，再送回壓縮機。

B. 冷媒在循環系統中的狀態說明：

(A) 在壓縮機中，**被壓縮成高壓高溫氣態冷媒**。

(B) 在**冷凝器**（散熱片）中，**排出熱量冷凝成高壓液態冷媒**。

(C) 在冷媒控制器（膨脹閥）中，**被限制流量導致壓力降成為低壓液氣混合媒。**

(D) 在蒸發器中，**吸收了冷凍空間的熱量蒸發成為氣態冷媒。**

2. **空調的供給方式：「空調系統」可分為水系統及風系統二種，目前臺北捷運營運路線各車站公共區域，均採用風系統（集中式空調系統）供給空調。**

(1) **風系統設備**：包含新鮮空氣**送風機、空氣循環風道的濾網（功能在濾除空氣中的雜物）、冰水盤管及主送風機**等設備，配合相關風管將冷氣送至車站穿堂及月台層公共區。上列設備設置於車站之兩側空調機房，風系統自進氣通風口引進外氣經過消音箱後，將新鮮空氣自送風機送至自捲式過濾器後，再送入冰水盤管再進入主送風機，最後由充氣室經風管將冷氣送出至車站穿堂及月台層公共區。

優點	1. 減少管線設施。	2. 設備集中好維護。
缺點	1. 空調箱及機房佔地大。 3. 設備與風管初設成本高。 5. 風機耗能大，運轉費用高。	2. 風管尺寸大且多，佔用較大之空間。 4. 維修時不能使用。

(2) **水系統（分散式空調系統）設備**：包含預冷式空調箱，小型冷風機自進氣通風口引進外氣經入消音箱再送進預冷式空調箱內，風管將冷空

氣送至車站公共區之天花板上方供給小型冷風機之進氣，經小型冷風機再冷卻後，將冷氣送至車站穿堂及月台層公共區。臺北捷運各已營運路線均未採用水系統供給空調，**目前僅新莊線輔大站、丹鳳站及迴龍站之環控子標採用。**

優點	1. 可區域控制，節省能源。 2. 無回風管，節省空間。 3. 可縮小空調箱尺寸，節省機房用地。 4. 外氣風管尺寸小，冰水管路佔用空間小。 5. 模組式空調箱品質穩定，易維修且價廉。
缺點	1. 設備分散，增加維修負荷。 2. 增加較多之冰水管路。 3. 冷凝水管洩水坡度，影響空間。

(七) **通訊系統：**提供捷運行控中心、行政大樓、機廠及車站等所有資訊來往的服務，是系統工程的「通訊系統」。析言之，高運量列車通訊系統的功能為提供**駕駛員與行控中心或機廠塔台人員間的通訊，前後駕駛室間、駕駛員對乘客、乘客對駕駛員間**的通話，且能自動以廣播及顯示方式提供列車目的地、到站、轉乘等相關訊息。

列車通訊設備包含車內天線、車上無線電、電源調整器、操作面盤、話機、喇叭、旅客緊急對講機、旅客資訊設備、攝影機及監視器等。其中，車內天線與車上無線電係用於駕駛員與行控中心或機廠塔台無線電通訊，電源調整器係**將車輛供應的37.5伏特直流電源轉成列車通訊設備所需的直流電源**，操作面盤則可選擇列車通訊各式功能，攝影機及監視器專供駕駛員監看列車內旅客的活動，每一節車廂則各有8支喇叭及4個旅客緊急對講機。

(八) **照明系統：**照明運轉前，須將T車之「輔助電驛」先行導通，傳輸啟動訊號給「電池充電器」，俟電池充電器充電完成後，送出控制電壓（直流37.5伏特）以啟動照明電路。「輔助電驛」由輔助電力開啟按鈕啟動，輔助電力開啟按鈕的電壓是經由電池電路斷路器及輔助電路斷路器所供應。

1. **車內照明：**381型電聯車之照明均以110V直流電壓通電運轉，此110V直流電壓是由電池充電器（在列車正常運轉下）或電池組（在緊急情況下）所供給。車廂內照明採用新款T5燈具，消耗功率為28W，較371型（T8燈具32W）節省用電量約為12.5%，可兼具照明效率及節能之效。

2. **車外照明**：車外照明設備主要功能為提供車外路徑照明、燈號標示、列車狀態指示等功能，除頭燈外，其他燈具（如尾燈、標誌燈、閃光燈、呼叫／故障指示燈、門開指示燈）皆已採用LED燈具。

(九) **月台門**：月台門（又稱為安全門、屏蔽門），是指在月台上以幕牆隔離乘客與路軌。列車到達時，再開啟幕牆上之電動門供乘客上下列車，以防止人員在月台落軌。**電聯車的車門與月台門的位置對齊，係由電聯車的「自動化停車系統」全程控制車輛停靠。**

捷運系統營運時，若**發現有人員從月台掉落軌道**，此時，捷運公司的工作人員應即採下列方式處理：

1. **以通訊系統通知行控中心，要求列車緊急煞車。**
2. **以通訊系統通知列車駕駛員，要求列車緊急煞車。**
3. **立即按下月台上的緊急開關，將列車供電系統斷電。**

(十) **鐵路機車調頭設施**：鐵路機車頭有時因運轉上的限制，有調頭轉向的需求，此時可有下列三種協助鐵路機車調頭的設施：

1. **轉車盤**：又稱轉車台，是供鐵路機車頭掉頭轉換方向的機械裝置。
2. **環形迴車線**：又稱單向迴圈，燈泡線，用以供鐵路列車直接折返而無需轉軌甚至無需停車。
3. **三角線**：為三條鐵路軌道以三角形的形狀交會，並在三個交會點設有轉轍器，或因多條鐵路路線先後交會，或由於列車調頭等特殊目的所興建。台北捷運在藍線的「土城機廠」內，就有此裝置。

(十一) **安全設備**

1. **車站安全設備：**

(1) **電扶梯緊急停機鈕：**

A. **位置**：電扶梯上、下扶手旁。

B. **使用方法**：緊急狀況時，打開透明塑膠護蓋，按下紅色之緊急停機鈕，使電扶梯停止運轉。高揚程電扶梯於扶手中段另加設紅色緊急停機按鈕。

(2) **廣播系統**：設於列車、月臺、大廳，平常廣播各類資訊，緊急時請依指示行動，必要時請配合疏散。

(3) **車站大廳消防設備：**

A. **位置**：於大廳層設有滅火器及消防栓。

B. **使用時機**：發生火警狀況時可取用消防設備滅火或立刻通知站務人員處理。

(4) **電梯對講機**：

A. **位置**：電梯內部的操作盤。

B. **注意事項**：電梯優先提供老人、身心障礙、婦孺、推嬰兒車及其他有需要者使用，敬請禮讓使用，當發生地震或火災時請勿搭乘。

C. **使用時機**：緊急狀況按下紅色按鈕，可與車站詢問處服務人員通話。另捷運電梯設有夾到障礙物重開裝置。

2. **月台安全設備**

(1) **月臺間隙**：電聯車行駛略會晃動，月臺與電聯車之縫隙為正常間隙，旅客進出車廂時應注意，以免陷入此間隙而受傷。行動不便坐輪椅者，請以倒退方式進出車廂，以免輪子陷入間隙。

(2) **列車進站警示燈**：

A. **位置**：高運量地下車站月臺邊緣。

B. **注意事項**：紅色警示燈閃爍時表示列車即將進站，當列車未停妥前，旅客勿超越月臺黃色警戒線。

(3) **月臺黃色警戒線**：

A. **位置**：高運量月臺邊緣。

B. **注意事項**：列車行駛速度快，列車進站未停妥前，勿超越月臺黃色警戒線，以免發生危險。

(4) **緊急停車按鈕**：

A. **位置**：設於高運量各月臺四分之一處，每月臺2個。

B. **使用時機**：有人闖入、不慎掉落軌道或腳卡入月臺間隙，可立刻按下緊急停車按鈕，以防止列車進站或靠站之列車駛離月臺，而發生意外。

C. **違規使用罰則**：非緊急狀況使用者，可處罰新臺幣5萬元。

(5) **排煙口開放裝置（地下車站）**：

A. **位置**：高運量地下車站排煙閘門附近之牆面或立柱上。

B. **使用時機**：當排煙設備無法自動運轉排煙時，可利用現場手動開關啟動排煙設備。

C. **注意事項**：非緊急時請勿使用，違者罰新臺幣5萬元。

(6)**月臺消防設備：**

A. **位置：**於月臺層設有滅火器及消防栓。

B. **使用時機：**因接近軌道邊有高壓電危險，若發生火警狀況，應立刻通知站務人員處理。

(7)**避難空間：**

A. **位置：**高運量月臺邊緣下方。

B. **使用時機：**不慎跌入月臺軌道時緊急避難用，以側身方式躲入。

(8)**逃生指示燈：**

A. **位置：**車站大廳及月臺設逃生指示燈及緊急出口燈。

B. **注意事項：**緊急時請依逃生指示方向並依站務人員之引導進行疏散。

(9)**供電軌警示標示：**

A. **位置：**供電軌護蓋上方。

B. **注意事項：**軌道旁之供電軌設有750v直流高壓電，誤觸有電殛之危險。

(10)**緊急對講機：**

A. **位置：**每一月臺之牆面或立柱上。

B. **使用方法：**緊急時按下緊急通話鈕可與捷運公司人員通話。

3. **列車安全設備**

(1)**緊急逃生門：**

A. **位置：**高運量列車前後駕駛室之前端。

B. **使用時機：**於緊急事件發生時請依司機員指示，由駕駛室前方之緊急逃生門離開車廂，利用軌道行進至車站月臺疏散。

(2)**列車上之滅火器：**

A. **位置：**

(A)高運量：每節車廂有4具手提滅火器，設於每節車廂前後處。

(B)文湖線：前後兩端車門旁下方。

B. **使用時機：**發生火警狀況時，可取用滅火器滅火或立刻通知司機員（高運量）或行控中心（文湖線）處理。

(3)**緊急對講機：**

（高運量）

A. **位置：**於車門旁之對角均設有一具（每節車廂有四具）

B. **使用方法：**緊急時按下紅色按鈕按到底再放開，三秒鐘後請靠近對講機與司機員通話。

（文湖線）

A. **位置**：前後兩端車門旁。

B. **使用方法**：緊急時壓紅色按鈕可與行控中心通話，請靠近對講機說話。

(4) **逃生把手/推把**：

A. **位置**：文湖線每個車門旁上方有一具。

B. **使用方法**：發生緊急狀況時，依行控中心指示操作靠中央走道側之把手，系統會自動斷電，15秒後，即可以手拉開車門。

C. **注意事項**：

(A)若您有緊急情況時，先使用車門旁緊急對講機與行控中心聯絡，能得到最快之處理與服務，以節省處理時間。

(B)非緊急時請勿使用，違者罰新臺幣5萬元。

(5) **緊急開門旋鈕**：

A. **位置**：高運量每節車廂外之兩側下方各配有一具。

B. **使用方法**：緊急時於月臺上將旋鈕順時鐘旋轉90度即可開啟一扇車廂門。

(6) **列車車門/月臺門重開裝置**：

A. **位置**：每節車廂及月臺。

B. **功能**：列車車門/月臺門，設有防夾重開裝置，可防止意外夾傷。

(十二) **鐵道系統專用號誌燈**

鐵道系統專用號誌燈係在提醒司機員調整車速，號誌燈顏色有「紅、黃、綠」3種。紅燈(R)表示「險阻」、黃燈(Y)表示「注意」、綠燈(G)表示「安全」。有時因應路上狀況，會加上白、紅、黃燈，變成四燈或五燈。各有其英文的代號，所代表的意義如右：G：平安；Y：注意；R：險阻；Y/Y：中速(60公里)；Y/F：緩速(45公里)；R/YF：低速（35公里）；R/Y：慢速(25公里)；R/F：准許調車。分為下列兩種時相，其差異僅在「雙黃燈（警戒）」：

1. **三時相號誌**：排列順序為 綠燈（平安）、黃燈（注意）、紅燈（險阻）三種。
2. **四時相號誌**：排列順序為 綠燈（平安）、雙黃燈（警戒）、黃燈（注意）、紅燈（險阻）四種。

二六、大眾捷運系統履勘作業摘要

依「大眾捷運系統履勘作業要點」摘錄其要點如下：

(一) 大眾捷運系統之建設，由中央主管機關辦理者，於報請交通部履勘前，應由主辦工程建設機關（構）所屬工程局（處、所）及營運機構報請主辦工程建設機關（構）自行辦理初勘。

大眾捷運系統之建設，由地方主管機關辦理者，於地方主管機關報請交通部履勘前，應由主辦工程建設機關（構）及營運機構會銜報請地方主管機關辦理初勘。

(二) 初勘通過之依據，除應完成履勘前須改善事項外，地方主管機關須已完成營運中斷交通緊急應變計畫，並應提出依未來通車初期營運班表連續七天以上之系統穩定性測試報告，其內容須符合下列要件：

1. 系統可用度達百分之九十九以上，且延誤五分鐘以上事件不得超過二件。但非完全獨立專用路權之大眾捷運系統，於系統穩定性測試期間，因不可歸責於該系統之事由，致系統或列車延誤超過九十秒之異常事件或事故，得予排除。
2. 平均列車妥善率達百分之九十以上。
3. 系統啟動正常，且不得有發車失敗之情形。
4. 不得發生造成全線或區間單、雙向營運中斷之系統性故障事件。
5. 如為無人駕駛系統，不得於正線發生改採手動駕駛列車模式之情形。

通過初勘程序後，即可函送初勘紀錄及履勘前須改善事項改善完成報告報請交通部履勘。

(三) 履勘中所發現缺失，其攸關營運安全及營運所必要之項目，非經改正，不得通車營運。

二七、軌道系統的安全管理要素

鐵路運輸安全的要素包括「穩定可靠的核心系統」、「嚴謹完善的標準作業程序」及「完備的後勤維修」等三大項。因此歐洲各國之軌道當局，為了維持軌道安全管理之一致性，乃特別針對可靠度(R)、可用度(A)、維護(修)度(M)、安全性(S)訂定歐盟之標準(European Standard)，簡稱為RAMS。

(一) **可靠度**(reliability)：係指用以描述產品項目在指定的時間(如1.000小時)間隔及指定的條件下，能夠執行所規範功能的機率。一般常用之度量指標包括：平均失效間格時間、失效率(失效次數/每百萬小時)、成功機率(%)等。

(二) **可用度**(availability)：亦稱為「妥善率」。係指在指定的時間內，若所需之外部資源能維持供應時，產品在設定的條件下，達成某項所需功能之能力狀況。

(三) **維修度**(maintainability)：係指在指定的條件下進行維修，並使用指定的程序及資源時，對於一個已知之主動維修行動，在指定的時間內能夠完成修護之機率。一般常見之可維修度度量指標包含：平均維修時間、完成修復機率等。

(四) **安全性**(safety)：係指能夠免除嚴重傷害之風險而言。

二八、捷運維修機廠

(一) **機廠功能**：**捷運系統中所有維修與營運設備之集合統稱為「機廠」**。機廠除提供電聯車組裝、儲放及調派之場所外，並需執行電聯車、軌道設備及相關子系統設備之定期檢查、預防維修與故障排除等工作。因此機廠內各項設施之佈設方式與規模，必須依據明確且清楚的維修策略及作業需求進行相關的規劃與設計，方可提高其使用之經濟性、安全性，進而達成永續經營及擴展系統的目標。

(二) **機廠等級**：**機廠規模之大小須視捷運系統路線數與營運列車數量之維修需求而定**，基本上，每一條捷運路線應配置有個別的機廠，以服務路線上之列車，使列車能在其輕維修廠內進行小型維修作業。而**全路網將至少設置一座主機廠**，提供比路線機廠更高一級的營運維修功能，如此俾達成整體路網運作及維修作業中心之目的。**機廠有各種不同之型態，依規模大小、列車及系統運作所需的服務水準而定**。而機廠等級區分之目的主要在於規劃維修設備及人員之設置與權責劃分。捷運機廠，依其維修等級可分為下列五級，而**臺北捷運北投機廠、桃園捷運青埔機廠及高雄捷運大寮機廠分別是屬於該三捷運系統唯一功能最完整之第五級機廠**。

等級	主要功能
第一級機廠	1. 電聯車之停放。 2. 電聯車車廂內部之清潔。 3. 執行電聯車出車前之車輛安全檢查。
第二級機廠	1. 包含第一級機廠之所有功能。 2. 電聯車車廂外部之清潔。 3. 執行電聯車每月定期之維修任務。
第三級機廠	1. 包含第二級機廠之所有功能。 2. 電聯車車輪之車削整修（視階段營運需求設置）。 3. 執行該路線電聯車半年、年定期之維修任務。 4. 該路線電聯車故障之緊急搶修。 5. 提供該路線上電聯車、軌道、號誌、其他系統及相關零件之備品儲存。
第四級機廠	1. 包含第三級機廠之所有功能。 2. 執行該路線電聯車非定期之檢修任務。 3. 該路線上機車頭、軌道維修車輛之停放。
第五級機廠	1. 包含第四級機廠之所有功能。 2. 捷運系統整體路網軌道之定期檢查、維修。 3. 進行整體路網電聯車之緊急搶修任務。 4. 提供捷運系統整體路網上電聯車、軌道、號誌、其他系統、設施及相關零件之備品儲存。 5. 執行捷運系統整體路網電聯車及設備之翻修或大修任務。 6. 執行捷運系統整體路網機車頭及軌道維修車輛之定期檢查、維修及翻修或大修任務。

嚴選題庫

(　　) **1** 下列有關大眾捷運系統特性之敘述，何者錯誤？　(A)非行駛於專用軌道　(B)輸量大　(C)可採自動控制　(D)服務水準高。

(　　) **2** 服務郊區與都市中心間之系統，即由中心商務區（CBD）輻射至郊區市鎮中心的鐵路系統，以輻射路線聚集在CBD以通勤旅次為主要服務對象，為何種大眾捷運系統？　(A)RRT　(B)RGR　(C)RTRT　(D)LRRT。

(　　) **3** 下列何者非重軌式捷運系統之缺點？
(A)本設施之建造成本高　　(B)施工期長
(C)爬坡力高　　(D)噪音大。

(　　) **4** 下列有關快捷巴士（BRT）優點之敘述，何者錯誤？　(A)車輛運行效率高　(B)營運規劃彈性小　(C)興建成本低　(D)施工期間短。

(　　) **5** 捷運系統旅客到達及離開車站轉乘方式有(1)步行(2)停車轉乘(3)公車三者，一般車站內通道設計，此三者之優先次序，下列何者正確？　(A)(1)(2)(3)　(B)(1)(3)(2)　(C)(2)(3)(1)　(D)(3)(1)(2)。

(　　) **6** 大眾捷運系統將全線任何起訖點間的各項組合，以矩陣票價來界定價格，係屬捷運系統的哪一種基本費率結構？　(A)單一費率　(B)點間費率　(C)區域費率　(D)距離費率。

(　　) **7** 在捷運車輛之各種行駛方式中，停站時的行駛方式為下列何者？(A)加速方式　(B)等速方式　(C)滑行方式　(D)剎車方式。

(　　) **8** 臺北捷運車廂屬何種營運型態？　(A)單一車廂　(B)多節車廂　(C)聯節車廂　(D)雙層車廂。

(　　) **9** 唯一以輪緣來支撐及導引車輛行駛在兩條鋼軌上的運具，是大眾捷運系統車輛之哪一種支撐方式？　(A)鋼軌式支撐　(B)輪胎式支撐　(C)磁浮式支撐　(D)氣墊式支撐。

(　　) **10** 有關捷運鐵路車站之設計原則，下列敘述何者錯誤？　(A)須以專用路權行使　(B)應避開人口密集或重要公共活動場所附近　(C)整體綜合性的開發配合，亦為車站選定的重要考慮因素　(D)須考慮各種功能車站與地面交通之配合發展。

( ) **11** 在都市中心區採用何種型式的車站，不但可解決用地問題，並可使其對周遭環境負面衝擊最小？ (A)地下型車站 (B)地面型車站 (C)高架型車站 (D)混合型車站。

( ) **12** 月台型式為路軌在兩旁，月台被夾在中間的設計，稱為：(A)島式月台 (B)側式月台 (C)疊式月台 (D)混合式月台。

( ) **13** 捷運車站不宜設置於軌道彎曲之處，就工程的限制而言，若路線轉彎處之曲率半徑應大於多少公尺才適合設站？ (A)300公尺 (B)500公尺 (C)800公尺 (D)1000公尺。

( ) **14** 捷運系統車站內部環境與維護系統設置應考慮的因素，下列何者不在其中？ (A)安全防護系統 (B)防火措施 (C)防震措施 (D)吸音設備。

( ) **15** 臺北捷運電聯車乘載之標準概同於大多數美國運輸業者所採用以0.20平方公尺為最小立位面積，亦即每平方公尺站立多少人，做為列車運轉計畫及車輛採購之依據？ (A)2人 (B)3人 (C)5人 (D)8人。

( ) **16** 臺北捷運規劃的列車營運速度（行車速度）對傳統鋼輪系統而言，係以約每小時多少公里來計算？
(A)24km／hr (B)28km／hr (C)34km／hr (D)40km／hr。

( ) **17** 捷運局規劃手冊規定高運量之備用列車數為列車需求總數之百分之多少？ (A)5% (B)10% (C)15% (D)20%。

( ) **18** 捷運車站鄰近地區私有建築與車站進出通道相連之效益，下列何者錯誤？ (A)提高土地使用性 (B)促進地區之發展 (C)帶動老市區的發展 (D)運輸系統之整合。

( ) **19** 被利用來作為規劃、控制及評估專案各項工作進度，為計畫與實際進度之時序圖，稱為：(A)甘特圖 (B)無骨圖 (C)流程圖 (D)品質管制圖。

( ) **20** 具有專用路權及無人駕駛，是以自動化運轉的導引式大眾捷運系統的技術類型，稱為：(A)輕軌捷運 (B)磁浮捷運 (C)膠輪捷運 (D)自動導引捷運。

(　　) **21** 下列何者不屬於自動導引捷運系統？　(A)個人捷運　(B)團體捷運　(C)輕軌捷運　(D)穿梭大眾捷運。

(　　) **22** 終站車場將號誌機與有關之轉轍器及其他相關號誌設備作互相關聯與牽制，以防止人為錯誤扳動轉轍器或顯示互相矛盾之號誌謂之連鎖。下列何者不是其相關措施？　(A)道岔　(B)轉轍器　(C)脫軌器　(D)軌枕。

(　　) **23** 臺北捷運列車屬於何種動力的電聯車？　(A)動力分散式列車　(B)動力集中式列車　(C)動力混合式列車　(D)動力輻射式列車。

(　　) **24** 下列有關捷運系統行車控制中心主要任務之敘述，何者正確？
(A)行車控制中心主要負責整體捷運系統與列車的運作及操控
(B)平時情況，行車控制中心負責整合列車調度、電力與環境控制系統之應變，降低事故之危險狀況
(C)異常狀況，行車控制中心負責監控列車、維持整體系統的運作
(D)緊急狀況，行車控制中心負責迅速擬定降級運轉之模式，並即時調度列車。

(　　) **25** 臺北捷運系統中哪一條為中運量路線？　(A)新莊線　(B)板橋土城線　(C)木柵線　(D)淡水線。

(　　) **26** 臺北捷運系統高運量路線之曲線半徑，其正線最小曲線半徑為多少公尺？　(A)100公尺　(B)150公尺　(C)200公尺　(D)250公尺。

(　　) **27** 臺北捷運系統電聯車最高設計速度為每小時多少公里？　(A)80公里　(B)90公里　(C)100公里　(D)110公里。

(　　) **28** 臺北捷運系統每組電聯車含有幾節車廂？　(A)2節　(B)3節　(C)4節　(D)5節。

(　　) **29** 大部分車輪踏面都設計有一斜度（如TGV錐面斜率為1／40），其主要原因是為了讓列車在過彎時，可以維持軌道間的距離：(A)避免搖晃　(B)避免跳動　(C)避免出軌　(D)以上皆非。

(　　) **30** 軌道主要包括三大部分，下列何者不在其中？　(A)電力系統　(B)承托系統　(C)扣件系統　(D)鋼軌。

( ) **31** 臺北捷運初期路網淡水線，下列何者採用平面建造型式？ (A)復興崗站至淡水站 (B)圓山站至復興崗站 (C)中山站至圓山站 (D)以上皆非。

( ) **32** 臺灣高速鐵路，最小曲線半徑為： (A)4,250m (B)5,250m (C)6,250m (D)7,250m。

( ) **33** 下列有關鋼軌研磨之敘述，何者錯誤？ (A)鋼軌研磨可為修復性研磨、預防性研磨與鋼軌斷面復原研磨等三類 (B)研磨之目的在透過改善輪軌接觸條件、降低輪軌接觸應力所造成的提早耗損 (C)鋼軌研磨可消除和延緩鋼軌表面波狀磨耗發展、消除鋼軌表面的接觸疲勞層防止鋼軌踏面剝離 (D)透過鋼軌研磨可達到減少空氣汙染，提升營運品質，並可增加鋼軌平均壽命與延長車輛使用年限的目的。

( ) **34** 列車識別碼（PTI）位於：(A)電聯車駕駛室 (B)電聯車尾端 (C)捷運行控中心 (D)分別設於各捷運站。

( ) **35** 大眾化各種不同之列車，其車速及車種不同在隧道內產生何種效應之程度亦大不相同？ (A)煙囪效應 (B)活塞效應 (C)溫室效應 (D)藤原效應。

( ) **36** 捷運車道之下部結構，下列何者錯誤？ (A)面版 (B)基樁 (C)帽梁 (D)墩柱。

( ) **37** 軌枕的材料，以下列何者性能最佳？ (A)木枕 (B)鋼枕 (C)混凝土枕 (D)合金枕。

( ) **38** 軌道結構的主體係指下列何者？ (A)道渣 (B)軌枕 (C)軌條 (D)道岔。

( ) **39** 我國高速鐵路及捷運軌條係以下列何者為主？ (A)30kg／m (B)37kg／m (C)50kg／m (D)60kg／m。

( ) **40** 鐵路之標準軌距為多少公尺？ (A)762公厘 (B)1067公厘 (C)1435公厘 (D)1485公厘。

( ) **41** 臺灣環島鐵路軌距為多少公尺？ (A)762公厘 (B)1067公厘 (C)1435公厘 (D)1485公厘。

( ) **42** 下列有關交流馬達優點之敘述，何者錯誤？ (A)價格低廉、構造簡單 (B)維修容易、速率變動大 (C)生產容易、無接觸零件 (D)較不用保養、使用期限長。

( ) **43** 英國人詹姆斯（James Weir French）發明三相可變磁阻型（Variable reluctance）步進馬達，稱為：(A)交流馬達 (B)直流馬達 (C)步進馬達 (D)迴路馬達。

( ) **44** 架空電車線的懸掛類型大致有三種，下列何者不在其中？ (A)簡單懸掛 (B)複式懸掛 (C)鏈式懸掛 (D)剛性懸掛。

( ) **45** 臺北捷運系統是使用何種供電方式？ (A)架空電車線 (B)地下軌集電 (C)第三軌集電 (D)第四軌集電。

( ) **46** 捷運系統主變電係由台電引接161KV特高壓電源，降壓為多少KV供應給動力變電站、機廠變電站及車站變電站使用？ (A)22KV (B)24KV (C)32KV (D)34KV。

( ) **47** 捷運系統供電系統主要係由下列何者組成？(1)主變電站；(2)機場變電站；(3)牽引動力變電站；(4)車站變電站
(A)(1)(2)(3) (B)(1)(2)(4) (C)(1)(3)(4) (D)(2)(3)(4)。

( ) **48** 捷運系統供安全有關重要設施用電者，為下列何者？ (A)滿載性負載 (B)補充性負載 (C)非必要性負載 (D)維生性負載。

( ) **49** 供給空調、空壓機、推進設備冷卻風扇及電池充器使用者，係下列何者？ (A)直流380伏特 (B)交流380伏特 (C)直流110伏特 (D)交流110伏特。

( ) **50** 輔助電力系統電源交流380伏特，係由直流多少伏特經靜態變流器轉換而成，三相，60赫茲？
(A)直流550伏特 (B)直流650伏特
(C)直流750伏特 (D)直流850伏特。

( ) **51** 下列何者提供列車空調、空氣壓縮機及推進設備鼓風機？
(A)交流三相，60赫茲，380伏特 (B)交流單相，60赫茲，110伏特
(C)直流37.5伏特 (D)交流380伏特。

(　　) **52** 列車停於機廠維修軌，在無第三軌供電下，可藉由電力插座，以下列何種電源直接供電？　(A)直流37.5伏特　(B)單相，60赫茲，110伏特　(C)三相，60赫茲，380伏特　(D)交流380伏特。

(　　) **53** 以臺北都會區捷運電聯車來說，其車體結構係由下列何者組成？(1)前後車門；(2)底架；(3)車頂；(4)前後面板；(5)左右側壁；(6)上下底板　(A)(1)(2)(3)(4)　(B)(1)(2)(5)(6)　(C)(2)(3)(4)(5)　(D)(2)(3)(5)(6)。

(　　) **54** 臺北都會區捷運高運量電聯車以3節車廂（2節動力車及1節無動力車）組成一個車組，再由2車組以其尾部聯結成1列車，列車以下列何種配置的方是將六節車廂以固定編組方式上線營運？
(A)DM1-T-M2-DM1-T-M2　(B)DM1-T-M2-M2-T-DM1
(C)T-M2-DM1-DM1-M2-T　(D)M2-DM1-T-M2-DM1-T。

(　　) **55** 直接承載車體自重和載重，引導車輛沿鐵路軌道運行，保證車輛順利通過曲線，並具有減緩來自車輛運行時帶來震動和衝擊的作用者，為下列何種組件？　(A)車體　(B)膨脹閥　(C)繼動閥　(D)轉向架。

(　　) **56** 當第三軌電壓高於多少伏特時，閘流體導通，煞車能量會經由煞車電阻轉換為熱能？
(A)650伏特　(B)750伏特　(C)850伏特　(D)950伏特。

(　　) **57** 電聯車運轉時，使用空氣壓縮彈簧解除煞車；煞車時則釋放空氣，使彈簧回復夾緊煞車襯墊。此種煞車方式稱為：　(A)電阻器煞車　(B)常態煞車　(C)緊急煞車　(D)駐車煞車。

(　　) **58** 電聯車煞車空壓設備之壓縮機由輔助電力系統提供何種電源？(A)3相，380伏特，60赫茲　(B)3相，110伏特，60赫茲　(C)單相，110伏特，60赫茲　(D)單相，380伏特，60赫茲。

(　　) **59** 車輛動力系統的集電裝置中，何者是一種讓電氣化鐵路車輛從架空電車線取得電力的設備的統稱？　(A)集電靴　(B)集電弓　(C)截波器　(D)變流器。

(　　) **60** 集電靴藉著與供電軌接觸，集取電聯車所需電能，裝置在電聯車轉向架兩側，一節車廂通常有幾個集電靴？　(A)2個　(B)4個　(C)6個　(D)8個。

( ) **61** 列車自動控制系統之子系統中，主要功能在監督軌道的狀況與列車之行駛速度，以確保列車在最安全的狀況下行駛，為下列何種子系統？ (A)列車自動操作系統 (B)列車自動防護系統 (C)列車自動偵測系統 (D)列車自動警示系統。

( ) **62** 電聯車每個轉向架有多少只橡皮彈簧，每2只橡皮彈簧與軸箱及架框之側架連接構成一組懸吊系統？ (A)6只 (B)8只 (C)10只 (D)12只。

( ) **63** 下列何者的功用為可隨熱負荷大小來控制冷媒流量？ (A)蒸發器 (B)受液器 (C)壓縮機 (D)膨脹閥。

( ) **64** 目前臺北捷運營運路線各車站公共區域，均採用何種系統供給空調？ (A)風系統 (B)水系統 (C)內燃機系統 (D)以上皆非。

解答與解析

1 (A)。大眾捷運系統因行駛於專用軌道，故可不受地面交通之干擾，並可串連列車行駛。

2 (B)。RGR即區域鐵路系統，RGR在營運時比典型之RRT 的路線長，車站數少且速度快，旅客的平均旅次長度也較長。

3 (C)。重軌式捷運系統爬坡力低，故對地形適應性差。

4 (B)。快捷巴士之營運規劃彈性較大。

5 (B)。捷運系統旅客到達及離開車站轉乘方式通道設計優先順序為步行、公車、停車轉乘。

6 (B)。係將一都市分成若干區（如市區、郊區或其他區），以矩陣票價表或其他方式規定任何區域組合的收費標準，旅客於同一區旅行，收取單一票價，若越區，則須付額外票價，稱為區域費率；規定每公里的單位價格，依旅客之乘用距離計算，來收取費用，稱為距離費率。

7 (D)。捷運車輛在停站時的行駛方式係採用剎車方式運行。

8 (B)。多節車廂包括雙節車廂及三節車廂。因此多節車廂是由兩節以上的車身所組成，且支撐每節車身之車架並不彼此共用，車身之間有連結器相互連接，行駛時常保持兩節一組或三節一組而不分開。

9 (A)。由於鋼輪行駛在鋼軌之接觸方式，會使滾動阻力變小。因此，相較於輪胎式支撐系統，它是平均每噸重量能源消耗最少之運具。再者，因它具有簡單與堅固之特性，故而維修成本較低，而使用年限亦較長。

10 **(B)**。(B)錯誤，應選擇人口密集或重要公共活動場所附近。

11 **(A)**。地下型車站購票大廳及月台均設於地面下，以樓梯或電扶梯為旅客出入通道，車站內照明通風須良好及閉路電視以偵測整個車站，其出入口須注意旅客使用之便利性，故可解決用地問題，並使其對周遭環境負面衝擊最小。

12 **(A)**。島式月台的優點是用地較省、設備及監督或營運人員較少、旅客誤乘車輛折返時，不須另外付費。

13 **(D)**。為使月台與捷運車輛保持合理寬度約8至10公分，以維持乘客上、下列車之安全，因此，路線轉彎處之曲率半徑應大於1000公尺才適合設站。

14 **(C)**。(C)錯誤，應修正為「通風設備」。

15 **(C)**。此種標準尚可提供尖峰乘客有一可接受範圍內之搭乘品質；若選取立位面積較小之數值，作為列車運轉計畫及車輛採購之依據，則有可能會高估車輛之容量。

16 **(C)**。此速度包括列車於車站平均約25秒之停靠時間。

17 **(B)**。亦即列車需求總數＝營運列車數／0.9＝1.11×營運列車數。

18 **(C)**。(C)錯誤，應修正為「帶動新市區的形成」。由於私有建築與捷運車站相通之後可促進建物之更新，進而帶動新社區之形成。

19 **(A)**。甘特圖（Gantt chart）是條狀圖的一種流行類型，顯示專案、進度以及其他與時間相關的系統進展的內在關係隨著時間進展的情況，是由亨利.甘特於1910年開發出。

20 **(D)**。自動導引捷運屬中運量捷運系統，又可分為穿梭大眾捷運、團體捷運系統及個人捷運三種。

21 **(C)**。輕軌捷運（LRRT）應用鋼輪鋼軌式傳統鐵路車輛，但車廂容量較小，聯掛輛數較少，屬中運量捷運系統。

22 **(D)**。連鎖制（interlocking system）用於鐵路轉轍或交叉，為號誌之心臟部分，連鎖的相關設施僅包含道岔、轉轍器和脱軌器三者。

23 **(A)**。動力分散式列車是一種動力分布在多個車廂的鐵路列車（俗稱火車），其特點是動力來源分散在列車各個車廂上的發動機或電動機，而不是集中在機車上，臺北捷運列車即屬於此種動力的電聯車。

24 **(A)**。B平時情況，行車控制中心負責監控列車、維持整體系統的運作；C異常狀況，行車控制中心負責迅速擬定降級運轉之模式，並即時調度列車；D緊急狀況：行車控制中心負責整合列車調度、電力與環境控制系統之應變，降低事故之危險狀況。

25 **(C)**。淡水、中和、新店、南港、板橋土城線、新莊線、蘆洲支線、南港東延段、信義線及松山線，皆為高運量路線。

26 **(C)**。正線最小曲線半徑200公尺。機廠最小半徑140公尺。

27 **(B)**。臺北捷運系統電聯車最高運轉速度為每小時80公里，電聯車最高設計速度則為每小時90公里。

28 **(B)**。臺北捷運系統為四軸式車廂，每組電聯車含有3節車廂。

29 **(C)**。大部分車輪踏面都設計有一斜度（如TGV錐面斜率為1／40），其主要原因是為了讓列車在過彎時，可以維持軌道間的距離，避免出軌。

30 **(A)**。軌道主要包括鋼軌、扣件系統與承托系統三大部分。

31 **(A)**。淡水線復興崗站至淡水站因係沿淡水河岸建造，並無與其他道路平交的問題存在而採用平面建造型式，包括五個地面車站、八座橋涵及兩座隧道。

32 **(C)**。臺灣高速鐵路，最小曲線半徑6,250m，最大縱坡35‰。阿里山森林鐵路，最小曲線半徑則為40m而已。

33 **(D)**。透過鋼軌研磨可達到減少噪音及振動，提升營運品質，並可增加鋼軌平均壽命與延長車輛使用年限的目的

34 **(C)**。「列車識別碼（PTI）／速度錶面板」系統設於行控中心，可將列車資訊送給行控中心電腦，自動統計列車相關資訊。

35 **(B)**。「活塞效應」是指在隧道中高速運行的車輛所帶來的平均空氣流動。當車輛在隧道內行駛，會帶動隧道中的空氣產生高速流動，這情況尤以鐵路列車更為明顯。由於這現象類似汽缸內活塞壓縮氣體，因以為名。

36 **(A)**。面版是捷運車道之上部結構。

37 **(A)**。雖然木枕的性能最佳，但現代化的鐵路，由於列車的載重大、速度高、車次密，因之乃有採用混凝土軌道版的趨勢。

38 **(C)**。軌條（rails）為軌道結構的主體，用以直接支撐車輪，給予光滑的行走面，確保列車行走的安全與穩定。

39 **(D)**。美國鐵路協會（AREA）有六軌條標準，重量為56.6～68.9kg／m，台鐵軌條有30,37,50及60kg／m等，高速鐵路及捷運軌條則以60kg／m為主。

40 **(C)**。我國臺灣高鐵、臺北捷運（除文湖線外）、高雄捷運，以及即將陸續完成的桃園捷運，亦皆採用標準軌距。

41 **(B)**。比標準軌道狹的稱為窄軌，臺灣環島鐵路為1.067公尺軌距即屬此類。

42 **(B)**。(B)錯誤，應為「維修容易、速率變動小」。

43 **(C)**。步進馬達是脈衝馬達的一種，將直流電源透過數位IC處理後，變成脈衝電流以控制馬達。

44 **(B)**。架空電車線係在供應電力，是電力化鐵路常用的兩種供電網路方式之一，也是無軌電車唯一的供電方式。架空電車線的懸掛類型大致為簡單懸掛、鏈式懸掛、剛性懸掛三種。

45 **(C)**。由於架空電車線受到隧道淨空的限制比較大，在城市地鐵的運用當中會受到土建成本的壓力。因此目前已有的城市軌道交通當中，「第三軌供電」仍然佔有較大的份額。臺北捷運系統即是使用此種供電方式。

46 **(A)**。主變電站為提高電源之可靠度，均由台電公司引進雙迴路之161仟伏電源，經氣體絕緣開關，將雙迴路之161仟伏電力分別引入兩台161／22仟伏變壓器。

47 **(C)**。供電系統主要係由「主變電站（BSS）、牽引動力變電站（TSS；簡稱動力變電站）、車站變電站（SSS）」所組成。

48 **(D)**。各場站皆設置有緊急發電機，供應站內維生性負載，以備緊急事故時發揮救生之功能。

49 **(B)**。交流380伏特係由直流750伏特經靜態變流器轉換而成，三相，60赫茲。

50 **(C)**。交流380伏特供給空調、空壓機、推進設備冷卻風扇及電池充電器使用。

51 **(A)**。交流單相，60赫茲，110伏特提供駕駛室電暖器及各車廂清潔用插座；直流37.5伏特則是提供照明及電池充電器等低電壓設備。

52 **(C)**。列車停於機廠維修軌，在無第三軌供電下，可藉由電力插座，以三相，60赫茲，380伏特電源直接供電。

53 **(C)**。以臺北都會區捷運電聯車來說，其車體結構係由底架、車頂、前後面板和左右側壁等六部分所組成。

54 **(B)**。臺北都會區捷運高運量電聯車以DM1-T-M2-M2-T -DM1六節車廂固定編組方式上線營運，其中DM1車配有駕駛室，兩車廂間有通道相通。有駕駛室之動力車（DM1車），無駕駛室無動力之拖車（T車）、無駕駛室之動力車（M2車）。

55 **(D)**。轉向架（Bogie）又稱為台車，包括轉向架框、承樑、輪軸組、懸吊系統。轉向架的設計直接決定了車輛的穩定性和車輛乘坐的舒適性。

56 **(D)**。此為電阻器煞車的功能。

57 **(D)**。駐車煞車於車站內停車上下旅客時使用，於機廠內長時間停車使用。可以由司機員操作，不受行駛模式之限制。

58 **(A)**。壓縮機為雙段3缸活塞式，其中2缸為低壓缸，1缸為高壓缸。由輔助電力系統提供3相380伏特，60赫茲電源。

59 (B)。集電靴藉著與供電軌接觸，集取電聯車所需電能，裝置在電聯車轉向架兩側，一節車廂通常有兩個轉向架、共四個集電靴。

60 (B)。一節車廂通常有兩個轉向架、共四個集電靴。

61 (B)。列車自動防護系統之次要功能則是能對列車司機提供適當的資訊和警告信號，並保持適當的剎車距離，以防止車輛追撞或進入未經許可之區間。

62 (B)。車軸上的負荷均由錐形橡皮彈簧所承受，轉向架的輪軸藉著主懸吊系統與架框本體相連，利用錐形橡皮彈簧來吸收電聯車的震動能量以減低蛇行運動，提供良好的乘車品質。

63 (D)。膨脹閥為完全封閉且對外不透氣的系統，其內充入極易蒸發又極易冷凝的物質，即冷媒，以壓縮機為整個系統的心臟，利用機械能去壓縮氣體冷媒，使之成為高壓高溫狀態。經冷凝器冷凝為高壓液體再進入冷媒控制器，使冷媒流量受控制並被降壓，此時冷媒將急速膨脹為低壓狀態後，再送入冷凍空間之蒸發器吸熱而帶走冷凍空間的熱量，降低冷凍空間之溫度，再送回壓縮機。

64 (A)。風系統設備包含新鮮空氣送風機、自捲式過濾器、冰水盤管及主送風機等設備，配合相關風管將冷氣送至車站穿堂及月台層公共區。

NOTE

NOTE

第二單元　大眾運輸規劃及管理

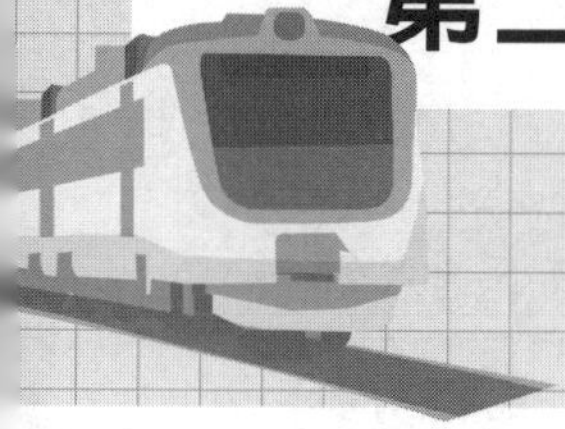

第一章　運輸基本概念

一、運輸、交通之意義

運輸	「運輸」是指使用運輸工具將人或貨物從某一地移到另一地的一種運動狀態。「通信」是一種訊息的傳送，其所傳送的不是人或貨物，而且不一定非利用運輸工具不可，例如郵政、電信等即是。
交通	「交通」就狹義而言，係專指車輛或行人在一個地區或路線的運動狀態及與此有關的設施，即人、車、路而言。而廣義的交通則指利用運輸工具、通路或傳輸設施，將旅客、貨物或資訊，從甲地運送或傳輸至乙地，以克服時間、空間障礙，創造時間效用及空間效用之經濟活動。

由上述定義可知，廣義的定義與我國「交通部組織法」所規定的交通部職權管轄範圍較為接近。亦即：**廣義的交通包括運輸（鐵路、公路、水運、航空、都市運輸）、通信（郵政、電信）、觀光、氣象等四大部門。**

二、公共運輸服務的主要價值

公共運輸（public transportation）或稱大眾運輸（mass transit），**泛指所有向無自用運具的大眾開放、並提供運輸服務的交通方式**，通常是作為一種商業服務付費使用，但也有少數免費的例外狀況。公共運輸系統由通路、交通工具、站點設施等物理要素構成。廣義而言，公共運輸包括民航、鐵路、公路、水運等交通方式；狹義的公共運輸是指城市範圍內固定路線運營的公共汽車及軌道交通、渡輪、纜車等交通方式。因此可知，**公共運輸係以為無自用運具者提供運輸服務為其服務的最主要價值。**

三、運輸的構成要素

要完成各項「運輸」的活動，其所需具備的要素，概括而言，有下列六項：

通路及輔助設備 Way	每一種通路均由出發點、中間點及到達點三者連接而成，以使人、貨能安全便捷地到達。
運輸工具 Vehicles	簡稱「運具」。在於將運送之客體作移動、容納與保護。
動力設備 Power	此乃推動運輸工具移動行駛的力量來源。
場站設備 Terminal	場站設備係專供運輸工具之到發停留、客貨集散管理、旅客之售票服務、運輸工具之維修保養、駕駛及服務員工之工作休息處；同時亦負責通路的中轉連接等功能。
通訊設備 Communication	便利管理人員能迅速、確實掌握運輸服務之進行狀況，以確保運輸之正常營運與安全，包括電報、電話、號誌、標誌等。
經營管理人才與組織	前述五項要素都屬於「硬體」（hardware），具備了這些尚無法經營運輸事業，必須同時具備本項「軟體」（software）要素，才能從事運輸服務工作。

四、運輸事業的特性

(一) **公共服務性：**由於運輸的構成要素包括了可供公共使用的「通路」，因此運輸業一直被管制為「公用事業」。故運輸之規劃，即必須著眼於社會大眾的公共需要；運輸服務的提供，也必須以公平及普遍地服務大眾為前提。

(二) **服務供應之不可儲藏性：**又稱「即時供應性」或「需求不穩定性」。由於各人的運輸需求，在各時段上會有不同的分布（一般可區分為尖峰與非尖峰時間），然而運輸的供給除非利用良好之排班調度以供給適當之座位、站位等空間運能，否則在供需上時常造成不協調，如年節例假日之超量需求、平常日之晨峰與昏峰需求。此即為運輸業所具有的服務「不可儲藏性」。

(三) **獨占性與寡占性**：運輸業於早期時代，由於所需投資鉅大，私人投資不易，故在先天上容易形成某種程度的獨占，以便發揮規模經濟的利益，（例如鐵路、公路之場站、道路、車輛成本）。因此，各國對運輸業之加入大都施予管制，並限制其經營家數，而賦予業者某種程度之獨占地位。

(四) **競爭代替性**：由於運輸業存有寡占市場的特質，因此具備有代替性，如長途客運中之公路與鐵路的競爭，此乃指不同運具間之比較；而對於相同運具間之競爭比較，則如市區之各家公車。

(五) **資本密集性與沈沒成本性**：運輸事業的經營建設，雖各種事業資本支出比例各不相同，但無論鐵路、公路、海運或航空，其通路、運具、動力、通信及場站設施之購置、營建，均需投入鉅額之資本方可營運。而且大部分的運輸投資都具備沉沒成本（Sunk Cost）之特性，即一旦投資後，很難轉移作其他用途。

(六) **高度管制性**：政府對業者之加入、中斷營業、退出，以及營業地區之規劃、營業項目、運價、財務、服務水準、利潤等都受政府之政策管制，以對社會大眾創造福利，故運輸業別於其他企業，而有「受管制的企業」（Regulated Industry）之稱。

(七) **產銷計算單位不一致性**：運輸業所提供之運能，是以座位數之固定量計算，然顧客之使用卻以實際之使用量計算（如乘載率），故以單位而言，生產單位是延車公里（成本），但銷售單位是延人公里（收入），兩者計算單位有別，導致定價變得不易處理。

(八) **標準性**：運輸事業之技術標準與設備規範，基於管理及安全上之需要，常需具備單位一致性。不僅國內如此，而且走向國際化亦必如此，否則將形成管理不便、成本增加及運輸安全維護困難。

(九) **基本設施性**：為了人們上班、上學、訪友等各種社會、經濟等活動之需要，或為了生活及消費需要，必須使貨暢其流，因此運輸不可少，故運輸需求乃具有「引申需求」的特性。

(十) **共同成本的特性**：當運輸業提供服務時，往往會產生二種以上之不同產品，例如貨運為客運之副產品，因此就會發生共同成本的問題。故而在訂價時，就必須仔細考慮如何將共同成本作合理的分配。

(十一) **長週期的特性**：運輸的需求是即時的，但其規劃、生產、使用則是屬於長週期的，都需要很長一段時間才能完成，再者，其設備之使用亦具有長週期之特性。

五、運輸需求的特性

引申性	引申性是運輸需求的一個重要特點。在經濟生活中，如果一種商品或勞務的需求由另一種或幾種商品或勞務需求引生出來的，則稱該商品或勞務的需求為引申性需求。
廣泛性	運輸業作為一個獨立的產業部門，任何社會活動都不可能脫離它而獨立存在，因此與其他商品和服務的需求相比，運輸需求具有廣泛性，是一種帶有普遍性的需求。
多樣性	運輸需求不僅僅是一個量的概念，它還有質的要求，安全、速度、方便、舒適、滿足物流效率的要求等，故運輸服務的供給者必須適應運輸質量方面多層次的需求。
時間特定性	例如周末和重要節日前後的客運需求明顯高於其他時間，市內交通的高峰期是上下班時間，這些反映在對運輸需求的要求上，就是時間的特定性。
空間特定性	運輸需求具有空間特定性之方向性需求。運輸需求的這一特點，構成了運輸需求的兩個要素，即流向和流程。例如旅客在例假日或節慶，會有特定方向性需求的現象。
部分可替代性	不同的運輸需求之間一般來說是不能互相替代的，例如人的位移顯然不能代替貨物位移，由臺北到新竹的位移不能代替新竹到台南的位移，因為這明顯是不同的運輸需求。但也有例外，例如工業生產，當原料產地和產品市場分離時，人們可以通過生產位置的確定在運送原料還是運送產成品或半成品之間作出選擇。

六、公共運輸業的權利與義務

(一) **公共運輸業的權利**：為確保社會大眾享有便捷之交通，並防止因個人私利阻礙運輸事業之進行，政府給予運輸事業依法享有之權利如下：

1. **事業獨占權**：由運輸事業之相關法律關係，可顯示運輸事業之獨占性質。
   (1)鐵路法中規定全國鐵路網計畫，由交通部擬定，報請行政院核定公告，分期實施。
   (2)公路法中規定汽車運輸業的特許，應符合當地之需要，且須具充分之資本財力及足夠的車輛場站設備方得允許成立。

(3)海洋運輸之近海航線受政府供求平衡條件的限制。

(4)航空運輸依民用航空運輸業管理規則的規定，國內航線為有限度的獨占。

2. **土地徵收權**：為確保運輸事業建設之順利進行，運輸事業大抵由法律賦予徵收土地之權，例如：

(1)運輸各事業取得土地徵收權，緣於土地法的規定。

(2)徵收土地的範圍，以運輸事業所必需者為限。

(3)因應運輸事業未來之需要，預定徵收之範圍，得申請保留徵收。

3. **營運費用收取權**：「票價」乃旅客使用公共運輸時所支付的旅行成本。運輸事業無論為公營、民營，對於事業之利用人有收取運費之權利，此即為營運之代價；例如鐵路法第26條規定國營鐵路之運價，鐵路法第35條規定地方營及民營鐵路之運價，均是法律所賦予營運費用收取之權利。

4. **優先通過權**：運輸事業即是在克服時間、空間障礙，創造時間、空間效用之經濟活動，為便利客貨通過起見，法律上恆賦予優先通過之權，例如鐵路法第12條規定，鐵路遇有須與其他鐵路連接或跨越時，經交通部核定者，各該鐵路機構不得拒絕。

5. **安全維護權**：安全是運輸事業最基本之原則，因此現行法律對於運輸事業安全之維持與資產之保障權，多有明文規定；例如鐵路法第8條得設置鐵路警察；商港法第5條得設置港務警察，均係為了維護治安、客貨安全及協助從業人員執行職務等之安全維護規定。

(二) **運輸事業的義務**：運輸事業享有政府給予之權利，相對的也應履行以下之義務：

1. **貫徹事業目的的義務**：

(1)事業之開始時，各業均有規定其開始營業之期限，否則主管機關可依職權撤銷。

(2)事業之經營時，各業皆有某種經營的作為義務之規定，亦有非經核准不得有某種的不作為義務。

(3)提供利用時，對於具備一定條件的利用人，負有容許利用的義務，非有法律明文規定不得拒絕其利用。

(4)就待遇公平而言，法律規定服務的次序應依先後順序為之，而服務的費率則應一視同仁。

2. **服從政府監督的義務：**

財務監督	其目的有的是為了維護國家主權，亦有為了鞏固事業基礎或指導未來發展之目的。
人事監督	其原因有基於國防為考慮者及有基於事業原因者。
技術監督	一則規定技術標準，一則規定派員履勘。為防止技術標準流於條文，各業法規均有規定非經交通部派員履勘或檢驗，不得開始營業。
業務監督	交通部針對辦理不妥或妨礙公共福利及交通安全之業者，有限期改善或停止處分之權。

3. **履行特別負擔的義務：**
   (1) **服從私權之規定：**私權分為「供役義務」及「防險義務」。前者係規定財產可供其他運輸事業使用、通過或接續。後者係規定運輸業需有相當之安全設備，「登記義務」即規定所有運具均須有使用、收益或處分之登記。
   (2) **履行特定行為：**即須有「特定的設備」以提供安全之營運，有「特定的人員」予以協助服務，有特定的作為與不作為等。
   (3) **協助推行政策：**如規定無償運輸郵件、減價運輸教育用品等。
   (4) **協助機船危險之處理：**如規定船長救助遇險船舶、航空器之搜尋失事飛機等。
4. **遵守運價管制的義務：**各業法規均有規定，運價由各主管機關呈轉交通部核定，非經申請核准不得增減。
5. **接受國家收買的義務：**我國憲法規定，國家對於私有財富及私營事業，認為有妨礙國計民生平衡發展者，應以法律限制；而依民營公用事業監督條例規定，公用事業於營業期限屆滿時，政府得備價收歸公營。

七、3C原則與3E政策

3C原則	係指在從事運輸規劃程序中，為求規劃完備而必具有之綜合性（Comprehension）、協調性（Coordination）及持續性（Continuity）原則，以與其他相關規劃綜合發展、協調配合，並能與過去、未來之規劃相連續。
3E政策	是指在解決交通問題方面，應該注重道路工程（Engineering）之改善，交通安全（Education）之加強，交通法規之擬定與執行（Enforcement）之落實，三方面同時進行。

八、運輸需求預測模式

「**總體程序式需求模式**（Aggregate Sequential demand model）」為美國最早發展出來的運輸需求模式。該模式是將每一旅次產生者視為旅運行為之需求者而進行模式建構。析言之，「總體程序式需求模式」是把**旅次產生的運輸行為以分段方式劃分為「目的→目的地→運輸工具→使用路線」之程序**，故又稱為「程序性需求模式」。其模式將旅次行程（即運輸需求）的決策過程分成：**旅次產出（包括旅次發生、吸引）、旅次分布、運具分配（或運具選擇）、路線指派（或交通量指派）等四個步驟**，簡稱為「都市運輸規劃系統」或「市運輸模式系統（UTMS）」。

「總體程序式需求模式」同時強調，前述之3C原則。概括來說，總體程序式需求模式是「以旅次起、迄點家庭訪問調查資料」為基礎，將有關旅運與社經環境資料以個別交通分區之平均值表示而用以建構模式，因此可說是一種**描述群體行為型態的模式**。

九、運輸系統管理與旅運需求管理

(一) **運輸系統管理（TSM）**：是以短期、低成本之方式來達成運輸績效之改善，包括道路及大眾運輸服務，強調現有運輸設施的有效經營與管理，提高服務水準，同時減少運輸業者及使用者成本，有效率地運用現有運輸資源，以滿足都市化地區旅運需求之管理策略。TSM常見的手段或措施有：運輸系統管理、高乘載車輛車道（HOV Lane；臺灣目前唯一實施HOV管制之高速公路為國道1的五股至楊梅《五楊》之高架路段）、交叉路口號誌改善、大眾運輸系統營運改善、行人徒步區、車輛共乘計畫（Ridesharing Program）和停車管制策略、公車優先通行、調撥車道等。

(二) **旅運需求管理（TDM）**：由TSM衍生而來，其目的在結合運輸與非運輸手段來改變人們運輸旅次的型態與頻率，紓緩運輸系統的負荷，減少道路之擁擠，降低社會成本，例如共乘措施即是。進一步來說，運輸需求管理顧名思義即是管理「運輸需求」，藉由改變人們的運輸行為（Travel Behavior），來減少旅次或改變其對使用運具的種類、發生旅次之時間及次數，以減緩對道路交通、生活環境及運輸系統所產生之衝擊。例如低乘載運具使用之限制、停車、轉乘設施及資訊之規劃、使用高乘載運具之優惠獎勵和實施尖峰時間之差別停車費率、機車停車收費等乃是TDM常見的手段或措施。因此，事實上TDM可說是一種結合「減少運輸需求」與「分散運輸需求」之策略。茲分述如下：

1. **減少運輸需求**：使用電話、傳真及電傳視訊等運輸通信技術（如以電訊來通勤工作、購物等）來替代運輸旅次；以及利用改變土地使用型態（如政府部門合署辦公，以減少開會及民眾洽公往返旅次數等）以減少不必要旅次的發生，此即屬於以非運輸手段降低旅運需求的方法。

2. **分散運輸需求**：

改變運輸旅次之空間分布	改變旅次之產生與吸引地點、旅次之分布、使用之運具及其路線之選擇。如利用土地使用型態與分區管制之改變、限制發展密度等來分散旅次集中點；鼓勵使用大眾運輸工具、汽車共乘、高承載車輛優先通行、擁擠定價（如地區通行證之方式）來改變運輸路線，避免過度集中於某地區等。
改變運輸旅次之時間分布	即錯開旅次發生之時間，以紓緩尖峰時間的交通需求。如改變工作時間（錯開工作時間、彈性上班時間、錯開工作天數等）、尖峰時間擁擠定價等。

旅行者之運輸需求行為一般可反應在「旅次產生、旅次分布、運具選擇與路線選擇」等四個傳統之運輸規劃步驟，故TDM之目的即在藉由改變旅行者在四個步驟中之任何一個運輸需求行為，達到減少與分散運輸需求的目的。

十、服務的意義與特性

(一) **服務的意義**：所謂「服務」係指一個企業組織提供給顧客群的任何活動或利益，它**基本上是無形的，並且無法產生事物所有權**。

(二) **服務的分類**：Riddle（1986）把服務業分成五大類如下：

基礎建設服務	基礎建設（Infrastructure）是指為社會生產和居民生活提供公共服務的物質工程設施，它是社會賴以生存發展的一般物質條件。基礎建設服務包括營建、交通運輸（公路、鐵路、機場、捷運）、通訊（郵電）、水電、煤氣等公共設施。
公共行政	如政府部門、教育機構、公共服務機構等。
社會／個人服務	如餐飲飯店、休閒娛樂、醫療保健等。
企業服務	如金融銀行、會計師事務所、顧問業、人力仲介等。
貿易服務	如批發零售、國際貿易、維修保養等。

(三) **服務的特性**：相較於有形產品而言，一般而言其具有下列**四個特性**（這也是服務行銷管理之困難所在）：

無形性	亦稱為不可觸知性。基本上，服務是一種行為而「非實體物品」，因此無法像實體產品一樣的去看、感覺、嘗試或觸摸，也因此消費者很難在事前先評斷服務品質的好壞。
不可分割性	亦稱為生產與消費的不可分離性。大多數的服務都是「生產與消費同時進行」。實體產品是廠商生產出來以後，將其銷售出去，購買者再消費；無形服務則是先出售後，再同時生產與消費。許多服務如理髮美容、交通運輸服務、音樂會表演等，在生產的過程裡，顧客都必須在現場，否則無法消費，因此，不可分離性就強迫了購買者與製造過程的緊密結合。
異質性	亦稱為不穩定性。服務的績效或品質會隨著服務提供者的不同，或提供服務的時間與地點不同，而有極大的差異，致消費者會有不同的感受。有形產品的製造，則因來自於標準化之機器設備生產，故品質才可達到同質性。

不可儲存性	亦稱為易逝性。受到前面三個特性的影響，可以發現無形服務無法像有形產品一樣，將多餘的存貨儲存起來。當需求穩定的時候，企業可以事先規劃僱用一定人員提供服務，所以不可儲存性不是大問題；但當需求度變動大時，企業面臨的問題就比較棘手。

十一、克服服務行銷管理困難的途徑

服務具有無形性、不可分割性、異質性與不可儲存性等四個特性，各可透過下列方式予以解決：

無形性	為了降低其不可觸知性，可透過品牌、服務人員、廣告、布置、設備器材、標語或價格等來將其「服務有形化」；服務的提供者可以特別強調該項服務的各項利益，而非只介紹服務本身的特色。
不可分割性	服務的提供者必須設法同時為更多的顧客提供服務，可設法加速服務的進行或訓練更多的服務人員。
異質性	公司應加強員工選訓、建立標準作業規範（S.O.P）、設立抱怨處理制度、進行顧客調查等，以維持服務品質。
不可儲存性	可採下列兩個途徑加以解決： 1.採需求面策略：如差別取價、開發非尖峰時間的需求、提供補助性服務、實施預訂制度，使需求趨於穩定，便利服務控制。 2.採供給面策略：如聘僱兼職員工、實施便捷處理方式、擴大消費者參與程度、發展聯合服務等，以擴大供給力。

十二、無縫運輸的方式

「無縫運輸」強調藉由公共運輸的智慧化及無縫接駁服務，提升服務品質，落實「公共運輸為主」的政策，以紓解運輸系統的服務瓶頸，使公共運輸「端到端」的接駁服務普及臺灣全島，並**達到節能減碳與「及門運輸」之服務目標**。無縫運輸除強調主要運輸場站之接駁服務外，對偏遠地區民眾基本公共運輸服務之照顧亦相當重要。

舉例來說，就是當你搭高鐵或台鐵或國道客運至主要場站下車後，接駁運具非常順暢，例如你從臺北要至嘉義阿里山遊玩，搭高鐵至高鐵嘉義站後，轉乘接駁車可達阿里山，同樣的，搭台鐵火車至嘉義火車站下車，亦可轉搭公車至阿里山，所以稱為無縫運輸，換言之，雖有些地方沒有直達車，但是轉運接駁運輸發達，可無縫接軌，讓交通運輸不致中斷。一般而言，無縫運輸可包括下列五種方式，但**交通部在101年頒訂的「運輸政策白皮書」中，則定義「時間無縫、空間無縫、資訊無縫、服務無縫」等四者為公路公共運輸之無縫運輸四個維度。**

時間銜接無縫	幹線公共運輸與接駁運輸間能有效銜接；旅客轉乘的車輛無脫班情形，等車時間在可接受的範圍內。
空間銜接無縫	不同公共運具的場站，能彼此整合共構，使旅客轉乘便利。
運輸資訊無縫	公共運輸所提供的相關資訊能夠充分而完整，使用者能方便且迅速地取得正確乘車資訊。
運輸服務無縫	公共運輸安全、班次、場站設施、票價等服務品質，能符合旅客的預期。
運輸財務無縫	無縫運輸要有政府預算或政策性補貼支持之穩定財源，與相關法令規章的配合。

十三、複合運輸系統的意義與種類

「複合運輸系統」（intermodal transportation）亦可稱為「聯合運輸系統」，係指兩種或兩種以上之運輸工具（同種或不同種運具），在兩地之間，對於特定之運輸服務採取一種共同負擔運送責任的運輸服務，使各種運輸資源得以有效而不重複地使用，簡稱「聯運」。各種運具之組合營運服務，一般可概分為下列六種方式：

公路與鐵路之聯運系統 Truck-Rail	**又稱駝背運輸、背載運輸、平車載運拖車或**TOFC（Trailer-On-Flat-Car）。此種聯運方式係將卡車、拖車置於火車平車上行駛至目的地後，又恢復為公路運輸。
公路與水運之聯運系統 Truck-Water	**又稱船背運輸（Fishy-back）或魚背運輸**，大部分適用於貨運。此種聯運方式乃是利用卡車裝載船運之貨櫃，駛入無裝卸設備之貨船船艙內，經船運至目的港口後，再由船艙內之卡車，將貨櫃駛出至卸貨地，此即是公路與水運之聯運。

公路與空運之聯運系統 Truck-Air	**亦稱鳥背運輸**。此種聯運方式乃由公路卡車直接與貨物一併駛進飛機機艙內，飛機卸貨後再將貨物以戶及戶（Door-to-Door）之服務方式運送至目的地。
鐵路與水運之聯運系統 Rail-Water	**又稱車船運輸（Train-Ship）**。此種聯運方式係於兩邊之水岸或兩大海洋間，在兩岸之碼頭或港口由鐵路之貨車駛入特製之船艙，由船越過江海，駛往目的港後，再以鐵路方式駛往內陸各地。
空運與水運之聯運系統 Sea-Air	**亦稱為「空橋運輸」**。此較完全採用空運可節省成本，但比完全空運多花一些時間；而較完全水運可節省一些時間，但卻比完全水運多花成本。
水運與水運之聯運系統 Ship-Barge	**又稱為子母船運輸（LASH）**。此種聯運方式係為了避免貨船（Ship）在目的港停港時間過久，往往使用起重機，在短時間內將一批裝貨之駁船（Barge）吊至貨船（母船）上，到達目的地港口外，再利用起重機將駁船（子船）吊下水面，由拖船將駁船拖進目的港口卸貨。至於貨船之裝貨亦可用此法，稱為貨船與駁船之聯運。

十四、衡量運輸業服務品質績效的三大構面

成本效率性 cost efficiency	衡量指標為「服務產出統計量」除以「服務投入統計量」。如「車輛公里／車輛數」可代表運輸業維修部門之績效，又稱為「車輛可靠度」。此與運輸業「服務品質」之「服務可靠性」有關。
服務有效性 service effectiveness	衡量指標為「服務消費統計量」除以「服務產出統計量」。如「延人公里／座位公里」可代表運輸業行銷部門之績效，又稱為「車輛乘載率」。此與運輸業「服務品質」之「服務舒適性」有關。
成本有效性 cost effectiveness	衡量指標為「服務消費統計量」除以「服務投入統計量」。如「旅客人數／員工數」（每一員工平均服務的旅客數）可代表運輸業運務部門之績效，又稱為「服務比率」。此與運輸業「服務品質」之「服務直接性」有關。

十五、其他交通運輸概念摘要

(一) 道路交通事故定義與分類

1. **定義：**

道路交通事故	指車輛或動力機械在道路上行駛，致有人受傷或死亡，或致車輛、動力機械、財物損壞之事故。
重大道路交通事故	道路交通事故有下列情形之一者： 1. **死亡人數在三人以上，或死亡及受傷人數在十人以上，或受傷人數在十五人以上。** 2. **運送之危險物品發生爆炸、燃燒或有毒液（氣）體、放射性物質洩漏等事故。**

2. **分類：**

A1類	**造成人員當場或二十四小時內死亡之交通事故。**
A2類	**造成人員受傷或超過二十四小時死亡之交通事故。**
A3類	僅有財物損失之交通事故。

(二) **公路汽車運輸業分類：**公路汽車運輸，分自用與營業兩種。自用汽車，得通行全國道路，營業汽車應依下列規定，分類營運：

公路汽車客運業	**在核定路線內**，以公共汽車運輸旅客為營業者。
市區汽車客運業	**在核定區域內**，以公共汽車運輸旅客為營業者。
遊覽車客運業	**在核定區域內**，以遊覽車包租載客為營業者。
計程車客運業	**在核定區域內**，以小客車出租載客為營業者。
小客車租賃業	以小客車或小客貨兩用車租與他人自行使用為營業者。
小貨車租賃業	以小貨車或小客貨兩用車租與他人自行使用為營業者。
汽車貨運業	以載貨汽車運送貨物為營業者。
汽車路線貨運業	**在核定路線內**，以載貨汽車運送貨物為營業者。
汽車貨櫃貨運業	**在核定區域內**，以聯結車運送貨櫃貨物為營業者。

(三) 交通控制號誌常用專業名詞

1. **週期（cycle）及週期長度（cycle length）**：週期係指面對某一車流方向，同一顏色燈號循環一週所需之時間。交通號誌控制之主要目的是將有嚴重衝突之車流分開。所有各方向之車流依次輪流獲得一次綠燈以進入交叉路口之過程叫一週期。運轉一週期所需之長度稱為週期長度。交通部之「道路交通標誌標線號誌設置規則」指出，週期長度以30秒至200秒為原則。新北市目前所用之週期長度一般在30秒到240秒之間，但有些路口之週期長度超過300秒。
2. **時差（Offset）**：交通號誌某一特定燈號相對於某一參考路口（Reference Point）同一方向相同燈號始亮時間之差值，以秒或週期比率表示。
3. **時相（Phase）**：將週期分為幾個部分，以指示交通行止。每一部份即一時相。時相長度（Phase Interval）指上述各時相之時間長短。時相型態（Phase Pattern）則指將路口通行權依時間順序分派給某些流動群之型態。每一週期分成幾個時相，一般週期有2到8個時相。提供車輛使用之時相又可分成下列時段：綠燈、黃燈及全紅。此外，每一週期內可有行人專用之時相。號誌控制設計之一原則是儘量減少時相數。但在有嚴重衝突之路口，為安全起見，必須利用多時相以分離衝突之車流及行人。時相數及其安排之順序對路口之運轉可能有很大之影響。
4. **時比（Split）**：各時相長度與週期之比例。
5. **時制（Timing Plan）**：時制係透過紅綠燈之控制方法，以控制不同時間內之車流。從一時制轉變到另一時制時須依賴一移轉邏輯（Transition Algorithm）。時制轉換時可能造成短期車流的混亂。每一時制通常包括下列的設計項目：週期長度、時相及時相順序、每一時相之綠燈時段、黃燈時段、全紅時段或行人時相長度。綠燈時段及全紅時段之總時間又稱為燈號轉換時段（signal change interval or inter-green）。連鎖控制時須訂定各路口號誌控制之時差（offset）。

(四) 小客車當量：「小客車當量」（PCE）係指在現有道路幾何佈設、交通組成與管制設施之情況下，**各車種在交通流潮中相對小客車之影響比例**。意即**在特定狀況下，不同的車種一輛相當於若干輛小客車**。影響小客車當量的因素如下：

車輛因素	包括車輛尺寸及運作特性。
道路因素	包括道路的路面品質、曲率半徑、坡度及坡長等。
交通組成比例	不同百分比會有不同的當量。

(五) **航權的意義與種類**

1. **意義**：航權為國家主權之一，係政府核准航空公司之班機無害於其領空或領土上通航或停站營運的權利。
2. **種類**：各國政府為保護本國航空事業之利益，同時配合互惠之原則，對於航權之授予，視情況而各有不同，歸納起來，有下列幾種基本類型之航權：

第一航權	**通過權或稱飛越權，為超越領空之航權。**如由甲國至丙國，必須通過乙國之領空，此種得以通過乙國領空之航權稱之。
第二航權	**停站權或稱技術降落權。**如由甲國至丙國路程較遠，必須在乙國降落加油或補充其他補給品始能續飛，此種得以在乙國降落加油之航權稱之。一般而言，當今之第二航權大多由航空貨運飛機行使，客運飛機已逐漸不需使用此一航權。
第三航權	**卸載權。**為自甲國至乙國之客貨機，可在乙國降落並卸下客貨郵件，但回航時不能在乙國裝載客貨郵件之航權。
第四航權	**裝載權。**甲國的航空器得在乙國的航空站降落，並裝載乙國之客貨郵件回航甲國之權利，但卻不得將來自甲國之客貨郵件在乙國航空站卸下。
第五航權	**貿易權或延遠權。**即甲國的航空器得在乙國的航空站降落，不但可卸下來自甲國之客貨郵件，且得裝載乙國之客貨郵件繼續飛航往丙國之航權。
第六航權	**橋梁權。**係指甲國的飛機有權在乙國搭載旅客後，再通過甲國的關口（Gateway）後飛往第三國（起點及終點均非在甲國）。
第七航權	**完全第三國運輸權。**係指甲國的飛機有權在甲國以外的其他兩國之間運送旅客。亦即容許一國航機在境外接載乘客和貨物，而不用飛返本國。
第八航權	**境內運輸權。**容許本國航機前往甲國境內之兩個不同的地方接載乘客、貨物往返，但航機上的乘客或貨物需以本國為起點或終點。

(六) **航空站分級**：國際民航組織（ICAO）依航空站跑道長度，將民用機場分為下列五級：

A級	跑道長度等於或大於2100公尺。
B級	跑道長度為1500公尺至2099公尺。
C級	跑道長度為900公尺至1499公尺。
D級	跑道長度為750公尺至899公尺。
E級	跑道長度為600公尺至749公尺。

(七) **航空器相互間隔離的標準**：依國際民航組織的規定，有關航空器相互間隔離的標準如下：

1. **前後隔離**：即對於同高度飛航的兩航空器，規定其前後相互間的隔離標準。

以時間隔離	同高度之兩航空器若在無助航設備地區飛航時，前後距離不得少於15分鐘；若有地面助航設備，能隨時確定其位置時，則相距不得少於10分鐘，但經與鄰接飛航情報區訂有協議者，依其協議。
以距離隔離	必須在地面與航空器上皆裝置測距儀。一般而言，前後隔離為3海浬，但當目標距離雷達設施40海浬以內時，前後隔離為3海浬，當目標距離雷達設施40海浬以上時，前後隔離為5海浬。

2. **左右隔離**：即對於同高度飛航的兩航空器，規定其左右相互間的隔離標準。相互間的隔離標準。
   (1) 如兩航空器距離雷達設施在40海浬之範圍內，其彼此之間需要有3海浬以上的距離。
   (2) 如兩航空器距離雷達設施在40海浬以上時，其彼此之間則需要有5海浬以上的距離。
3. **垂直隔離**：又稱立體隔離或上下隔離。凡同一航線上相對飛航的兩航空器間，及不同航線上交叉飛航的航空器間，當航空器的高度在29,000呎以下，必須保持至少1,000呎距離的垂直隔離。

(八) 智慧型運輸系統

1. **意義與目標：**Intelligent Transportation System縮寫為ITS，國內將其譯為「智慧型運輸系統」，依據交通部運輸研究所定義，ITS係藉由先進之電腦、資訊、電子、通訊與感測等科技的應用，透過所提供即時資訊的溝通與連結，以改善人、車、路等運輸次系統間的互動關係，進而增進運輸系統之安全、效率與舒適，同時減少交通環境衝擊之有效整合型運輸系統。
2. **智慧型運輸系統之主要次系統：**

先進交通管理系統 ATMS	為ITS之核心與基礎，它在智慧型運輸系統中，它是屬於「路」的智慧化系統。ATMS發展目標係基於現有的市區街道及公路上，發展即時（Real time）的交通管理系統及控制策略，在沒有負面環境衝擊的情況，並告知用路人偶發事件發生地點、損傷程度及預定處理完畢時間，使更有效率，更安全地運用路網容量，以達到最大的交通流動效率。
先進旅行者資訊系統 ATIS	係藉由ITS相關技術，提供駕駛人利用衛星定位系統（GPS），便能在車內、家中、辦公室、車站等地點取得所需交通資訊，以順利到達目的地，亦可在道路電子看板上可看到附近停車場的剩餘車位數，此即屬ITS系統。
先進車輛控制及安全系統 AVCSS	本系統之主要特色係利用感測器彌補人類感官功能之不足，減少駕駛人因判斷錯誤及技術不佳所造成之危險。它的相關技術包括防撞警示系統、自動車輛診斷、自動側向／縱向控制、車間通訊、自動停放車輛等。
商用車輛營運系統 CVOS	係利用ITS之技術於商用車輛（如貨車、計程車、救護車），以減少人力成本，提高生產力。所謂「商車」不僅包括卡車、貨車等大型及重型車輛，亦包括計程車（如計程車衛星派遣車隊）等每日運作之商用小型車、緊急救護車等。
先進大眾（公共）運輸系統 APTS	其發展目標為提供較佳之系統資訊及即時資訊，以降低交通擁擠。係利用ITS技術於大眾運輸系統，以改善大眾運輸服務品質，提高營運效率，增加大眾運輸系統之搭乘率。

先進鄉間運輸系統ARTS	發生在鄉間道路的交通事故，由於距離醫療服務太遠，延誤治療，傷亡情況因而較市區嚴重，因此ITS中增加了這個子系統，希望藉由事故偵測、緊急號誌、路線導引、雙向通訊與自動定位等技術的應用，降低因事故所造成的損失。
需求反應式運輸服務系統DRTS	亦稱為「需求反應式公共運輸系統」。DRTS 是一種典型的服務創新，提供使用者更精緻、量身訂做的運送服務，參與決定起點、迄點、旅行時間。對傳統公車與客運業者而言，是從低價、標準化的大量製造走向中價位、大量客製化的服務。對於原來就已提供客製化服務的計程車業者而言，則是從小量、高價走向大量而平價的大量客製化服務。

(九) **運輸管制的方式與管制內容**

1. **運輸管制的方式：**

報酬率管制	又稱為A-J（Averch-Johnson's Model of Rate-of-Return Regulation）管制，即受管制之業者在管制者所認定之合理報酬率的限制下，追求其最大利潤之方式。
營運比管制	亦即「平均成本加成法管制」，係在獨占者之總收入與營運費用之差額，設定一合理比率，管制者在利潤為營業費用之合理比率之下，求其收入之最大。
價格管制	利用價格上限或價格下限之方式，係傳統上常用之管制措施。
數量管制	亦為傳統上常用之管制措施，例如管制牌照、管制進口等，管制如果過嚴，將產生市場供需失調之情形，是故政府應妥善運用，以健全運輸市場之營運秩序。
服務品質管制	包括旅行時間、服務班次數、服務之可靠性、服務之直接性、旅客的舒適程度、安全性等服務水準的標準之管制方式。

2. **運輸管制的主要內容**：運輸業為公共服務業，具公用事業性質，且與民眾利益息息相關，所受管制在原則上、精神上大都與公用事業管制相類似。然運輸業在經濟市場中有不少係屬獨占產業，故政府常對運輸業加以管制，其主要如下：

加入退出管制	由於運輸業之經營乃為特許事業，因此對運輸業之加入退出，多採取控制方式。
服務水準管制	服務品質由勞務本身的可靠性，安全性，規則性次數來決定，即所謂服務水準。由於使用者滿意程度，難免受主觀影響，管制者很難定出標準，只能定出一個原則，或最低水準作為管制。
安全管制	安全管制之內容為維護公眾安全，積極地希望防止肇事發生，消極地則希望減少肇事之損害。
財務管制	如業務經營良好，財務管理正常，自然日趨發展，否則經營失敗，不僅本身破產，抑且影響社會公眾利益，因此有關運輸業之會計制度、折舊攤提等政府會加以監督。
運價管制	為保護社會大眾免於支付太高票價，及避免業者的削價競爭，以維持正常營運，其方法有：核定最低運價，以限制競爭。核定最高價，防止聯營、獨占、壟斷。由同業會議訂定合理運價，呈報政府核准。
數量管制	是指運載人數的管制。因運輸業之產品無法儲存，生產與消費同時發生，故非指一般經濟學所說的，對產品規定一定的數目。

(十) **駕駛人駕駛安全與否的影響因素**

1. **反應時間**：駕駛人在人、車處理系統中，從看（視覺）、聽（聽覺）、感受（觸覺）中搜集到許多的交通，狀況、道路狀況、車輛狀況之情報，經過思考、判斷以至於決策並採取反應行動，這段過程所花費之時間稱之。在理想狀況下，駕駛人之反應程度有感應（Perception）、運用智慧（Intellection）、激發情緒（Emotion）、執行意志（Volition）四階段，稱為PIEV時間，一般反應時間約0.5～4秒。

2. **視覺影響：**

視覺範圍	用路者集中注意目標所能看到最清晰之部分，乃視覺圓錐角約3°～5°範圍內之事物。視錐角度愈大視野雖愈大，但能明確辨認之程度也愈差，故視覺範圍乃是設置交通標誌、號誌設施之重要影響因素。其須設置在視覺圓錐角10°視野之內。
周邊視界	除了可清楚辨認目標之外，駕駛人可視覺之界限，靜止時約180°～200°，當車速提高時則視界為之減少。
顧盼時間	為認清周遭環境，常於駕車時利用眼睛或頭部左右移轉，即可調整明視視覺情況，此左顧右盼約花0.5～1.26秒。
視覺深度	用路者估計來車遠近之能力。視覺深度差的人，常引發首尾相撞及超車時對撞之事故。
眩光恢復	用路者由暗至明亮處或由亮至暗處，為適應此變化，瞳孔收縮或放大所需之時間。如在夜間行車時，看見對方來車之閃光暫時失明，隨即恢復之時間的長短。
辨色能力	辨色能力對交通之影響似不太大，因為只要能辨識亮度，即使色盲，對標誌、號誌也可以其他方式辨認。
視力衰退	視力常隨年齡之增大或其他因素而衰退，因此駕駛人應定期接受檢查，以確保行車安全。
錯覺	視覺在某些情況下，因視覺範圍內背景因素的影響而產生錯覺。故道路設計時必須考慮到消除此種錯覺因素。

3. **聽力影響：**聽力對駕駛人之重要性遠不及視力，且在車內常無法聽清楚車外之狀況，但對行人之關係則較大，因為行人可藉由聽力來判別有無來車。
4. **穩定感：**駕駛人遇到不舒服或不安定之情況時，會主動反應使自己舒服與安定。如路面狀況不良、眼睛困倦時等，均會自動減速，以求取行車之舒適與安全。
5. **疲倦：**因睡眠不足、路況單調、空氣稀薄等原因，均易使駕駛人產生疲倦，進而延長反應時間，故良好之道路工程設計，應儘量避免單調、平淡，更應美化路容，以協助消減駕駛人之疲勞。

6. **酒精及麻醉劑等**：飲酒及服食麻醉藥物，使人無法集中注意力，反應遲鈍，常造成駕駛人不良操作之後果，故應禁止酒後駕車。

7. **其他因素**：如智力、學習過程、情緒與態度、年齡、疾病、殘障、氣候等，均可以對用路者之行為有所影響。

(十一) **平交道的意義與種類**

1. **意義**：鐵路與公路之交叉點，謂之平交道；依其交通流量之大小而訂平交道之等級種類，按其等級種別裝設不同之警告標誌及限制門柵等設施，藉以提高各往來車輛行人等之注意或限制通行，確保鐵路與公路之暢通，防止平交道意外事故之發生。

2. **種類**：目前臺灣鐵路管理局將平交道分為下列六種類：

第一種平交道	**設有遮斷器及警報裝置，並應晝夜派看柵工駐守。**
第二種平交道	**設有遮斷器及警報裝置，並應每日在規定時間內派看柵工駐守，或僅於列車通過時以人工操作**，其駐守或操作時間應視行車業務情形，由鐵路機構規定之，但特殊情形或軌距未達1.067公尺者得免設遮斷器。
第三種平交道（簡稱三甲）	**設有自動警報裝置及自動遮斷器，不派看柵工駐守。**
半封閉式平交道（簡稱半封）	設置標準同第三種甲平交道，僅留開口1.5公尺寬供行人及機踏車通行。
人工控制平交道（簡稱手控）	設有遮斷器及警報裝置，僅於列車通過時以人工操作。
專用平交道（簡稱專用）	專供特定廠商、公司或行號使用之平交道，其看柵工及設備由廠商自行提供。

(十二) **運輸成本**：由於運輸業是一受管制之企業，其價格及利潤皆在管制之下，而價格與利潤卻皆與成本息息相關，因此「運輸成本」可謂為運輸業定價、管制及補貼之基礎。交通事業主管機關在核算並核准運輸業的收費標準，即是採用成本計算的方式辦理。

1. **經濟成本**：係指企業使用所有生產要素之「機會成本」。機會成本就企業而言，可以說是利用一定的時間或資源生產一種產品時，而失去利用這些資源生產其他最佳替代品的機會，就是機會成本。因其往往無法回收，一旦轉為事後，即稱為「沉沒成本」。
2. **會計成本**：它是一種過去成本的衡量，並以財務成本之現金支出為基礎。其實際應用的困難在「共同成本」在各項產品間之分配問題。會計成本可分為下列幾項：

行車成本	在鐵路業稱為車輛成本；公路業為路上行車成本；航空業為飛行成本，**此成本為直接成本，亦即產量之增加會直接正比例地反應於成本上**。其由直接人工成本、燃料成本、行車保險等所組成，相當於變動成本。
場站成本	可分為三項： 1. 分散及組合成本：如貨櫃運輸中，將貨物予以組合裝入貨櫃成本及將不同目的地的貨物分類處理之成本。 2. 搬運成本：如在裝卸貨物時，因使用機具或人工所發生的成本。 3. 服務成本：如接受行李、包裹、清潔之處理成本。
通路及設備維護成本	**此成本乃為使運輸系統能繼續運作所必須花費之成本**。其計量方式大都以每年需多少維護費計。例如鐵路業其設備路權為私有且具獨占性，故其須負擔較公路（較多人使用）為多之維護費用。
直接成本	**又稱「變動成本」**，即隨產量大小而變動的成本，例如卡車運輸時所需之司機及油料等費用，貨運費率至少必須大於直接成本。
間接成本	**又稱「固定成本」**，即表示不隨產量大小而增減之成本，例如購買卡車即為貨物運輸的間接成本。
內部成本	**又稱為「一般化成本」**，如卡車司機工資、油料、車輛損耗，即上述「直接成本」加上「間接成本」，由貨運業者必須承擔之成本。
外部成本	**又稱為「外部效果」**，可分為兩類，一指卡車業者所產生的卡車空氣污染、噪音、震動、危險等負面影響，另一指卡車業者之交通擁擠成本。

一般費用	如管理費用、職員與職工之人事費用等。
交際往來費用	如推銷費用、廣告費用及票據交換處理費用等。
資本成本	**在經濟學上定義為機會成本，會計上之定義是折舊費用**。其簡單直線式折舊法目前已逐漸捨棄，在運輸業均採期初折舊較大而期末折舊較小的方法，但為了營業稅收的緣故，常對此項目加以規定。
稅	如營業稅、財產稅等，而在財產稅中，對使用私有設備的業者的課稅顯較使用公共設備業者為重。

3. **社會成本**：在現代經濟社會中，工業化的結果使得某些經濟個體的行為，不僅影響其自身，連帶也不可避免的影響到他人。**這種影響有些是利於他人的，有些是不利於他人的，不論是有利或不利，均可以稱之為經濟的「外部效果」**。如果是有利於他人的，稱之為「社會效益」；反之，若是有害他人的，則稱之為「社會成本」，例如空氣污染、水源污染、垃圾增加、噪音污染等即是。

(十三) **綠色運輸**：綠色運輸（Green Transportation）係指以「節約能源、減少廢氣排放」為特徵的運輸，凡能符合此概念之運輸工具，即稱為綠色運輸工具，例如捷運、高鐵、臺鐵、輕軌電車、步行、公車、電動機車和腳踏車等都是屬於廣義的綠色運輸系統。綠色運輸的實施途徑（或稱為指導方針）主要包括下列四項：

1. **發展低碳（綠色）運輸系統**：目前大部分國家均從推廣大眾運輸系統、自行車與步行三方面著手。有關推廣大眾運輸系統部分，大致包括提升運量、健全軌道運輸服務、改善公車服務與設施，以及提高轉乘接駁服務品質等策略。
2. **提升運輸系統使用效率**：主要是從發展智慧型運輸系統與貨運管理兩個面向著手。由於智慧型運輸系統可以有效提升運輸系統運作效率，發展貨運管理部分，主要為改善物流管理績效、提升鐵路與船運運量、建設燃料輸送管道等策略。
3. **加強運輸需求管理**：主要係從整體規劃、交通管理與經濟手段三個面向著手，減少汽機車使用頻率。有關整體規劃部分，主要在進行運輸規劃時透過土地整體規劃減少旅運量。有關交通管理部分，包括提高小客車乘載量、實施交通量總量管制、實施交通離峰計畫及推廣資訊通訊技術運用等。有關經濟手段部分，主要從車輛持有成本、道路使用成本、運輸經營成本等面向制定相關的管制措施。

4. **提升運輸能源使用效率**：可從燃料效率、替代燃料、交通管理與經濟誘因四個面向著手。

(十四) **鐵路運輸系統的優缺點**：

1.**鐵路的優點**：

(1)運量大。 (2)運價低廉且運送距離長。

(3)行駛具自動控制性。 (4)可有效使用土地。

(5)污染性較低。 (6)受氣候限制小。

2.**鐵路的缺點**：

(1)資本密集且固定資產龐大。

(2)設施龐大不易維修，且戰時容易遭致破壞。

(3)轉彎噪音大。 (3)貨損較高。

(4)營運缺乏彈性。 (5)編組費時。

(十五) **高速鐵路簡介**：

1. **高速鐵路系統發展過程**：由於高速鐵路具有速度快與運量大、安全性及準點度高、用地少與能源省、舒適程度高及落實大眾運輸系統的政策等特性，可說豪華又安全，因此成為挑戰航空的新品牌。日本於1964年率先從東京至新大阪完成「東海道」新幹線（SKS），以時速210公里寫下人類超過200公里時速之商業營運新紀錄，從此高速鐵路正式誕生。由於日本新幹線的營運成功，引起世界各國相繼效尤。1981年法國完成巴黎至里昂的東南線高速鐵路（TGV），速度270公里；其他如韓國、中國大陸及臺灣，都相繼開始高鐵的建設或營運工作。因此高速鐵路無疑地已成為城際運輸的新潮流。

2. **我國高速鐵3路簡介**：臺灣高速鐵路是我國第一個以及唯一的高速鐵路系統，全線縱貫臺灣人口最密集的西部走廊，全長345公里，實際營運里程則為339公里。於民國96年1月5日通車，已成為臺灣西部重要的長途運輸工具之一。它是臺灣第一個採取由民間興建、營運，並於特許營運期滿後，移轉給政府的民間興建營運後轉移模式的（BOT）公共工程，建設成本約4,600億新台幣。興建與營運的工作皆由臺灣高鐵公司負責，特許期限自1998年起算，為期35年，期限過後將以有償或無償的方式交還政府經營。

(十六) **城際運輸與都市運輸**：「城際運輸」係指都市間之運輸系統，其交通分區範圍較大，最主要路線規劃安排以城際間運輸走廊為主。「都市運輸」則是指都市內之運輸系統，其交通分區範圍較小，路線規劃以都市內之運輸走廊為主。大眾捷運系統在「城際運輸」及「都市運輸」之角色為同屬客運運輸系統的規劃，在環境影響考量上，兩者均須考慮對「噪音、震動及視覺景觀」的影響；**就大眾捷運系統而言，它在「都市運輸」方面係以紓解上、下午通勤尖峰為主要目的，「城際運輸」則非以此為考量。**

(十七) **設備維護保養**：設備維護保養的內容是保持設備清潔、整齊、潤滑良好、安全運行，包括及時緊固鬆動的緊固零件，調整活動部分的間隙等。簡言之，即「**清潔、潤滑、緊固、調整、防腐**」十字作業法。實踐證明，設備的壽命在很大程度上決定於維護保養的好壞。維護保養依工作量大小和難易程度**分為日常保養、一級保養、二級保養、三級保養等四種，其中二級保養、三級保養在操作工人參加下，一般由專職保養維修工人承擔。**

日常保養	又稱例行保養。其主要內容是：普遍地進行擦緊、清潔、潤滑、緊固易鬆動的零件，檢查零件、部件的完整。**這類保養的項目和部位較少，大多數在設備的外部**。日常保養和一級保養一般是由操作工人承擔。
一級保養	主要內容是：普遍地進行擦緊、清潔、潤滑、緊固，還要部分地進行調整。**日常保養和一級保養一般由操作工人承擔**。
二級保養	**主要內容包括內部清潔、潤滑、局部解體檢查和調整。**
三級保養	**主要是對設備主體部分進行解體檢查和調整工作，必要時對達到規定磨損限度的零件加以更換**。此外，還要對主要零部件的磨損情況進行測量、鑒定和記錄。

第二章 大眾運輸概念

一、大眾運輸與都市發展

大眾運輸與都市發展的過程，可歸納為下列三種效應：

因果效應	便利的大眾運輸網路帶來大量人潮，尤其公車站與捷運站，更是民眾活動的重心。因此，車站附近很快會出現**零售業、服務業**等商業活動以及高密度高層建築的**住宅社區**；尤其近年來廣為提倡的大眾運輸與社區或商業區的聯合開發，**使得三者間關係更緊密結合**，亦使得都市發展成為大眾運輸依賴極高的都市。
催化效應	在都市中現有的人口與經濟活動，均會產生、吸引旅次，其中部分旅次會使用大眾運輸，使得大眾運輸的需求增加；因此，政府著手建設大眾運輸系統，當政府引進大眾運輸系統時，民眾就會預期車站附近將會快速發展而進行投資，致使人口移入、商業活動與住宅需求增加，促使都市發展，形成一種相互的催化作用。
可及性效應	大眾運輸係提供都市地區之民眾「行」的便利，增進整個社區與商業活動空間的可及性，提高市民的易行性。因此，大眾運輸的便利能工作、購物、上學、娛樂、休閒等旅次發生；**大眾運輸不但扮演著社區發展催化劑（Catalyst）的角色，也能夠增進社區的可居性**；以都市長期發展的觀點而言，促進市中心進一步發展，引導商業活動與住宅社區沿捷運車站作簇群式發展，對環境與大眾運輸系統的自足性才是最有利的作法。

二、大眾運輸之意義與路權型態

(一) **大眾運輸之意義**：所謂大眾運輸係指服務於都市內及其鄰近衛星市鎮，**具有固定路線、固定班次、固定車站及固定費率的要件，乘客為一般大眾之公共運輸方式**，例如公共汽車、大眾捷運系統等，但**計程車因不具有前揭之特性，故不屬於大眾運輸系統。**一般都市大眾運輸工具，依路權、技術及服務型態，可分為街道大眾運輸（Street Transit）、輕軌運輸（Light Rail Transit）及大眾捷運系統（Mass Rapid Transit, MRT）等。

(二) **大眾運輸之路權型態（R／W；Right of way）**：大眾運輸路權是指大眾運輸工具使用車道的權利。亦即指運輸工具使用車道的狀況及與其他交通工具隔離的程度。可依下列二種標準加以分類：

A型路權	立體隔離路權。交通工具行駛時與其他車流或行人完全隔離，可採高架、地下或地面方式。然若採用地面方式時，須以柵欄或號誌或分隔島等方式，來隔離車流。大眾運輸系統均採取A型路權。例如LRRT（輕軌捷運）、RRT（重軌捷運）、RGR（區域鐵路）；**臺北捷運各營運路線、高雄捷運、高速鐵路（即將完成的桃園捷運）等皆屬此類。**
B型路權	**採用部分與外界隔離之軌道，或部分與外界之交通混合行駛之地面車道**，亦即在平面道路設置獨立式專用道供特定交通工具行駛，**例如公車專用道、輕軌運輸系統（LRT）之路權**，而目前臺灣西部幹線鐵路，與汽機車交會處設有平交道，各鐵路交通工具雖可優先通過，本質上仍屬B型路權。
C型路權	**在行駛之道路上或軌道上，與其他車輛混合；或者有專用車道，而街道上如遇有紅燈之號誌化交叉口，仍需依管制停車者皆屬C型路權。**例如一般車輛、地面電車（street car）或有軌（輕軌）電車（trolley）即是。

三、大眾運輸工具的一般性分類

(一) **A級路權運具**：以電力牽引之大眾運輸交通工具，行駛在A級路權上，其速度高、容量大；主要之交通工具有下列五種，分述於下：

輕軌捷運	是介於輕型鐵路（LRT）與重軌捷運（RRT）之間的交通工具。**其行駛路權完全為A級，由人或燈號控制，車廂數少，月台亦較低。**（注意：輕軌「運輸」系統則是使用B型路權，即A型路權與C型路權並用。
重軌捷運	**此為捷運系統中最為普遍的運具型態。**其以電力牽引5至10節鐵軌式車廂，行駛於A級路權上。至於績效之特徵（如速度、容量、準時性、安全性、營運效率等）均優於其他大眾運輸交通工具。
輪胎式捷運	此種捷運系統和重軌捷運很類似，只是輪胎式捷運的車輛是以橡膠輪胎支撐及導引，行駛於木材、水泥或鋼板的導路上，**因其車輛由輪胎支撐，轉轍時必須有特殊的鐵輪裝置。**

區域鐵路	由電力或柴油引擎牽引，行駛於A級或B級路權上，**其服務路線較長，車站少，站距長，服務水準及績效均很高。**
單軌捷運	此種捷運系統的**主要特徵是其車廂跨坐、懸掛或側掛在單軌或單樑上，**由單軌或單樑來支撐及導引。

(二) **B級路權運具**：此類大眾運輸交通工具，大部分行駛在B級路權上，有些路段可為A級或C級，其營運績效介於街道大眾運輸與捷運系統之間。主要的交通工具有兩種：

半捷運公車	**即利用現有的道路系統，予公共汽車專用路權，以使公車提高營運效率。**一般而言，半捷運系統行使於A級或B級道路上。可分成兩種類型： 1. 公車專用道路（Busway）：指公車行駛於專用路權的道路，其他車輛一律禁止進入。 2. 公車專用車道（Buslane）：指在都市幹道上劃定某車道，供公車全天候或特定時間行駛。
輕型鐵路	輕型鐵路（LRT）是以電力為動力，牽引1至4節車廂，行駛於B級路權的軌道上。不過在某些路段上的路權亦可能為A級或C級。

(三) **C級路權運具**：主要之交通工具有三種：

公共汽車	為都市內最普遍的交通工具，通常以大型或中型汽車行駛於C級街道上載運乘客，有固定路線、站牌、時間及費率。
有軌纜車	有軌纜車(Cable Car)是應用機械動力牽引的大眾運輸工具，它是由位於機房(Carbarn)之引擎帶動鋼纜來牽引車輛，**車輛本身並無動力。此即軌道在街道上，電車與其他車輛於地面混合行駛。**
無軌電車	無軌電車（Trolley Bus）係以電力牽引的公車，其行駛路線上有兩條導電線，行駛之車輛頂上有兩根觸輪桿（Trolley Poles）與導電線連接而輸入電源，**無軌電車須沿導電線底下行駛，不能偏離太遠。一般來說，重視噪音及空氣污染的城市，乃是促使無軌電車比一般公車發展更為有利的條件。**

(四) **特殊大眾運輸**（Special Transit）：如渡船、直升機、自動行人道、自動導引運輸系統。

四、大眾運輸車輛行駛時的型態

直立型	**直立型（Supported）是最為普遍之支撐方式**，傳統鐵路運輸系統與輪胎式運輸系統即屬此類，此種支撐方式之最大優點是操作簡單方便，轉轍亦較為容易。
跨坐型	跨坐型（Stradding）係使用跨坐型支撐方式的運輸系統，其**主要優點是車輛通常都在狹窄之單樑（Single Beam）的軌道行駛**，因此占用的路權面積較小，其缺點則是導引和轉轍較為複雜。
懸掛型	懸掛式（Suspended）運輸系統大都採用高架的結構，而且其行駛路面（Running surface）大部分是封閉式，以防止惡劣氣候的影響。這種技術之**優點是車輛在轉彎時可以搖擺來抵銷其側面加速度的不良效應，所以在轉彎時比一般直立型之車輛較為舒適。**
側掛型	側掛型（Laterally suspended）為側面導引的輪胎式運輸系統，有幾種不同的轉轍方式，**其中一種乃是轉轍區，採用沉降式車道（sinking guideway），以便導引車輛到轉轍的方向。**

五、大眾運輸系統之路線型態

輻射式路線	**此種路線由郊區向市中心區匯集或由市中心區向郊區延伸，多屬走廊式運輸，頗能配合旅次需求的分布。**但市中心為匯集地區，因此交通負荷可能過重，且於市中心迴轉時，將產生彎繞現象，缺乏連貫性，亦不經濟。
直徑式路線	**此種路線由郊區進入市中心區，再延伸至另一郊區。**其優點為路網具連貫性，可擴大服務範圍，減少乘客轉車現象，並不須於市中心區設立場站。其缺點係因為由一郊區至另一郊區，當兩端需求量相差較大時，將導致設備、車輛利用率的低落、尖峰與離峰使用率差異大，且其服務可靠性易受某端延誤之影響。
垂直式路線	**指縱橫垂直相交的輻射式或直徑式路線，而不經過市中心區**。垂直式路線具有較高的運輸效率。
環狀路線	**起訖點均在同一地點，而環繞整個都市的路線**，稱為環狀路線。此型路線具均勻的運量及良好的聯貫性，可作為服務剩餘旅次的補充路線及路網整合的轉運功能，但若路線上某一點發生延誤時，將嚴重影響準時性。

六、大眾運輸系統之路網型態

輻射環狀式路網	**此路網核心通常為市中心區或重要旅次聚集點，由垂直式路網或直徑式路網及環狀式路網組成**，較能適應地形變化及減少轉車需要，但市中心為交通匯集地，道路容量、停車設施等，恐難應付所需，且外環路線興建成本及如何配合旅客期望路線都是問題。
棋盤式路網	**由縱向及橫向路線垂直相交而成，其路線均勻分布，線型較筆直**，乘客容易瞭解整個路網型態及較能促進都市均衡發展，但其轉車旅次可能較多且交叉路口過多將影響行駛時間。
綜合式路網	**以輻射式的路線為基本型態，在接近市中心區時，則以外彎正切的路線型態通過市中心區**，若設計得當，將具有輻射式及棋盤式路網之優點。
不規則路網	上述路網型態以外的路網，**其多由道路系統本身及地形所造成的**。

七、都市大眾運輸系統之服務型態

以營運時間區分	1. 全天服務：係指24小時皆提供運輸服務之服務型態。 2. 通勤服務：係指只在早晚二個尖峰時段始營運，以補全天服務不足之服務型態。 3. 特殊或不規則的服務：係指只在有特殊活動之時，始進行營運之服務型態，例如節日、運動比賽、展覽、大型會議等。
以服務路線與旅次型態區分	1. 都市大眾運輸：係指服務全市的大眾運輸系統之服務型態，其路權型式可包括A、B、C三種。 2. 區域大眾運輸：係指服務整個都會區的大眾運輸系統之服務型態。例如區域鐵路與長途直達巴士等。 3. 短程大眾運輸：**係指在高旅次密度小地區之服務型態**。例如僅在機場、展覽會場、校園、遊樂場所及市中心等地區，提供短途的運輸服務。
以車輛停靠班次區分	1. 快車服務：係指以越站停車或區間停車的方式之服務型態。 2. 慢車服務：係指所有車輛每站必停之服務型態。 3. 直達車服務：係指所有車輛只停靠主要之車站之服務型態。

八、都市大眾運輸工具的種類

一般來說，通常是以路權的型態來劃分都市大眾運輸的種類，以此角度分類，計有下列三種：

地面大眾運輸	它是一種**採用C型路權之運輸工具**，例如**公車及無軌電動公車及地面電車**即屬此類。**服務可靠性與營運速度均較低，此乃其缺點之所在**。
半大眾捷運	它是一種採用B型路權之運輸工具，但有某些路段仍需採用C型路權，而在市中心及擁擠地區，為提高運輸系統之服務績效，則採用A型路權。例如在專用路權上行駛之公車與輕軌運輸（LRT）都屬此類。
大眾捷運	係指**完全採用A型路權的運輸工具**，故而它能有較高之速度、容量，並具有服務可靠性與安全性之優點。

九、都市大眾運輸工具之型態

都市運輸可分為旅客運輸與貨物運輸兩種型態，而一般皆以旅客運輸為主，其使用運具型型態區分如下：

私人運輸	係指私人擁有車輛，且有任意之使用權者，如自用小汽車、摩托車、腳踏車與步行。
副大眾運輸	**又稱為私營公共運輸或準大眾運輸**。私營公共運輸或可稱「租用運輸」，其乃由營運者提供運輸服務，只要遵照其運載契約（如依規定付費、不攜帶危險物品），一般大眾皆可搭乘的交通工具。且使用者在選擇時間或路線時，有某一程度之自主權（如乘客可隨時要求上車、下車或指定行駛路線等）。準大眾運輸之服務成本與服務水準，介於私人與大眾運輸之間，其具部分大眾運輸之性質，但**由於運量小，無法構成「大眾」運輸之要件，一般如撥召公車（Dial-a-ride）、隨停公車（Jitney）、計程車、中型車共乘（Van Pools）、訂座公車（Subscription Bus）、出租轎車、小汽車共乘等皆屬之。**

大眾運輸	所謂大眾運輸係指服務於都市內及其鄰近衛星市鎮，**具有固定路線、固定班次、固定車站及固定費率的要件**，乘客為一般大眾之公共運輸方式，例如公共汽車、火車、國道客運、大眾捷運系統等。一般都市大眾運輸工具，依路權、技術及服務型態，可分為街道大眾運輸（Street Transit，如公共汽車）、輕軌運輸（LRT）及大眾捷運系統（MRT）等。

十、大眾運輸系統之組織類型

大眾運輸系統組織的結構，一般取決於其外在環境及經營策略。隨著所有權的形式、城市規模、方法的不同，而有下列各種型態：

(一) **私有大眾運輸系統：亦即「民有民營」型態**，一般規模較小且**多屬家族式的企業所使用**，其內部管理人員一般負擔較多工作，及工作時間較長。

(二) **公有大眾運輸系統**：其型態又可分為：

1. **市有他營：所有權屬於政府，但政府委由非營利公司或私人公司來營運及管理**。使用此方式，政府將可避免直接參與大眾運輸系統的服務功能，且可由私人機構以契約方式提供最適當的管理及服務。其優點在於可以企業觀點及專長人才自主經營，而政府依預算緊密配合，若有利潤可支付政府其他部門，且於申請贈款補助或融資上較方便，其缺點在於服務涵蓋面積超過市區，將產生公平性的問題，以及複雜的法令支持等爭議。

2. **市有市營**：在市府成立大眾運輸機構，**服務人員具有公務員資格，營運上的投資，盈虧由政府負責，虧損時由一般稅源或特別成立之稅源提供財政上的補助。**其優點為組織機構較單純、贈款或融資易處理及營運規劃較易。缺點則有政府經營能力較弱、營運人力、設備之支出較大及管理委員會須負較重監督責任。

3. **都會區自營或私營：**

自營	以整個都會區為範圍，設立一大眾運輸機構，具有相當的自主權，能就服務都會區內有關大眾運輸營運、服務事項，加以決策，且亦有某方面的課稅能力，能向都會區的大眾課稅，以籌措營運及服務所需資金，並從事長、短期的規劃。

都會區私營	即政府擁有所有營運設備、設施，並就都會區，建立未來發展計畫及主要政策方向，而營運與管理的工作，將由政府與私人管理公司簽訂契約，由私人管理公司負責。

十一、運輸事業組織

交通（運輸）事業係一種服務性之事業，其組織型態大致可分為五種，即：行政型組織、特別型組織、公營公司型組織、民營公司型組織和公民合營公司型組織。

行政組織	1. **係政府行政機構的一個部門。** 2. 事業之管理人員都屬公務員，事業之經營係基於福利政策之立場，因此其費率和價格之決定，皆以公益為前提而加以衡量，例如**臺灣鐵路管理局、臺北國際航空站即是**。
特別型組織	1. **係為專營機構，仍屬公營事業**。 2. 非行政組織的一個部門，但在行政上仍受其節制，例如基隆市公共汽車（附屬於基隆市政府公車處）。
公營公司型組織	1. **公營公司型組織是一個獨立的事業單位，其事業的財產與會計係從政府會計另行劃分出來自成一體系，人員非公務員**。 2. 公司經營較有彈性，財務狀況力求自給自足，除了追求利潤外，尚需顧及社會大眾之利益，例如臺北捷運公司。
民營公司型組織	1. **由民間經營，不隸屬於政府部門**。 2. 以營利為目標，講求企業化經營，例如長榮海運公司、高雄捷運公司。
公民合營公司型組織	1. **由政府及民間共同持有股份**。 2. 保持適當經營效能，並承擔社會責任，例如中華航空公司。

十二、大眾運輸系統之營運方式

大眾運輸系統以載運旅客為目的，因此須考慮如何以現有車輛、人員，在營運路線上各站，以合乎經濟效率及滿足旅客需求上，提供良好服務、可靠性及服務面積，是相當重要的。其營運方式共有下列五種：

每站皆停式	列車於行駛路線各站上，遇有旅客上、下車時，便須停靠。多數的公車系統及捷運系統便採此式，由於每站皆停，旅客等車時間較短且便利，但相對地，旅客在車上時間較長及增加加速、減速時的不適。一般此方式多服務於密度較高的市中心區。
直達式	列車於行駛路線上，只停靠於主要站，一般都停於旅次聚集點，如商業中心、機場、學校等，其能提供迅速、可靠的服務，但服務範圍將縮小，多用於長途運輸。
快慢車混合服務	係快車與慢車交替開出，但其中有適當時間區隔，以免後開列車趕上先行列車。此方式方便長、短旅客的不同需求，但因增設軌道的成本昂貴，故須衡量其經濟性。
分區服務	將全程行駛路線劃分為若干區間，各區間有一列車採每站皆停式，但於其他區間，則直接駛過或不經過，此式可提高行駛速率，並有效利用現有人員車輛，但增加旅客等車時間，以及不同區間往返旅次較多的情況。
越站停車	列車每跳過若干站始停靠，此法將車站分成幾類，列車只停靠於相關類別，但分類時應注意各分類站載客數的平衡，並且數目須相當，其適於班距較短及旅客較均勻的路線，此方式亦稱「跳蛙式停車」，這種營運方式主要是為了「提高營運速率，減少停靠站數」。

十三、大眾運輸收費系統之種類

一律價格制	無論旅次起訖站之距離遠近均收取同一票價。優點是簡明、易解、確定和收錢容易。缺點是費用分攤不公平，以短程來補貼長程。
區間價格制	將都市劃分若干區，按照各區內及區外分別收費。但在市中心周圍有許多交接區，其一旦越過二區的界限，即為二段票價，這並不公平。
免費區價格制	在商業中心區或購物中心區等，為減少交通擁擠或提高行人的安全，而在此中心區內免費提供公車服務。
轉車票價制	一個旅客由起點到目的地須搭乘二種以上的路線，為乘客的方便，可以先買轉車票價，無須在轉車時再買。
預付票價制	在一定期間內，可以預付車費而無限制的搭車，如此預付票價會鼓勵額外的旅次需求，但此法卻能省去收票的麻煩。

區域票價	係就一都市分成若干區域，同一區旅行時，採單一票價，但越過規定的區界，則另外收費。此方式優點在於長短途收費較公平，可吸引乘客，但缺點則是計算票價或收費方式的管理與控制較複雜。
分段票價	係將全線分成數段，依乘客行經的分段數來計算票價結構。此種票價結構較適合於中低量的路線，但於計算票價或收費方式的管理與控制較區域票價複雜且收費時間亦較長。

十四、大眾運輸系統費率訂定應考慮因素

服務價值	服務價值的高低主要是取決於大眾運輸服務的品質，若費率逾越社會大眾所認為的服務價值，則消費者將轉而使用他種運輸工具。此種定價方式稱為「獨占下的需求導向定價法」。
服務成本	服務成本是大眾運輸業維持營運以提供服務所發生的成本，其在訂定費率時主要有兩大用途： 1. 以單位變動成本作為釐定大眾運輸的最低限度。 2. 單位總成本可為訂定費率時之參考。
負擔能力	大眾運輸之主要乘客多為中下所得階層的民眾，故兼顧民眾的負擔能力並維持適當利潤以改善設備是一個相當重要的原則。即所謂最有利之費率。
競爭情形	各國政府為避免惡性競爭，多規定大眾運輸業費率之最低限度為提供該項服務之單位變動成本。
政府政策	尤其與政府所採行之社會福利政策有關，此時政府即須准予補貼或賦與營業虧損補貼而不准漲價。
合理報酬	大眾運輸之收費費率須使收入扣除成本外，仍有合理的報酬或盈餘，以健全大眾運輸業的長久發展。

十五、大眾運輸系統路線規劃應考慮因素

旅客因素	決定路線分布型態。	**車輛因素**	決定總路權。
道路因素	建立路網必要條件。	**效率因素**	路線開闢之優先次序。
場站因素	決定路線之起訖點。	**政策因素**	決定都市之均衡發展。

十六、大眾運輸系統之規劃目標

路網之設計主要在解決現在及未來旅客運輸需求，因此有下列幾個規劃目標：

(一) **服務旅客最多：**

路網涵蓋面積	受限於經濟的合理性（如投資報酬率、補貼政策）及旅客實際需求。
單位面積路線數	能提供便利及所需路線。
路線聯貫性	配合旅客起迄點需求，以提高旅次的直接性。
轉車次數與容易程度	路網設計除求旅次的直接性外，在轉車時，提供良好設備，及恰當路線、適合時間，都是轉車系統所應具備的。

(二) **最大營運效率：**

路線配合	由於旅客數在空間上非均勻分布，故提供需求密度高的直接性及密度低的彎繞路線，並使彼此間互相配合。
成本最少	包括路線營運成本、場站成本及土地取得成本時，考慮各種不同成本下之服務型態中，選擇最適經營者。

(三) **最低負面衝擊：**衝擊是大眾運輸對周遭環境所造的影響，有正負雙方面，**短期衝擊包括街道擁擠程度，以及空氣污染、噪音和環境美觀等，長期衝擊和附近地區地價、經濟活動、實質型態及社會環境等所造成的改變**，如何減低負面衝擊至最低，是路網規劃目標之一。

十七、大眾運輸系統路線容量之主要內容

容量係指運輸系統以最大服務班次在一路線上所載運的客體數；而**路線容量則可定義為在一特定路況下，一小時內經過某一固定地點所載運的最大客體數。**其中的客體數，係指旅客數、車輛數等，由於不同的運輸單位，可定義不同的容量，路線容量一般包含有以下五項：

路線容量	代表最大的營運班次。
路線車輛容量	在某特定路線上，通過某特定地點的最大車輛數。
最大理論路線容量	為一路線上所能載運的最大能力，以旅客位數、小時表示之。
最大使用路線容量	為通過某一路線之固定地點的最大實際旅客數。
排班路線容量	在一排定的營運時刻表下，車輛載送旅客通過某一固定地點的最大數目。

影響路線容量的因素很多，如車身型態、站間距離、行車制度、路權型態等，因此，為提高運輸能力，在設備上的改善是一重要條件。

十八、大眾運輸系統之技術（機械特性）分類

大眾運輸系統的技術（Technology）係指車輛及軌道之機械特性，有下四類：

支撐 Support	指車輛與承載面垂直接觸的承載方法。計有輪胎行駛於柏油或水泥路面、鋼輪行駛於鐵軌、氣墊式、磁浮式及支承體懸掛車輛等方式。
導引 Guidance	指車輛側面之導引方式以求穩定。如地面公路車輛之導引乃藉由司機之方向盤操作，鐵路乃由鋼輪之輪緣（Flanges）導引車輪沿鋼軌滾動時不致脫軌，所以鐵路之鋼輪與鐵軌之聯合，是構成支撐與導引等技術之要件。
推進 Propulsion	指車輛動力來源、產生加速力之方法。如一般公路車輛由內燃機之推進，有軌電車及電氣化火車藉由電力馬達推進，亦有利用纜線、磁力、氣體渦輪及線型感應馬達者。
控制 Control	指管制車輛行駛之方法。如一般之地面公車，乃由駕駛員本身之視覺、聽覺以判斷控制；鐵路即以人力或號誌控制，至於未來之系統發展，則已邁入全自動控制之階段。

十九、大眾運輸系統的列車控制制度

行車控制關係大眾運輸系統的安全、服務、生產力及行駛速度等，其方式有：

(一) **手控（目視方式）**：由駕駛人對外界的感知來操作，因此車輛之安全、服務水準等，皆須視駕駛員的表現而定，常導致系統的服務水準、生產力，及安全程度不穩定且無法令人滿意，一般的公車、地面電車等都屬於此類。

(二) **號誌控制**：由於人為的錯誤常導致嚴重事故，及運輸技術的進步，乃於行駛路線上以軌道電路或其他電子傳送裝置，將全線各區間的情形，以號誌來表示，並藉以控制行車。一般號誌的表示有下列三種方式：

目視號誌	主要為固定號誌，其設於固定處所，以顯示位置變更或燈光改變指示列車司機行止。
車廂號誌	位於車內駕駛員之座位前，與地面號誌機型態相同，目的在於提供駕駛者前方號誌之顯示狀況，以方便駕駛員在任何氣候及時間可掌握地面狀況。
自動號誌	將路線上所有列車之操作狀況及位置，傳送到控制中心，再經由中心對列車情況與預定行車時刻表比較後，傳達新命令於列車司機員，使其依命令控制行車。

(三) **常見的優先號誌策略：**

1. **綠燈延長**：讓號誌晚點轉為紅燈，使列車能趕在紅燈之前通過路口。
2. **紅燈縮短**：讓號誌提早轉為綠燈，使列車能提早通過路口。
3. **插入綠燈**：在列車行經路口時，剛好將號誌轉為綠燈讓其通過。

(四) **鐵路的閉塞制度**：包括電氣路牌制、聯動閉塞制、自動閉塞制及中央控制行車制。

電氣路牌制	指單線運轉區間裝設電氣路牌閉塞器，經閉塞區間兩端站站長合作，取出閉塞器內之路牌交與駕駛員攜帶，以便運轉列車之閉塞方式。
聯動閉塞制	指在單線運轉區間，於閉塞區間兩端站之進站號誌機附近裝設短軌道電路，若一方站之出發號誌機顯示進行之號誌時，對方站之出發號誌機，則不能顯示進行號誌之閉塞方式；其仍由人工操作，但具備聯鎖基礎。

自動閉塞制	指單線或雙單線複線運轉區間，在劃分閉塞區間之路線裝設軌道電路，使其與號誌機發生聯繫；亦即軌道電路及號誌設備完全聯鎖，不需要由人工來操作，列車係完全遵循號誌行車。閉塞區間有列車時，號誌機即自動顯示險阻號誌；無列車時，則自動顯示進行號誌。此制可提高行車效率，增加行車班次密度及安全性。
中央控制行車制	係指列車在一路段行駛，其經過閉塞區間或錯讓車站等皆遵循控制電流之號誌指示，而路線上各站之所有進出站號誌機與主要轉轍器，均集中一地點及由調度員所控制，號誌機或轉轍器發生故障，亦能由調度站之顯示板表示。此制因調度員直接控制行車，計有作業簡單迅速、能增加班次密度、不必辦理行車手續、行車速度可以提高、列車之運行圖在控制總機上自動繪出及調度不必假手調度員，效率可提高等特性與優點；而由於聯鎖裝置完全由電氣控制，精密正確，行車安全性提高；而各站號誌機處理及行車手續簡化，可以節省站務人員。

(五) **自動控制**：係以電腦全自動化指揮行車操作、調度管理及安全防護，並由中央控制系統負責整個系統營運及管理。

二十、都市大眾運輸的行銷策略

(一) **產品策略**：**首重服務品質的提高**。大眾運輸業者應提供何種車種、停靠車站的取捨及相關配合措施，如站牌、路線資訊等，都是重點，因此著重於使用者地位的有形或無形的服務，是大眾運輸業者在產品行銷上的策略。

(二) **訂價策略**：大眾運輸業，由於投資較大，且具公共服務性，政府多限制其定價，以避免惡性競爭，並獲致合理報酬。故業者於價格上應用的策略，便不如一般企業靈活，不過仍**可依消費者、產品附加形式、地點及時間上的不同，在不違反法令的規定下，實施差異訂價，以發揮價格的行銷策略。**

(三) **通路策略**：**通路是由生產者至消費者或使用者間的各階層機構所組成**。大眾運輸可藉多階層的通路，以廣泛地服務旅客，如於營業路線上分設售票所，方便旅客購票，並減少在車上找換零錢的手續，不過也須注意配銷通路的成本。

(四) **促銷策略**：促銷之目的，**在當消費者有旅次產生時，能增加選擇搭乘大眾運輸的機會**。一般促銷有以下策略：

推銷員	加強訓練及充實推銷員對大眾運輸的服務性、功能性的了解，並經由其與社會大眾進行接觸，並配合組織經營，而進行促銷，如安排團體活動的包車、行程安排及聯運等事項，或是團體票的發售，以發掘潛在的消費群。
代理店	由代理店負責招攬乘客，如各團體的旅遊活動，而業者負責調派所需車輛及有關服務，如此代理店可以企業追求最大利潤來經營，而業者方可獲得收入。
廣告	將大眾運輸服務的班次、時間、路線及使用方法告知大眾，以增加消費機會，招徠旅客。
公共關係	**公共關係可分政府、新聞界及社會大眾三方面**。政府對大眾運輸有干預、監督之權，而新聞界則具輿論的力量，至於社會大眾更是與大眾運輸之經營息息相關，故此三方面良好關係的培養是極重要的，業者平時可主動邀請新聞界、民意代表及民眾參觀公司有關建設或解說公司之服務計畫等，這都是促進相互間了解的途徑。

二一、鼓勵大眾運輸發展的策略

(一) 都市大眾運輸問題方面的策略：

1. 改善公車系統營運效率，提高使用率。
2. 規劃興建都會區大眾捷運系統，促進公車與大眾捷運系統有效整合，建立完善的都市大眾運輸系統。
3. 公車採前若干公里免費之措施：其目的在鼓勵使用大眾運輸及培養潛在客群，以利發展大眾運輸，降低私人汽車之使用率。

(二) 機車問題方面的策略：

1. 加強實施機車各項管理措施（如地區限駛、合法停車等）。
2. 經由各項管制措施，並配合適當替代性交通工具之提供（以大眾運輸為主），逐步抑制機車之持有與使用。

(三) 自用小客車問題方面的策略：

1. 持有管制，如提高牌照稅、買車自備停車位等。
2. 提高汽車燃料稅、徵收擁擠稅，加強車輛檢驗與汰舊換新等。

二二、衡量大眾運輸系統營運績效之指標

大眾運輸系統特性分別為績效、服務水準、影響和成本。績效評估項目則包含了班次、營運速度、服務可靠性、安全、路線容量、生產容量、生產力與使用率等。

服務班次	指單位時間所發之車輛數。
營運速度	指行駛全程之平均速度。
準點率	以車輛實際抵達或離開車站之時間與公布之固定時刻表的差距，通常以百分比衡量。
安全性	以延人公里的死亡、受傷人數和財產損失之數目衡量。
路線容量	運輸系統在路線上通過某一點所能提供之最大容量或運載旅客數。
生產容量	為路線上營運速度與路線容量之乘積。此為一綜合性的指標，其中之營運速度對乘客有影響；而路線容量對營運者有影響，因此其為一非常方便之系統績效指標，對各種運具之比較非常有用。
生產力	每單位資源（如單位員工、營運成本、燃料）的生產量（如延車公里）。
使用率	是產出與投入的比率，但須以同樣的單位從事比較，如延人公里／座位公里。

二三、政府對大眾運輸之補貼方式

政府對大眾運輸的補貼方式有二種主要的方式，茲分別說明如下：

(一) **非金錢補貼：係指政府不直接或間接支付金錢給大眾運輸業者，而是透過行政上的管制措施給予業者的輔助。**一般非金錢補貼有下列方式：

稅捐減免	例如對大眾運輸設備進口的關稅減免或一般營業稅或營利所得稅的減免等。
技術協助	政府提供相關的技術或管理新知給業者，以改善業者因虧損而無法投入研究與發展的工作。
對其他競爭運具或業者施以管制措施	例如限制小汽車進入市區或對小汽車課徵較高的牌照稅等。

(二) **金錢補貼：係由政府直接或間接地支付金錢給大眾運輸業者。**金錢補貼有下列方式：

資本補貼	由於投資成本龐大，政府以低利貸款或是以直接金錢補助的方式補貼大眾運輸的資本投資。
虧損補貼	政府對業者之營運成本與收入之間的赤字予以全部或一部分的補貼，為目前貼補方案中最常使用的方式。
投入成本補貼	係對大眾運輸業者全部之營運總成本或部分成本給予某固定數額或百分比的補貼。
產出補貼（或績效補貼）	乃以大眾運輸的產出或績效作為補貼金額分配之依據。
費率補貼	乃因政府對票價實施管制，大眾運輸業者依此票價提供服務，所以政府對於業者票價與營運成本之間的差額給與補貼。
人口統計公式補貼	乃依運輸系統所服務區域之人口或人口密度為計算基礎，分配補貼金額。

二四、各種大眾運輸工具之比較

(一) **安全性：**

高→低	**鐵路運輸**	具有專用軌道、運輸一體的特性，且有管制列車的安全設施及較完善之規章制度，安全性最高。
	水道運輸	行駛時間長，航道缺一定範圍，且易遭風暴侵襲，貨物裝卸性最差，但因各種安全措施嚴格，且海員技術經驗多，安全性次之。
	航空運輸	由於在空中飛行，氣候與氣流變化無常，危險性似乎甚高，但機員常有嚴密的訓練，且導航設施日益精進，管制嚴格，故安全性更次。
	公路運輸	其運具因須與其他種車輛雜陳行駛，車速不一致，車輛保養標準較低，道路工程又未必盡善，安全性最差。

(二) **迅速性：**

高 ↓ 低	**航空運輸**	航空運具現已發展至超音速航空器，故速度是最高者，但須考量航站與旅次產生源之距離，否則往返時間須重新衡量。
	鐵路運輸	現已有高速之子彈列車及磁浮列車，故比較航空器而言，是較次之。
	公路運輸	受到車輛本身機動性能之限制，行駛速率較低，其中又分高速公路與普通公路，而後者因道路工程標準較低，受道路容量限制之影響高，故平均而言，迅速性更次之。
	水道運輸	航行速度受風力及水力之影響及經濟速率之限制，迅速性最低。

(三) **經濟性：**

高 ↓ 低	**水道運輸**	商船體積載量大，使用壽命長，動力成本低，航路不需投資，且港埠可以租用，故經濟性最高。
	鐵路運輸	運輸能量大，能源消耗次於商船，且有成本遞減之特性，經濟性次之。
	公路運輸	體積載量較小，運輸成本卻高，經濟性更次之。
	航空運輸	購置成本高，使用年限短，維護費用大，能源消耗多，載量有限，其經濟性最低。

(四) **方便性：**

高 ↓ 低	**公路運輸**	路網散布各處，車站可沿線設立，方便性和可及性最高，最能提供及門服務。
	鐵路運輸	路線單一，站間距離可近可遠，業務手續尚稱簡便，方便性居次。
	航空運輸	機場常遠離市區，班次亦少，手續較繁瑣，方便性更次之。
	水道運輸	僅靠泊大港埠，運輸密度不高，作業手續更繁，方便性最低。

(五) **準時性：**

高 ↓ 低	**鐵路運輸**	軌道不受外界影響，行車有周密之管理制度，作業可以有效控制，故準時性較高。
	公路運輸	受天候影響較小，但受路況影響則甚大，準時性居次。
	航空運輸	其飛行升降常受天候影響甚鉅，準時性更次之。
	水道運輸	長距離航行，受風暴侵襲機會較多，且港埠作業時間不易控制，準時性最差。

(六) **頻繁性（班次密度）：**

高 ↓ 低	**公路運輸**	汽車容量小，機動性大，道路不受管制，可以連續發車，班次密度最高。
	鐵路運輸	具專用軌道，有新式之管理行車制度，行駛之班次密度居次。
	航空運輸	因客貨滿載不易且運具有限，故班次密度更次之。
	水道運輸	裝卸費時，航程漫長，航速緩慢，班次密度最低。

(七) **舒適性：**

高 ↓ 低	**水道運輸**	商船房艙寬敞，裝飾華麗，且經精心設計之船艙震動小，故舒適性最高。
	航空運輸	航空器有舒適座位及周到之服務，但時區的變換與氣候的突變，使旅客較難適應，舒適性居次。
	鐵路運輸	鐵路運具座位與站立混合，干擾性大，服務水準較差，舒適性更次之。
	公路運輸	活動面積最小，干擾性亦大，故舒適性最差。

(八) **各種運輸性質作比較：**（1最高、2次之、3再次之、4為最低）

項目	鐵路	公路	海運	空運
安全性	1	4	2	3
迅速性	2	3	4	1
經濟性	2	3	1	4
方便性	2	1	3	4
準時性	1	2	4	3
頻繁性	2	1	4	3
舒適性	3	4	1	2

二五、規模經濟與範疇經濟

(一) **規模經濟：**在一定的產量範圍內，平均成本隨著產出（如旅客運量）的增加而降低的現象，即稱為「規模經濟」。析言之，規模經濟是由於一定的產量範圍內，固定成本可以認為變化不大，那麼新增的產品就可以分擔更多的固定成本，從而使總成本下降。

(二) **範疇經濟：**係指當同時生產兩種產品的費用低於分別生產每種產品時，所存在的現象，即稱為「範疇經濟」。

二六、運輸建設的BOT方式

(一) **意義：**所謂的BOT是指公共建設「興建（Build）、營運（Operate）、移轉（Transfer）」。根據《促進民間參與公共建設法》規定，所謂BOT就是將公共建設由民間投資興建並為營運，待營運期屆滿將該建設之所有權歸還給政府。臺灣高鐵、高雄捷運皆屬BOT的案例。

(二) **BOT模式的優缺點：**

1. **優點：**

(1)建設資金轉由民間負擔，可減輕政府財政壓力。

(2)能在資源及時間均不足的情況下，同時推動多項必要的公共建設。

(3)可藉由民間的管理技術，提升公共建設的營運效率。

2. **缺點：**

(1)需設法備齊較大的誘因，以吸引民間企業進行投資。

(2)因為民間公司的籌資能力有限，故需審慎評估競標者的財政能力。

(3)履約能否順利得視營運績效而定，從而使其成功機率受到限制。

(4)契約的解釋權掌握在政府手上，從而使業者有所顧忌，而降低與政府合作的意願。

(5)政府往往在契約中刻意縮短年限，使業者因難以回本、獲利，而減少其投資和履約的意願。

(6)不確定因素太多，加大其營運風險。

二七、其他民間參與公共建設計畫的方式

(一) BTO（Build-Transfer-Operate）：由民間機構投資新建完成後，政府取得所有權（無償或有償），並由該民間機構營運；營運期間屆滿後，營運權歸還政府。

(二) ROT（Rehabilitate-Operate-Transfer）：民間機構投資增建、改建及修建政府現有設施並為營運；營運期間屆滿後，營運權歸還政府。

(三) OT（Operate-Transfer）：民間機構營運政府投資興建完成之建設，營運期間屆滿後，營運權歸還政府。

(四) BOO（Build-Own-Operate）：為配合國家政策，由民間機構自行備具私有土地投資新建，擁有所有權，並自為營運或委託第三人營運。

(五) **其他經主管機關核定之方式。**

二八、機動車輛管制策略

管制機動車輛之主要方向有二，即：

(一) **管制車輛持有的管制策略。**

(二) **管制車輛使用的管制策略。**

車輛持有的管制策略	1. 提高車輛牌照稅。 2. 提高車輛強制第三責任險之保費。 3. 推動購車自備停車位。 4. 開徵首次車輛登記費。 5. 購車時課徵舊車處理押車費。 6. 定期實施車輛及排放檢驗，以汰換老舊車輛。

車輛使用的管制策略	稅費結構的合理化	調整稅費，使道路使用者支付其所造成的社會成本與使用成本，進而改變民眾之用車行為，以促使運輸結構合理化。
	擁擠地區管制小汽車的使用	開徵進入市中心區之，「通行費」或「擁擠稅」，如此可降低都市道路之車輛數，並非回收建造成本。
	提高私人車輛的使用成本	1. 推動汽車燃料費由「隨車徵收」改為「隨油徵收」。 2. 調高高速公路小客車通行費。 3. 調高私人車輛之空污費。 4. 調高違規車輛罰鍰。
	限制私人車輛使用區段或時段	1. 規劃行人徒步區。 2. 規劃私人車輛禁行區域、車道或時段。 3. 降低租人車輛道路使用之優先權。 4. 重要路口禁止私人車輛左轉。
	增加私人車輛的停車不便與成本	1. 調高路邊及路外停車費率。 2. 重要路段禁止路邊停車或臨時停車。 3. 擴大停車收費區域並限制停放時數。 4. 加強取締路邊違規停車，並大幅提高違規停車罰錢。 5. 機車難停地區實施路邊收費。

二九、大眾運輸導向都市發展模式

(一) **大眾運輸導向的都市發展的概念**：都市交通之活動地區性分類有三種型態：

1. 地區內部的交通活動。
2. 都市與都市間之交通活動。
3. 都市地區與鄰近郊區間之活動。

各類型之都市交通，其所需要之設施規模與種類，所提供服務之程度，均會因其特性而有所差異。因此在都市運輸作規劃之同時，亦必須針對各類型之運輸特性作充分之瞭解，再從交通設施間整體性之相互關係，配合旅運需求型態及都市發展之政策，進行合理的安排與設計，此即為大眾運輸導向的都市發展（Transit-Oriented Development Strategies；TOD）。

TOD乃是希望建立一個有別於傳統都市發展之規劃方式與程序，從永續都市發展理念出發，以高效率的大眾運輸系統為都市發展的主幹，全方位的落實大眾運輸優先觀念，鼓勵搭乘大眾運輸，抑制私人運具使用，使民眾降低對自用小汽車的倚賴，習慣於使用以大眾運輸系統為主要運輸工具，以期創造高品質之都市環境，達到永續發展的目的。

台灣以公路交通為都市發展主軸之政策，已違反了永續發展的理念，而為求解決這些課題，配合大眾運輸導向的都市發展(TOD)，其成功的關鍵因素就是要以大眾運輸樞紐和車站為核心，強調高效、混合的土地利用及人行步道之都市設計，讓民眾出行更願意使用大眾運輸。

(二) **大眾運輸發展模式的特性**：為使大眾運輸導向的都市發展（TOD）能達到目的，其發展模式必須具有下列五項特性：

1. TOD必須在有相當人口密度的地方實施，方能鼓勵民眾使用大眾運輸。
2. 住宅區、工作區及零售商店必須散佈在運輸系統沿線。
3. TOD必須包括各種都市活動及工作和購物，且均需在步行可及之範圍內。
4. TOD之計畫必須建構在棋盤式的運輸系統上，而非一般郊區中主要幹道、次要幹道和地區街道所形成的道路系統。
5. 大部分以TOD概念設計的都市，須配合良好都市景觀設計，鼓勵民眾使用大眾運輸系統，避免使用小汽車。

(三) **大眾運輸導向發展模式產生的效益**：

1. 促進產業的發展。
2. 增加房地產價值。
3. 提供民眾購買低價住宅的機會。
4. 增加大眾運輸乘客與營收。
5. 提供聯合開發機會，促進地區經濟的繁榮。

嚴選題庫

( ) **1** 廣義交通的定義，不含下列何者？ (A)貿易 (B)通信 (C)觀光 (D)氣象。

( ) **2** 運輸的構成要素，下列何者錯誤？ (A)場站設備 (B)運輸工具 (C)動力設備 (D)物流倉庫。

( ) **3** 下列有關運輸事業特性之敘述，何者錯誤？ (A)服務供應之不可儲藏性 (B)競爭代替性 (C)沈沒成本性 (D)低度管制性。

( ) **4** 從事運輸規劃有所謂的3C原則，下列不在其中？
(A)Comprehension (B)Coordination
(C)Cooperation (D)Continuity。

( ) **5** 下列何者非運輸系統管理（TSM）常見的手段或措施？
(A)公車優先通行 (B)機車停車收費
(C)車輛共乘計畫 (D)調撥車道。

( ) **6** 運輸業是一種服務業，服務有四個特性，下列不在其中？ (A)無形性 (B)不可分割性 (C)同質性 (D)易逝性。

( ) **7** 有關運輸需求的特性，下列何者錯誤？ (A)引申性 (B)全部可替代性 (C)廣泛性 (D)時間特定性。

( ) **8** 在交通部的「運輸政策白皮書」中，定義了公路公共運輸之無縫運輸有四個維度，下列何者不在其中？
(A)財務無縫 (B)時間無縫
(C)空間無縫 (D)服務無縫。

( ) **9** 「程序性需求模式」將旅次行程（即運輸需求）的決策過程分成四個步驟，下列何者不在其中？ (A)旅次產出 (B)旅次分布 (C)運具分配 (D)人員指派。

( ) **10** TOFC係指下列何種聯合運輸系統？
(A)公路與鐵路 (B)公路與水運
(C)公路與空運 (D)鐵路與水運。

( ) **11** 下列何者不屬於衡量運輸業服務品質績效的三大構面？ (A)成本效率性 (B)時間有效性 (C)服務有效性 (D)成本有效性。

( ) **12** 重大道路交通事故造成人員受傷或超過24小時死亡，屬於：
(A)A1類 (B)A2類
(C)A3類 (D)A4類。

( ) **13** 下列有關營業汽車分類之敘述，何者錯誤？
(A)公路汽車客運業指在核定區域內，以公共汽車運輸旅客為營業者
(B)市區汽車客運業指在核定區域內，以公共汽車運輸旅客為營業者
(C)汽車路線貨運業指在核定路線內，以載貨汽車運送貨物為營業者
(D)汽車貨櫃貨運業指在核定區域內，以聯結車運送貨櫃貨物為營業者。

( ) **14** 透過紅綠燈之控制方法，以控制不同時間內之車流，稱為：
(A)時差 (B)時相
(C)時比 (D)時制。

( ) **15** 在現有道路幾何布設、交通組成與管制設施之情況下，各車種在交通流潮中相對小客車之影響比例，稱為：
(A)小客車比值 (B)小客車權數
(C)小客車當量 (D)小客車流量。

( ) **16** 自甲國至乙國之客貨機，可在乙國降落並卸下客貨郵件，但回航時不能在乙國裝載客貨郵件之航權，稱為： (A)第1航權 (B)第2航權 (C)第3航權 (D)第4航權。

( ) **17** 依國際民航組織的規定，同高度之兩航空器若在無助航設備地區飛航時，以時間隔離者，前後距離不得少於多少分鐘？ (A)10分鐘 (B)15分鐘 (C)20分鐘 (D)30分鐘。

( ) **18** 智慧型運輸之主要次系統，其主要特色係利用感測器彌補人類感官功能之不足，減少駕駛人因判斷錯誤及技術不佳所造成之危險，稱為： (A)ATIS (B)AVCSS (C)CVOS (D)APTS。

( ) **19** 受管制之運輸業者在管制者所認定之合理報酬率的限制下，追求其最大利潤之方式，屬於何種管制方式？ (A)報酬率管制 (B)營運比管制 (C)價格管制 (D)服務品質管制。

( ) **20** 在理想狀況下，駕駛人之反應程度四階段，稱為PIEV時間，下列何者錯誤？ (A)感應 (B)運用智慧 (C)激發思考 (D)執行意志。

( ) **21** 設有自動警報裝置及自動遮斷器，不派看柵工駐守的平交道，稱為：(A)第一種平交道 (B)第二種平交道 (C)第三種平交道 (D)半封閉式平交道。

( ) **22** 裝卸貨物時，因使用機具或人工所發生的場站成本，稱為：
(A)分散及組合成本 (B)搬運成本
(C)服務成本 (D)機具成本。

( ) **23** 綠色運輸的實施途徑（指導方針）主要包括四項，下列何者錯誤？(A)發展低碳運輸系統 (B)提升運輸系統使用效率 (C)加強運輸供給管理 (D)提升運輸能源使用效率。

( ) **24** 臺灣高速鐵路採取BOT之公共工程，其特許期限為多少年？ (A)30年 (B)35年 (C)40年 (D)45年。

( ) **25** 設備保養主要內容包括內部清潔、潤滑、局部解體檢查和調整，稱為：(A)1級保養 (B)2級保養 (C)3級保養 (D)4級保養。

( ) **26** 大眾運輸與都市發展的過程，可歸納為三種效應，下列何者不在其中？ (A)蝴蝶效應 (B)因果效應 (C)催化效應 (D)可及性效應。

( ) **27** 大眾運輸路權乃是大眾運輸工具使用車道的權利，地面電車（street car）為何路權的運具？ (A)A型路權 (B)B型路權 (C)C型路權 (D)D型路權。

( ) **28** 下列何者非A級路權之運具？ (A)輕軌捷運 (B)單軌捷運 (C)輪胎式捷運 (D)無軌電車。

( ) **29** 大眾運輸車輛行駛時之型態中，何者為最普遍之支撐方式？ (A)直立型 (B)跨坐型 (C)懸掛型 (D)側掛型。

( ) **30** 大眾運輸系統之路線，若是由郊區進入市中心區，再延伸至另一郊區，稱為：(A)輻射式路線 (B)直徑式路線 (C)垂直式路線 (D)環狀路線。

( ) **31** 公車、無軌電動公車及地面電車屬下列何種都市大眾運輸工具？(A)地面大眾運輸 (B)半大眾捷運 (C)大眾捷運 (D)以上皆非。

( ) **32** 下列何者非屬副大眾運輸？ (A)撥召公車 (B)計程車 (C)中型車共乘 (D)輕軌運輸。

( ) **33** 運輸業若為獨立事業單位，其事業的財務與會計係由政府中另行劃分，此種組織型態，係屬於下列何者？ (A)行政組織 (B)特別型組織 (C)公營公司型組織 (D)公民合營公司型組織。

( ) **34** 大眾運輸業若是將都市劃分若干區，按照各區內及區外分別收費，稱為：(A)一律價格制 (B)區間價格制 (C)免費區價格制 (D)轉車票價制。

( ) **35** 下列何者非大眾運輸系統費率訂定時應考慮之因素？ (A)服務成本 (B)競爭情形 (C)服務幅員 (D)負擔能力。

( ) **36** 大眾運輸影響路線容量的因素相當多，下列何者不在其中？ (A)車身型態 (B)經營能力 (C)行車制度 (D)站間距離。

( ) **37** 大眾運輸系統車輛及軌道之機械特性有四，下列何者錯誤？
(A)支撐 (B)導引
(C)推進 (D)追蹤。

( ) **38** 列車在一路段行駛，其經過閉塞區間或錯讓車站等皆遵循控制電流之號誌指示，而路線上各站之所有進出站號誌機與主要轉轍器，均集中一地點及由調度員所控制，號誌機或轉轍器發生故障，亦能由調度站之顯示板表示，稱為： (A)電氣路牌制 (B)聯動閉塞制 (C)自動閉塞制 (D)中央控制行車制。

( ) **39** 大眾運輸業者應提供何種車種、停靠車站的取捨及相關配合措施，如站牌、路線資訊等，此為何種都市大眾運輸的行銷策略？
(A)產品策略 (B)訂價策略
(C)通路策略 (D)促銷策略。

( ) **40** 下列何者非政府對大眾運輸的金錢補貼方式？ (A)資本補貼 (B)費率補貼 (C)稅捐減免 (D)績效補貼。

( ) **41** 就安全性而言，下列何種運輸安全性最差？ (A)鐵路運輸 (B)水道運輸 (C)航空運輸 (D)公路運輸。

解答與解析

1 **(A)**。廣義的交通包括運輸（鐵路、公路、水運、航空、都市運輸）、通信（郵政、電信）、觀光、氣象等四大部門。

2 **(D)**。運輸的構成要素，除ABC三者外，尚包括：通路及輔助設備、通訊設備與經營管理人才與組織。

3 **(D)**。應為高度管制性。政府對業者之加入、中斷營業、退出，以及營業地區之規劃、營業項目、運價、財務、服務水準、利潤等都受政府之政策管制，以對社會大眾創造福利，故運輸業別於其他企業，而有「受管制的企業」之稱。

4 **(C)**。3C包括綜合性（Comprehension）、協調性（Coordination）及持續性（Continuity）。

5 **(B)**。機車停車收費係旅運需求管理（TDM）的措施。

6 **(C)**。(C)錯誤，應為「異質性」。因服務的績效或品質會隨著服務提供者的不同，或提供服務的時間與地點不同，而有極大的差異，致消費者都會有不同的感受。有形產品的製造，則因來自於標準化之機器設備生產，故品質才可達到同質性。

7 **(B)**。(B)錯誤，應修正為「部分可替代性」，不同的運輸需求之間一般來說是不能互相替代的，例如人的位移顯然不能代替貨物位移，由臺北到新竹的位移不能代替新竹到台南的位移，因為這明顯是不同的運輸需求。但也有例外，例如工業生產，當原料產地和產品市場分離時，人們可以通過生產位置的確定在運送原料還是運送產成品或半成品之間作出選擇。

8 **(A)**。(A)錯誤，應修正為「資訊無縫」。

9 **(D)**。(D)錯誤，應修正為「路線指派」。

10 **(A)**。TOFC是公路與鐵路之聯運系統，此種聯運方式係將卡車、拖車置於火車平車上行駛至目的地後，又恢復為公路運輸。

11 **(B)**。衡量運輸業服務品質績效的三大構面指選項(A)CD三者。

12 **(B)**。A1類為造成人員當場或24小時內死亡；A3類僅有財物損失；交通事故無A4類。

13 **(A)**。公路汽車客運業係指在「核定路線」內，以公共汽車運輸旅客為營業者。

14 **(D)**。每一時制通常包括下列的設計項目：週期長度、時相及時相順序、每一時相之綠燈時段、黃燈時段、全紅時段或行人時相長度。

15 **(C)**。小客車當量（PCE）意即在特定狀況下，不同的車種一輛相當於若干輛小客車。

16 **(C)**。第3航權又稱為卸載權。

17 **(B)**。以時間隔離者，若有地面助航設備，能隨時確定其位置時，則相距不得少於10分鐘，但經與鄰接飛航情報區訂有協議者，依其協議。

18 **(B)**。AVCSS即先進車輛控制及安全系統。它的相關技術包括防撞警示系統、自動車輛診斷、自動側向／縱向控制、車間通訊、自動停放車輛等。

19 **(A)**。報酬率管制又稱為A-J（Averch-Johnson's Model of Rate-of-Return Regulation）管制。

20 **(C)**。(C)錯誤，應為「激發情緒（Emotion）」。

21 **(C)**。第三種平交道臺灣鐵路管理局將其簡稱為三甲。

22 **(B)**。場站成本僅分為ABC三類。

23 **(C)**。(C)錯誤，應修正為「加強運輸需求管理」。

24 **(B)**。自1998年起算，期限過後將以有償或無償的方式交還政府經營。

25 **(B)**。設備維護保養依工作量大小和難易程度分為日常保養、一級保養、二級保養、三級保養等四種，其中二級保養、三級保養在操作工人參加下，一般由專職保養維修工人承擔。

26 **(A)**。大眾運輸與都市發展過程的三種效應，即題目BCD三者。

27 **(C)**。在行駛之道路上或軌道上，與其他車輛混合；或者有專用車道，而街道上如遇有紅燈之號誌化交叉口，仍需依管制停車之運具皆屬C型路權。

28 **(D)**。無軌電車係以電力牽引的公車，其行駛路線上有兩條導電線，行駛之車輛頂上有兩根觸輪桿與導電線連接，而輸入電源，它是C級路權之運具。

29 **(A)**。傳統鐵路運輸系統與輪胎式運輸系統即屬直立型，此種支撐方式之最大優點是操作簡單方便，轉轍亦較為容易。

30 **(B)**。直徑式路線優點為路網具連貫性，可擴大服務範圍，減少乘客轉車現象，並不須於市中心區設立場站。

31 **(A)**。地面大眾運輸是一種採用C型路權之運輸工具，服務可靠性與營運速度均較低，此乃其缺點之所在。

32 **(D)**。輕軌運輸屬於大眾運輸。

33 **(C)**。公營公司型組織之經營較有彈性，財務狀況力求自給自足，除了追求利潤外，尚需顧及社會大眾之利益，例如臺北捷運公司。

34 **(B)**。區間價格制在市中心周圍有許多交接區，其一旦越過二區的界限，即為二段票價，這並不公平。

35 **(C)**。大眾運輸系統費率訂定時應考慮之因素，除ABD三者外，尚須考慮服務價值、政府政策和合理報酬。

36 **(B)**。影響路線容量的因素很多，如車身型態、站間距離、行車制度、路權型態等，因此，為提高運輸能力，在設備上的改善是一重要條件。

37 **(D)**。(D)錯誤，應為「控制」，係指管制車輛行駛之方法。如一般之地面公車，是由駕駛員本身之視覺、聽覺以判斷控制；鐵路即以人力或號誌控制。

38 **(D)**。此制因調度員直接控制行車，計有作業簡單迅速、能增加班次密度、不必辦理行車手續、行車速度可以提高、列車之運行圖在控制總機上自動繪出及調度不必假手調度員，效率可提高等優點。

39 **(A)**。產品策略著重於使用者地位的有形或無形的服務，是大眾運輸業者在產品行銷上的策略。

40 **(C)**。稅捐減免係指政府透過行政上的管制措施給予業者的輔助。

41 **(D)**。公路運輸之運具因須與其他種車輛雜陳行駛，車速不一致，車輛保養標準較低，道路工程又未必盡善，安全性最差。

NOTE

NOTE

第三單元　大眾捷運法及相關捷運法規

第一章　大眾捷運法

主題一、總則

一、大眾捷運系統之定義與種類

(一) **大眾捷運系統的定義**：指利用地面、地下或高架設施，使用專用動力車輛，行駛於導引之路線，並以**密集班次**、**大量快速輸送**都市及鄰近地區旅客之公共運輸系統。

(二) **大眾捷運系統的定義**：大眾捷運系統，依使用路權型態，分為下列二類：

1. **全獨立專用路權**：全部路線為獨立專用，不受其他地面交通干擾。
2. **非完全獨立專用路權**：部分地面路線以實體設施與其他地面運具區隔，僅在路口、道路空間不足或其他特殊情形時，不設區隔設施，而與其他地面運具共用車道。

   大眾捷運系統為非完全獨立專用路權者，其共用車道路線長度，**以不超過全部路線長度四分之一為限**。但有特殊情形，經中央主管機關報請行政院核准者，不在此限。

二、大眾捷運系統之主管機關

(一) **在中央為交通部；在直轄市為直轄市政府；在縣（市）為縣（市）政府。**

(二) **路網跨越不相隸屬之行政區域者**：由各有關直轄市、縣（市）政府協議決定地方主管機關，協議不成者，由**交通部**指定之。

三、自行開發與聯合開發

(一) 為有效利用土地資源，促進地區發展，主管機關得辦理大眾捷運系統路線、場、站土地及其毗鄰地區土地之開發。所稱之毗鄰地區土地，係指下列三者：

1. 與捷運設施用地相連接。
2. 與捷運設施用地在同一街廓內，且能與捷運設施用地連成同一建築基地。
3. 與捷運設施用地相鄰之街廓，而以地下道或陸橋相連通。

(二) 前述開發用地，主管機關得協調**內政部**或**直轄市政府**調整當地之土地使用分區管制或區域土地使用管制。

四、土地開發基金來源

(一) 主管機關為辦理土地開發，得設置土地開發基金；其基金來源如下：
1. **出售（租）因土地開發所取得之不動產及經營管理之部分收入。**
2. **辦理土地開發業務所取得之收益或權利金。**
3. **主管機關循預算程序之撥款。**
4. **本基金利息收入。**
5. **其他收入。**

(二) 前項基金之收支、保管及運用辦法的決定：
1. 基金屬中央設置者：**由中央主管機關擬訂，報請行政院核定發布。**
2. 基金屬地方設置者：由地方主管機關定之。

主題二、規劃

一、大眾捷運系統規劃之辦理

(一) 大眾捷運系統之規劃，由主管機關或民間辦理。

(二) 辦理大眾捷運系統規劃時，主管機關或民間**應召開公聽會**，公開徵求意見。

二、大眾捷運系統規劃應考慮之因素

大眾捷運系統之規劃，應考慮下列因素：

(一) **地理條件**。
(二) **人口分布**。
(三) **生態環境**。
(四) **土地之利用計畫及其發展**。
(五) **社會及經濟活動**。
(六) **都市運輸發展趨勢**。
(七) **運輸系統之整合發展**。
(八) 採用非完全獨立專用路權路段所經鄰近道路之交通衝擊。

主題三、建設

一、公司最低實收資本額

(一) 大眾捷運系統由民間投資建設者，申請人申請投資捷運建設計畫時，其公司**最低實收資本額不得低於新臺幣十億元**，並應為總工程經費百分之十以上。取得最優申請人資格者，應於六個月內完成最低實收資本額為**總工程經費百分之二十五以上**之股份有限公司設立登記。

(二) 民間機構在籌辦、興建及營運時期，其自有資金之最低比率，**均應維持在百分之二十五以上。**

二、地方及中央主管機關建設大眾捷運系統之程序

(一) 地方主管機關建設之大眾捷運系統，應由地方主管機關備具下列文書，報請**中央主管機關**核定後辦理：

1. **經核定之規劃報告書。**
2. **初步工程設計圖說。**
3. **財源籌措計畫書。**
4. **工程實施計畫書。**
5. **大眾捷運系統營運機構之設立計畫及營運計畫書。**
6. **營運損益估計表。**

(二) 中央主管機關建設之大眾捷運系統，應備具前項各款文書，報請**行政院**核定後辦理。

三、開工竣工期限核准展期與完工履勘

(一) 大眾捷運系統建設，其開工及竣工期限，**應由中央工程建設機構或地方主管機關擬訂，報請中央主管機關核定**；其不能依限開工或竣工時，應敘明理由，報請中央主管機關核准展期。

(二) 路網全部或一部工程完竣，**應報請中央主管機關履勘；非經核准，不得營運**。

四、他人土地之利用與補償

(一) 大眾捷運系統**因工程上之必要**，得穿越公、私有土地及其土地改良物之上空或地下，或得將管、線附掛於沿線之建物上。但應擇其對土地及其土地改良物之所有人、占有人或使用人**損害最少之處所及方法**為之，並應支付相當之補償。

(二) 前項須穿越私有土地及其土地改良物之上空或地下之情形，主管機關得就其需用之空間範圍，在施工前，於土地登記簿註記，或與土地所有權人協議設定地上權，協議不成時，準用**土地徵收條例**規定徵收取得**地上權**。

(三) 前二項私有土地及其土地改良物因大眾捷運系統之穿越，致不能為相當之使用時，土地及其土地改良物所有人得**自施工之日起至完工後一年內**，請求徵收土地及其土地改良物，**主管機關不得拒絕**。私有土地及其土地改良物所有人原依前二項規定取得之對價，應在徵收土地及其土地改良物**補償金額內扣除之**。

五、電能之供應

(一) 大眾捷運系統所需電能，**由電業機構優先供應**。

(二) 經**電業主管機關**之核准，得自行設置供自用之發電、變電及輸電系統之一部或全部。

六、管線溝渠之附掛埋設與養護

(一) 於大眾捷運系統設施附掛管、線，應協調該**工程建設機構**同意後，始得施工。

(二) 於大眾捷運系統用地內埋設管、線、溝渠者，應具備**工程設計圖說**，徵得該工程建設機構同意，**由其代為施工或派員協助監督施工**。工程興建及管、線、溝渠養護費用，**由該設施之所有人或使用人負擔**。

(三) 依前二項規定附掛或埋設之管、線、溝渠，因大眾捷運系統業務需要而應予拆遷時，**該設施之所有人或使用人不得拒絕**；其所需費用，依原設施標準，按新設經費減去拆除材料折舊價值後，應由該設施之所有人或使用人與大眾捷運系統工程建設或營運機構**各負擔二分之一**。

七、大眾捷運系統建設

(一) 大眾捷運系統在市區道路或公路建設，應先徵得**該市區道路或公路主管機關同意**。

(二) 前項大眾捷運系統之建設，須拆遷已附掛或埋設之管、線、溝渠時，**該設施之所有人或使用人不得拒絕**。

八、技術規範之訂定

(一) 大眾捷運系統建設及車輛製造之**技術規範**，由**中央主管機關**定之。

(二) 前項技術規範，應包含無障礙設備及設施之設置與維護方式。

主題四、營運

一、營運機構之設置及其工作

(一) 中央主管機關建設之大眾捷運系統，由中央主管機關指定地方主管機關設立營運機構或經甄選後許可民間投資籌設營運機構營運。

(二) 地方主管機關建設之大眾捷運系統，由地方主管機關設立營運機構或經甄選後許可民間投資籌設營運機構營運。

(三) 政府建設之大眾捷運系統財產，**依各級政府出資之比率持有**。由中央政府補助辦理者，由路線行經之各該地方政府，**按自償及非自償經費出資比率共有之**，**營運機構不共有大眾捷運系統財產**；該財產以出租方式提供營運機構使用、收益者，**營運機構應負責管理維護**。

二、大眾捷運系統組織結構與經營方式

(一) 大眾捷運系統營運機構，以依公司法設立之**股份有限公司**為限。

(二) 大眾捷運系統之營運，應以企業方式經營，**旅客運價一律全票收費**。如法令另有規定予以優待者，應由其主管機關編列預算補貼之。

三、服務指標之擬訂

大眾捷運系統營運機構**應擬訂服務指標**，提供**安全、快速、舒適**之服務，以及便於身心障礙者行動與使用之無障礙運輸服務，**報請地方主管機關核定，並核轉中央主管機關備查**。

四、運價率計算公式之核定與變更

(一) 大眾捷運系統**運價率之計算公式**，**由中央主管機關擬訂，報請行政院核定**；變更時亦同。

(二) 大眾捷運系統之**運價**，由其營運機構依前項運價率計算公式擬訂，報請**地方主管機關**核定後公告實施；變更時亦同。

五、聯運業務之辦理

為**公益上之必要**，大眾捷運系統**地方主管機關**，得核准或責令大眾捷運系統營運機構與市區汽車客運業或其他大眾運輸業者，共同辦理**聯運或其他路線、票證、票價等整合業務。**

主題五、監督

一、監督與監督辦法

大眾捷運系統之**經營、維護與安全**應受**主管機關**監督；監督實施辦法**，由中央主管機關定之。**

二、營運情況之報備

(一) 大眾捷運系統營運機構，應依下列規定，報請地方主管機關核轉中央主管機關備查：

1.營運時期之營運狀況：**每三個月報備一次**。

2.每年應將大眾捷運系統狀況、營業盈虧、運輸情形及改進計畫： 於年度終了後**六個月內報備一次**。

(二) 中央主管機關得派員**不定期**視察大眾捷運系統營運狀況，**必要時**得檢閱文件帳冊；辦理有缺失者，應即督導改正。

三、其他附屬事業之兼營

大眾捷運系統營運機構，得經**地方主管機關**核准兼營其他附屬事業。

四、重要事項之先行報請核准核備

(一) 大眾捷運系統營運機構**增減資本、租借營業、抵押財產或移轉管理**，應先經地方主管機關核准，並報請中央主管機關備查。

(二) 大眾捷運系統營運機構**全部或部分宣告停業或終止營業者**，應報經地方主管機關核轉中央主管機關核准。

(三) 大眾捷運系統營運機構，如有**經營不善或其他有損公共利益之重大情事者**，主管機關應命其**限期改善**，屆期仍未改善或改善無效者，**停止其營運之一部或全部**。但情況緊急，遲延即有害交通安全或公共利益時，得立即命其停止營運之一部或全部。

(四) 受前項停止營運處分**六個月以上**仍未改善者，由中央主管機關**廢止**其營運許可。

五、重要事故之通知報請查核與一般事故之彙報

(一) 大眾捷運系統營運機構，遇有行車上之**重大事故**，**應立即通知地方及中央主管機關**，並隨時將經過及處理情形報請查核。

(二) **一般行車事故，亦應按月彙報。**

主題六、安全

一、專業交通警察之設置及其工作

(一) 大眾捷運系統地方主管機關，為**防護大眾捷運系統路線**、**維持場、站及行車秩序**、**保障旅客安全**，應由其**警察機關**置專業**交通警察**，執行職務時並受該**地方主管機關**之指揮、監督。

(二) 大眾捷運系統**採用非完全獨立專用路權**，涉共用現有道路之車道部分，其道路交通之管理，依**道路交通管理處罰條例**及其相關法規辦理。

二、行車人員之訓練及體檢等措施

(一) 大眾捷運系統營運機構，對行車人員，應予有效之**訓練與管理**，使其確切瞭解並嚴格執行法令之規定。
(二) 對行車人員之**技能、體格及精神狀況**，應施行**定期檢查及臨時檢查**，經檢查不合標準者，**應暫停或調整其職務**。

三、行車事故之研究與預防

大眾捷運系統營運機構，對**行車事故**，應蒐集資料調查研究，分析原因，並採取預防措施。

四、公告禁建或限建範圍

(一) **為興建或維護大眾捷運系統設施及行車安全**，主管機關於規劃路線經**行政院**核定後，應會同當地直轄市或縣（市）主管機關，於大眾捷運系統兩側勘定範圍，公告禁建或限建範圍，不受相關**土地使用管制法令**規定之限制。
(二) 已公告實施之禁建、限建範圍，因禁建、限建之內容變更或原因消滅時，主管機關應依規定程序**辦理變更或公告廢止**。

五、禁建範圍內之禁止行為

(一) 禁建範圍內除建造其他捷運設施或連通設施或開發建築物外，**不得為下列行為**：
1. **建築物之建造。**
2. **工程設施之構築。**
3. **廣告物之設置。**
4. **障礙物之堆置。**
5. **土地開挖行為。**
6. **其他足以妨礙大眾捷運系統設施或行車安全之工程行為。**

(二) 禁建範圍公告後，於禁建範圍內原有或施工中之建築物、工程設施、廣告物及障礙物，有礙大眾捷運系統設施或行車安全者，主管機關得商請該管機關令其限期修改或拆除，**屆期不辦理者，強制拆除之**。其為合法之建築物、工程設施或廣告物，應依當地直轄市或縣（市）主管機關**辦理公共工程用地拆遷補償規定辦理**。

六、管理辦法之訂定

禁建、限建範圍之劃定、公告、變更、禁建範圍之禁止行為、拆除補償程序、限建範圍之管制行為、管制規範、限建範圍內建築物建造、工程設施構築、廣告物設置或工程行為施作之申請、審核、施工管理、通知停工及捷運設施損害回復原狀或賠償**等事項之辦法**，**由交通部會同內政部定之**。

法規探索

《大眾捷運系統兩側禁建限建辦法》劃定之禁見與限建範圍之規定如下：

1. **大眾捷運系統兩側禁建範圍**：大眾捷運系統兩側依下列各款劃定之範圍，均屬禁建範圍：
   (1) **高架段之路線及車站**：水平方向為自捷運設施結構體外緣起算向外六公尺以內，垂直方向為自地面起算向上至捷運設施或行車安全之最小淨空以內，其有屋頂者則向上至屋頂結構上緣以內，兩者所形成之封閉區域。
   (2) **地面段之路線**：水平方向為自捷運設施圍籬或側牆外緣起算向外六公尺以內，垂直方向為自地面起算向上至捷運設施或行車安全之最小淨空以內，兩者所形成之封閉區域。
   (3) **潛盾隧道**：自捷運隧道環片外緣起算，向外一公尺以內環繞之區域。
   (4) **山岳隧道**：自開挖面外緣起算，向外延伸一倍最大內空寬度所形成之八邊形區域。
   (5) **錨固邊坡**：自最近地表之岩（地）錨或岩釘起算，沿其自身長度再加三公尺後，向周邊延伸五公尺以內之範圍。
   (6) **通風井**：自結構體開口面起算，向外六公尺以內之地上封閉空間。
2. **大眾捷運系統兩側限建範圍**：大眾捷運系統兩側依下列各款劃定之範圍，除前述1.所定之禁建範圍外，其上空、平面或地下區域，均屬限建範圍：
   (1) **特殊軟弱地段**：水平淨距離一百公尺以內之範圍，但不得超過該軟弱粘土地層之最大厚度。
   (2) **特殊堅硬地段**：水平淨距離三十公尺以內之範圍。
   (3) **過河段**：水平淨距離五百公尺以內之範圍。
   (4) **其他地段**：水平淨距離五十公尺以內之範圍。

   前項各款之範圍，除機廠及地面段之捷運設施自圍籬或側牆外緣起算外，其他捷運設施自其結構體外緣起算。

七、損害賠償與卹金醫療補助費之酌給

(一) 大眾捷運系統營運機構，因行車及其他事故**致旅客死亡或傷害，或財物毀損喪失時，應負損害賠償責任**。

(二) 前項事故之發生，**非因大眾捷運系統營運機構之過失者**，對於非旅客之被害人死亡或傷害，**仍應酌給卹金或醫療補助費**。但事故之發生係出於**被害人之故意行為者，不予給付。**

(三) 前項**卹金及醫療補助費發給辦法，由中央主管機關定之**。

八、責任保險

(一) 大眾捷運系統旅客之運送，應依**中央主管機關**指定金額**投保責任保險**，其投保金額，得另以**提存保證金**支付之。

(二) 前項投保金額、保證金之提存及其他相關事項之**辦法**（大眾捷運系統旅客運送責任保險提存保證金辦法），**由中央主管機關定之。**

主題七、罰則

一、刑事與民事責任

擅自占用或破壞大眾捷運系統用地、車輛或其他設施者，除涉及刑責應依法移送偵辦外，該大眾捷運系統工程建設或營運機構，應通知**行為人或其僱用人**償還修復費用或依法賠償。

二、違約金之計算

(一) 旅客**無票、持用失效車票或冒用不符身分之車票乘車者**，除補繳票價外，並**支付票價五十倍之違約金**。

(二) 前項應補繳票價及支付之違約金，**如旅客不能證明其起站地點者，以營運機構公告之單程票最高票價計算。**

三、罰鍰

(一) 有下列情形之一者，處**行為人或駕駛人**新臺幣**一千五百元以上七千五百元以下**罰鍰：

1. **車輛行駛中，攀登、跳車或攀附隨行。**
2. **妨礙車門、月台門關閉或擅自開啟。**
3. 非大眾捷運系統之車輛或人員，違反規定，進入大眾捷運系統之路線、橋樑、隧道、涵管內及站區內非供公眾通行之處所。
4. 未經驗票程序、不按規定處所或方式出入車站或上下車。
5. **拒絕大眾捷運系統站、車人員查票或妨害其執行職務。**
6. **滯留於不提供載客服務之車廂，不聽勸止。**
7. **未經許可在車上或站區內募捐、散發或張貼宣傳品、銷售物品或為其他商業行為。**
8. 未經許可攜帶動物進入站區或車輛內。
9. **於大眾捷運系統禁止飲食區內飲食，嚼食口香糖或檳榔，或隨地吐痰、檳榔汁、檳榔渣，拋棄紙屑、菸蒂、口香糖、瓜果或其皮、核、汁、渣或其他一般廢棄物。**
10. **滯留於車站出入口、驗票閘門、售票機、電扶梯或其他通道，致妨礙旅客通行或使用，不聽勸離。**
11. **非為乘車而在車站之旅客大廳、穿堂層或月台層區域內遊蕩，致妨礙旅客通行或使用，不聽勸離。**
12. **躺臥於車廂內或月台上之座椅，不聽勸阻。**
13. **未經許可在捷運系統路權範圍內設攤、搭棚架或擺設筵席。**
14. **於月台上嬉戲、跨越黃色警戒線，或於電扶梯上不按遵行方向行走或奔跑，或為其他影響作業秩序及行車安全之行為，不聽勸止。**

(二) 有前項各款情事之一者，大眾捷運系統站、車人員得視情節**會同警察人員強制其離開站、車或大眾捷運系統區域，其未乘車區間之票款，不予退還。**

四、罰鍰

有下列情形之一者，處新臺幣**一萬元以上五萬元以下罰鍰**：

(一) 未經許可攜帶經公告之**危險或易燃物**進入大眾捷運系統路線、場、站或車輛內。

(二) **任意操控站、車設備**或妨礙行車、電力或安全系統設備正常運作。

(三) 違反「採完全獨立專用路權之大眾捷運系統路線，除天橋及地下道外，不得跨越」規定，**未經天橋或地下道，跨越完全獨立專用路權之大眾捷運系統路線。**

NOTE

嚴選題庫

( ) **1** 下列何者非大眾捷運法之立法目的？ (A)改善生活品質 (B)增進公共福利 (C)加強都市運輸效能 (D)促進大眾捷運系統健全發展。

( ) **2** 大眾捷運系統主管機關，在中央為那一個機構？
(A)內政部 (B)交通部
(C)經濟部 (D)行政院經濟建設委員會。

( ) **3** 主管機關得會商都市計畫、地政等有關機關，於大眾捷運系統路線、場、站及其毗鄰地區劃定開發用地範圍，經區段徵收中央主管機關核定後，先行依法辦理區段徵收，並於區段徵收公告期滿後多久期間內，發布實施都市計畫進行開發，不受都市計畫法第52條規定之限制？ (A)6個月 (B)1年 (C)1年6個月 (D)2年。

( ) **4** 大眾捷運系統之規劃，應考慮之因素，下列何者有誤？
(A)社會及經濟活動 (B)生態環境
(C)土地之利用計畫及其發展 (D)資金是否充裕。

( ) **5** 大眾捷運系統規劃報告書，應由中央主管機關報請或核轉行政院核定，內容應包含之事項，下列何者為非？ (A)工程標準及技術可行性 (B)土地取得方式及可行性評估 (C)營運優先次序 (D)路網及場、站規劃。

( ) **6** 土地及其土地改良物因大眾捷運系統之穿越，致不能為相當之使用時，土地及其土地改良物所有人得自施工之日起至完工後多久期間內，請求徵收土地及其土地改良物，主管機關不得拒絕？
(A)1年內 (B)2年內
(C)3年內 (D)5年內。

( ) **7** 大眾捷運系統工程建設機構為勘測、施工或維護大眾捷運系統路線及其設施，應於多久時間以前通知所有人、占有人或使用人後始得進入或使用公、私土地或建築物。但情況緊急，遲延即有發生重大公共危險之虞者，得先行進入或使用？ (A)5天 (B)7天 (C)10天 (D)15天。

( ) **8** 大眾捷運系統營運機構，以何種組織型態為限？ (A)兩合公司 (B)無限公司 (C)有限公司 (D)股份有限公司。

( ) **9** 大眾捷運系統營運機構，每年應將大眾捷運系統狀況、營業盈虧、運輸情形及改進計畫，於年度終了後幾個月內報備一次？
(A)1個月 (B)3個月
(C)6個月 (D)1年。

( ) **10** 大眾捷運系統營運機構，營運時期之營運狀況，應每幾個月報備一次？ (A)1個月 (B)2個月 (C)3個月 (D)6個月。

( ) **11** 大眾捷運系統為非完全獨立專用路權者，其共用車道路線長度，以不超過全部路線長度多少比例為限？
(A)五分之一 (B)四分之一
(C)三分之一 (D)二分之一。

( ) **12** 違反大眾捷運法，處行為人或駕駛人新台幣1500元以上7500元以下罰鍰，下列何者有誤？
(A)任意操控站、車設備或妨礙行車、電力或安全系統設備正常運作
(B)拒絕大眾捷運系統站、車人員查票或妨害其執行職務
(C)車輛行駛中，攀登、跳車或攀附隨行
(D)妨礙車門、月台門關閉或擅自開啟。

( ) **13** 違反大眾捷運法，處行為人或駕駛人新台幣10000元以上50000元以下罰鍰，下列何者有誤？
(A)未經許可攜帶經公告之危險或易燃物進入大眾捷運系統路線、場、站或車輛內
(B)任意操控站、車設備或妨礙行車、電力或安全系統設備正常運作
(C)未經驗票程序、不按規定處所或方式出入車站或上下車
(D)未經天橋或地下道，跨越完全獨立專用路權之大眾捷運系統路線。

( ) **14** 大眾捷運系統營運機構，未經核准兼營其他附屬事業者，處新台幣多少元罰鍰？ (A)5萬元以上30萬元以下 (B)5萬元以上50萬元以下 (C)10萬元以上30萬元以下 (D)10萬元以上50萬元以下。

(　　) **15** 大眾捷運系統營運機構，未依規定投保責任保險或提存保證金者，處新台幣多少元罰鍰？
(A)50萬元以上200萬元以下　(B)50萬元以上250萬元以下
(C)10萬元以上30萬元以下　(D)10萬元以上50萬元以下。

(　　) **16** 大眾捷運系統營運機構，未經核定或未依公告實施運價者，處新台幣多少元罰鍰？
(A)50萬元以上200萬元以下　(B)50萬元以上250萬元以下
(C)10萬元以上30萬元以下　(D)10萬元以上50萬元以下。

(　　) **17** 大眾捷運系統由民間投資建設者，申請人申請投資捷運建設計畫時，其公司最低實收資本額不得低於新臺幣多少元？
(A)一億元　(B)五億元
(C)十億元　(D)二十億元。

(　　) **18** 大眾捷運系統路網跨越不相隸屬之行政區域者，由各有關直轄市、縣（市）政府協議決定地方主管機關，協議不成者，由何單位指定之？　(A)直轄市政府　(B)交通部　(C)行政院　(D)內政部。

(　　) **19** 辦理大眾捷運系統規劃時，主管機關或民間應採取何種作為，公開徵求意見？　(A)舉辦公民投票　(B)召開公聽會　(C)召開市民大會　(D)舉辦民意調查。

(　　) **20** 主管機關為辦理大眾捷運系統路線、場、站土地及其毗鄰地區土地之開發，得設置土地開發基金；其基金來源，下列何者錯誤？
(A)企業捐款
(B)主管機關循預算程序之撥款
(C)出售因土地開發所取得之不動產及經營管理之部分收入
(D)辦理土地開發業務所取得之收益或權利金。

(　　) **21** 大眾捷運系統路網全部或一部工程完竣，應報請中央主管機關進行何種程序？並經核准，始得營運。
(A)驗收　(B)勘驗　(C)探勘　(D)履勘。

( ) **22** 私有土地及其土地改良物因大眾捷運系統之穿越，致不能為相當之使用時，土地及其土地改良物所有人得自施工之日起至完工後多久期間內，請求徵收土地及其土地改良物，主管機關不得拒絕？ (A)半年 (B)一年 (C)二年 (D)三年。

( ) **23** 大眾捷運系統用地內附掛或埋設之管、線、溝渠，因大眾捷運系統業務需要而應予拆遷時，該設施之所有人或使用人不得拒絕；其所需費用，依原設施標準，按新設經費減去拆除材料折舊價值後，如何負擔？
(A)全部由該設施之所有人負擔
(B)全部由該設施之使用人負擔
(C)全部由該設施之大眾捷運系統工程建設或營運機構負擔
(D)該設施之所有人或使用人與大眾捷運系統工程建設或營運機構各負擔二分之一。

( ) **24** 非完全獨立專用路權之大眾捷運系統，其地面路線之設置標準、規劃、管理養護及費用分擔原則等相關事項之辦法，由中央主管機關會同哪一個單位定之？ (A)內政部 (B)經濟部 (C)財政部 (D)直轄市政府。

( ) **25** 大眾捷運系統運價率之計算公式，如何訂定？
(A)直轄市政府擬訂，報請交通部核定
(B)中央主管機關擬訂，報請立法院核定
(C)中央主管機關擬訂，報請行政院核定
(D)中央主管機關擬訂，報請立法院核定。

( ) **26** 為了何種必要，大眾捷運系統地方主管機關，得核准或責令大眾捷運系統營運機構與市區汽車客運業或其他大眾運輸業者，共同辦理聯運或其他路線、票證、票價等整合業務？ (A)經費上 (B)業務上 (C)利益上 (D)公益上。

( ) **27** 大眾捷運系統之經營、維護與安全應受主管機關監督；監督實施辦法，由下列何單位訂定？
(A)立法院 (B)行政院
(C)直轄市政府 (D)中央主管機關。

( ) **28** 大眾捷運系統營運機構，營運時期之營運狀況，應於多久期間，報請地方主管機關核轉中央主管機關備查？
(A)1個月 (B)2個月
(C)3個月 (D)6個月。

( ) **29** 大眾捷運系統營運機構，每年應將大眾捷運系統狀況、營業盈虧、運輸情形及改進計畫，於年度終了後多久期間內，報請地方主管機關核轉中央主管機關備查？ (A)1個月 (B)2個月 (C)3個月 (D)6個月。

( ) **30** 大眾捷運系統營運機構，得經哪一個機關核准兼營其他附屬事業？
(A)地方主管機關 (B)中央主管機關
(C)經濟部 (D)內政部。

( ) **31** 大眾捷運系統營運機構，如有經營不善或其他有損公共利益之重大情事者，主管機關應命其限期改善，屆期仍未改善或改善無效者，停止其營運之一部或全部。受停止營運處分達多久期間以上仍未改善者，由中央主管機關廢止其營運許可？ (A)一個月 (B)三個月 (C)六個月 (D)一年。

( ) **32** 大眾捷運系統採用非完全獨立專用路權，涉共用現有道路之車道部分，其道路交通之管理，依何種交通法令及其相關法規辦理？
(A)公路法 (B)道路交通管理處罰條例
(C)道路交通安全規則 (D)大眾捷運法。

( ) **33** 採完全獨立專用路權之大眾捷運系統路線，除下列何者外，不得跨越？ (A)天橋及及涵洞 (B)天橋及平交道 (C)天橋及地下道 (D)一律不得跨越。

( ) **34** 大眾捷運系統禁建、限建範圍之劃定、公告、變更、禁建範圍之禁止行為、拆除補償程序、限建範圍之管制行為、管制規範、限建範圍內建築物建造、工程設施構築、廣告物設置或工程行為施作之申請、審核、施工管理、通知停工及捷運設施損害回復原狀或賠償等事項之辦法，由係下列何機構訂定？
(A)交通部 (B)內政部
(C)內政部會同交通部 (D)交通部會同內政部。

(　　) **35** 車輛行駛中，攀登、跳車或攀附隨行，處行為人新臺幣多少金額罰鍰？
(A)300元以上1,500元以下　(B)500元以上2,500元以下
(C)1,500元以上7,500元以下　(D)2,000元以上10,000元以下。

(　　) **36** 妨礙車門、月台門關閉或擅自開啟，處行為人新臺幣多少金額罰鍰？
(A)300元以上1,500元以下　(B)500元以上2,500元以下
(C)1,500元以上7,500元以下　(D)2,000元以上10,000元以下。

(　　) **37** 未經驗票程序、不按規定處所或方式出入車站或上下車，處行為人新臺幣多少金額罰鍰？
(A)300元以上1,500元以下　(B)500元以上2,500元以下
(C)1,500元以上7,500元以下　(D)2,000元以上10,000元以下。

(　　) **38** 未經許可在車上或站區內募捐、散發或張貼宣傳品、銷售物品或為其他商業行為，處行為人新臺幣多少金額罰鍰？
(A)300元以上1,500元以下　(B)500元以上2,500元以下
(C)1,500元以上7,500元以下　(D)2,000元以上10,000元以下。

(　　) **39** 任意操控站、車設備或妨礙行車、電力或安全系統設備正常運作者，處行為人新臺幣多少金額罰鍰？
(A)1,500元以上7,500元以下
(B)2,500元以上12,500元以下
(C)5,000元以上25,000元以下
(D)10,000元以上50,000元以下。

(　　) **40** 大眾捷運系統僱用未經技能檢定合格之技術人員擔任設施之操作及修護者，處大眾捷運系統營運機構新臺幣多少金額罰鍰？　(A)10,000元以上50,000元以下　(B)50,000元以上250,000元以下　(C)100,000元以上500,000元以下(D)200,000元以上1,000,000元以下。

(　　) **41** 大眾捷運系統未經履勘核准而營運者，處新臺幣多少金額罰鍰？
(A)100,000元以上500,000元以下
(B)200,000元以上1,000,000元以下
(C)300,000元以上1,500,000元以下
(D)500,000元以上2,500,000元以下。

( ) **42** 大眾捷運系統非因不可抗力而停止營運，地方主管機關應命其立即恢復營運；其未遵行者，按日連續處罰，對其營運許可，並得如何處理？
(A)廢止 (B)停止
(C)撤銷 (D)吊銷。

( ) **43** 大眾捷運法所定之罰鍰，由哪一個機關處罰？
(A)檢警單位 (B)地方法院
(C)地方主管機關 (D)中央主管機關。

解答與解析

1 (A)。大眾捷運法第1條規定，為加強都市運輸效能，改善生活環境，促進大眾捷運系統健全發展，以增進公共福利，特制定本法。

2 (B)。大眾捷運法第4條規定，大眾捷運系統主管機關：在中央為交通部；在直轄市為直轄市政府；在縣（市）為縣（市）政府。

3 (B)。大眾捷運法第7條規定，主管機關得於區段徵收公告期滿後一年內，發布實施都市計畫進行開發，不受都市計畫法第52條規定之限制。

4 (D)。大眾捷運法第11條規定，大眾捷運系統之規劃，應考慮之因素，除題目(A)(B)(C)三者外，尚包括：地理條件人口分布、都市運輸發展趨勢、運輸系統之整合發展、採用非完全獨立專用路權路段所經鄰近道路之交通衝擊和其他有關事項。

5 (C)。大眾捷運法第12條規定，內容應包含之事項，除題目(A)(B)(D)三者外，尚包括：規劃目的及規劃目標年、運量分析及預測、經濟效益及財務評估、興建優先次序、財務計畫、環境影響說明書或環境影響評估報告書、依第10條第2項規定召開公聽會之經過及徵求意見之處理結果和其他有關事項。

6 (A)。大眾捷運法第19條規定，私有土地及其土地改良物因大眾捷運系統之穿越，致不能為相當之使用時，土地及其土地改良物所有人得自施工之日起至完工後一年內，請求徵收土地及其土地改良物，主管機關不得拒絕。私有土地及其土地改良物所有人原依前二項規定取得之對價，應在徵收土地及其土地改良物補償金額內扣除之。

7 (B)。大眾捷運法第21條規定，大眾捷運系統工程建設機構為勘測、施工或維護大眾捷運系統路線及其設施，應於7天前通知所有人、占有人或使用人後始得進入或使用公、私土地或建築物。但情況緊急，遲延即有發生重大公共危險之虞者，得先行進入或使用。

8 **(D)**。大眾捷運法第26條規定，前條大眾捷運系統營運機構，以依公司法設立之股份有限公司為限。

9 **(C)**。大眾捷運法第35條第1項第2款規定，大眾捷運系統營運機構，每年應將大眾捷運系統狀況、營業盈虧、運輸情形及改進計畫，於年度終了後六個月內報備一次。

10 **(C)**。大眾捷運法第35條第1項第1款規定，營運時期之營運狀況，每三個月報備一次。

11 **(B)**。大眾捷運法第3條規定，大眾捷運系統為非完全獨立專用路權者，其共用車道路線長度，以不超過全部路線長度四分之一為限。但有特殊情形，經中央主管機關報請行政院核准者，不在此限。

12 **(A)**。大眾捷運法第50-1條規定，任意操控站、車設備或妨礙行車、電力或安全系統設備正常運作者，處新臺幣一萬元以上五萬元以下罰鍰。

13 **(C)**。未經驗票程序、不按規定處所或方式出入車站或上下車，係依大眾捷運法第50條規定，處行為人或駕駛人新臺幣一千五百元以上七千五百元以下罰鍰。

14 **(D)**。大眾捷運法第51條第1項第6款規定，大眾捷運系統營運機構，未經核准兼營其他附屬事業者，處新台幣10萬元以上50萬元以下罰鍰。

15 **(D)**。大眾捷運法第51條第1項第9款規定，未依規定投保責任保險或提存保證金者，處新台幣10萬元以上50萬元以下罰鍰。

16 **(B)**。大眾捷運法第51-1條第1項第2款規定，大眾捷運系統營運機構，未經核定或未依公告實施運價者，處新台幣50萬元以上250萬元以下罰鍰。

17 **(C)**。大眾捷運法第13條規定，大眾捷運系統由民間投資建設者，申請人申請投資捷運建設計畫時，其公司最低實收資本額不得低於新臺幣十億元，並應為總工程經費百分之十以上。

18 **(B)**。大眾捷運法第4條第2項規定，路網跨越不相隸屬之行政區域協議不成者，由交通部指定之。

19 **(B)**。大眾捷運法第10條規定，大眾捷運系統之規劃，由主管機關或民間辦理。辦理大眾捷運系統規劃時，主管機關或民間應召開公聽會，公開徵求意見。

20 **(A)**。大眾捷運法第7-1條規定，土地開發基金來源除了題目(B)(C)(D)三者外，尚包括：本基金利息收入和其他收入。

21 **(D)**。大眾捷運法第15條規定，路網全部或一部工程完竣，應報請中央主管機關履勘；非經核准，不得營運。

22 **(B)**。大眾捷運法第19條規定，私有土地及其土地改良物因大眾捷運系統之穿越，致不能為相當之使用時，土地及其土地改良物所有人得自施工之日起至完工後一年內，請求徵收土地及其土地改良物，主管機關不得拒絕。

23 **(D)**。大眾捷運法第24條規定，附掛或埋設之管、線、溝渠，因大眾捷運系統業務需要而應予拆遷時，該設施之所有人或使用人不得拒絕；其所需費用，依原設施標準，按新設經費減去拆除材料折舊價值後，應由該設施之所有人或使用人與大眾捷運系統工程建設或營運機構各負擔二分之一。

24 **(A)**。大眾捷運法第24-1條規定，非完全獨立專用路權之大眾捷運系統，其地面路線之設置標準、規劃、管理養護及費用分擔原則等相關事項之辦法，由中央主管機關會同內政部定之。

25 **(C)**。大眾捷運法第29條規定，大眾捷運系統運價率之計算公式，由中央主管機關擬訂，報請行政院核定；變更時亦同。

26 **(D)**。大眾捷運法第32條規定，為公益上之必要，大眾捷運系統地方主管機關，得核准或責令大眾捷運系統營運機構與市區汽車客運業或其他大眾運輸業者，共同辦理聯運或其他路線、票證、票價等整合業務。

27 **(D)**。大眾捷運法第34條規定，大眾捷運系統之經營、維護與安全應受主管機關監督；監督實施辦法，由中央主管機關定之。

28 **(C)**。大眾捷運法第35條第1項第1款規定，營運時期之營運狀況，每三個月報備一次。

29 **(D)**。大眾捷運法第35條第1項第2款規定，每年應將大眾捷運系統狀況、營業盈虧、運輸情形及改進計畫，於年度終了後六個月內報備一次。

30 **(A)**。大眾捷運法第37條規定，大眾捷運系統營運機構，得經地方主管機關核准兼營其他附屬事業。

31 **(C)**。大眾捷運法第38條規定，大眾捷運系統營運機構受停止營運處分六個月以上仍未改善者，由中央主管機關廢止其營運許可。

32 **(B)**。大眾捷運法第40條規定，大眾捷運系統採用非完全獨立專用路權，涉共用現有道路之車道部分，其道路交通之管理，依「道路交通管理處罰條例」及其相關法規辦理。

33 **(C)**。大眾捷運法第44條規定，非大眾捷運系統之車輛或人員不得進入大眾捷運系統之路線、橋樑、隧道、涵管內及站區內非供公眾通行之處所。採完全獨立專用路權之大眾捷運系統路線，除天橋及地下道外，不得跨越。

34 **(D)**。大眾捷運法第45-3條規定，題目所述事項之辦法，由交通部會同內政部定之。

35 **(C)**。大眾捷運法第50條規定，車輛行駛中，攀登、跳車或攀附隨行者，處行為人或駕駛人新臺幣1,500元以上7,500元以下罰鍰。

36 **(C)**。大眾捷運法第50條規定，妨礙車門、月台門關閉或擅自開啟者，處行為人或駕駛人新臺幣1,500元以上7,500元以下罰鍰。

37 **(C)**。大眾捷運法第50條規定，未經驗票程序、不按規定處所或方式出入車站或上下車者，處行為人或駕駛人新臺幣1,500元以上7,500元以下罰鍰。

38 **(C)**。大眾捷運法第50條規定，未經許可在車上或站區內募捐、散發或張貼宣傳品、銷售物品或為其他商業行為，處行為人新臺幣1,500元以上7,500元以下罰鍰。

39 **(D)**。大眾捷運法第50-1條規定，任意操控站、車設備或妨礙行車、電力或安全系統設備正常運作者，處行為人新臺幣10,000元以上50,000元以下罰鍰。

40 **(C)**。大眾捷運法第51條規定，大眾捷運系統僱用未經技能檢定合格之技術人員擔任設施之操作及修護者，處大眾捷運系統營運機構新臺幣100,000元以上500,000元以下罰鍰。

41 **(D)**。大眾捷運法第51-1條規定，大眾捷運系統未經履勘核准而營運者，處新臺幣500,000元以上2,500,000元以下罰鍰。

42 **(A)**。大眾捷運法第51-1條規定，非因不可抗力而停止營運者，處新臺幣500,000元以上2,500,000元以下罰鍰，地方主管機關應命其立即恢復營運；其未遵行者，按日連續處罰，並得廢止其營運許可。

43 **(C)**。大眾捷運法第52條規定，大眾捷運法所定之罰鍰，由地方主管機關處罰。

第二章　發展大眾運輸條例

一、大眾運輸之定義及大眾運輸事業之範圍

(一) 大眾運輸的意義：本條例所稱大眾運輸，指下列規定之一者：

1. 具有固定路（航）線、固定班（航）次、固定場站及固定費率，提供旅客運送服務之公共運輸。
2. 以中央主管機關核定之特殊服務方式，提供第十條所定偏遠、離島、往來東部地區或特殊服務性之路（航）線旅客運送服務之公共運輸。

(二) 適用本條例之大眾運輸事業：係指依法成立，並從事國內客運服務之下列公、民營事業：

1. **市區汽車客運業**。
2. **公路汽車客運業**。
3. **鐵路運輸業**。
4. **大眾捷運系統運輸業**。
5. **船舶運送業**。
6. **載客小船經營業**。
7. **民用航空運輸業**。

(三) 計程車客運業：比照大眾運輸事業，免徵**汽車燃料使用費及使用牌照稅**。

二、主管機關

(一) 中央：交通部。

(二) 直轄市：直轄市政府。

(三) 縣（市）：縣（市）政府。

三、運輸服務之整合及獎勵

為提升大眾運輸服務品質，主管機關應輔導大眾運輸系統間之**票證、轉運、行旅資訊及相關運輸服務之整合**；必要時，並得獎助之。

四、票價之訂定及調整

大眾運輸事業在**主管機關核定**之運價範圍內，**得自行擬訂票價公告實施**，並報請主管機關備查；調整時，亦同。

五、全價收費及優待票價差額之預算編列

(一) 大眾運輸票價，除法律另有規定予以優待者外，**一律全價收費**。

(二) 依法律規定予以優待者，其差額所造成之短收，由中央主管機關協調相關機關**編列預算補貼之**。

六、資本投資與營運虧損之補貼

(一) 主管機關對大眾運輸事業資本設備投資及營運虧損，得予以補貼；**其補貼之對象，限於偏遠、離島、往來東部地區或特殊服務性之路（航）線業者**。

(二) 前項有關大眾運輸事業資本設備投資及營運虧損之補貼，應經**主管機關**審議；其審議組織、補貼條件、項目、方式、優先順序、分配比率及監督考核等事項之辦法，由**中央主管機關**定之。

嚴選題庫

( ) **1** 適用發展大眾運輸條例之大眾運輸事業，係指依法成立，並從事國內客運服務之公、民營事業，但不包含下列何者？ (A)公路汽車客運業 (B)載客小船經營業 (C)遊覽車客運業 (D)大眾捷運系統運輸業。

( ) **2** 發展大眾運輸條例之中央主管機關是哪一個單位？ (A)內政部 (B)交通部 (C)經濟部 (D)行政院公共工程委員會。

( ) **3** 為提升大眾運輸服務品質，主管機關應輔導大眾運輸系統間之整合，下列何者不在其中？ (A)票證 (B)轉運 (C)電腦程式 (D)行旅資訊。

( ) **4** 發展大眾運輸條例第7條規定，主管機關對大眾運輸之營運及服務應定期辦理何項工作？ (A)獎勵 (B)評鑑 (C)輔導 (D)查察。

( ) **5** 依發展大眾運輸條例規定，下列敘述何者正確？ (A)大眾運輸票價一律由地方主管機關訂定 (B)大眾運輸票價一律由中央主管機關訂定 (C)大眾運輸事業在主管機關核定之運價範圍內調整票價，應向主管機關申請核准 (D)大眾運輸事業在主管機關核定之運價範圍內，得自行擬訂票價公告實施。

(　　) **6** 依發展大眾運輸條例規定，大眾運輸票價，除法律另有規定予以優待者外，應如何收取票價？　(A)除行動不便者另予優惠外，一律全價收費　(B)除領有身障手冊者另予優惠外，一律全價收費　(C)除行動不便者另予優惠外，一律全價收費　(D)一律全價收費。

(　　) **7** 依發展大眾運輸條例規定，主管機關對大眾運輸事業得予以補貼之項目，下列何者正確？　(1)費率；(2)資本設備投資；(3)營運虧損　(A)(1)(2)　(B)(1)(3)　(C)(2)(3)　(D)(1)(2)(3)。

解答與解析

1 (C)。發展大眾運輸條例第2條規定，適用本條例之大眾運輸事業，包括：市區汽車客運業、公路汽車客運業、鐵路運輸業、大眾捷運系統運輸業、船舶運送業、載客小船經營業、民用航空運輸業。

2 (B)。發展大眾運輸條例第3條規定，本條例所稱主管機關：在中央為交通部；在直轄市為直轄市政府；在縣（市）為縣（市）政府。

3 (C)。發展大眾運輸條例第6條規定，為提升大眾運輸服務品質，主管機關應輔導大眾運輸系統間之票證、轉運、行旅資訊及相關運輸服務之整合；必要時，並得獎助之。

4 (B)。發展大眾運輸條例第7條規定，主管機關對大眾運輸之營運及服務應定期辦理評鑑。

5 (D)。發展大眾運輸條例第8條規定，大眾運輸事業在主管機關核定之運價範圍內，得自行擬訂票價公告實施，並報請主管機關備查，調整時，亦同。

6 (D)。發展大眾運輸條例第9條規定，大眾運輸票價，除法律另有規定予以優待者外，一律全價收費。依法律規定予以優待者，其差額所造成之短收，由中央主管機關協調相關機關編列預算補貼之。

7 (C)。發展大眾運輸條例第10條規定，主管機關對大眾運輸事業資本設備投資及營運虧損，得予以補貼；其補貼之對象，限於偏遠、離島或特殊服務性之路（航）線業者。

第三章　公營大眾捷運股份有限公司設置管理條例

一、適用範圍

(一) 大眾捷運系統地方主管機關所設立之公營大眾捷運股份有限公司，其設置管理依本條例之規定。

(二) 本條例未規定者，依其他**法律**之規定。

二、服務水準

捷運公司應以**安全、快速、舒適及便利**之服務水準，提供大眾運輸服務，以增進公共福利。

三、資本額及持股比例之決定方式

政府投資捷運公司之資本額及股東持股比例，**由路網所在地之直轄市、縣（市）政府協商定之**。

四、董事長及總經理之推選

捷運公司董事長及總經理，由**董事會**推選**具交通運輸或企業管理**之專業人士擔任，並報請地方主管機關核轉中央主管機關備查。

五、董事長及總經理負經營之責任

捷運公司董事長應負經營成敗之責，經營不善時，**地方主管機關**得報請中央主管機關核准後，**解除董事長及總經理職務**。

六、人事規章之訂定

(一) 捷運公司**董事長、監察人及代表公股之董事，具公務員身分**；**總經理及其餘董事，得不具公務員身分。**

(二) 捷運公司**副總經理以下之從業人員**，**不適用公務員有關法令之規定**。

(三) 前項公司人事規章有關薪給、退休、撫卹、資遣等事項，**由地方主管機關訂定**，報請中央主管機關備查。

七、報請主管機關核定、備查之事項

下列事項應由**捷運公司**報請地方主管機關核定，並報中央主管機關備查：

(一) **公司章程及董事會組織規程。**

(二) **公司董事長及總經理薪給標準。**

(三) **公司債之發行。**

(四) **國外借貸。**

八、在職人員之權益

本條例施行前已由捷運公司或其籌備機構進用之人員，應於**本條例公布後三年內**，依法進用、資遣或退休。

九、財產所有權之歸屬

大眾捷運系統路網所在土地、建築物及各項附屬設施等大眾捷運系統財產，**由政府投資取得或興建者，其產權屬政府所有**。**但捷運公司自行購置或受捐贈之財產為捷運公司所有。**

十、政府得以無償借用方式供捷運公司使用

(一) 產權屬政府所有之大眾捷運系統財產，由政府**以出租方式提供**捷運公司使用。但在捷運公司**開始營運五年內**，階段性路網尚未完成者，得以**無償借用**方式供其使用。

(二) **捷運公司負責**捷運系統與設備之維護，及系統設備之重置。

嚴選題庫

( ) **1** 由政府投資的捷運系統，該捷運路網橫跨A市（直轄市）與B縣，其捷運公司之資本額及股東持股比例，如何決定？
(A)由中央主管機關決定 (B)根據路網所在地路線之比例分配
(C)由A市、B縣政府協商定之 (D)由A市、B縣議會協商定之。

( ) **2** 捷運公司總經理人選，依序分別由下列哪些單位推選、核轉與備查？
(A)董事會、地方主管機關、中央主管機關
(B)董事長、地方主管機關、中央主管機關
(C)董事會、中央主管機關、行政院
(D)董事長、董事會、地方主管機關。

( ) **3** 依公營大眾捷運股份有限公司設置管理條例規定，捷運公司經營不善時，須經由哪個機關核准後，將捷運公司董事長及總經理職務解除？
(A)中央主管機關 (B)董事會
(C)地方主管機關 (D)行政院。

( ) **4** 依公營大眾捷運股份有限公司設置管理條例規定，捷運公司的下列哪一位人員，得不具公務員身分？
(A)代表公股之董事 (B)監察人
(C)董事長 (D)總經理。

( ) **5** 依公營大眾捷運股份有限公司設置管理條例規定，產權屬政府所有之大眾捷運系統財產，由政府以出租方式提供捷運公司使用。但在捷運公司開始營運幾年內，階段性路網尚未完成者，得以無償借用方式供其使用？
(A)2年 (B)3年
(C)5年 (D)10年。

( ) **6** 捷運公司董事長及總經理，由董事會推選具交通運輸或哪一類之專業人士擔任？
(A)財政金融 (B)企業管理
(C)稅務會計 (D)風險管理。

解答與解析

1 (C)。公營大眾捷運股份有限公司設置管理條例第5條規定，政府投資捷運公司之資本額及股東持股比例，由路網所在地之直轄市、縣（市）政府協商定之。

2 (A)。公營大眾捷運股份有限公司設置管理條例第7條規定，捷運公司董事長及總經理，由董事會推選具交通運輸或企業管理之專業人士擔任，並報請地方主管機關核轉中央主管機關備查。

3 (A)。公營大眾捷運股份有限公司設置管理條例第8條規定，捷運公司董事長應負經營成敗之責，經營不善時，地方主管機關得報請中央主管機關核准後，解除董事長及總經理職務。

4 (D)。公營大眾捷運股份有限公司設置管理條例第9條規定，捷運公司董事長、監察人及代表公股之董事，具公務員身分；總經理及其餘董事，得不具公務員身分。

5 (C)。公營大眾捷運股份有限公司設置管理條例第15條規定，產權屬政府所有之大眾捷運系統財產，由政府以出租方式提供捷運公司使用。但在捷運公司開始營運五年內，階段性路網尚未完成者，得以無償借用方式供其使用。

6 (B)。公營大眾捷運股份有限公司設置管理條例第7條規定，捷運公司董事長及總經理，由董事會推選具交通運輸或企業管理之專業人士擔任，並報請地方主管機關核轉中央主管機關備查。

第四章　大眾捷運系統經營維護與安全監督實施辦法

一、大眾捷運系統服務指標之訂定

大眾捷運系統**營運機構**應於開始營業前，依下列項目，訂定**服務指標**，報請地方主管機關核轉中央主管機關備查，變更時亦同。

(一) **安全**：事故率、犯罪率、傷亡罪。

(二) **快速**：班距、速率、延滯時間、準點率。

(三) **舒適**：加減速變化率、平均承載率、通風度、溫度、噪音。

(四) **其他經中央主管機關指定之項目。**

二、營運狀況之報請備查

大眾捷運系統營運機構之**營運狀況**，**每三個月**應報請地方主管機關核轉中央主管機關備查，其內容包括下列事項：

(一) **旅客運量資料**。

(二) **車輛使用資料**。

(三) **營業收支資料**。

(四) **服務水準資料**。

(五) 其他經中央主管機關指定之事項。

三、年度終了報請備查事項

大眾捷運系統營運機構於**年度終了後六個月內**，應將下列事項報請地方主管機關核轉中央主管機關備查：

(一) **系統狀況**：包括機構組織及車輛、路線、場站設施等。

(二) **營業盈虧**：包括損益表、資產負債表。

(三) **運輸情形**：包括運量、服務水準。

(四) **改進計畫**：包括改進事項、方法、進度及需用經費。

四、大眾捷運系統操作及維護人員的資格條件

大眾捷運系統營運機構應依**大眾捷運法**第30條「大眾捷運系統設施之操作及修護，應由依法經技能檢定合格之技術人員擔任之」規定，由**依法經技能檢定合格之技術人員**擔任設施之操作及維護，並**列冊備地方主管機關隨時查對**。

五、運輸上必要設備之維護

(一) 大眾捷運系統營運機構應善加維護運輸上之必要設備，其項目依下列規定：

1. 車輛。
2. 號誌。
3. 供電系統。
4. 通信。
5. 電梯、電扶梯。
6. 收費系統。
7. 環境控制系統。
8. 路線軌道。
9. 緊急逃生設施。
10. 消防設施。
11. **其他經中央主管機關指定之設備。**

(二) 前項必要設備，營運機構應**每年訂定維護計畫**實施，並保存維護記錄資料。

六、安全規定應標示之處所

大眾捷運系統營運機構，**應於下列處所標示安全規定**：

(一) 車站月台。
(二) 車門進出口。
(三) 電梯、電扶梯。
(四) 電氣及供電設備。
(五) 緊急逃生設施。
(六) 路線、橋樑、隧道內及站區內非供公眾通行之處所。
(七) 危險之處所。
(八) 其他經地方主管機關指定之處所。

七、列車運行計畫臨時變更之核備

大眾捷運系統因**天災、事變或其他不得已情事**須臨時變更列車運行計畫時，**應即**報請**地方主管機關**核備。

八、行車事故之通報

(一) 大眾捷運系統發生在列車**行車上或非行車上之重大事故**時，除需採取緊急救難措施，迅速恢復通車外，**應立即通知地方及中央主管機關**，並隨時將經過及處理情形報請查核，事後並應填具**事故報告表**報請地方主管機關備查。

1. 列車衝撞。
2. 列車傾覆。
3. 停止運轉一小時以上。
4. 人員死亡。
5. 其他經中央主管機關規定者。

(二) 前項以外之**一般行車事故**發生時，**應按月填具事故月報表**，**於次月十五日前報告之。**

九、大眾捷運系統之檢查之種類與檢查證之製發

(一) 大眾捷運系統之檢查**分為定期及臨時檢查二種**，由**地方主管機關派員**執行之。

(二) 前項檢查人員執行任務時，應佩帶主管機關所發之**檢查證**，其樣式由**主管機關訂定製發**，並將樣本發給營運機構存查。

十、定期檢查之事項

定期檢查每年一次，其檢查事項如下：

(一) 組織狀況。
(二) 營運管理狀況及服務水準。
(三) 財務狀況。
(四) 車輛維護保養情形。
(五) 路線維護保養情形。
(六) 行車安全及保安措施。
(七) 其他有關事項。

嚴選題庫

(　　) 1 大眾捷運系統營運機構應於開始營業前，就安全項目而言，訂定服務指標，報請地方主管機關核轉中央主管機關備查。下列何者非屬安全項目？
(A)延誤率　(B)事故率
(C)犯罪率　(D)傷亡率。

(　　) 2 大眾捷運系統營運機構應於開始營業前，就快速項目而言，訂定服務指標，報請地方主管機關核轉中央主管機關備查。下列何者非屬快速項目？
(A)班距　(B)速率
(C)延滯時間　(D)誤點率。

(　　) 3 大眾捷運系統營運機構之營運狀況，每三個月應報請地方主管機關核轉中央主管機關備查，其內容包括之事項，下列何者錯誤？
(A)旅客運量資料　(B)員工流動資料
(C)服務水準資料　(D)車輛使用資料。

(　　) 4 大眾捷運系統營運機構於年度終了後六個月內，應報請地方主管機關核轉中央主管機關備查之事項，下列何者錯誤？
(A)系統狀況　(B)營業盈虧
(C)財務收支　(D)改進計畫。

(　　) 5 依大眾捷運系統經營維護與安全監督實施辦法規定，大眾捷運系統營運機構應善加維護運輸上之必要設備，其項目包含下列何者？ (1)車輛；(2)號誌；(3)供電系統；(4)收付系統；(5)停車場；(6)路線軌道
(A)(1)(2)(3)(4)　(B)(1)(2)(3)(5)
(C)(1)(2)(4)(5)　(D)(1)(2)(3)(6)。

(　　) 6 依大眾捷運系統經營維護與安全監督實施辦法規定，大眾捷運系統營運機構，應標示安全規定的地方，下列何者錯誤？
(A)車站穿堂　(B)車門進出口
(C)緊急逃生設施　(D)電氣及供電設備。

( ) **7** 大眾捷運系統發生行車上或非行車上之重大事故，除需採取緊急救難措施，迅速恢復通車外，應立即通知地方及中央主管機關。所謂重大事故，下列何者錯誤？
(A)列車衝撞 (B)列車傾覆
(C)人員死亡 (D)停止運轉三十分鐘以上。

( ) **8** 依大眾捷運系統經營維護與安全監督實施辦法規定，下列有關大眾捷運系統營運機構應辦理行車人員技能、體格檢查之敘述，何者錯誤？
(A)應依有關法令規定辦理行車人員技能、體格檢查，並記錄之
(B)行車人員技能、體格檢查之實施情形，交通部得派員查核
(C)必要時得要求營運機構行車人員至指定檢查機構接受臨時檢查
(D)被指定接受檢查之行車人員不得拒絕之。

( ) **9** 下列有關大眾捷運系統檢查之敘述，何者錯誤？
(A)大眾捷運系統之檢查分為定期及臨時檢查二種
(B)大眾捷運系統之檢查由地方主管機關派員執行之
(C)大眾捷運系統之檢查，檢查人員執行任務時，應佩帶主管機關所發之檢查證
(D)大眾捷運系統之檢查，檢查人員之檢查證樣式由交通部訂定製發。

( ) **10** 大眾捷運系統之檢查，其定期檢查多久辦理一次？
(A)3個月 (B)6個月
(C)1年 (D)2年。

解答與解析

1 (A)。大眾捷運系統經營維護與安全監督實施辦法第3條規定，安全服務指標僅有事故率、犯罪率、傷亡率等三者而已。

2 (D)。大眾捷運系統經營維護與安全監督實施辦法第3條規定，快速服務指標包括：班距、速率、延滯時間、準點率。

3 (B)。大眾捷運系統經營維護與安全監督實施辦法第5條規定，每三個月應報請地方主管機關核轉中央主管機關備查之事項，除題目(A)(C)(D)三者外，尚包括營業收支資料和其他經中央主管機關指定之事項。

4 (C)。大眾捷運系統經營維護與安全監督實施辦法第6條規定，(C)錯

誤，正確者應為「運輸情形」（包括運量、服務水準）。

5 (D)。大眾捷運系統經營維護與安全監督實施辦法第9條規定，大眾捷運系統營運機構應善加維護運輸上之必要設備，其項目包括：車輛、號誌、供電系統、通信、電梯、電扶梯、收費系統、環境控制系統、路線軌道、緊急逃生設施、消防設施、其他經中央主管機關指定之設備。

6 (A)。大眾捷運系統經營維護與安全監督實施辦法第10條規定，大眾捷運系統營運機構，應標示安全規定的地方，除題目(B)(C)(D)三者外，尚包括：車站月台、電梯、電扶梯、路線、橋樑、隧道內及站區內非供公眾通行之處所、危險之處所、其他經地方主管機關指定之處所。

7 (D)。大眾捷運系統經營維護與安全監督實施辦法第13條規定，所謂重大事故之一，係指停止運轉1小時以上。

8 (B)。大眾捷運系統經營維護與安全監督實施辦法第14條規定，(B)錯誤，行車人員技能、體格檢查之實施情形，「地方主管機關」得派員查核。

9 (D)。大眾捷運系統經營維護與安全監督實施辦法第16條規定，大眾捷運系統之檢查，檢查人員之檢查證樣式由主管機關訂定製發。

10 (C)。大眾捷運系統經營維護與安全監督實施辦法第17條規定，定期檢查每年一次，其檢查事項包括：組織狀況、營運管理狀況及服務水準、財務狀況、車輛維護保養情形、路線維護保養情形、行車安全及保安措施、其他有關事項。

相關法令條文

一、大眾捷運法

民國103年6月4日修正公布

第一章 總則

第1條 為加強都市運輸效能，改善生活環境，促進大眾捷運系統健全發展，以增進公共福利，特制定本法。

第2條 大眾捷運系統之**規劃、建設、營運、監督及安全**，依本法之規定；本法未規定者，適用其他法律之規定。

第3條 本法所稱大眾捷運系統，指利用地面、地下或高架設施，使用專用動力車輛，行駛於導引之路線，並以密集班次、大量快速輸送都市及鄰近地區旅客之公共運輸系統。

前項大眾捷運系統，**依使用路權型態，分為下列二類：**

一、**完全獨立專用路權：全部路線為獨立專用，不受其他地面交通干擾。**

二、非完全獨立專用路權：部分地面路線以實體設施與其他地面運具區隔，僅在路口、道路空間不足或其他特殊情形時，不設區隔設施，而與其他地面運具共用車道。

大眾捷運系統為非完全獨立專用路權者，其共用車道路線長度，以不超過全部路線長度四分之一為限。但有特殊情形，經中央主管機關報請行政院核准者，不在此限。

第2項第2款之大眾捷運系統，應考量路口行車安全、行人與車行交通狀況、路口號誌等因素，設置優先通行或聲光號誌。

第4條 **大眾捷運系統主管機關：在中央為交通部；在直轄市為直轄市政府；在縣（市）為縣（市）政府。**

路網跨越不相隸屬之行政區域者，由各有關直轄市、縣（市）政府協議決定地方主管機關，協議不成者，由交通部指定之。

第5條 建設大眾捷運系統所需經費及各級政府分擔比例，應依第十二條第一項規定納入規劃報告書財務計畫中，由中央主管機關報請或核轉行政院核定。

前項建設由民間辦理者，除其他法令另有規定外，所需資金應自行籌措。

第6條 大眾捷運系統需用之土地，得依法徵收或撥用之。

第7條 為有效利用土地資源，促進地區發展，主管機關得辦理大眾捷運系統路線、場、站土地及其毗鄰地區土地之開發。

有下列情形之一者，為前項所稱之毗鄰地區土地：

一、與捷運設施用地相連接。

二、與捷運設施用地在同一街廓內，且能與捷運設施用地連成同一建築基地。

三、與捷運設施用地相鄰之街廓，而以地下道或陸橋相連通。

第1項開發用地，主管機關得協調內政部或直轄市政府調整當地之土地使用分區管制或區域土地使用管制。

大眾捷運系統路線、場、站及其毗鄰地區辦理開發所需之土地，得依有償撥用、協議價購、市地重劃或區段徵收方式取得之；其依協議價購方式辦理者，主管機關應訂定優惠辦法，經協議不成者，得由主管機關依法報請徵收。

主管機關得會商都市計畫、地政等有關機關，於路線、場、站及其毗鄰地區劃定開發用地範圍，經區段徵收中央主管機關核定後，**先行依法辦理區段徵收，並於區段徵收公告期滿後一年內，發布實施都市計畫進行開發，不受都市計畫法第52條規定之限制。**

以區段徵收方式取得開發用地者，應將大眾捷運系統路線、場、站及相關附屬設施用地，於區段徵收計畫書載明無償登記為主管機關所有。

第1項開發之規劃、申請、審查、土地取得程序、開發方式、容許使用項目、申請保證金、履約保證金、獎勵及管理監督之辦法，由交通部會同內政部定之。

主管機關辦理開發之公有土地及因開發所取得之不動產，其處分、設定負擔、租賃或收益，不受土地法第25條、國有財產法第28條及地方政府公產管理法令之限制。

第7-1條 主管機關為辦理前條第一項之土地開發，得設置土地開發基金；其基金來源如下：

一、出售（租）因土地開發所取得之不動產及經營管理之部分收入。

二、辦理土地開發業務所取得之收益或權利金。

三、主管機關循預算程序之撥款。

四、本基金利息收入。

五、其他收入。

前項基金之收支、保管及運用辦法，其基金屬中央設置者，由中央主管機關擬訂，報請行政院核定發布；其基金屬地方設置者，由地方主管機關定之。

第8條 為謀大眾捷運系統通信便利，大眾捷運系統工程建設或營運機構，經交通部核准，得設置大眾捷運系統專用電信。

第9條 各級主管機關為促進大眾捷運系統之發展，得設協調委員會，負責規劃、建設及營運之協調事項。

第二章　規劃

第10條 大眾捷運系統之規劃，由主管機關或民間辦理。

辦理大眾捷運系統規劃時，主管機關或民間應召開公聽會，公開徵求意見。

第11條 大眾捷運系統之規劃，應考慮下列因素：

一、地理條件。

二、人口分布。

三、生態環境。

四、土地之利用計畫及其發展。

五、社會及經濟活動。

六、都市運輸發展趨勢。

七、運輸系統之整合發展。

八、採用非完全獨立專用路權路段所經鄰近道路之交通衝擊。

九、其他有關事項。

第12條　**大眾捷運系統規劃報告書，應由中央主管機關報請或核轉行政院核定；其內容應包含下列事項：**

一、**規劃目的及規劃目標年。**

二、**運量分析及預測。**

三、**工程標準及技術可行性。**

四、**經濟效益及財務評估。**

五、**路網及場、站規劃。**

六、興建優先次序。

七、財務計畫。

八、**環境影響說明書或環境影響評估報告書。**

九、土地取得方式及可行性評估。

十、依第10條第2項規定召開公聽會之經過及徵求意見之處理結果。

十一、其他有關事項。

大眾捷運系統規劃為採用非完全獨立專用路權型態時，前項規劃報告書並應記載非完全獨立專用路權所經鄰近道路之交通衝擊分析及道路交通管制配套計畫。

民間自行規劃大眾捷運系統者，第1項規劃報告書應向地方主管機關提出，經層報中央主管機關核轉行政院核定。

第三章　建設

第13條　**大眾捷運系統之建設，由中央主管機關辦理。但經中央主管機關報請行政院同意後，得由地方主管機關辦理。**

中央或地方主管機關為建設大眾捷運系統，得設立工程建設機構，依前條核定之大眾捷運系統路網計畫，負責設計、施工。

前項大眾捷運系統之建設，中央或地方主管機關得委任、委託其他機關辦理或甄選民間機構投資建設，並擔任工程建設機構。

大眾捷運系統由民間投資建設者，申請人申請投資捷運建設計畫時，**其公司最低實收資本額不得低於新臺幣十億元，並應為總工程經費百分之十以上。取得最優申請人資格者，應於六個月內完成最低實收資本額為總工程經費百分之二十五以上之股份有限公司設立登記。**

民間機構在籌辦、興建及營運時期，其自有資金之最低比率，均應維持在百分之二十五以上。

中央主管機關為整合各捷運系統建設之經驗，應蒐集各該路網之建設合約、土地取得、拆遷補償、管線遷移及涉外民事仲裁事件等有關資料，主動提供各該工程建設機構參考使用。

第13-1條 大眾捷運系統及其附屬設施之公共工程，其設計、監造業務，應由依法登記執業之相關專業技師簽證。但主管機關自行辦理者，得由機關內依法取得相關專業技師證書者辦理。

前項相關專業技師之科別，由中央主管機關會商中央技師主管機關定之。

第14條 地方主管機關建設之大眾捷運系統，應由地方主管機關備具下列文書，報請中央主管機關核定後辦理：

一、經核定之規劃報告書。

二、初步工程設計圖說。

三、財源籌措計畫書。

四、工程實施計畫書。

五、大眾捷運系統營運機構之設立計畫及營運計畫書。

六、營運損益估計表。

中央主管機關建設之大眾捷運系統，應備具前項各款文書，報請行政院核定後辦理。

第15條 **大眾捷運系統建設，其開工及竣工期限，應由中央工程建設機構或地方主管機關擬訂，報請中央主管機關核定；其不能依限開工或竣工時，應敘明理由，報請中央主管機關核准展期。**

路網全部或一部工程完竣，應報請中央主管機關履勘；非經核准，不得營運。

第16條 大眾捷運系統路線穿越河川，其築墩架橋或開闢隧道，應與水利設施配合；河岸如有堤壩等建築物，應予適度加強，並均應商得水利主管機關同意，以防止危險發生。

第17條 大眾捷運系統建設工程之施工，主管機關應協同管、線、下水道及其他公共設施之有關主管機關，同時配合進行。

第18條 大眾捷運系統工程建設機構因施工需要，得使用河川、溝渠、涵洞、堤防、道路、公園及其他公共使用之土地。但應事先通知各有關主管機關。

第19條 大眾捷運系統因工程上之必要，得穿越公、私有土地及其土地改良物之上空或地下，或得將管、線附掛於沿線之建物上。**但應擇其對土地及其土地改良物之所有人、占有人或使用人損害最少之處所及方法為之，並應支付相當之補償。**

前項須穿越私有土地及其土地改良物之上空或地下之情形，主管機關得就其需用之空間範圍，在施工前，於土地登記簿註記，或與土地所有權人協議設定地上權，協議不成時，準用土地徵收條例規定徵收取得地上權。

前二項私有土地及其土地改良物因大眾捷運系統之穿越，致不能為相當之使用時，土地及其土地改良物所有人**得自施工之日起至完工後一年內，請求徵收土地及其土地改良物，主管機關不得拒絕。**私有土地及其土地改良物所有人原依前二項規定取得之對價，應在徵收土地及其土地改良物補償金額內扣除之。

第1項穿越之土地為建築基地之全部或一部時，該建築基地得以增加新建樓地板面積方式補償之。

前四項土地及其土地改良物上空或地下使用之程序、使用範圍、地籍逕為分割及設定地上權、徵收、註記、補償、登記、增加新建樓地板面積等事項之辦法，由中央主管機關會同內政部定之。

主管機關依第3項規定徵收取得之土地及其土地改良物，其處分、設定負擔、租賃或收益，不受土地法第25條、國有財產法第28條及地方政府公產管理法令有關規定之限制。

第20條 因舖設大眾捷運系統地下軌道或其他地下設備，致土地所有人無法附建防空避難設備或法定停車空間時，經當地主管建築機關勘查屬實者，得就該地下軌道或其他地下設備直接影響部分，免予附建防空避難設備或法定停車空間。

土地所有人因無法附建防空避難設備或法定停車空間所受之損害，大眾捷運系統工程建設機構應依前條規定予以補償或於適當地點興建或購置停車場所以資替代。

第21條 大眾捷運系統工程建設機構為勘測、施工或維護大眾捷運系統路線及其設施，應於七天前通知所有人、占有人或使用人後始得進入或使用公、私土地或建築物。但情況緊急，遲延即有發生重大公共危險之虞者，得先行進入或使用。

前項情形工程建設機構應對所有人、占有人或使用人予以相當之補償，如對補償有異議時，應報請當地主管機關核定後為之。

依第1項但書規定進入或使用私有土地或建築物時，應會同當地村、里長或警察到場見證。

第22條 大眾捷運系統工程建設機構依前條使用公、私土地或建築物，有拆除建築物或其他工作物全部或一部之必要時，應先報請當地主管機關限期令所有人、占有人或使用人拆除之；如緊急需要或逾期不拆除者，其主管機關得逕行或委託當地主管建築機關強制拆除之。

前項拆除應給予相當補償；對補償有異議時，應報請當地主管機關核定後為之。

第23條 **大眾捷運系統所需電能，由電業機構優先供應；經電業主管機關之核准，得自行設置供自用之發電、變電及輸電系統之一部或全部。**

第24條 於大眾捷運系統設施附掛管、線，應協調該工程建設機構同意後，始得施工。

於大眾捷運系統用地內埋設管、線、溝渠者，**應具備工程設計圖說，徵得該工程建設機構同意，由其代為施工或派員協助監督施工。工程興建及管、線、溝渠養護費用，由該設施之所有人或使用人負擔。**

依前二項規定附掛或埋設之管、線、溝渠，因大眾捷運系統業務需要而應予拆遷時，該設施之所有人或使用人不得拒絕；其所需費用，依原設施標準，按新設經費減去拆除材料折舊價值後，應由該設施之所有人或使用人與大眾捷運系統工程建設或營運機構各負擔二分之一。

前三項管、線、溝渠處理分類、經費負擔、結算給付、申請手續、施工期程及其他相關事項之辦法，由中央主管機關定之。

第24-1條 大眾捷運系統在市區道路或公路建設，應先徵得該市區道路或公路主管機關同意。

前項大眾捷運系統之建設，須拆遷已附掛或埋設之管、線、溝渠時，該設施之所有人或使用人不得拒絕；其所需費用分擔，依前條第3項規定及第4項所定辦法辦理。

依第3條第2項第2款所定大眾捷運系統，其地面路線之設置標準、規劃、管理養護及費用分擔原則等相關事項之辦法，由中央主管機關會同內政部定之。

共用車道路線維護應劃歸大眾捷運系統。

第24-2條 **大眾捷運系統建設及車輛製造之技術規範，由中央主管機關定之。**

前項技術規範，應包含無障礙設備及設施之設置與維護方式。

第四章 營運

第25條 中央主管機關建設之大眾捷運系統，由中央主管機關指定地方主管機關設立營運機構或經甄選後許可民間投資籌設營運機構營運。

地方主管機關建設之大眾捷運系統，由地方主管機關設立營運機構或經甄選後許可民間投資籌設營運機構營運。

政府建設之大眾捷運系統財產，依各級政府出資之比率持有。

由中央政府補助辦理者，由路線行經之各該地方政府，按自償及非自償經費出資比率共有之，營運機構不共有大眾捷運系統財產；該財產以出租方式提供營運機構使用、收益者，營運機構應負責管理維護。

前項大眾捷運系統財產之租賃期間及程序，不受民法第449條第1項、土地法第25條及地方政府公產管理法令之限制。

第3項財產之定義、範圍、管理機關、產權登記、交付、增置、減損、異動、處分、收益、設定負擔、用途、租賃及管理等事項之辦法，由中央主管機關定之。

第26條 前條**大眾捷運系統營運機構，以依公司法設立之股份有限公司為限。**

第27條 大眾捷運系統之營運，**應以企業方式經營，旅客運價一律全票收費。**如法令另有規定予以優待者，應由其主管機關編列預算補貼之。

第28條 大眾捷運系統營運機構**應擬訂服務指標，提供安全、快速、舒適之服務，以及便於身心障礙者行動與使用之無障礙運輸服務，報請地方主管機關核定，並核轉中央主管機關備查。**

第29條 **大眾捷運系統運價率之計算公式，由中央主管機關擬訂，報請行政院核定；變更時亦同。**
大眾捷運系統之運價，由其營運機構依前項運價率計算公式擬訂，報請地方主管機關核定後公告實施；變更時亦同。

第30條 大眾捷運系統設施之操作及修護，應由依法經技能檢定合格之技術人員擔任之。

第31條 為發揮大眾捷運系統與公路運輸系統之整合功能，於大眾捷運系統營運前及營運期間，在其路線運輸有效距離內，地方主管機關應會商當地公路主管機關重新調整公路汽車客運業或市區汽車客運業營運路線。

第32條 **為公益上之必要，大眾捷運系統地方主管機關，得核准或責令大眾捷運系統營運機構與市區汽車客運業或其他大眾運輸業者，共同辦理聯運或其他路線、票證、票價等整合業務。**

第32-1條 （刪除）

第32-2條 **大眾捷運系統營運機構得於站區內提供免費充電設施服務，以供旅客緊急需要使用。**

第33條 大眾捷運系統營運機構為維修路線場、站或搶救災害，得適用第18條、第21條、第22條之規定。

第五章　監督

第34條 大眾捷運系統之經營、維護與安全應受主管機關監督；監督實施辦法，由中央主管機關定之。

第35條 大眾捷運系統營運機構，應依左列規定，報請地方主管機關核轉中央主管機關備查。
一、營運時期之營運狀況，每三個月報備一次。
二、每年應將大眾捷運系統狀況、營業盈虧、運輸情形及改進計畫，於年度終了後六個月內報備一次。
中央主管機關得派員不定期視察大眾捷運系統營運狀況，必要時得檢閱文件帳冊；辦理有缺失者，應即督導改正。

第36條　大眾捷運系統運輸上必要之設備，主管機關得派員檢查；設備不適當時，應通知其限期改正。

第37條　**大眾捷運系統營運機構，得經地方主管機關核准兼營其他附屬事業。**

第38條　大眾捷運系統營運機構增減資本、租借營業、抵押財產或移轉管理，**應先經地方主管機關核准，並報請中央主管機關備查。**

大眾捷運系統營運機構全部或部分宣告停業或終止營業者，應報經地方主管機關核轉中央主管機關核准。

大眾捷運系統營運機構，如有經營不善或其他有損公共利益之重大情事者，主管機關應命其限期改善，屆期仍未改善或改善無效者，停止其營運之一部或全部。但情況緊急，遲延即有害交通安全或公共利益時，得立即命其停止營運之一部或全部。

受前項**停止營運處分六個月以上仍未改善者，由中央主管機關廢止其營運許可。**

依前二項規定，停止其營運之一部或全部或廢止其營運許可時，地方主管機關應採取適當措施，繼續維持運輸服務，不使中斷。必要時，並得予以強制接管，其接管辦法，由中央主管機關定之。

第38-1條　（刪除）

第39條　大眾捷運系統營運機構，**遇有行車上之重大事故，應立即通知地方及中央主管機關，並隨時將經過及處理情形報請查核；其一般行車事故，亦應按月彙報。**

第六章　安全

第40條　大眾捷運系統地方主管機關，為防護大眾捷運系統路線、維持場、站及行車秩序、保障旅客安全，應由其警察機關置專業交通警察，執行職務時並受該地方主管機關之指揮、監督。

大眾捷運系統採用非完全獨立專用路權，涉共用現有道路之車道部分，其道路交通之管理，依道路交通管理處罰條例及其相關法規辦理。

第41條　大眾捷運系統營運機構，對行車及路線、場、站設施，應妥善管理維護，並應有緊急逃生設施，以確保旅客安全。其車輛機具之檢查、養護並應嚴格遵守法令之規定。

大眾捷運系統設施及其運作有採取特別安全防護措施之必要者，應由大眾捷運系統營運機構，報請地方主管機關核定之。

第42條 大眾捷運系統營運機構，對行車人員，應予有效之訓練與管理，使其確切瞭解並**嚴格執行法令之規定；對其技能、體格及精神狀況，應施行定期檢查及臨時檢查，經檢查不合標準者，應暫停或調整其職務。**

第43條 大眾捷運系統營運機構，對行車事故，應蒐集資料調查研究，分析原因，並採取預防措施。

第44條 **大眾捷運系統營運機構，應於適當處所標示安全規定，旅客乘車時應遵守站車人員之指導。**

非大眾捷運系統之車輛或人員不得進入大眾捷運系統之路線、橋樑、隧道、涵管內及站區內非供公眾通行之處所。但屬非完全獨立專用路權之大眾捷運系統，其與其他運具共用車道部分，依第四十條第2項規定辦理。

採完全獨立專用路權之大眾捷運系統路線，除天橋及地下道外，不得跨越。

第45條 為興建或維護大眾捷運系統設施及行車安全，主管機關於規劃路線經行政院核定後，應會同當地直轄市或縣（市）主管機關，於大眾捷運系統兩側勘定範圍，公告禁建或限建範圍，不受相關土地使用管制法令規定之限制。

已公告實施之禁建、限建範圍，因禁建、限建之內容變更或原因消滅時，主管機關應依規定程序辦理變更或公告廢止。

第45-1條 禁建範圍內除建造其他捷運設施或連通設施或開發建築物外，不得為下列行為：

一、建築物之建造。 二、工程設施之構築。

三、廣告物之設置。 四、障礙物之堆置。

五、土地開挖行為。

六、其他足以妨礙大眾捷運系統設施或行車安全之工程行為。

禁建範圍公告後，於禁建範圍內原有或施工中之建築物、工程設施、廣告物及障礙物，有礙大眾捷運系統設施或行車安全者，主管機關得商請該管機關令其限期修改或拆除，屆期不辦理者，強制拆除之。其為合法之建築物、工程設施或廣告物，應依當地直轄市或縣（市）主管機關辦理公共工程用地拆遷補償規定辦理。

第45-2條 限建範圍公告後，於限建範圍內為建築物之建造、工程設施之構築、廣告物之設置、障礙物之堆置、土地開挖行為或其他有妨礙大眾捷運系統設施或行車安全之虞之工程行為，申請建築執照或許可時，應檢附該管主管機關及主管機關規定之文件，由該管主管機關會同主管機關審核；該管主管機關於核准或許可時並得為附款。

經主管機關審核認前項行為有妨礙大眾捷運系統設施或行車安全之虞者，得通知該管主管機關要求申請人變更工程設計、施工方式或為其他適當之處理。

第1項之行為，於施工中有致大眾捷運系統之設施或行車產生危險之虞者，主管機關得通知承造人、起造人或監造人停工。必要時，得商請轄區內之警察或建管單位協助，並通知該管主管機關令其限期改善、修改或拆除。

前項行為損害大眾捷運系統之設施或行車安全者，承造人、起造人及監造人應負連帶回復原狀或損害賠償責任。

第45-3條 前三條所定禁建、限建範圍之劃定、公告、變更、禁建範圍之禁止行為、拆除補償程序、限建範圍之管制行為、管制規範、限建範圍內建築物建造、工程設施構築、廣告物設置或工程行為施作之申請、審核、施工管理、通知停工及捷運設施損害回復原狀或賠償等事項之辦法，由交通部會同內政部定之。

第46條 **大眾捷運系統營運機構，因行車及其他事故致旅客死亡或傷害，或財物毀損喪失時，應負損害賠償責任。**

前項事故之發生，非因大眾捷運系統營運機構之過失者，對於非旅客之被害人死亡或傷害，仍應酌給卹金或醫療補助費。但事故之發生係出於被害人之故意行為者，不予給付。

前項卹金及醫療補助費發給辦法，由中央主管機關定之。

第47條 **大眾捷運系統旅客之運送，應依中央主管機關指定金額投保責任保險，其投保金額，得另以提存保證金支付之。**

前項投保金額、保證金之提存及其他相關事項之辦法，由中央主管機關定之。

第七章　罰則

第48條　擅自占用或破壞大眾捷運系統用地、車輛或其他設施者，除涉及刑責應依法移送偵辦外，該大眾捷運系統工程建設或營運機構，應通知行為人或其僱用人償還修復費用或依法賠償。

第49條　**旅客無票、持用失效車票或冒用不符身分之車票乘車者，除補繳票價外，並支付票價五十倍之違約金。**

前項應補繳票價及支付之違約金，如旅客不能證明其起站地點者，以營運機構公告之單程票最高票價計算。

第50條　**有下列情形之一者，處行為人或駕駛人新臺幣一千五百元以上七千五百元以下罰鍰：**

一、車輛行駛中，攀登、跳車或攀附隨行。

二、妨礙車門、月台門關閉或擅自開啟。

三、非大眾捷運系統之車輛或人員，違反第四十四條第二項前段規定，進入大眾捷運系統之路線、橋樑、隧道、涵管內及站區內非供公眾通行之處所。

四、未經驗票程序、不按規定處所或方式出入車站或上下車。

五、拒絕大眾捷運系統站、車人員查票或妨害其執行職務。

六、滯留於不提供載客服務之車廂，不聽勸止。

七、未經許可在車上或站區內募捐、散發或張貼宣傳品、銷售物品或為其他商業行為。

八、未經許可攜帶動物進入站區或車輛內。

九、於大眾捷運系統禁止飲食區內飲食，嚼食口香糖或檳榔，或隨地吐痰、檳榔汁、檳榔渣，拋棄紙屑、菸蒂、口香糖、瓜果或其皮、核、汁、渣或其他一般廢棄物。

十、滯留於車站出入口、驗票閘門、售票機、電扶梯或其他通道，致妨礙旅客通行或使用，不聽勸離。

十一、非為乘車而在車站之旅客大廳、穿堂層或月台層區域內遊蕩，致妨礙旅客通行或使用，不聽勸離。

十二、躺臥於車廂內或月台上之座椅，不聽勸阻。

十三、未經許可在捷運系統路權範圍內設攤、搭棚架或擺設筵席。

十四、於月台上嬉戲、跨越黃色警戒線，或於電扶梯上不按遵行方向行走或奔跑，或為其他影響作業秩序及行車安全之行為，不聽勸止。

有前項各款情事之一者，**大眾捷運系統站、車人員得視情節會同警察人員強制其離開站、車或大眾捷運系統區域，其未乘車區間之票款，不予退還。**

第50-1條 **有下列情形之一者，處新臺幣一萬元以上五萬元以下罰鍰：**

一、未經許可攜帶經公告之危險或易燃物進入大眾捷運系統路線、場、站或車輛內。

二、任意操控站、車設備或妨礙行車、電力或安全系統設備正常運作。

三、違反第四十四條第三項規定，未經天橋或地下道，跨越完全獨立專用路權之大眾捷運系統路線。

有前項情形之一者，適用前條第2項規定。

未滿十四歲之人，因其法定代理人或監護人監督不周，致違反第1項規定時，處罰其法定代理人或監護人。

第51條 大眾捷運系統營運機構有下列情形之一者，處新臺幣十萬元以上五十萬元以下罰鍰：

一、違反第30條規定，僱用未經技能檢定合格之技術人員擔任設施之操作及修護者。

二、違反依第34條所定監督實施辦法，經地方主管機關通知改善而未改善者。

三、違反第35條第一項或第39條規定者。

四、違反第35條第二項或第36條規定，經主管機關通知改正而未改正者。

五、規避、妨礙或拒絕中央主管機關依第35條第二項之檢閱文件帳冊者。

六、違反第37條規定，未經核准兼營其他附屬事業者。

七、違反第41條規定或未依第42條規定對行車人員施予訓練與管理致發生行車事故者。

八、違反第44條第一項規定，未於適當處所標示安全規定者。

九、未依第47條規定投保責任保險或提存保證金者。

有前項第1款、第2款、第6款至第九款情形之一，並通知其限期改正或改善，屆期未改正或改善者，按日連續處罰；情節重大者，並得停止其營運之一部或全部或廢止其營運許可。

第51-1條　大眾捷運系統營運機構有下列情形之一者，處新臺幣五十萬元以上二百五十萬元以下罰鍰：

一、違反第15條第2項規定，未經履勘核准而營運。

二、違反第29條第2項規定，未經核定或未依公告實施運價 。

三、非因不可抗力而停止營運。

前項第1款情形，並命其立即停止營運；其未遵行者，按日連續處罰。前項第2款情形，並命其立即改正；其未改正者，按日連續處罰，並得停止其營運之一部或全部或廢止其營運許可。

第1項第3款情形，應命其立即恢復營運；其未遵行者，按日連續處罰，並得廢止其營運許可。

大眾捷運系統營運機構受停止營運、廢止營運許可處分或擅自停止營運時，地方主管機關應採取適當措施，繼續維持旅客運輸服務。

第52條　本法所定之罰鍰，由地方主管機關處罰。

第50條第1項或第50條之一規定之處罰，地方主管機關得委託大眾捷運系統營運機構為之。

第八章　附則

第53條　大眾捷運系統旅客運送、行車安全、修建養護、車輛機具檢修、行車人員技能體格檢查規則及附屬事業經營管理辦法，由營運之地方主管機關擬訂，報請中央主管機關核定。

第54條　本法自公布日施行。

二、發展大眾運輸條例

民國108年6月19日修正公布

第1條 為提升大眾運輸服務水準，建立完善之大眾運輸系統，促進大眾運輸永續發展，特制定本條例。本條例未規定者，適用其他法律之規定。

第2條 本條例所稱大眾運輸，指下列規定之一者：

一、具有**固定路（航）線、固定班（航）次、固定場站及固定費率**，提供旅客運送服務之公共運輸。

二、以中央主管機關核定之特殊服務方式，提供第十條所定偏遠、離島、往來東部地區或特殊服務性之路（航）線旅客運送服務之公共運輸。

適用本條例之大眾運輸事業，係指依法成立，並從事國內客運服務之下列公、民營事業：

一、市區汽車客運業。 **二、公路汽車客運業。**
三、鐵路運輸業。 **四、大眾捷運系統運輸業。**
五、船舶運送業。 **六、載客小船經營業。**
七、民用航空運輸業。

計程車客運業比照大眾運輸事業，免徵汽車燃料使用費及使用牌照稅。

第3條 **本條例所稱主管機關：在中央為交通部**；在直轄市為直轄市政府；在縣（市）為縣（市）政府。

第4條 主管機關應依大眾運輸發展或重大建設需要，規劃設置大眾運輸場站或轉運站。

前項大眾運輸場站或轉運站所需用地涉及都市計畫變更者，主管機關應協調都市計畫主管機關依都市計畫法第27條規定辦理變更；涉及非都市土地使用變更者，主管機關應協調區域計畫主管機關依區域計畫法第13條規定辦理變更。

主管機關對於大眾運輸場站或轉運站之土地及建築物，得協調相關主管機關調整其使用項目或使用強度。

大眾運輸事業之固定運輸場站或轉運站應依實際需求設置無障礙設施及設備，主管機關應定期檢討無障礙設備及設施之設置與維護。

第4-1條 各級交通主管機關應依實際需求，於運輸營運者所服務之路線、航線或區域內，規劃適當路線、航線、班次、客車（機船）廂（艙），提供無障礙運輸服務，及規劃設置便於各類身心障礙者行動與使用之無障礙設施及設備。

第5條 主管機關為改善大眾運輸營運環境，得建立大眾運輸使用道路之優先及專用制度。

前項優先及專用之條件、規劃、設計、興建及營運等事項之辦法，由主管機關定之。

第6條 **為提升大眾運輸服務品質，主管機關應輔導大眾運輸系統間之票證、轉運、行旅資訊及相關運輸服務之整合；必要時，並得獎助之。**

第7條 **主管機關對大眾運輸之營運及服務應定期辦理評鑑**；其評鑑對象、方式、項目與標準、成績評定、成果運用、公告程序及獎勵基準等事項之辦法，**由中央主管機關定之。**

第8條 **大眾運輸事業在主管機關核定之運價範圍內，得自行擬訂票價公告實施，並報請主管機關備查，調整時，亦同。**

第9條 **大眾運輸票價，除法律另有規定予以優待者外，一律全價收費。**依法律規定予以優待者，其差額所造成之短收，由中央主管機關協調相關機關編列預算補貼之。

第10條 主管機關對大眾運輸事業資本設備投資及營運虧損，得予以補貼；**其補貼之對象，限於偏遠、離島、往來東部地區或特殊服務性之路（航）線業者。**

前項有關大眾運輸事業資本設備投資及營運虧損之補貼，應經主管機關審議；其審議組織、補貼條件、項目、方式、優先順序、分配比率及監督考核等事項之辦法，由中央主管機關定之。

第11條 本條例施行細則，由交通部定之。

第12條 本條例自公布日施行。

三、公營大眾捷運股份有限公司設置管理條例

民國91年4月24日修正公布

第1條 為確保大眾捷運系統之公營營運機構在明確經營責任，財務自主，盈虧平衡下，以企業化經營管理，提昇服務品質，符合民眾需要，特制定本條例。

第2條 大眾捷運系統地方主管機關所設立之公營大眾捷運股份有限公司（以下簡稱捷運公司），其設置管理依本條例之規定；本條例未規定者，依其他法律之規定。

第3條 本條例所稱主管機關，依大眾捷運法第4條之規定。

第4條 捷運公司應以**安全、快速、舒適及便利之服務水準**，提供大眾運輸服務，以增進公共福利。

第5條 **政府投資捷運公司之資本額及股東持股比例，由路網所在地之直轄市、縣（市）政府協商定之。**

第6條 捷運公司股東及發起人之人數，不受公司法第2條及第128條之限制。

第7條 **捷運公司董事長及總經理，由董事會推選具交通運輸或企業管理之專業人士擔任，並報請地方主管機關核轉中央主管機關備查。**

第8條 捷運公司董事會應負經營成敗之責，經營不善時，地方主管機關得報請中央主管機關核准後，解除董事長及總經理職務。

第9條 **捷運公司董事長、監察人及代表公股之董事，具公務員身分；總經理及其餘董事，得不具公務員身分。**

捷運公司副總經理以下之從業人員，除第12條規定外，依公司人事規章辦理，不適用公務員有關法令之規定。

前項公司人事規章有關薪給、退休、撫卹、資遣等事項，由地方主管機關訂定，報請中央主管機關備查。

第10條 左列事項應由捷運公司報請地方主管機關核定，並報中央主管機關備查：

一、公司章程及董事會組織規程。

二、公司董事長及總經理薪給標準。

三、公司債之發行。

四、國外借貸。

第11條　下列事項經捷運公司董事會通過，報請地方主管機關核轉中央主管機關備查：

一、公司組織規程。

二、公司年度事業計畫。

三、公司年度營業預算及決算。

四、公司資金與現金之管理、調度與運用作業規定。

五、以公司財產為擔保之借款。

第12條　本條例施行前已由捷運公司或其籌備機構進用之人員，應於本條例公布後三年內，依法進用、資遣或退休。

第13條　捷運公司營繕工程及購置、定製、變賣財物，應於辦理招標、比價、議價、決標、訂約、變更設計、驗收等事項一定期限前，檢具相關文件送達審計機關。

前項營繕工程及購置、定製、變賣財物，在稽察一定金額以上，其有技術性或系統一貫性不能公告招標者，得由捷運公司董事會決定，以比價或議價方式辦理。

第14條　大眾捷運系統路網所在土地、建築物及各項附屬設施等大眾捷運系統財產，由政府投資取得或興建者，其產權屬政府所有。但捷運公司自行購置或受捐贈之財產為捷運公司所有。

第15條　**產權屬政府所有之大眾捷運系統財產，由政府以出租方式提供捷運公司使用。但在捷運公司開始營運五年內，階段性路網尚未完成者，得以無償借用方式供其使用。**

捷運公司負責捷運系統財產與設備之維護，及系統設備之重置。

第16條　中央主管機關得指定捷運公司負責路網擴建延伸之興建。

第17條　本條例施行細則，由中央主管機關定之。

第18條　本條例自公布日施行。

四、大眾捷運系統經營維護與安全監督實施辦法

民國110年12月21日修正公布

第一章　總則

第1條　本辦法依大眾捷運法（以下簡稱本法）第34條規定訂定之。

第2條　大眾捷運系統受主管機關監督事項如下：

一、營運機構之增減資本、租借營業、抵押財產、移轉管理、全部或部分宣告停業或終止營業。

二、營運狀況、系統狀況、營業盈虧、運輸情形及改進計畫。

三、兼營附屬事業。

四、旅客運價及聯運運價。

五、聯運業務。

六、財務及會計。

七、服務水準。

八、行車安全及保安措施。

九、其他有關指定之事項。

前項監督事項、大眾捷運系統營運機構應實施主動監督管理，其實施要點由該機構訂定，報請地方主管機關核備；變更時亦同。

第二章　經營

第3條　大眾捷運系統營運機構應於開始營業前，依左列項目，訂定服務指標，報請地方主管機關核轉中央主管機關備查，變更時亦同。

一、安全：事故率、犯罪率、傷亡罪。

二、快速：班距、速率、延滯時間、準點率。

三、舒適：加減速變化率、平均承載率、通風度、溫度、噪音。

四、其他經中央主管機關指定之項目。

第4條　大眾捷運系統營運機構應於開始營業前，將列車運行計畫及行車規章，報請地方主管機關核備；修改時亦同。

前項列車運行計畫，地方主管機關認為公益上有必要時，得責令調整或改訂。

第5條 **大眾捷運系統營運機構之營運狀況，每三個月應報請地方主管機關核轉中央主管機關備查**，其內容包括下列事項：

一、旅客運量資料。 二、車輛使用資料。

三、營業收支資料 四、服務水準資料。

五、其他經中央主管機關指定之事項。

第6條 **大眾捷運系統營運機構於年度終了後六個月內，應將左列事項報請地方主管機關核轉中央主管機關備查：**

一、系統狀況：包括機構組織及車輛、路線、場站設施等。

二、營業盈虧：包括損益表、資產負債表。

三、運輸情形：包括運量、服務水準。

四、改進計畫：包括改進事項、方法、進度及需用經費。

第7條 大眾捷運系統營運機構之會計事務處理，應制定會計制度，報請地方主管機關核准，並轉報中央主管機關核備。

第三章 維護

第8條 大眾捷運系統營運機構應依本法第30條規定由依法經技能檢定合格之技術人員擔任設施之操作及維護，並列冊備地方主管機關隨時查對。

第9條 **大眾捷運系統營運機構應善加維護運輸上之必要設備，其項目依下列規定：**

一、車輛。 **二、號誌。**

三、供電系統。 **四、通信。**

五、電梯、電扶梯。 **六、收費系統。**

七、環境控制系統。 **八、路線軌道。**

九、緊急逃生設施。 **十、消防設施。**

十一、其他經中央主管機關指定之設備。

前項必要設備，營運機構應每年訂定維護計畫實施，並保存維護記錄資料。

第四章　安全

第10條　大眾捷運系統營運機構，應於左列處所標示安全規定：

一、車站月台。

二、車門進出口。

三、電梯、電扶梯。

四、電氣及供電設備。

五、緊急逃生設施。

六、路線、橋樑、隧道內及站區內非供公眾通行之處所。

七、危險之處所。

八、其他經地方主管機關指定之處所。

第11條　大眾捷運系統營運機構依本法第42條規定辦理行車人員訓練，應於事前將訓練計畫，報請地方主管機關核備；事後將訓練成果報請地方主管機關備查。

第12條　**大眾捷運系統因天災、事變或其他不得已情事須臨時變更列車運行計畫時，應即報請地方主管機關核備。**

第13條　大眾捷運系統發生之行車事故，依其所致傷亡人數、財產損失及影響正線運轉結果，分為重大行車事故、一般行車事故及行車異常事件。

第13-1條　前條所稱重大行車事故，指營運時段發生下列情事：

一、正線衝撞事故：於正線發生列車互相、車輛互相、或列車與車輛互相間之衝撞或撞觸。

二、正線出軌事故：於正線發生列車或車輛傾覆或脫離軌道。

三、正線火災事故：列車或車輛於正線發生火災。

四、其他經中央主管機關規定者。

前項第一款至第三款所稱正線，指列車提供旅客運送服務經常使用之路線。

第一項第三款所稱火災，指因燃燒致生延燒而須即刻滅火之狀態。

第13-2條　第13條所稱一般行車事故，指前條所定重大行車事故以外之下列情事：

一、衝撞事故：發生列車互相、車輛互相、或列車與車輛互相間之衝撞或撞觸。

二、出軌事故：發生列車或車輛傾覆或脫離軌道。
三、火災事故：列車或車輛發生火災。
四、列車與道路交通事故：列車或車輛於道路與車輛或行人發生衝撞或碰撞之事故。
五、死傷事故：除前列各款外，因列車或車輛運轉或人員跳、墜車致發生死亡或受傷。
六、設備損害事故：除前列各款及因天然災變造成者外，因列車或車輛運轉造成設備或結構物損害達新臺幣一百五十萬元以上。
七、運轉中斷事故：除前列各款及因天然災變造成者外，列車或車輛運轉中斷達一小時以上。

前項第三款所稱火災，同前條第三項規定。

第一項第七款所稱運轉中斷，指正線任一路段雙向列車均無法運轉之情事。

第13-3條 第13條所稱行車異常事件，指列車或車輛運轉中遇有下列情事，未造成前二條所定行車事故者：

一、列車或車輛分離：列車或車輛非因正常作業所致之分離。
二、進入錯線：列車或車輛進入錯誤軌道，或於應停止運轉之工程或維修作業區間內運轉。
三、冒進號誌：列車或車輛停於顯示險阻號誌之號誌機內方或通過未停。
四、列車或車輛溜逸：列車或車輛未經駕駛員或相關人員操作控制、或錯誤操作之移動。
五、違反閉塞運轉：列車進入未辦理閉塞區間。
六、違反號誌運轉：列車或車輛未依號誌指示運轉。
七、號誌處理錯誤：人員錯誤操作號誌裝置或應操作而未操作。
八、車輛故障：車輛之動力、傳動、行走、連結、集電設備、車門、煞車裝置及其聯動裝置、車體或其他裝置等發生故障、損壞或功能異常等影響運轉。
九、路線障礙：土木結構物或軌道設備發生損壞、變形或功能異常致影響列車正常運轉。

十、供電線路故障：饋電線、電車線、第三軌、迴路及相關支撐裝置等發生故障、損壞或功能異常致影響列車正常運轉。

十一、運轉保安裝置故障：車輛自動控制裝置、聯鎖裝置、行車控制裝置、軌道防護裝置、轉轍裝置、列車偵測裝置、號誌顯示裝置、冒進防護裝置、災害偵測裝置及其附屬設備發生故障、損壞或功能異常致影響列車正常運轉。

十二、外物入侵：人員或外物侵入捷運路權範圍、破壞捷運設備、擱置障礙物或其他行為，致影響列車或車輛正常運轉。

十三、駕駛失能：駕駛人員於駕駛列車或車輛過程中，因身心健康因素，致無法安全駕駛或完成勤務。

十四、天然災變：強風、豪大雨、洪水、地震等其他自然異常現象，致影響列車正常運轉。

十五、其他事件：前列各款以外，經地方主管機關認定之事由。

第13-4條　大眾捷運系統營運機構有重大行車事故發生時，除需採取緊急救難措施，迅速恢復通車外，並應依其所致傷亡人數、財產損失及影響正線運轉結果，隨時將經過及處理情形向地方及中央主管機關彙報。

大眾捷運系統營運機構有重大行車事故及一般行車事故發生者，應於行車事故發生之日起七日內或依地方主管機關指定日期，提報行車事故報告書；未能確認之事項如有正當理由者，應於完成確認後補正。

大眾捷運系統營運機構有重大行車事故、一般行車事故及行車異常事件發生者，應按月填具行車事故事件月報表，於次月十五日前提報地方主管機關備查。

有關行車事故報告書及行車事故事件月報表之內容、格式及填寫說明，由地方主管機關另行公告之。

第14條　**大眾捷運系統營運機構應依有關法令規定辦理行車人員技能、體格檢查，並記錄之。**

前項檢查之實施情形，地方主管機關得派員查核，必要時得要求營運機構行車人員至指定檢查機構接受臨時檢查，被指定接受檢查之行車人員不得拒絕之。

第五章 檢查

第15條 地方主管機關為執行大眾捷運系統經營、維護與安全之監督與檢查需要，得通知營運機構提出報告、紀錄及有關文件或口頭說明。

第16條 **大眾捷運系統之檢查分為定期及臨時檢查二種，由地方主管機關派員執行之。**前項檢查人員執行任務時，應佩帶主管機關所發之檢查證，其樣式由主管機關訂定製發，並將樣本發給營運機構存查。

第17條 **定期檢查每年一次**，其檢查事項如下：

一、組織狀況。

二、營運管理狀況及服務水準。

三、財務狀況。

四、車輛維護保養情形。

五、路線維護保養情形。

六、行車安全及保安措施。

七、其他有關事項。

第17-1條 地方主管機關應於每年度終了後三個月內，將所轄大眾捷運系統橋梁之檢測及維修情形，報中央主管機關備查；中央主管機關應視需要定期辦理評鑑並訂定評鑑實施要點，載明評鑑對象、辦理方式、評鑑項目、計分方式、作業時程、相關書表等事項，公告後實施。

第18條 地方主管機關檢查完畢後，應將檢查結果通知營運機構。其有應行改善事項者，並應限期改善。營運機構接獲前項通知後，應在限期內改善完竣，並函報地方主管機關。逾期不改善或再次違反者，地方主管機關依本法第51條第一項規定處罰。

第18-1條 方主管機關檢查完畢後，應將檢查結果通知營運機構。其有應行改善事項者，並應限期改善。

營運機構接獲前項通知後，應在限期內改善完竣，並函報地方主管機關。

逾期不改善或再次違反者，地方主管機關依本法第51條第一項規定處罰。

第六章 附則

第19條 本辦法自發布日施行。

五、大眾捷運系統旅客運送責任保險投保金額辦法

105年8月25日修正公布

第1條 本辦法依大眾捷運法第47條第2項規定訂定之。

第2條 大眾捷運系統旅客運送責任保險最低投保金額如下：

一、**每一個人身體傷亡：新臺幣二百五十萬元**。

二、**每一事故身體傷亡：新臺幣二億五千萬**。

三、**每一事故財物損失：新臺幣二百萬元**。

四、**保險期間總保險金額：新臺幣五億元。但臺北大眾捷運系統為新臺幣八億元**。

第3條 本保險期間為一年，以保險單所載明之日為效力發生之始日，保險屆滿，除依契約之約定，終止契約者外，視為自動續約一年。

第4條 大眾捷運系統旅客運送責任保險依下列規定計收保費：

一、以預收保費方式。

二、**預收保費為預估全年總保費乘以百分之六十**。

三、保險期間屆滿或終止後，按實際旅客人次計算實際總保費。如實際總保費低於預收保費時，保險公司應退還其差額；如實際總保費高於預收保費時，被保險人應支付其差額。

第5條 本辦法自發布日施行。

六、大眾捷運系統土地開發辦法

99年1月15日修正公布

第一章 總則

第 1 條 本辦法依大眾捷運法（以下簡稱本法）第七條第七項規定訂定之。

第 2 條 大眾捷運系統路線、場、站土地及其毗鄰地區土地之開發依本辦法之規定。

第 3 條 本辦法用詞，定義如下：

一、開發用地：係指大眾捷運系統路線、場、站土地及其毗鄰地區之土地，經主管機關核定為土地開發之土地。

二、土地開發：係指主管機關自行開發或與投資人合作開發開發用地，以有效利用土地資源之不動產興闢事業。

第 4 條 大眾捷運系統土地開發之主管機關，為各該大眾捷運系統主管機關或交通部指定之地方主管機關；其執行機構為各該大眾捷運系統主管機關所屬或許可之工程建設機構、營運機構或其他土地開發機構。

前項主管機關辦理本法所規定之土地開發事宜，得委任或委託執行機構為之。

前項情形，應將委任或委託事項及法規依據公告，並刊登政府公報。

第 5 條 （刪除）

第二章 土地開發之規劃及容許使用項目

第 6 條 辦理土地之開發時，執行機構應擬定開發範圍，報請主管機關核定實施。

第 7 條 主管機關為辦理各開發用地之興建前，應將用地範圍、土地使用分區管制規定或構想、建物設計指導原則（含捷運設施需求及設計）、開發時程及其他有關土地開發事項公告並刊登政府公報。

第 8 條 開發用地內之捷運設施屬出入口、通風口或其他相關附屬設施等，經主管機關核准得交由投資人興建，其建造成本由主管機關支付。

第 9 條 主管機關得依區域計畫法或都市計畫法之規定，就大眾捷運系統路線、場、站土地及其毗鄰地區，申請劃定或變更為特定專用區。

開發用地及前項特定專用區之建築物及土地使用，應符合非都市土地使用管制或都市計畫土地使用分區管制之規定。

第三章　土地取得程序、開發方式及投資人甄選程序

第 10 條 大眾捷運系統開發用地屬公有者，主管機關得依本法第七條第四項規定辦理有償撥用。

第 11 條 大眾捷運系統開發所需用地屬私有而由主管機關依本法第七條第四項規定以協議價購方式辦理者，經執行機構召開會議依優惠辦法協議不成時，得由主管機關依法報請徵收。

第 12 條 以市地重劃方式取得開發用地時，由主管機關擬定市地重劃計畫書，送請該管市地重劃主管機關依平均地權條例有關規定辦理。

第 13 條 以區段徵收方式取得土地開發用地時，由主管機關擬定區段徵收計畫及徵收土地計畫書，送請該管區段徵收主管機關依本法第七條第五項、第六項規定辦理。

第 14 條 開發用地由主管機關自行開發或公告徵求投資人合作開發之。

主管機關與投資人合作開發者，其徵求投資人所需之甄選文件由執行機構報請主管機關核定後辦理。

第 15 條 主管機關依前條規定辦理徵求投資人時，申請人應於公告期滿後一個月內，依甄選文件備具下列書件各二份及申請保證金，向主管機關提出申請：

一、申請書：載明申請人姓名、出生年月日、職業、住所或居所、身分證統一編號或法人名稱、主事務所、代表人姓名，申請土地開發之地點及範圍。

二、申請人身分證影本、法人登記證明文件。

三、財力證明文件或開發資金來源證明文件及類似開發業績證明文件。

前項財力及開發資金基準，由主管機關定之。

第四章　申請投資表件及審查程序

第 16 條　依前條申請土地開發者應自公告期滿後四個月內提出開發建議書二份，逾期視為撤回申請；其開發建議書應包括下列事項：

一、基地位置、範圍與土地權屬。

二、土地權利取得方法與使用計畫、開發成果處分方式。

三、開發項目、內容與用途。

四、建築計畫：包括建築設計、結構系統、設備系統、營建工法、建材規格及工程預算書等。

五、依建築相關法令應檢附之防災計畫。

六、依水土保持、環境保護相關法令提送水土保持計畫、環境影響評估計畫等。

七、與捷運系統相關設施銜接計畫。

八、財務計畫：包括財務基本假設與參數設定、預估投資總金額、預估營運收支總金額、資金籌措與償還計畫、分年現金流量及投資效益分析。

九、開發時程計畫。

十、營運管理計畫。

十一、申請人與主管機關、土地所有人合作條件、分收比例及其他相關權利義務文件。

十二、其他有關事項文件。

主管機關得考量基地條件、捷運設施、以設定地上權方式或合併不同基地作開發辦理等特殊情形，酌予調整前條、本條所定期限及甄選文件並公告。

有二以上申請人申請投資時，除斟酌各申請人之開發能力及開發建議書外，以其開發內容對於都市發展之貢獻程度及其提供主管機關獲益較高者為優先考慮因素。

第 17 條 執行機構受理申請投資土地開發案件時，應就申請投資書件先行審查，所備書件不合規定且屬非契約必要之點者，執行機構應詳為列舉通知申請人限期補正，逾期不補正或補正不全者，視為放棄投資申請。

執行機構受理前項完成補正之申請案件，應於三個月內會同有關機關就申請資料完成審查或評選，並報主管機關核定土地開發計畫。但申請案件須變更都市計畫、區域計畫或案情繁複者，得延長之。

前項審查或評選得通知申請人或有關機關。

第 18 條 依前條規定核定取得投資權之申請案件，由執行機構通知申請人依審定條件於書面通知到達日起三十日內簽訂投資契約書，並繳交預估投資總金額百分之三之履約保證金。不同意主管機關審定條件或未於限期內簽訂投資契約書，並繳交履約保證金者，視同放棄投資權，執行機構得由其他申請投資案件依序擇優遞補或重新公開徵求投資人。

第 19 條 前條履約保證金，申請人應以現金逕向執行機構指定之金融機構繳納，或以下列方式辦理：

一、銀行本行本票或支票、保付支票。

二、無記名政府公債。

三、設定質權予執行機構之銀行定期存款單。

四、銀行開發或保兌之不可撤銷擔保信用狀繳納。

五、取具銀行之書面連帶保證。

六、保險公司之連帶保證保險單。

前項保證金於計畫範圍內之工程完成百分之五十後，無息退還二分之一，開發計畫建築物全部領得使用執照後，無息退還原保證金之四分之一，餘款於不動產登記完畢，並交付所有人後十日內，無息退還。

第 20 條 投資人應自簽訂投資契約書之日起六個月內，依建築法令規定申請建造執照。

前項建造執照之申請，若因其他相關法令規定須先行辦理相關書圖文件送審，或有不可歸責於投資人之原因並經主管機關同意者，其作業之時間得不予計入。

第一項建造執照內容變更時，應先經執行機構同意後，再依建築法令規定辦理。

第五章 監督、管理及處分

第 21 條 建物全部或部分出租、設定地上權或以其他方式交由投資人統一經營者，投資人應於申請投資案核定後，檢具其所訂營運管理章程報經執行機構核轉主管機關核定，建物產權登記前併同營運人與執行機構簽訂營運契約書，依本辦法規定受執行機構之監督與管理。

建物非屬統一經營者，投資人得參照公寓大廈規約範本研訂管理規約，並納入與捷運有關之特別約定事項，報經執行機構核轉主管機關核定後請照、興建。

區分所有權人不得以會議決議排除第一項營運管理章程及營運契約之規定，及第二項管理規約之特別約定事項，專有部分有讓售等處分行為時，應於移轉契約中明定，須繼受原區分所有權人依公寓大廈管理條例及本條文之規範。

第 22 條 依土地開發計畫要求設置之公共設施建築及維護費用，由投資人負擔或視合作條件依協議比例分擔，並由執行機構或該公共設施主管機關代為施工或派員協助監督施工。

前項屬道路、人行陸橋及地下穿越道之公共設施；應於興建完成後將該部分之產權捐贈各該公共設施所在地之地方政府，並交由公共設施主管機關管理維護。

第 23 條 執行機構於必要時，得經主管機關核准，出租或出售開發之公有不動產，其租售作業要點由主管機關另定之。

第 24 條 投資人有下列情形之一者，執行機構得報請主管機關核准後解除投資契約：

一、違反第二十條之規定者。

二、建造執照被作廢或註銷者。

三、違反第二十一條第一項之規定者。

第 25 條 投資人營運時有下列情形之一者，執行機構應通知限期改善，逾期不改善者，該執行機構得報經主管機關核准後終止契約：

一、地下商場，人行陸橋或地下道等工程附屬設施擅自增、修、改建者。

二、依土地開發計畫興建之開發設施未盡管理及養護責任，且不服從執行機構之監督與管理者。

三、不依主管機關核備之營運管理章程使用開發設施者。

投資人有前項各款情形之一者，執行機構於必要時得報經主管機關核准後逕為封閉或拆除之，所需費用由營運保證金扣抵。

第六章　獎勵

第 26 條 依本辦法申請投資土地開發案件，其符合獎勵投資法令有關規定者，得依法申請減免稅捐。

第 27 條 土地開發計畫經核准後，執行機構得協調政府相關單位配合興修計畫地區外關聯性公共設施及提供技術協助。

第 28 條 主管機關得協助投資人洽請金融機構辦理優惠或長期貸款。

第 29 條 依本辦法申請投資土地開發且無償提供捷運設施所需空間及其應持分土地所有權者，其建築物樓地板面積與高度得依下列規定放寬：

一、除捷運設施使用部分樓層不計入總樓地板面積外，得視個案情形酌予增加，但增加之樓地板面積，以不超過提供捷運系統場、站及相關設施使用之土地面積，乘以地面各層可建樓地板面積之和與基地面積之比，乘以二分之一為限。

二、除捷運設施使用部分樓層之高度得不計入高度限制外，並得視個案情形酌予增加，但增加部分以不超過該基地面前道路寬度之一倍，並以三十公尺為限。

第 30 條 若捷運系統工程建設因時程緊迫，執行機構於開發用地內，先行構築捷運設施，投資人於未來開發時，須償還因配合開發所增加之基本設計費及共構部分之細部設計費及施工費，但免計利息。

第七章　附則

第 31 條　執行機構應將下列條文載明於所訂契約中，作為契約內容之一部分：

一、投資契約書：第二十條至第二十二條、第二十四條及第二十五條。

二、營運契約書：第二十三條及第二十五條。

第 32 條　本辦法自發布日施行。

七、大眾捷運系統建設及周邊土地開發計畫申請與審查作業要點

107年2月9日修正發布

一、為審議地方主管機關提出之大眾捷運系統建設及周邊土地開發計畫（以下簡稱本計畫），交通部考量都市發展及大眾運輸系統整合，並結合沿線都市更新及土地開發效益等因素，作為申請計畫之審議依據，期能共創捷運建設與土地開發整合效益，特訂定本要點。

如大眾捷運系統範圍跨越不相隸屬之行政區域者，由各有關直轄市、縣（市）政府協議決定地方主管機關；協議不成者，由交通部指定之。

二、地方主管機關辦理可行性研究前，應先完成都市發展規劃、綜合運輸規劃作業程序，並提出大眾捷運系統整體路網評估計畫報告書送交通部審議；其報告書應包含下列項目：

(一) 都市發展願景：國土及區域等上位計畫、空間發展構想與人口、產業發展預測、整體運輸規劃。

(二) 都市整體公共運輸規劃

1.現況都市公共運輸發展情形，包括：

(1)過去五年公共運輸預算平均支出比例。

(2)公共運輸使用情形。

2.提昇未來公共運輸使用比例之作法。

(三) 都市整體軌道路網規劃：潛力發展路廊、運量預測、系統型式、路權型式、軌道系統整合規劃、轉乘規劃、營運調度等之初步評估。

(四) 捷運整體路網分期發展計畫：優先順序評估、分期發展規劃。

(五) 先期路網大眾運輸導向之土地發展構想。

(六) 先期路網經濟效益與財務計畫初步分析：包含工程經費概估。

(七) 先期路網財源籌措構想：包含本業票收及附屬事業收入、融資、成立捷運建設基金（或專戶）等構想。

(八) 未來營運組織之構想。

前項審議由交通部高速鐵路工程局（以下簡稱高鐵局）協同交通部運輸研究所等單位專責審查作業。

三、地方主管機關完成大眾捷運系統整體路網評估計畫後，始得選擇其中最優先興建路線辦理本計畫可行性研究；其所需經費得由地方政府自籌經費辦理或依本要點規定提出申請計畫書向交通部申請補助。

四、地方主管機關向交通部申請補助辦理本計畫可行性研究之經費需求，應提出申請計畫書並填列附件一經費申請表報請交通部審核，申請計畫書內容應包含下列項目：

(一) 都市公共運輸發展情形，包括：

1.過去五年公共運輸預算平均支出比例。

2.都市（會）人口規模。

3.公共運輸使用普遍性。

(1)公共運輸使用情形。

(2)說明積極提昇未來公共運輸使用比例之作法。

(二) 路廊規劃構想：本計畫路廊辦理大眾捷運系統計畫之必要性，包含採用大眾捷運系統提供公共運輸服務之緣由、說明及永續經營之策略。

(三) 路線運量概估：營運目標年沿線廊帶預測運量概估。

(四) 大眾運輸導向之沿線土地發展構想。

(五) 財源籌措構想。

(六) 營運組織構想。

(七) 其他相關文件，包含申請補助辦理本計畫可行性研究期程及作業費用之概估。

五、地方主管機關辦理本計畫可行性研究內容應符合行政院所屬各機關中長程個案計畫編審要點、政府公共工程計畫與經費審議作業要點及公共建設計畫經濟效益評估及財務計畫作業手冊等相關規定，並應考慮

大眾捷運法第十一條規定因素，將下列事項納入報告書：

(一) 大眾捷運系統整體路網評估計畫報告書說明。

(二) 社經發展現況與預測、交通運輸系統現況與未來重大交通計畫、及本計畫路線功能定位。

(三) 路線方案研擬及篩選，包含路廊運具競合關係及其改善方案（路廊與各運具之競合情形、各運具改善成效對本計畫之影響）。

(四) 運輸需求預測初步分析，包含運量預測分析、旅次移轉、運量密度分析。

(五) 路線場站規劃初步評估分析，包含路線及車站平縱面規劃、與各運具間轉乘規劃、轉乘動線及票證整合構想，及1／5,000比例尺圖說。

(六) 工程標準及技術可行性分析，包含以全生命週期成本、資源整合運用等分析之系統型式評選。

(七) 土地取得及土地開發初步評估分析，包含土地取得方式分析、土地開發構想及沿線周邊土地使用構想、都市計畫變更內容構想。

(八) 營運規劃及機廠規劃構想，包含與其他捷運路線間之整合運用構想。

(九) 興建優先次序構想，包含分期分段興建營運之方案、期程、運量、成本及效益等可行性評估。

(十) 經濟效益及財務初步評估：

1. 成本估算，包含建造、營運維修、重置成本，與其他計畫之比較。
2. 經濟效益初步評估。
3. 財務效益初步評估，包含票箱收入、附屬事業收入、土地開發及其他可挹注本計畫之外部效益、自償率、中央與地方政府分擔經費。
4. 新增（含延伸）路線加入對營運機構之整體捷運路網（含已通車及已核定路線）之營運財務效益初步分析（不含外部效益），包含邊際收益、邊際成本、運量密度變化、營運損益平衡點變化等初步分析。確保整體路網邊際收益大於邊際成本之初步因應構想。
5. 地方財源籌措分析，包含成立基金（得比照「自償性公共建設預算制度實施方案」辦理）或專戶之經費來源、運用方式，計畫執行期間，地方債務舉借情形及自籌財源能力分析。
6. 民間參與可行性評估。
7. 營運永續計畫構想。

(十一) 計畫影響分析，包含交通衝擊分析、環境影響說明或評估、民意溝通協調情形、替代方案評估及優劣分析。

(十二) 公共運輸系統整合初步規劃，包含公共運輸整合規劃構想及相關配套。

(十三) 全生命週期之風險管理，包含風險項目或情境分析、敏感度分析、風險分布、影響程度概估、風險處理構想、風險圖像矩陣及預估殘餘風險初步分析等。

(十四) 地方政府承諾事項，包含運量培養具體措施、期程規劃、績效指標（含綜合規劃提報時可達成之短期績效指標）、工程建設機構成立及執行能量分析、營運機構經營型態、成立營運基金或專戶、自負盈虧、優惠措施，地方政府負擔之經費，及地方議會出具同意本計畫之相關文件等。

(十五) 依據報告書內容填具附件二「大眾捷運系統建設及周邊土地開發計畫檢核評估表」。

地方主管機關推動個案計畫可行性研究時，應配合成立推動小組，整合有關地方政府跨局處（含交通、都計、財政、工務）等業務，並由地方主管機關副首長以上層級擔任召集人，其所完成之可行性研究報告書應經推動小組審核同意後，始得陳報交通部核轉行政院核定。

六、本計畫可行性研究報告書經核定後，地方主管機關始得辦理本計畫之綜合規劃。綜合規劃報告書內容應包含下列事項：

(一) 大眾捷運法第十二條所規定之規劃報告。

(二) 可行性研究核定內容說明。

(三) 社經發展現況與預測、交通運輸系統現況與未來重大交通計畫、及本計畫路線功能定位。

(四) 路線方案檢討及調整。

(五) 運輸需求預測分析，包含運量預測分析、旅次移轉、運量密度分析。

(六) 路線及車站規劃，包含路線、車站平縱面規劃、車站與各運具間之轉乘整合規劃（含票證整合），均需提供1／1,000比例尺圖說。

(七) 工程標準及技術可行性，包含系統型式、系統技術分析、工程可行性分析，與相關界面機關協調取得共識之相關文件。

(八) 土地取得評估及土地開發，包含土地取得方式評估及與地方民意溝通協調情形、土地開發計畫，以及土地取得及開發所需進行之都市計畫變更內容、大眾運輸導向之車站及沿線土地使用檢討構想。

(九) 營運規劃及機廠規劃，包含與其他捷運路線間之整合運用規劃。

(十) 興建優先次序，包含興建期程、成本及效益分析等。

(十一) 經濟效益及財務評估：

1. 成本估算，包含建造、營運維修、資產設備汰換及重置成本估算。

2. 經濟效益評估。

3. 財務效益評估，包含票箱收入、附屬事業收入、土地開發及其他可挹注本計畫之外部效益、自償率、中央與地方政府分擔經費。
4. 經費增加之責任分擔，與可行性研究估算經費差異原因及責任歸屬，如屬地方需求可控制因素，所增經費由地方政府全額負擔。另修正計畫與綜合規劃估算經費差異者，亦同。
5. 新增（含延伸）路線加入對營運機構之整體捷運路網（含已通車及已核定路線）營運財務效益評估（不含土地開發及其他外部效益），包含邊際收益、邊際成本、運量密度變化、營運損益平衡點變化等評估。
6. 財源籌措計畫及財務策略，包含成立基金（得比照「自償性公共建設預算制度實施方案」辦理）或專戶之經費來源、運用及用途，計畫執行期間，地方債務舉借情形及自籌財源能力分析。
7. 民間參與方式規劃。
8. 營運永續規劃。

(十二) 計畫影響分析：包含交通衝擊分析及改善方案、環境影響說明或評估、召開公聽會經過及徵求意見處理結果，以及替代方案評估及優劣分析。

(十三) 公共運輸系統整合計畫執行情形及成效檢討。

(十四) 全生命週期之風險管理，包含風險項目或情境評估、敏感度分析、風險分布、影響程度評估、風險處理計畫、風險圖像矩陣及預估殘餘風險說明等。

(十五) 地方政府承諾事項，包含運量培養措施執行情形、績效指標成效檢視（含可行性研究所提短期績效指標）及後續改善措施與進程規劃、工程建設機構成立及執行能量分析、確定營運機構、自負盈虧、優惠措施、地方政府負擔之經費額度、地方議會同意成立本計畫基金之相關文件、成立捷運基金或專戶並依財務計畫提撥一定經費至該基金或專戶內、未來票收比及進程規劃等。

(十六) 其他，包含計畫績效指標、衡量標準、目標值。

(十七) 依據報告書內容填具附件二「大眾捷運系統建設及周邊土地開發計畫檢核評估表」。

地方政府辦理前項綜合規劃作業程序，必要時可循都市計畫法相關法令規定辦理禁限建之公告前置作業。

地方主管機關推動個案計畫綜合規劃時，應配合成立推動小組，整合有關地方政府跨局處（含交通、都計、財政、工務）等業務，並由地方主管機關副首長以上層級擔任召集人，其所完成之綜合規劃報告書應經推動小組審核同意後，始得陳報交通部核轉行政院核定。

七、交通部審核第五點可行性研究報告書及前點綜合規劃報告書，應一併檢視經濟及財務效益，其相關指標計算方式：

(一)經濟效益評估指標

1.淨現值，值為正。

2.益本比應大於1。

3.內生報酬率。

(二)財務評估指標

1.自償率。

2.經營比應大於1（包含本計畫之個別經營比，及加入整體捷運路網營運後對整體路網之經營比影響分析）。

3.負債比例。

前項經濟效益評估指標，應將系統全生命週期成本、旅行時間節省效益、行車成本節省效益、肇事成本節省效益、環境污染減少效益、土地增值效益等作為計算項目；另財務評估指標（包含運輸本業、附屬事業、大眾捷運法第七條規定之土地開發，及其他可挹注本計畫之租稅增額、增額容積等外部效益）應分別就財務之保守、中估及樂觀情境進行分析。

中央與地方政府經費分擔依附表之自償率及非自償中央補助比例計算之。

地方主管機關所提之自償率未達附表所列最低值，應以其他替代方式辦理或就財務可行性再評估後另案提報。

八、交通部辦理地方主管機關之綜合規劃報告書審查完竣，於核轉行政院前應確認地方主管機關完成下列事項：

(一) 變更都市計畫案，至少應送請地方政府都市計畫委員會審議。

(二) 擬訂環境影響說明書或評估報告書，並經行政院環境保護署審議通過。

(三) 運量培養之具體配套作為及可行性研究階段所提績效指標之達成情形。

(四) 地方財源籌措計畫（包含審議過程中財主單位審查意見之檢討處理）。

九、本計畫綜合規劃核定後，地方主管機關應依政府公共工程計畫與經費審議作業要點辦理基本設計審議，其變更都市計畫案應於一定時間內，完成內政部都市計畫委員會審定及內政部核定，且應成立捷運建設基金或專戶，再依財務計畫提撥一定經費至該基金或專戶內，確保計畫財源。

十、交通部為審查本計畫可行性研究及綜合規劃報告書，應成立「大眾捷運系統建設及周邊土地開發計畫審查會」（以下簡稱審查會），專責審查作業，並由高鐵局擔任審查會之幕僚機關。

前項審查會必要時得成立專案工作小組辦理初審作業，並先確認工程可行性及財務可行性後，再就其他事項進行初審，其相關人員由高鐵局派員擔任。

十一、審查會由下列委員十七人組成之：

(一) 交通部指派次長二人為委員分別兼召集人及副召集人，高鐵局局長為委員兼執行秘書。

(二) 其餘委員由交通部派聘有關部會單位主管、業務機關之首長或代表、及具財務、都計、地政、交通、土地開發等學者專家擔任之，其中學者專家人數不得少於三分之一。

委員任期為三年，期滿得續聘之。

十二、審查會會議，由召集人召集之，並為主席，召集人因故未能出席時，由副召集人代理之。

召開審查會會議時，得邀請有關機關人員列席，並應有三分之二以上之委員出席，其決議應經出席委員過半數之同意行之。

十三、審查會委員及工作小組成員均為無給職。辦理現勘及會議等所需費用，由交通部相關預算支應。

十四、交通部補助地方主管機關辦理本計畫大眾捷運系統整體路網評估計畫、可行性研究及綜合規劃之作業經費，得準用「中央對直轄市及縣（市）政府補助辦法」第七條規定辦理，且對同一計畫之補助原則以一次為限。

十五、本要點施行前，地方主管機關未提出大眾捷運系統整體路網評估計畫報告書者，應依本要點規定報交通部辦理審議。

本要點施行前，已辦理但未奉行政院核定之可行性研究及綜合規劃，應由地方主管機關依本要點規定補充相關資料，報交通部辦理審查作業。

本要點施行前，已奉行政院核定並執行中之計畫，因配合法規異動或經費基準調整辦理修正者，不適用本要點規定。

十六、本要點之細部作業規定，交通部得會商行政院主計總處、國家發展委員會、財政部、內政部等機關定之。

十七、本要點之作業流程如附圖。

第四單元　臺北捷運

主題一、臺北捷運路網完成大事記

107.12.23	淡海輕軌綠山線通車，為新北市第一條城市軌道交通路線，營運長度為7.4公里。
105.10.01	數字路線名改為顏色代碼路線名，站內標示陸續更換，並納入車站代號。新路網圖同時加入另由桃園捷運公司營運的桃園機場捷運，其他營運模式未變。
104.07.06	頂埔站－永寧站通車，板南線營運長度增加1.9公里，營運總長度為131.1公里。
103.11.15	松山線通車（西門站－松山站），營運長度增加7.9公里，營運總長度為129.2公里。為目前臺北捷運最晚通車的一條線。
102.11.24	信義線通車（中正紀念堂站－象山站），營運長度增加5.7公里，營運總長度為121.3公里。
102.06.29	新莊線通車（輔大站－迴龍站），營運長度增加2.8公里，營運總長度為115.6公里。
101.09.30	新莊線通車（忠孝新生站－東門站－古亭站），營運長度增加2.8公里，營運總長度為112.8公里。
101.01.05	新莊線通車（大橋頭站－輔大站），營運長度增加8.1公里，營運總長度為110.0公里。
100.02.27	南港線東延段南港展覽館站通車（南港站－南港展覽館站），營運長度增加1.1公里，營運總長度為101.9公里。
99.11.03	蘆洲線通車（蘆洲站－忠孝新生站），營運長度增加10.3公里，營運總長度為100.8公里，共11個車站，全線為地下段。

98.10.08	考量民眾較熟悉捷運路線起訖之行政區名，捷運木柵線及內湖線正式合併更名為「文山內湖線（簡稱文湖線）」。
98.07.04	內湖線通車（中山國中站－南港展覽館站），營運長度增加14.7公里，營運總長度為90.5公里，該線為木柵線之延伸線，屬中運量系統。
97.12.25	南港線東延段南港站通車（昆陽站－南港站），營運長度增加1.4公里，營運總長度為75.8公里。
97.09.01	臺北市政府委託臺北大眾捷運股份有限公司經營臺北市小巨蛋體育館。
96.07.04	臺北市政府委託臺北大眾捷運股份有限公司經營臺北市首條高空纜車－「貓空纜車系統」正式通車營運，使該公司跨越不同運具聯合經營，該系統採用法國POMA公司生產的纜車系統，全線長約4.03公里，共設置4個供旅客上、下車的車站，另外設置2 個轉角站作為路線轉向之用。
95.05.31	板橋線第2階段及土城線通車（新埔站－永寧站），營運長度增加7.4公里，營運總長度為74.4公里。
93.11.10	完成捷運忠孝復興站與太平洋SOGO百貨連通。
93.09.29	小碧潭支線完工通車（七張站－小碧潭站），營運長度增加1.9公里，營運總長度為67公里。
91.09.30	「悠遊卡」正式全面上市，整合捷運、公車及公有停車場票證系統。
91.06.12	「悠遊卡」上市，捷運、部分公車及公有停車場上市啟用。
89.12.30	南港線（市政府－昆陽）全線通車，營運長度增加3.2公里，營運總長度為65.1公里。
89.08.31	板橋線（龍山寺－新埔）暨小南門線通車，營運長度增加5.5公里，營運總長度為61.9公里。
88.12.24	板橋線（龍山寺－西門）及南港線（西門-市政府）通車，營運長度增加7.7公里，營運總長度為56.4公里。

88.11.11	新店線全線通車，營運長度增加8.4公里，營運總長度為48.7公里。
87.12.24	中和線及新店線北段（臺北車站－古亭站）通車，營運長度增加7.9公里，營運總長度為40.3公里。
86.12.25	淡水線全線通車（通車至臺北車站），營運長度增加0.7公里，營運總長度為32.4公里。
86.03.28	全臺首條高運量捷運系統－淡水線（淡水站－中山站）通車　，營運長度增加21.2公里，營運總長度為31.7公里。
85.03.28	全臺首條無人駕駛中運量捷運系統－木柵線通車，營運長度10.5公里。
83.07.27	臺北大眾捷運股份有限公司成立。
79.12.18	臺北捷運公司籌備處成立。
77.12.15	臺北捷運系統開始動工。
75.03.27	行政院核定臺北都會區大眾捷運系統初期路網。

主題二、臺北捷運公司經營管理概念簡介

一、台北捷運公司的願景、使命與核心價值

(一) **願景**：一流捷運，美好臺北。

臺北捷運將以開放創新之觀念與服務，支持城市居住、工作、休閒及運輸等機能發展，同時融和在地精神，型塑更美好的城市生活與文化。

(二) **使命**：提供安全、可靠、親切的運輸服務，追求永續發展。

以運輸本業為基礎，發展多元服務，善盡企業社會責任，與顧客、社區、員工、股東及供應商共同成長與發展。

(三) **核心價值**：正直誠信、團隊合作、創新卓越、開放共享。

1. **正直誠信**：對於合作夥伴秉持公正、堅守承諾；對於公司同仁講求公平合理，建立真誠互信的企業文化。
2. **團隊合作**：發揮全員參與、全員服務的團體合作精神，主動關懷與協助，成為共同成長的強力後盾。
3. **創新卓越**：以務實的態度、前瞻的視野及創新的思維，掌握市場趨勢及社會脈動，追求進步與卓越。
4. **開放共享**：鼓勵開放多元，落實共享理念，凝聚社區共好、城市共榮的推進力量。

二、公司組成、任務分工與營運目標

(一) **公司組成**：臺北大眾捷運股份有限公司（Taipei Rapid Transit Corporation, TRTC）簡稱臺北捷運公司、北捷。**臺北捷運公司為臺北捷運系統的營運機構，為一個特許經營機構。**股東包含臺北市政府、新北市政府、中華民國交通部、唐榮鐵工廠、臺北富邦商業銀行、兆豐國際商業銀行、合作金庫銀行等七家法人，其中臺北市政府持股73.75%，為該公司最大股東。**除了經營臺北捷運之外，亦受臺北市政府委託負責貓空纜車、臺北市立兒童新樂園與臺北小巨蛋的營運。**

(二) **任務分工**：臺北捷運公司與臺北市政府捷運工程局（簡稱臺北市捷運局）共用「捷運行政大樓」作為總部所在地，位於捷運雙連站旁。**臺北市捷運局負責路線的規劃及興建，臺北捷運公司則負責營運。**

(三) **營運目標**：依「大眾捷運法」及「公營大眾捷運股份有限公司設置管理條例」等相關規定，臺北捷運公司在經營上，不僅須以財務自主、盈虧平衡之企業化方式經營，在政府政策的推動上，高度的配合度是必要的經營準則，而提昇服務品質與符合民眾需要，為其永遠不可推諉的經營目標。**臺北捷運公司根據其經營使命與經營，以追求「維持盈虧平衡」、「提昇服務品質」與「符合民眾需要」為其營運追求的目標。**

三、臺北捷運的企業識別（CIS）標誌

(一) **人鳥標誌**：延續代表捷運精神的「人鳥標誌」為主架構，其呈六角型，上下兩半互為依附；兩「人」字圖案作雙向奔馳，以表示人來人往，代表捷運系統提供民眾運輸的效能；其外型有如鳥的飛翔，代表迅捷如飛、四通八達。

(二) 將人鳥標誌外圍結合兩圓弧，象徵臺北捷運經營捷運交通事業「順暢、圓融、通達」之目標。粗至細的圓弧產生律動與前進的速度感，象徵臺北捷運追求高效率及快捷的服務精神。

(三) **捷運品牌「metro Taipei」**：以「metro Taipei」為服務品牌，希望能將服務品牌化，並與國際接軌，展現全球化格局。

(四) 標誌的藍色與綠色分別代表科技與環保，亦隱含藍天與綠地之意，表示臺北捷運與民眾以共同追求優質生活文化為目標。

台北捷運的標誌

四、臺北捷運公司的監理

臺北市政府交通局於1988年3月1日成立，除擔負臺北市交通運輸規劃、交通管理及觀光旅遊業務，以提供市民安全、可靠、高品質及高效率的交通運輸服務外。根據《臺北市政府交通局組織規程》規定，交通局下設有運輸管理科，職掌公共運輸督導管理事項、路政、車輛動員、駕駛人訓練、裁決業務、汽車運輸業、大眾捷運、藍色公路營運及**公有大眾捷運系統財產等督導管理事項**，因之，交通局乃為臺北捷運公司的監理機關。

五、業務範疇

(一) **運輸本業**：包含文湖線、淡水信義線、松山新店線、中和新蘆線及板南線等5條路線，共117個營運車站。路網長度計131.1營運公里（136.6建設公里）

(二) **附屬事業**：廣告、地下街、車站販賣店、停車場、捷運與地下街設施之移設及連通。

(三) **委管（受託）事業**：經營貓空纜車、臺北小巨蛋、兒童新樂園。

(四) **轉投資事業**：悠遊卡投資控股股份有限公司與捷邦管理顧問股份有限公司。

主題三、臺北捷運已通車路網概況

一、通車路線

(一) **主線**：**文湖線、淡水信義線、松山新店線、中和新蘆線及板南線等5條主線路線**，這5條路線各自獨立、並依**棕（動物園站－南港展覽館站）、紅（淡水站－象山站）、橘（南勢角站－迴龍站以及南勢角站－蘆洲站）、綠（新店站－松山站）、藍（南港展覽館站－永寧站）、黃(新北產業園區－大坪林)**共6個顏色區分，不僅易於辨識，不受干擾；且每條路線都有固定候車的月臺，旅客不用再擔心會搭到其他路線的列車，特別是轉乘車站數增加，不僅透過輕鬆轉乘即可到達各路網每個車站，還可有效分散人潮。

路線	起迄站	概況
文湖線	南港展覽館站－動物園站	全長25.2公里，共24個車站，全程分為地下、高架2段。
淡水信義線	淡水站－象山站（含新北投站）	全長29.3公里，共28個車站，全程分為地下、地面、高架3段。
松山新店線	松山站－新店站（含小碧潭站）	全長20.7公里，共20個車站，除小碧潭站部分為高架外，其餘均為地下段。
中和新蘆線	南勢角站－迴龍站、蘆洲站	全長29.3公里，共26個車站，全程為地下段。

路線	起迄站	概況
板南線	頂埔站－南港展覽館站	全長26.6公里，共23個車站，全程為地下段。
環狀線	新北產業園區－大坪林	採用中運量系統，其中十四張站至新北產業園區站為高架路線，其他部分則為地下路線。

(二) **支線：**

1. **新北投支線**：新北投站－北投站。
2. **小碧潭支線**：小碧潭站－七張站。

二、營運車站

臺北捷運至目前為止，共計131**個車站**（西門站、中正紀念堂站、古亭站及東門站等4**個轉乘站**於不同路線共用站體計為1**站**，其餘轉乘站計為2**站**）。

三、路網長度

至目前為止，共計146.2**營運公里**，152**建設公里**。

四、系統簡介

臺北捷運系統依各地區運輸量之不同採用下列兩種不同系統：

(一) **文湖線：**

1. **車輛：**
   (1) 車輛每列車由兩對車組成，每對車有2**個車廂**，共計4**個車廂**。
   (2) 最大時速每小時80**公里**。
   (3) 龐巴迪列車，每列車約可載運424**人**；馬特拉列車，每列車約可載運464**人**（以每平方公尺站立6**人**估算）。
   (4) 車廂地板與月臺同高，便利旅客及身心障礙者進出。
2. **操控方式：**
   (1) 由行控中心進行全程控制，採電腦全自動**無人駕駛**方式運行，且有自趨安全性設計以保障旅客安全。
   (2) 必要時也可採用**人工方式駕駛**。

3. **月臺：**

(1)月臺設計採用**側式月臺**及**島式月臺**。

(2)有月臺門且月臺邊緣與列車間有**約3公分**之縫隙，乘坐輪椅之人士，請以後輪先行進出車門。

(3)列車停靠月臺時間約為**20～30秒**；忠孝復興站**40～50秒**。

4. **軌道：**

(1)全程依各區段之不同兼採地下及高架設計，鋪設鋼筋混凝土及鋼製行駛路面。

(2)車輪型態採用「**膠輪**」行進。

5. **特性**：低污染性、便捷性、可靠性及安全性。

(二) **淡水信義線、松山新店線、中和新蘆線及板南線：**

1. **車輛：**

(1)每列車由**2組**配對，每組**3輛**，共計**6輛**車組成。

(2)最大時速每小時**80公里**。

(3)每列車約可載運**1,936人**（座位352人、立位1,584人，以每平方公尺站立6人估算）。

(4)車廂地板與月臺同高，便利旅客及身心障礙者進出。

2. **操控方式：**

(1)由司機員配合號誌全程引導列車行進。

(2)列車之運轉完全受控制中心之監控，且有自趨安全性設計以保障旅客安全。

3. **月臺：**

(1)月臺設計採用**側式月臺、島式月臺、側疊式月臺、島疊式月臺、混合式月臺**等5種型式。

(2)中和新蘆線之東門站至蘆洲站／迴龍站、淡水信義線之東門站至象山站、松山新店線之北門站至松山站、板南線之南港展覽館站及頂埔站已於車站建置時設置月臺門。建置時未設置月臺門的營運車站採分階段方式，預計至107年陸續完成。

(3)月臺邊緣與列車間有約**10公分**之縫隙，乘坐輪椅之人士，請以後輪先行進出車門。

(4)列車停靠月臺時間約為**20～35秒**；臺北車站及忠孝復興站約**40～50秒**。

4. **軌道：**
   (1)全程依各區段之不同而兼採地下、高架及平面混合式之鋼軌鋪設，以應實際上之需要。
   (2)車輪型態採用「**鋼輪**」行進。
5. **特性：**低污染性、便捷性、可靠性及安全性。

(三) **環狀線**

1. **車輛：**
   (1)每列車由4個車廂組成。
   (2)最大時速每小時80公里。
   (3)每列車約可載運650人（座位98人、立位552人，以每平方公尺站立6人估算）。
   (4)車廂地板與月臺同高，便利旅客及身心障礙者進出。
2. **操控方式：**
   (1)由行控中心進行全程控制，採電腦全自動無人駕駛方式運行，且有自趨安全性設計以保障旅客安全。
   (2)必要時也可採用人工方式駕駛。
3. **月臺：**
   (1)月臺設計採用側式月臺、島式月臺及側疊式月臺。
   (2)有月臺門且月臺邊緣與列車間有約7.5公分之縫隙，乘坐輪椅之人士，請以後輪先行進出車門。
   (3)列車停靠月臺時間約為20～50秒。
4. **軌道：**
   (1)全程除起點站(大坪林站)為地下車站，其餘皆採高架設計，採用鋼軌鋪設。
   (2)車輪型態採用「鋼輪」行進。
5. **特性：**低污染性、便捷性、可靠性及安全性。

主題四、臺北捷運系統簡介

由於臺北捷運系統依地區運輸量而採中運量或高運量兩種運具，故分兩部分簡介如下：

一、中運量系統

目前僅文湖線為中運量系統

車輛	1. 每列車由二組「2-CAR」車組（兩對車，每對車有2個車廂，共計4個車廂）組成。 2. 最大時速每小時80公里 3. 龐巴迪列車，每列車約可載運424人；馬特拉列車，每列車約可載運464人（以每平方公尺站立6人估算）。 4. 車廂地板與月臺同高，便利旅客及身心障礙者進出。
操控方式	1. 由行控中心進行全程控制，採電腦全自動無人駕駛方式運行，且有自趨安全性設計以保障旅客安全。 2. 必要時也可採用人工方式駕駛。
月臺	1. 月臺設計採用側式月臺及島式月臺。 2. 有月臺門且月臺邊緣與列車間有約3公分之縫隙，乘坐輪椅之人士，請以後輪先行進出車門。 3. 列車停靠月臺時間約為 20～30秒；忠孝復興站 40～50秒。
軌道	1. 全程依各區段之不同兼採地下及高架設計，鋪設鋼筋混凝土及鋼製行駛路面。 2. 車輪型態採用「膠輪」行進。
特性	低污染性、便捷性、可靠性及安全性。

二、高運量系統

淡水信義線、松山新店線、中和新蘆線及板南線等四個系統皆為高運量系統

車輛	1. 每列車由2組配對，每組3輛，共計6輛車組成。 2. 最大時速每小時80公里。 3. 每列車約可載運1,936人（座位352人、立位1,584人，以每平方公尺站立6人估算）。 4. 車廂地板與月臺同高，便利旅客及身心障礙者進出。
操控方式	1. 由司機員配合號誌全程引導列車行進。 2. 列車之運轉完全受控制中心之監控，且有自趨安全性設計以保障旅客安全。
月臺	1. 月臺設計採用側式月臺、島式月臺、側疊式月臺、島疊式月臺、混合式月臺等5種型式。 2. 高運量路網中和新蘆線之東門站至蘆洲站／迴龍站、淡水信義線之東門站至象山站、松山新店線之北門站至松山站、板南線之南港展覽館站及頂埔站已於車站建置時設置月臺門。 3. 建置時未設置月臺門的營運車站採分階段方式，預計至107年陸續完成。 4. 月臺邊緣與列車間有約10公分之縫隙，乘坐輪椅之人士，請以後輪先行進出車門。 5. 列車停靠月臺時間約為20～35秒；臺北車站及忠孝復興站約40～50秒。
軌道	1. 全程依各區段之不同而兼採地下、高架及平面混合式之鋼軌鋪設，以應實際上之需要。 2. 車輪型態採用「鋼輪」行進。
特性	低污染性、便捷性、可靠性及安全性。

三、路段形式

臺北捷運目前的營運路段形式，可分為：地下段、平面段與高架段三種：

(一) **地下段**：文湖線松山機場站至大直站、淡水線之中正紀念堂站至民權西路站，以及其他高運量系統路線均屬之。

(二) **平面段**：淡水線復興崗站至紅樹林站屬之。

(三) **高架段**：文湖線全線（松山機場站至大直站除外），以及淡水線圓山站至北投站路段屬之。

(四) **其他**：民權西路站至圓山站、中山國中站至松山機場站、大直站至劍南路站以及七張站至小碧潭站為隧道出土段。

四、車站形式

臺北捷運的車站類型，分為地下車站、平面車站與高架車站三種：

(一) **地下車站**：文湖線松山機場站至大直站、淡水線之中正紀念堂站至民權西路站，以及其他高運量系統路線之車站均屬之。

(二) **平面車站**：淡水線之復興崗站至紅樹林站屬之。

(三) **高架車站**：文湖線除松山機場站與大直站為地下車站以外，其餘均屬高架車站。淡水線圓山站至北投站，以及小碧潭站亦屬之。

主題五、臺北捷運列車概述

臺北捷運列車皆為動力分散式的電聯車，以第三軌供電（750伏特直流電）方式推進，並搭載列車自動運行裝置，可以在無人駕駛（有時有司機監控）下自動開停車和自動開關門。當駕駛室有司機的時候，可以由司機負責開門和關門，關門後按下啟動按鈕，列車便自動開車，並根據訊號系統的指示來行車，到達停車站時自動停車。

一、中運量

中運量系統的部分，**文湖線列車使用膠輪系統**，行駛於中運量膠輪系統專用軌道。**環狀線列車採用鋼輪鋼軌系統，軌距採用標準軌**。

膠輪系統初期採用由法國馬特拉設計和製造之VAL256電聯車、機電、號誌系統。然而1997年馬特拉和捷運局發生合約糾紛後，已經將技術人員全數撤離，不再提供維修服務；而目前其交通運輸部門已經被德國西門子公司併購，維修服務即由西門子提供。自2009年7月4日起中運量列車開始使用加拿大龐巴迪運輸的INNOVIA APM 256型電聯車與CITYFLO 650機電、號誌系統。列車編製為2輛1對，2對共4輛為1列。採用自動駕駛，由電腦控制，列車不配置駕駛員。

環狀線（鋼輪鋼軌系統）為義大利商安薩爾多得標，採用開放式無線傳輸系統，不同廠商皆可相容。使用哥本哈根地鐵採用的無人駕駛捷運系統，每節電聯車內部也能互通。電聯車有專門給嬰兒車、輪椅行走的無障礙空間車道，部分車廂考慮設置折疊座椅，讓車廂空間能因應尖峰、離峰時間有多樣化利用。環狀線採鋼輪鋼軌系統，車輛尺寸為17公尺×2.65公尺×3.6公尺（長×寬×高），列車總長度約6公尺，每列車4節車廂，總計採購17列電聯車，每列車可載650名旅客，各節車廂間有設置車間走道連通以利乘客通行。車輛最大營運速度80公里，最小班距90秒，採第三軌750VDC導電軌供電，列車推進系統具備再生電力煞車之功能。

二、高運量

高運量系統部份，**列車使用鋼輪，行駛於標準軌距的鋼軌軌道上**。目前臺北捷運的高運量列車有5種型式：301型、371型、381型由日本川崎重工製造（301型名義上的製造商為川崎重工在美國的子公司**美國鐵路聯合機車集團（URC）**，但列車內的製造商銘板為川崎重工和URC並列；321型和341型由德國西門子公司製造。

臺北捷運高運量381型列車。列車編製為3輛1組，2組共6輛為1列；新北投支線、小碧潭支線的列車是單組3輛1列。2支線在營運初期均是使用6節車廂編組列車運行，新北投支線由於運量和噪音問題後來即改為3輛；小碧潭支線由於配合月台本身設計就是以3節車廂模式載客，直到3節編組列車採購並上線營運之前，先用6節編組列車的前3節載客。雖然使用列車自動運行系統（ATO），但仍配置有駕駛員（通常為1名）。

主題六、臺北捷運路網轉乘車站

一、捷運路網由L型構成原因

為滿足旅客多元運輸服務需求，因應都市發展趨勢，基於旅客便利、分散轉乘、路線兩端運量平衡與營運效益考量，**臺北捷運路網由數個L型路線環環相扣，使得L型的紅線、綠線與橘線相互之間都有二次交會，其中一個為同層對向轉乘車站、另一個為上下樓層轉乘車站，若旅客錯過一個轉乘站，還可以選擇另一個轉乘站。**臺北捷運路網設計之所以由多條L型路線構成，**其目的係在分散轉車點**，消除擁擠，以節省旅客到達目的地之轉乘時間。

二、同層對向轉乘之設計

「同層對向轉乘」在同一層不同側月台換邊轉乘即可，更節省民眾轉乘的時間。市中心共有4座車站採用「同層對向轉乘」。在「同層對向轉乘」之車站，旅客下車後，僅需步行約10～15秒到同層對面月台轉搭另一路線的列車，不需要藉由樓梯、電扶梯或電梯上下樓層，減少對年長及行動不便旅客的影響，具省時、省力及便利的優點。

「同層對向轉乘」之車站包括可供**綠、橘線轉乘之古亭站**，**紅、橘線轉乘之東門站，紅、綠線轉乘之中正紀念堂站及綠、藍線轉乘之西門站**。臺北捷運路網於**市中心之格狀路網有12處轉乘站，旅客可以多點選擇轉乘車站**，**分散轉乘並紓解擁擠**，進而擴大捷運路網在市中心區的服務範圍，使大多數旅客經一次轉乘即可通達各個區域。

三、臺北捷運轉乘車站

臺北捷運轉乘車站目前共有33個，包括：板橋車站、北投站、中正紀念堂站、大橋頭站、大安站、大坪林站、頂埔站、東門站、古亭站、迴龍站、劍南路站、景安站、民權西路站、南港車站、南港展覽館站、新北產業園區站、南京復興站、七張站、三重站、徐匯中學站、松江南京站、士林站、雙連站、松山車站、國父紀念館站、頭前庄站、臺北車站、動物園站、西門站、芝山站、中山站、忠孝復興站、忠孝新生站。

四、臺北捷運路網圖

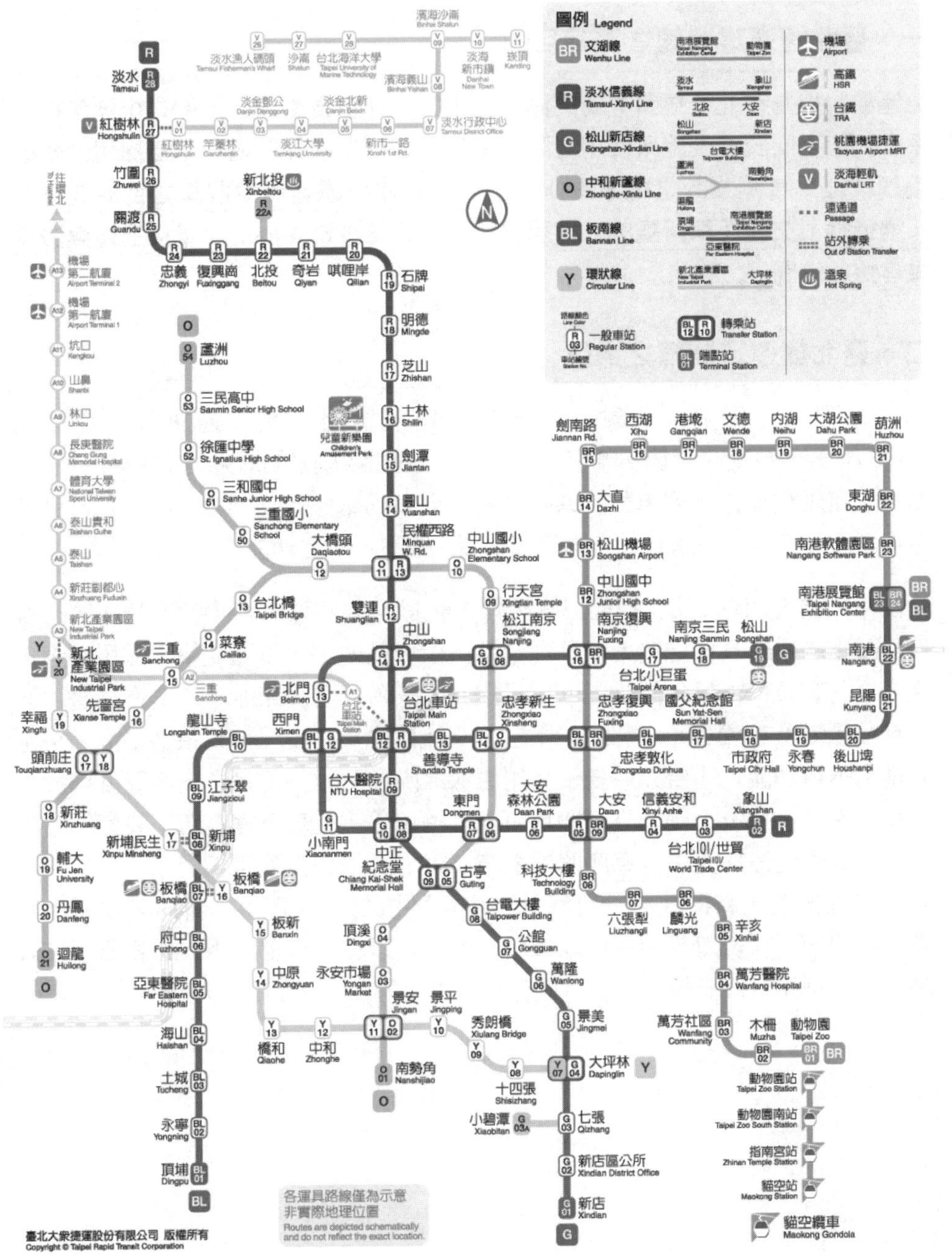
圖例 Legend
BR 文湖線 Wenhu Line
R 淡水信義線 Tamsui-Xinyi Line
G 松山新店線 Songshan-Xindian Line
O 中和新蘆線 Zhonghe-Xinlu Line
BL 板南線 Bannan Line
Y 環狀線 Circular Line
一般車站 Regular Station
轉乘站 Transfer Station
端點站 Terminal Station
機場 Airport
高鐵 HSR
台鐵 TRA
桃園機場捷運 Taoyuan Airport MRT
淡海輕軌 Danhai LRT
連通道 Passage
站外轉乘 Out of Station Transfer
溫泉 Hot Spring
淡水 Tamsui
紅樹林 Hongshulin
竹圍 Zhuwei
關渡 Guandu
忠義 Zhongyi
復興崗 Fuxinggang
北投 Beitou
奇岩 Qiyan
唭哩岸 Qilian
新北投 Xinbeitou
石牌 Shipai
明德 Mingde
芝山 Zhishan
士林 Shilin
劍潭 Jiantan
圓山 Yuanshan
民權西路 Minquan W. Rd.
雙連 Shuanglian
中山 Zhongshan
台北車站 Taipei Main Station
台大醫院 NTU Hospital
中正紀念堂 Chiang Kai-Shek Memorial Hall
東門 Dongmen
大安森林公園 Daan Park
大安 Daan
信義安和 Xinyi Anhe
台北101/世貿 Taipei 101/World Trade Center
象山 Xiangshan
兒童新樂園 Children's Amusement Park
濱海沙崙 Binhai Shalun
淡水漁人碼頭 Tamsui Fisherman's Wharf
沙崙 Shalun
台北海洋大學 Taipei University of Marine Technology
濱海義山 Binhai Yishan
淡海新市鎮 Danhai New Town
崁頂 Kanding
淡金鄧公 Danjin Denggong
淡金北新 Danjin Beixin
紅樹林 Hongshulin
竿蓁林 Ganzhenlin
淡江大學 Tamkang University
新市一路 Xinshi 1st Rd.
淡水行政中心 Tamsui District Office
往桃園 To Taoyuan
機場第二航廈 Airport Terminal 2
機場第一航廈 Airport Terminal 1
坑口 Kengkou
山鼻 Shanbi
林口 Linkou
長庚醫院 Chang Gung Memorial Hospital
體育大學 National Taiwan Sport University
泰山貴和 Taishan Guihe
泰山 Taishan
新莊副都心 Xinzhuang Fuduxin
新北產業園區 New Taipei Industrial Park
三重 Sanchong
蘆洲 Luzhou
三民高中 Sanmin Senior High School
徐匯中學 St. Ignatius High School
三和國中 Sanhe Junior High School
三重國小 Sanchong Elementary School
大橋頭 Daqiaotou
台北橋 Taipei Bridge
菜寮 Cailiao
先嗇宮 Xianse Temple
頭前庄 Touqianzhuang
幸福 Xingfu
新莊 Xinzhuang
輔大 Fu Jen University
丹鳳 Danfeng
迴龍 Huilong
中山國小 Zhongshan Elementary School
行天宮 Xingtian Temple
松江南京 Songjiang Nanjing
忠孝新生 Zhongxiao Xinsheng
善導寺 Shandao Temple
北門 Beimen
西門 Ximen
龍山寺 Longshan Temple
江子翠 Jiangzicui
新埔 Xinpu
新埔民生 Xinpu Minsheng
板橋 Banqiao
府中 Fuzhong
亞東醫院 Far Eastern Hospital
海山 Haishan
土城 Tucheng
永寧 Yongning
頂埔 Dingpu
小南門 Xiaonanmen
古亭 Guting
台電大樓 Taipower Building
公館 Gongguan
萬隆 Wanlong
景美 Jingmei
大坪林 Dapinglin
七張 Qizhang
小碧潭 Xiaobitan
新店區公所 Xindian District Office
新店 Xindian
頂溪 Dingxi
永安市場 Yongan Market
景安 Jingan
南勢角 Nanshijiao
板新 Banxin
中原 Zhongyuan
橋和 Qiaohe
中和 Zhonghe
景平 Jingping
秀朗橋 Xiulang Bridge
十四張 Shisizhang
劍南路 Jiannan Rd.
西湖 Xihu
港墘 Gangqian
文德 Wende
內湖 Neihu
大湖公園 Dahu Park
葫洲 Huzhou
東湖 Donghu
南港軟體園區 Nangang Software Park
南港展覽館 Taipei Nangang Exhibition Center
南港 Nangang
昆陽 Kunyang
大直 Dazhi
松山機場 Songshan Airport
中山國中 Zhongshan Junior High School
南京復興 Nanjing Fuxing
南京三民 Nanjing Sanmin
松山 Songshan
台北小巨蛋 Taipei Arena
忠孝復興 Zhongxiao Fuxing
國父紀念館 Sun Yat-Sen Memorial Hall
忠孝敦化 Zhongxiao Dunhua
市政府 Taipei City Hall
永春 Yongchun
後山埤 Houshanpi
科技大樓 Technology Building
六張犁 Liuzhangli
麟光 Linguang
辛亥 Xinhai
萬芳醫院 Wanfang Hospital
萬芳社區 Wanfang Community
木柵 Muzha
動物園 Taipei Zoo
動物園站 Taipei Zoo Station
動物園南站 Taipei Zoo South Station
指南宮站 Zhinan Temple Station
貓空站 Maokong Station
貓空纜車 Maokong Gondola
各運具路線僅為示意 非實際地理位置
Routes are depicted schematically and do not reflect the exact location.
臺北大眾捷運股份有限公司 版權所有
Copyright © Taipei Rapid Transit Corporation

主題七、臺北捷運環狀線

一、臺北捷運環狀線之興建目的

捷運環狀線為臺北捷運路網繼文湖線之後第二條**全自動無人駕駛之中運量捷運系統**，但不同於文湖線所使用之膠輪系統車輛，環狀線為國內首條採用傳統鋼輪鋼軌型式車輛設計之中運量捷運系統。**臺北捷運建設環狀線之目的在減少「通過性」交通（即所謂的「穿過旅次」），減少市中心的轉車交通量與減少乘客旅行時間。**

二、臺北捷運環狀線之操作

本路線列車採用無人駕駛方式操作，透過應用「無線通訊式列車控制（CBTC）」技術之自動列車控制（ATC）號誌系統及行控中心之監控達成列車之全自動化操作，列車號誌系統具有「自動列車操作（ATO）」、「自動列車保護（ATP）」，以及「自動列車監督（ATS）」之功能。

除使用先進之CBTC號誌技術以實現無人化操作外，環狀線車輛本身亦擁有現代捷運電聯車所具備之典型設計理念及技術，例如，**「車體結構」**採用輕量化鋁合金材質及FRP複合材料（車頭部分）以減輕車重及節能；**「推進馬達」**使用具變頻變壓（VVVF）控制技術之AC交流感應馬達；**「煞車系統」**具備再生式電力煞車功能；**「空調系統」**採用環保冷媒並可維持舒適之車廂溫度環境；「車門系統」採電力驅動具備簡單可靠之特色，**「列車管理系統」**具備網路化控制及故障監控功能；**「車廂照明系統」**使用新式T5型省電燈管；**「車輪」**具有內建減振環之減振式車輪可降低列車行駛振動及噪音；**「轉向架次懸吊系統」**採用空氣彈簧可維持車廂地板與月台等高以利乘客上下車；**「車頭」**裝設障礙物偵測器可偵測軌道異物以確保行車安全等。

主題八、臺北高運量捷運系統車輛

一、列車車組組成與列車編組

(一) **列車車組組成的情形：**

1. **每一車組係由3輛馬達動力車所組成。**
2. 各車排列方式為DM1－M2－M3，其中DM1車配備有駕駛室。

(二) **列車編組的情形：**

1. **每一列車係由2組列車車組所組成，每一車組包含三節車廂**，每車廂都為馬達動力車，另外，在頭尾兩節都配有駕駛室。
2. 不論尖峰或離峰時段，都採六車固定編組的方式營運。

二、車輪、車體材料與車門設計

(一) **車輪：**

1. **型式**：車輪為全硬式的鋼輪。
2. **最大輪徑**：**車輪直徑為0.85公尺。**

(二) **車體材料：**

1. **內裝**：係採用高燃點的耐熱防火材，同時有防止在受熱燃燒時，放出有毒煙氣的功效。
2. **外殼**：為因應大臺北地區高溫、高濕的環境條件，並為了要節省車輛維修費用，提高車體之使用壽命，因此採用不銹鋼材。

(三) **車門設計：**

1. **型式**：車門為兩扇式外側滑動型。
2. **尺寸**：1.8公尺高×1.5公尺寬。
3. **數量**：每車有8門，左右各4門。
4. **驅動方式**：**車門採氣力驅動方式。**

三、車輛設計容量、尺寸與空調設計

(一) **車輛設計容量：**

1. **每節車廂設計容量為座位數60個。**
2. 立位數：
   (1) 在一般時間係以每平方公尺5人計算，共259個立位，合計319人。
   (2) 尖峰時間立位數則以每平方公尺6人計算，立位有310個，合計370人。

(二) **車輛尺寸**：臺北高運量捷運每節車廂之尺寸如下：

1. 軌距：1.435公尺。
2. 車廂地板高：1.15公尺（與月台等高）。
3. 長度：23.5公尺。
4. 寬度：3.2公尺。
5. 高度：3.6公尺。

(三) **空調系統：**

1. 型式：採用上下分離式，**空調機、壓縮機與冷凝器裝置在車底，蒸發器則裝置在車頂。**
2. 數量：每車2套空調設備，頭尾各1套。

四、座位配置、旅客安全設備、煞車系統與行車速度的設計

(一) **座位配置方式**：係採用「橫向」及「縱向」混合排列的方式。

(二) **旅客安全設備：**

1. 每一列車之頭尾兩車，在其駕駛室端，各設有安全門與逃生滑道等安全設施。
2. 各車之間，均為無門寬口式走道相通。
3. 每一車組配備有備用蓄電池組，供緊急通風與緊急照明之用。

(三) **煞車系統**：係採用**「再生式電動煞車」與「氣動式機械煞車」**聯合組成的安全煞車系統。

(四) **行車速度：**

1. **最高額定速度**：90公里／小時。
2. **最高行駛速度**：**80公里／小時。**

五、捷運車站內的安全設備

設備名稱	位置	作用
電扶梯緊急停機鈕	每個電扶梯上、下扶手旁	緊急停止電扶梯的運作。（忠孝復興站因電扶梯長度太長，所以另外在電扶梯的中央加設兩個緊急停機紐）
廣播系統	各個列車、月台、大廳皆有	平常時播報各類行車資訊，緊急時播報疏散指示。
車站大廳消防設備	各捷運大廳皆設有滅火器及消防栓	火警發生時可拿消防設備先做緊急的滅火處理。
電梯緊急停機鈕及緊急呼叫鈕	在與大廳連接的電梯內	在搭乘電梯時，如發生緊急事故，可按下此鈕使電梯緊急停止運作以利救援行動。

六、捷運月台內安全設備

設備名稱	位置	作用
列車進站警示燈	地下車站月台邊緣	當列車要進站時，地下的警示燈會先閃爍起紅燈以警示列車要進站了。
黃色月台警戒線	月台邊緣	警示乘客勿超越此線，以免發生危險。
緊急停車按鈕	各月台牆柱上	每月台兩個。有人誤闖入、不小心掉落軌道或腳卡入月台間隙裡，可立刻按下此按鈕，以防止列車進站或靠站的列車駛離月台時發生意外。
排煙閘門手動開關裝置	位於地下車站的牆柱或牆面上	（地下車站才有）當發生火警或其他事故時，車站內的排煙裝置無法正常運作時，可利用此設備來幫助排煙。
消防設備	各月台內都設有消防設備	火警發生時可拿消防設備先做緊急的滅火處理。

設備名稱	位置	作用
避難的空間	月台邊緣下方	不小心跌入月台內來不及作處理時可先躲進此空間，以避免發生意外。
逃生指示燈	車站大廳及月台內接設有此設備	發生意外及災難時，依循此設備的指示幫助逃生。
供電軌 警示標示	覆蓋在軌道的供電軌上	警示高壓電危險勿碰觸。
緊急電話	每個月台牆面或牆柱上	發生意外時，可利用此設備來與站務人員作緊急連絡。
月台門 關門警示燈	月台門上方	（中運量的車廂才有）警示月台門將關閉，勿進出列車，以免發生危險。
旅客 行車資訊	各月台候車位子的上方	讓乘客清楚的知道行車資訊。

七、捷運列車安全及逃生設備

設備名稱	位置	作用
緊急逃生門	位於高運量車廂的前後端	（高運量列車才有）發生緊急事件時可由此門經由駕駛室的緊急逃生門緊急逃生。
列車上之 滅火器	每節車廂前後處	（高運量列車的每節車廂有四具滅火器）火警發生時可拿先做緊急的滅火處理。
偵煙器	為捷運公司自行加裝的設備	每節車廂均加裝連動閉路電視監視系統（CCTV）與偵煙碳測器，以利站務人員及時掌握火災情況及人員逃生。
緊急對講機	高運量列車位於車門旁的對角都設一具，中運量列車則設於兩端車門旁	緊急狀況時可立刻與司機員或行控中心交談。

設備名稱	位置	作用
逃生把手	每個中運量列車車門旁接設有一具	（中運量才有）緊急時可以下拉此手把，使系統自動斷電，然後就可以手動拉開車門逃生。
緊急開門旋鈕	每節高運量列車車廂外的兩側下方接設有一具	（高運量列車才有）緊急時將此鈕順時鐘旋轉九十度，即可拉開車門。
列車車門和月台門重開裝置	每節車廂門及月台門皆有設	列車門如有夾到異物時會自動重開，防止意外夾傷。
旅客行車資訊	高運量位於車門旁第一個窗戶和車門上方，中運量則位於車廂的天花板上	讓乘客清楚的知道行車資訊。

八、臺北捷運自動收費設備系統（AFCS）

驗票閘門	驗票閘門是一種自動驗票機械設備，為捷運車站付費區與非付費區的界線。 採用門檔式閘門，並有三種不同的寬度供一般旅客、持大型行李的旅客及身障旅客使用。機具上設有紅外線感應器，主動管制一人一票，以及偵測符合免票證的隨行孩童身高（115公分以下）。
票證	使用非接觸式票卡為主，包括各式悠遊卡及IC代幣單程票。團體票及腳踏車搭乘券則仍為紙票，並使用公務門而非門檔式閘門。人潮眾多時亦會販售單程票代用券，此亦為紙票。
自動售票機接受之付款方式	臺北捷運自動售票機可接受新台幣1、5、10、20、50元硬幣，並可找還其中任意四種硬幣；可接受新台幣100、200、500、1,000、2,000元紙鈔，信用卡不被接受。
單程票自動售票機	採觸控式螢幕操作，一次最多可販售十枚IC代幣；可使用紙鈔購票。

悠遊卡加值機	為悠遊卡公司提供，可使用現金或金融卡加值，亦可開啟聯名信用卡的自動加值功能。
悠遊卡售卡加值機	為銀行提供，可使用現金購買悠遊卡或加值。
悠遊卡單鈔加值機	為悠遊卡公司提供，僅部分車站有此設備。其特色是一次僅使用一張紙鈔進行快速加值。
查詢機	可查詢悠遊卡或IC代幣卡片資料。
兌幣機	為銀行提供，僅可以鈔票兌換50元硬幣。
兌幣兌鈔機	為銀行提供，除可使用面額較大之鈔票兌換面額較小之鈔票及50元硬幣之外，亦可使用50元硬幣換取紙鈔。
自動提款機	為銀行提供，供旅客領現使用。
數幣機及點鈔機	此為提供站務人員使用之機具。
維修限制	為維護收費之安全，以免發生弊端，臺北捷運自動收費系統若欲進行維修、檢查等事項，或當自動收費系統若出現問題，該系統僅能辨識的人員僅系統督導員和維修人員兩類人員，可以檢視修復。其他人員則一律不被系統所接受。

九、月台安全宣導文字說明

(一) 請勿在月臺上奔跑、推擠。

(二) 保持走道、樓梯口、電扶梯口暢通無阻。

(三) 在白色候車線後方排隊候車。

(四) 候車時請勿跨越月臺黃線。

(五) 小心照顧隨行小孩及年長者。

(六) 先讓車上旅客下車後，再依序上車。

(七) 優先禮讓輪椅旅客上下車。

(八) 小心列車與月臺間的空隙。
(九) 關門警音響起時，請勿強行進入車門。
(十) 請勿阻礙車門關閉。
(十一) 請勿擅自闖入軌道。
(十二) 請照顧隨身物品，避免物品掉落軌道。
(十三) 物品不慎掉落軌道時，請使用對講機向站務人員求助，勿自行跳下軌道拾取。
(十四) 緊急時，使用對講機可與站務人員通話。
(十五) 當人員跌落軌道或大型物品掉落軌道時，請按下緊急停車按鈕阻止列車進站。

十、臺北捷運系統提供的貼心措施

(一) **捷運廁所開放使用**：民眾若有使用車站付費區廁所之需求時，或旅客乘車途中，有使用車站非付費區廁所之需求時，均可洽站務人員協助經由公務門進出站免費使用廁所。
(二) **設置廁所求助鈴及實施反偷拍偵測**：為維護旅客安全，各捷運車站廁所均設有求助鈴，並由服務人員加強定時巡檢及實施反偷拍偵測，讓旅客可安心使用。
(三) **捷運哺集乳室開放使用**：本公司已於臺北車站、民權西路站、劍潭站、北投站、淡水站、中正紀念堂站、古亭站、七張站、新店站、南港展覽館站、南港站、市政府站、忠孝復興站、忠孝新生站、西門站、板橋站、蘆洲站、迴龍站、大橋頭站、東門站、松山機場站、動物園站、大安森林公園站、大安站、臺北101／世貿站、中山站、松江南京站、南京復興站、松山站及頂埔站設有哺集乳室，有需要的旅客可洽站務人員開啟使用；其他車站，旅客可洽站務人員引導至車站站務人員休息室使用。
(四) **規劃夜間安心候車區**：為維護旅客安全，各捷運車站月臺中間已規劃設置夜間安心候車區，並設有監視系統及對講機，由服務人員加強巡視留意。
(五) **設置對講機**：為維護旅客安全，各車站月臺及列車車廂內均設有對講機，旅客可隨時使用對講機與服務人員連繫。
(六) **性騷擾事件因應處理**：捷運系統內發生性騷擾事件，站務人員發現或接獲通報後，將立即予以制止，並通報警察單位派員處理。

(七) **提供計程車叫車資訊**：為便利旅客使用，各捷運車站均備有計程車叫車電話資訊小卡，提供旅客索取使用。

(八) **無障礙環境的設置**：

1. **設置無障礙售票機及無障礙驗票閘門**：各車站內於較接近非付費區無障礙電梯出入口附近，設有一臺無障礙自動售票機及閘門，其高度低於一般自動售票機，方便輪椅使用者購票。
2. **設置無障礙電梯**：為顧及視障、肢障、高齡或其他暫時性行動不便者（如提重物、推嬰兒車者）等之安全。電梯內設有操作盤點字設施、語音系統及側牆扶手，並備有對講機，以供緊急狀況時與詢問處聯絡。
3. **無障礙廁所**：男女廁所，皆設有無障礙便器及無障礙洗手台。
4. **無障礙斜坡及路緣斜坡**：延續道路既有之無障礙設施，並作為輪椅使用者進出捷運車站之接續點。
5. **無障礙汽機車停車位**：捷運車站附設轉乘停車設施者，均提供一處無障礙汽、機車停車位，以供行動不便者使用。

(九) **等候區的設施**：

1. 距無障礙電梯最近之月台門上張貼輪椅使用者行進方向貼紙。
2. 視障者依導盲路徑引導至車行方向起算第三節車廂第四個車門外候車區候車。
3. 有月台門之車站：於車行方向起算第二節車廂第一、四個車門外之月台門上加設無障礙標誌貼紙。
4. 無月台門之車站：於月台候車處地面鋪設無障礙標誌以利輪椅使用者辨識上車位置，位於車行方向起算第二節車廂第四個車門位置。

(十) **聲音導引設施**：於月台門關閉前會提供警示音，避免行動不便者出入遭夾傷。

(十一) 目前台北捷運車廂內的到站廣播語言分別為中文、英語、台語、客語等4種，並在台北車站、士林站、東門站、台北101／世貿站、淡水站、西門站、龍山寺站、劍潭站、中正紀念堂站、北投站、新北投站等站點試行日語廣播。

(十二) **為利於旅客辨識搭乘，目前已通車的捷運路線，分別以顏色區分為：**紅線（淡水線、信義線、新北投支線）、綠線（新店線、小碧潭支線）、藍線（板南線、土城線）、橘線（中和線、新莊線、蘆洲線）、棕線（文湖線）。

十一、捷運車站服務台的服務項目

發售敬老愛心優惠票、聽障旅客傳真服務、開立購票證明、行動不便旅客協助、受理旅客意見申訴、遺失物協尋、旅客電話查詢、協助旅客解決捷運相關疑難等。

十二、遺失物服務

(一) 經公告招領期滿，無失主前來認領，即由拾得人取得所有權部分，可於台北捷運公司網站查詢，台北捷運公司亦會主動以電話或簡訊方式通知拾得人於期限內取得其所有權。

(二) 拾得物含有車輛、房屋之鑰匙、遙控器、智慧手機、筆電、數位相機、隨身碟等專屬個人物品或恐有涉及個人隱私之物件，台北捷運公司依據臺北市政府107年2月27日函不會通知拾得人領取。

(三) 逾保管期滿、無人認領之遺失物，台北捷運公司後續即參照「臺北市政府各機關學校處理歸屬臺北市所有拾得物作業要點」規定，如涉及個人隱私等，以銷毀方式辦理；一般物品類，由區里辦公室申請做公益使用，另食品類捐贈給社會局社福單位等原則辦理。

主題九、輕軌運輸系統

一、輕軌運輸系統概述

(一) **輕軌運輸系統的意義**：輕軌運輸系統之技術型式乃是利用道路上之一條車道，鋪設鋼條軌道，以供裝置具有輪緣之鋼輪的輕軌車輛行駛於其上（以一個車道換取一個軌道），並**透過裝置於車輛上方之集電弓與外部之架空電線來獲取輕軌車輛動力來源之電力**；同時，此一軌道車道於路段間**可採與其他車道隔離或不隔離之方式，即採用B型或C型路權型式（或混合使用之）**，但遇橫交道路時，仍與其他車輛共同遵守號誌標誌之指示，行駛通過交叉路口。根據國外許多國家輕軌運輸系統之營運經驗，採用**人工目視之手動控制加上電腦化控制系統之輔助行進**，可說已經相當充足。

(二) **輕軌運輸系統之行車控制：**

1. **目視控制的輕軌系統**：由於優先路線之路權布設大多為平面型式，加上全系統並未具備100%之專有路權，因此應採用人工目視之手動行車控制方式。**目視控制的輕軌系統通常會設置「車輛優先號誌系統」系統以提高其運行速度與準點性。**在以人工目視之行車控制技術之下，駕駛員有能力對車輛之行進或停止做出立即之反應，以得以將列車速度控制在適當之安全範圍，也由於此，輕軌列車之班距可以最小至90秒以內。
2. **電腦化操控的輕軌系統**：為了使列車之行進能有更高的安全等級，搭配電腦化操控系統（COCS）是有其必要性的。電腦化操控系統係作為輕軌列車駕駛員與行控中心（OCC）相互聯繫與監督之一系統，**其功能之一為透過車輛定位系統（GPS）之輔助，使行控中心人員可以掌握列車之位置、運行速度、到離車站時間、列車之準點或延誤時間、非預定排程之停等狀態及乘載率等**，這些資訊或數據均可統一匯集傳送至行控中心，以讓行控中心人員得以對列車時刻之調整或運行做出反應；**另一功能則是透過無線電通訊技術，使車上駕駛員得以與行控中心人員相互溝通**，以讓行控中心人員依據定位系統或偵測系統傳回之資訊或數據，與車輛駕駛員相互溝通，同時也透過車上所裝置之號誌儀器，來指示或引導駕駛員之操控。

二、淡海輕軌運輸系統簡介

淡海輕軌運輸系統興建計畫分為綠山線與藍海線兩個階段完成。第一階段淡海輕軌將以專用和隔離的A型路權為主，第二階段進入淡水老街，則採B型共用路權。淡海輕軌整體路網共包含綠山線11站（高架7站，平面4站）、藍海線9站（全為平面不含共線3站），共20個車站，全長14.1公里，其中第1期建設路段（綠山線及銜接至漁人碼頭路段）於107年年底完工；第2期建設路段（捷運淡水站至漁人碼頭路段）預定113年完工。

輕軌系統（Light Rail Transit；LRT）又稱輕軌鐵路或輕便鐵路，簡稱輕軌、輕鐵，為鐵路運輸的一種，泛指所有在道路、街道上面或旁邊行走（部分亦可高架或地下）的單節至多節的有軌電車，相較於重型鐵路系統（重鐵）運量較低、列車規模較小。輕軌通常採標準軌，在臺灣，它亦可歸類為大眾捷運系統的一種。

嚴選題庫

( ) 1 臺北捷運最晚通車的是哪一條線？ (A)信義線 (B)土城線 (C)蘆洲線 (D)新莊線。

( ) 2 臺北捷運系統係由下列何者負責路線的規劃及興建？ (A)臺北捷運公司 (B)臺北市捷運工程局 (C)臺北市交通局 (D)交通部。

( ) 3 臺北捷運系統係由下列何機構負責監理？ (A)行政院公共工程委員會 (B)臺北市捷運工程局 (C)臺北市交通局 (D)交通部。

( ) 4 臺北捷運系統用6個顏色來區分各營運路線，紅色代表哪一條線？ (A)淡水站-象山站 (B)動物園站-南港展覽館站 (C)新店站-松山站 (D)南港展覽館站-永寧站。

( ) 5 臺北捷運至目前為止，共計多少個車站？ (A)113個 (B)115個 (C)117個 (D)131個。

( ) 6 臺北捷運路網設計是由多條L型路線構成，其目的下列何者錯誤？ (A)分散轉車點 (B)消除擁擠 (C)節省用電成本 (D)節省旅客到達目的地之轉乘時間。

( ) 7 臺北捷運路網於市中心之格狀路網有幾處轉乘站，旅客可以多點選擇轉乘車站，分散轉乘並紓解擁擠？ (A)8處 (B)10處 (C)12處 (D)16處。

( ) 8 臺北捷運轉乘車站目前共有多少個？ (A)29個 (B)31個 (C)33個 (D)39個。

( ) 9 下列何者非臺北捷運建設環狀線之目的？ (A)減少通過性交通旅次 (B)減少市中心的轉車交通量 (C)減少市中心汙染 (D)減少乘客旅行時間。

( ) 10 下列有關臺北高運量捷運系統列車編組的敘述，何者錯誤？
(A)每一列車係由2組列車車組所組成，每一車組包含四節車廂
(B)每車廂都為馬達動力車
(C)每一列車在頭尾兩節都配有駕駛室
(D)不論尖峰或離峰時段，都採六車固定編組的方式營運。

( ) **11** 臺北高運量捷運系統每節車廂設計容量為座位數多少個？ (A)40個 (B)60個 (C)80個 (D)100個。

( ) **12** 臺北高運量捷運空調系統採用上下分離式，下列何者裝置在車頂？ (A)空調機 (B)壓縮機 (C)冷凝器 (D)蒸發器。

( ) **13** 臺北高運量捷運月台內安全設備之緊急停車按鈕，其位置在：
(A)各月台牆柱上 (B)月台邊緣
(C)地下車站的牆面上 (D)月台邊緣下方。

( ) **14** 淡海輕軌運輸系統第一階段淡海輕軌將以何種路權為主？ (A)A型路權 (B)B型路權 (C)C型路權 (D)D型路權。

( ) **15** 搭乘臺北捷運，要從石牌到臺北小巨蛋，宜在哪一站轉乘？ (A)臺北車站 (B)中山站 (C)民權西路站 (D)中正紀念堂站。

( ) **16** 搭乘臺北捷運，要從關渡往國父紀念館，宜在哪一站轉乘？ (A)臺北車站 (B)中山站 (C)民權西路站 (D)中正紀念堂站。

( ) **17** 搭乘臺北捷運，要從頂溪到臺北小巨蛋，宜在哪一站轉乘？ (A)臺北車站 (B)中山站 (C)松江南京站 (D)中正紀念堂站。

( ) **18** 搭乘臺北捷運，要從市政府到輔仁大學，宜在哪一站轉乘？ (A)臺北車站 (B)忠孝新生站 (C)民權西路站 (D)中正紀念堂站。

解答與解析

1 **(B)**。土城線通車（永寧站－頂埔站），營運長度增加2公里，為目前臺北捷運最晚通車的一條線。

2 **(B)**。臺北捷運公司與臺北市政府捷運工程局共用「捷運行政大樓」作為總部所在地，位於捷運雙連站旁。臺北市捷運局負責路線的規畫及興建，臺北捷運公司則負責營運。

3 **(C)**。臺北市政府交通局根據《臺北市政府交通局組織規程》規定，交通局下設有運輸管理科，負責公共運輸督導管理事項、路政、車輛動員、駕駛人訓練、裁決業務、汽車運輸業、大眾捷運、藍色公路營運及公有大眾捷運系統財產等督導管理事項。

4 **(A)**。臺北捷運系統6條路線各自獨立、並依棕（動物園站－南港展覽館站）、紅（淡水站－象山站）、橘（南勢角站－迴龍站以及南勢角站－蘆洲站）、綠（新店站－松山站）、藍（南港展覽館站－永寧站）、黃（新北產業園區－大坪林站）共6個顏色區分，不僅易於辨識，也不易造成混淆。

5 **(D)**。131個車站中，西門站、中正紀念堂站、古亭站及東門站等4個轉乘站於不同路線共用站體計為1站，其餘轉乘站計為2站。

6 **(C)**。臺北捷運路網由數個L型路線環環相扣，使得L型的紅線、綠線與橘線相互之間都有二次交會，其中一個為同層對向轉乘車站、另一個為上下樓層轉乘車站，若旅客錯過一個轉乘站，還可以選擇另一個轉乘站。

7 **(D)**。旅客除可多點選擇轉乘車站，分散轉乘並紓解擁擠外，進而可擴大捷運路網在市中心區的服務範圍，使大多數旅客經一次轉乘即可通達各個區域。

8 **(D)**。臺北捷運轉乘車站目前共有39個。

9 **(C)**。臺北捷運建設環狀線之目的在減少「通過性」交通（即所謂的「穿過旅次」），減少市中心的轉車交通量與減少乘客旅行時間。

10 **(A)**。(A)錯誤，每一列車係由2組列車車組所組成，每一車組包含三節車廂。

11 **(B)**。座位數固定，立位數在一般時間係以每平方公尺5人計算，共259個立位；尖峰時間立位數則以每平方公尺6人計算，立位有310個。

12 **(D)**。空調機、壓縮機與冷凝器裝置在車底，蒸發器則裝置在車頂；每車2套空調設備，頭尾各1套。

13 **(A)**。緊急停車按鈕每月台兩個。有人誤闖入、不小心掉落軌道或腳卡入月台間隙裡，可立刻按下此按鈕，以防止列車進站或靠站的列車駛離月台時發生意外。

14 **(A)**。淡海輕軌運輸系統興建計畫分為綠山線與藍海線兩個階段完成。第一階段淡海輕軌將以專用和隔離的A型路權為主，第二階段進入淡水老街，則採B型共用路權。

15 **(B)**。中山站為淡水－信義線（石牌）、松山－新店線（小巨蛋）的轉乘車站。

16 **(A)**。臺北車站為淡水－信義線（關渡）、板南線（國父紀念館）的轉乘車站。

17 **(C)**。松江南京站為中和－新蘆線（頂溪）、松山－新店線（小巨蛋）的轉乘車站。

18 **(B)**。忠孝新生站為板南線（市政府）、中和－新蘆線（輔大）的轉乘車站。

臺北捷運系統相關行政法令條文

一、臺北市大眾捷運系統旅客運送自治條例

民國103年12月16日修正公布

第1條 本自治條例依大眾捷運法第53條規定訂定之。

本自治條例以臺北市政府（以下簡稱市政府）主管之臺北都會區大眾捷運系統營運機構（以下簡稱營運機構）所提供之旅客運送為適用範圍。

第2條 本自治條例以臺北市政府（以下簡稱市政府）主管之臺北都會區大眾捷運系統營運機構（以下簡稱營運機構）所提供之旅客運送為適用範圍。

第3條 營運機構應於車站公告下列事項，變更調整亦同：

一、旅客須知。 二、車站關係位置及路網圖。

三、票價表。 四、營運時間。

五、列車行車資訊。

六、其他旅客運送相關事項。

第4條 有下列情形之一者，營運機構得拒絕運送，站、車人員並得視情節會同警察人員強制或護送其離開站、車或大眾捷運系統區域：

一、違反法令、公共秩序、善良風俗或有關營運機構之旅客運送章則。

二、有明顯傷害他人或自己之虞，或有騷擾他人行為。

三、穿著惡臭或攜帶不潔物品影響公共衛生。

四、老、幼、重病等需要護送而無人護送。

五、攜帶物品造成他人不便。

第5條 營運機構除因天災事變、罷工、外來因素所肇致之事故或路線施工、運輸擁擠、交通管制等不可歸責於本身之事由外，應依規定提供運送服務。

第6條 **列車運行中斷時，營運機構應即時通報旅客，並於有關車站公告事由。**

前項情形，旅客得請求退還未搭乘區間票價，或免費送回原起程站並退還全部票價。

旅客依前項規定要求免費送回原起程站者，以仍維持旅客運送之路線為限。

第7條 車票分為定期票、儲值票及單程票，其發售及使用規定，由營運機構擬訂，報請市政府核准後實施。

單程票經使用中途出站，原票餘程視為無效收回。越站時應補繳不足之票價，營運機構並得加收其公告之單程票最低票價之違約金。

第8條 **旅客無票或持用失效車票或冒用不符身分之車票乘車者，除補繳票價外，並應支付票價五十倍之違約金。**

前項補繳票價及支付之違約金，如旅客不能證明其起站地點者，以營運機構公告之單程票最高票價計算。

第9條 旅客隨身攜帶之行李，應自行照料，營運機構不負保管責任。

第10條 旅客破壞車站或車輛各種設備，應負損害賠償責任，如涉及刑責，並應依法移送偵辦。

第11條 營運機構應擬訂旅客運送章則，報請市政府核准後實施。

第12條 本自治條例自公布日施行。

二、臺北市大眾捷運系統行車安全規則

民國87年9月18日修正公布

第一章　總則

第1條 本規則依大眾捷運法第53條規定訂定之。

第2條 本規則以臺北市政府主管之臺北都會區大眾捷運系統路網為適用範圍。

第3條 本規則用語，定義如下：

一、正線：係指列車提供旅客運送服務經常使用之路線。

二、列車：係指車輛具備規定之標誌，並能在正線上運轉者。

三、供電線路：係指饋電線、電車線、第三軌條、迴線及相關之支撐裝置。

四、建築界限：指在軌道上保持一定空間所設之界限。

五、號誌：指依形、色、音、電訊等，指示列車或車輛，在一定區域內之運行條件者。

六、防護區域：係指受號誌迴路所防護之軌道區段。

第二章 路線及設備

第4條 路線、號誌裝置、車輛、供電線路、隧道通風等設備及供旅客使用之設備，應經常檢查維護，保持功能正常，其與旅客緊急使用有關之設備，應標示位置、用途及使用方法。

前項各種設備之新設、改建、維修或停用後恢復使用時，應先測試功能正常；其與列車行駛有關之設備除日常維修者外，應以列車試運轉。

第5條 **正線及其供電線路每日營運前至少應巡查一次，並保存巡查記錄。**

第6條 路線及供電線路因故無法使列車依規定速度安全運轉時，應以號誌表示之。

必要時並派人監視，因災害或事故致有妨礙列車運轉之虞時，應即採取緊急安全防護措施，並派人監視，必要時停止列車行駛。

第7條 無電線路應有適當之安全防護措施，設置有關安全標示，並分段以警示燈表示通電狀況。

第8條 建築界限內不得放置物件。但因工作之必要且無礙列車行駛安全者，不在此限。

物件有向建築界限內崩塌之虞時，雖在建築界限外，亦不得放置。

第9條 **列車及車站均應依消防法令規定備置消防安全設備，月臺每四十公尺至少應備置手提滅火器一具。**

第10條 營運機構臨時停放之設備或器具應離月臺邊緣二公尺以上。

第11條 列車進站及開車前，應以警告訊號警示月臺上旅客。

第12條 月臺末端通道非供旅客使用者，應設置障礙物，並標示禁止旅客進入。

第三章　號誌及標誌

第13條　號誌裝置遇有下列情事之一時，應顯示禁止進入之號誌。
一、防護區域內有列車時。
二、防護區域內有關轉轍器未開通正確方向時。
三、鄰線之列車或車輛在正線分叉處妨礙行車之安全時。
四、號誌裝置發生故障時。
五、單線運轉區間，其相反方向之號誌顯示進行時。

第14條　號誌機及車內號誌之顯示，應使接近該號誌之防護區域之列車，能在其緊急制軔距離以上之距離確認之。

第15條　正線之轉轍器應與有關號誌聯鎖使用。號誌故障、致轉轍器不能與號誌聯鎖時，除應依第20條第1項規定外，並應於列車通過前派員將轉轍器鎖定。

第16條　列車應按下列規定設置標誌：
一、列車前端車輛之前部端梁兩側，各設置白光燈一盞。於夜間、霧區及隧道內時，應開燈顯示。
二、列車後端車輛之後部端梁兩側，各設置紅光燈一盞。日、夜間均應開燈顯示。
前項標誌，於列車退行運轉時，應保持不變。

第17條　有下列情事之一時，應由營運機構視實際情況設置標誌標示之。
一、轉轍器之開通方向。
二、列車折返處所。
三、列車之停車位置。
四、緊急斷電開關位置及其他供電線路必要之處所。
五、軌道之終端。

第四章　運轉

第18條　正線應劃分防護區域，同一防護區域內，同時只准一列車運轉。但有下列情事之一時，不在此限。
一、救援停留之故障列車時。
二、因搶修路線，在已運轉工程列車之防護區域內，需再運轉其他工程列車時。
前項列車運轉之作業規定，由營運機構擬訂，報請主管機關核定。

第19條 **列車應依號誌之顯示行駛。應有號誌顯示而無顯示或顯示不明確時，列車應立即停車，非俟顯示進行之號誌或接獲通告，不得繼續進行。非經行車控制中心之允許，並已作必要之安全措施時，不得退行。**

第20條 列車應依自動控制設備所顯示之號誌行駛。因自動控制設備故障，致列車無法依自動控制設備所顯示之號誌行駛時，行車控制中心得於確認防護區域內無列車、車輛，相關轉轍器並已鎖定於列車進行之方向後，以替代方式維持列車運轉。

前項替代方式之作業規定，由營運機構擬訂，報請主管機關核定。

第21條 **列車行駛正線速度規定如下：**

一、依號誌之顯示行車時，以號誌所設定之速度行駛。

二、依第20條規定之替代方式行車時，以時速二十五公里以下之時速行駛。

三、應有司機員之列員，而司機員不在列車行進方向之前端駕駛列車時，以時速十五公里以下之時速行駛，且前端應派人引導。

四、依第18條第1項第一款及第二款規定行車時，以時速十五公里以下之時速行駛。

前項第1款之速度、營運機構應按路線、供電線路之強度及車輛之構造情況擬訂，報請主管機關核定。

第22條 列車編組完畢駛入正線前，應確認下列項目之功能正常：

一、連結裝置。
二、煞車裝置及其聯動功能。
三、行駛控制設備。
四、空調系統。
五、車門裝置。
六、通信裝置。
七、警示信號。
八、照明設備。
九、逃生裝置。

第23條 載運旅客之列車於起動前，應關閉所有車門；列車於完全停止後，始得開啟車門。

第24條 因暴風雨、地震等有危及列車安全運轉之虞時，應視情況暫時停止列車運轉，並作防止危險之適當措施。

第五章　事故處理

第25條　有發生行車事故之虞或發生行車事故後有併發事故之虞時，應即採取使列車或車輛停止運轉之適當措施；發生事故時，應視事故狀況，採取對於維護旅客生命安全最適宜之處置措施。

第26條　因行車事故致人員傷亡時，應即時報告有關主管機關，並作下列處置：

一、死亡者應保持現場，並儘速通知轄區司法警察機關轉請檢警單位到場實施勘驗，經司法警察機關初步蒐證處理，認明顯為自殺或一般車禍案件，口頭或以電話向檢察官報備後，得移動現場。

二、受傷者應立即送醫救護，妥善處理。

三、儘速通知死傷者之家屬。

第27條　路線、車輛及其他行車設備所需之搶修器材，應經常整備於適當場所，搶修人員之召集及緊急出動，平時應施以訓練，並舉行演習。

前項人員召集、緊急出勤、訓練及演習，由營運機構擬訂，報請主管機關核定。

第六章　附則

第28條　本規則實施作業規定，由營運機構擬訂，報請主管機關核定。

第29條　本規則自發布日施行。

三、臺北市大眾捷運系統修建養護規則

民國80年6月3日修正公布

第一章　總則

第1條　本規則依大眾捷運法第53條規定訂定之。

第2條　本規則以臺北市政府（以下簡稱本府）主管之臺北都會區大眾捷運系統路網為適用範圍。

第3條 本規則用語，定義如下：

一、路線設施：指路基、軌道、橋涵、隧道、車站、建造物及所附之消防設施與機電設備。

二、機電設備：指供電、號誌、通訊、自動收費、環境控制、昇降機及自動扶梯等設備。

第4條 新建、改建或整修完畢之路線設施，非經檢查及試運轉，不得使用。但輕微之整修，得省略試運轉。

第5條 路線設施應實施定期及不定期檢查，如發現異狀，應即時修理或採取防止事故之緊急措施。

前項路線設施養護檢查情形，應記錄存查。

第6條 **路線設施每年至少應舉行總檢查一次。**

前項總檢查，應包括路線設施養護狀況、現時狀況及用料使用情形。

第二章 路基、軌道

第7條 **路基、軌道檢修分為定期檢修及臨時檢修二種。**

第8條 路基、軌道之定期檢修項目及週期，由大眾捷運系統營運機構（以下簡稱營運機構），依路基、軌道型式及運轉情況擬訂，報請主管機關核定。

第9條 **路基、軌道有左列情事之一者，應採取安全措施並實行臨時檢修。**

一、發生事故者。

二、發生故障或故障之虞者。

三、其他認為有檢修之必要者。

第10條 路基、軌道設備，如因性能劣化、磨損已達規定限度或因故損傷破裂有危險之虞時，應予抽換更新之。

第三章 橋涵、隧道、車站

第11條 橋臺、橋墩或隧道如有下沈或移動情形，應查明原因並設法加固改善。

第12條 橋樑涵洞之流水狀況、防護設施及上下游河道均應注意檢查、補修、疏濬或洽請有關機關辦理。

第13條 橋樑跨越之河流每次洪水及漲水有超過警戒水位之虞者，應派員檢查記錄其水位，並勘察橋臺、橋墩附近河床之狀態，繪圖記錄以作養護作業參考。

第14條 橋涵、隧道及車站之排水設備應經常檢修、保持排水通暢。

第15條 火災控制設施、緊急供電設備、緊急排煙設備、火警偵測系統、自動滅火設備及其他附屬設備，應實施定期及不定期檢測或檢修，並作成紀錄，如因性能劣化或因故毀損者，應予更新。

第四章 機電設備

第16條 機電設備檢修分為定期檢修及臨時檢修兩種。

第17條 機電設備應按使用狀況施行定期檢修，其檢修項目，週期依各設備型式，使用狀況而定，其檢修作業由營運機構擬訂，報請主管機關核定。

第18條 機電設備有下列情事之一者，應採取安全措施並實行臨時檢修。

一、發生事故者。

二、發生故障或有故障之虞者。

三、其他認為有檢修之必要者。

第19條 機電設備，如因性能劣化或因故毀損者，應予換新。

第五章 附則

第20條 本規則實施作業規定由營運機構擬訂，報請主管機關核定。

第21條 本規則自發布日施行。

四、臺北市大眾捷運系統車輛機具檢修規則

民國80年5月17日修正公布

第一章　總則

第1條　本規則依大眾捷運法第53條規定訂定之。

第2條　本規則以臺北市政府主管之臺北都會區大眾捷運系統路網為適用範圍。

第3條　本規則所稱車輛，係指各種型式之電聯車。所稱機具，係指機車、工作臺車及搶修之相關器具等。

第二章　電聯車檢修

第4條　**電聯車檢修分為定期檢修及臨時檢修兩種。**

第5條　**定期檢修分為五級**，其各級檢修工作重點如下：

一、一級檢修：以視覺、聽覺、觸覺，就有關行車主要機件、車廂及其設備等之狀態及作用施行之檢修。

二、二級檢修：以清洗、注油、測量等方式保持動力、傳動、行駛、煞車等機件裝置外表清潔、動作圓滑、使用狀態正常之檢修。

三、三級檢修：以局部拆卸分解施行檢驗、調整、校正、測試等方式保持動力、傳動、行駛、煞車儀錶等機件裝置性能正常之檢修。

四、四級檢修：對動力、傳動、行駛、煞車、儀錶、車廂、連結器、控制、電氣輔助等主要機件之特定部分施行拆卸分解之檢修。

五、五級檢修：**對一般機件施行徹底檢查，各重要機件施行重整之檢修。**

前項所列較高等級檢修應含次級檢修項目。

第6條　電聯車定期檢修，其各級檢修項目由臺北都會區大眾捷運系統營運機構（以下簡稱營運機構）依電聯車種類擬訂，報請主管機關核定。

第7條 電聯車定期檢修，其各級檢修週期由營運機構依電聯車行駛公里數或使用期間擬訂，報請主管機關核定。

第8條 電聯車於每日營運前，應就下列項目之狀態及作用施行檢查：
一、連結裝置。 二、煞車裝置。
三、行駛裝置。 四、空氣調節裝置。
五、車門裝置。 六、電氣裝置。
七、列車警示裝置。 八、車內設備。
九、風檔裝置。 十、逃生裝置。

第9條 電聯車有下列情事之一者，應施行臨時檢修：
一、發生事故者。
二、發生故障或有故障之虞者。
三、其他認為有檢修之必要者。

第10條 電聯車動力、傳動、行駛、懸吊、連結及煞車裝置之主要部分，施行臨時檢修時，應同時施行一級檢修。

第11條 檢修完畢之電聯車，應裝檢修級別、項目、日期及施行單位等資料建檔管理。

第12條 電聯車有下列情事之一者，應施行試車：
一、施行四級檢修以上之檢修者。
二、施行臨時檢修時認有必要者。
三、動力、傳動、行駛裝置曾經解體修護者。
四、新製或改造完成之車輛。
五、停用一年以上，復行使用者。
六、其他認為有試車之必要者。
依前項第1款至第5款規定試車者，以試車良好為檢修完畢日期；試車應依試車報告表規定事項執行，並於試車完畢後填具試車報告。
前項試車報告表格式，由營運機構定之。

第13條 **電聯車因故停止使用一個月以上者，得不施行定期檢修。**

第14條 電聯車停用期間應施行適當之處理，於復行使用時應施予必要之檢修。

第三章 機具檢修

第15條 機具檢修應定期施行，其檢修等級、項目及檢修週期，應由營運機構依機具種類定之。

第16條 檢修完畢之機具，應將檢修級別、項目、日期及施行單位等資料建檔管理。

第四章 附則

第17條 本規則車輛、機具檢修實施作業規定，由營運機構定之。

第18條 本規則自發布日施行。

五、臺北市政府處理違反大眾捷運法第50條及第50-1條裁罰基準

民國102年10月30日修正公布

一、臺北市政府（以下簡稱本府）為處理違反大眾捷運法事件，依循適當原則予以有效之裁處，建立執行之公平性，減少爭議及訴願之行政成本，提升公信力，特訂定本基準。

二、行政罰法規定有關不罰、免罰與裁處之審酌加減及擴張參考表：

項次	審酌事項		內容	條文	備註
1	不予處罰部分	1	違反行政法上義務之行為非出於故意或過失者，不予處罰。	第七條第一項	
2		2	未滿十四歲人之行為，不予處罰。	第九條第一項	
3		3	行為時因精神障礙或其他心智缺陷，致不能辨識其行為違法或欠缺依其辨識而行為之能力者，不予處罰。	第九條第三項	

<table>
<tr><th>項次</th><th colspan="2">審酌事項</th><th>內容</th><th>條文</th><th>備註</th></tr>
<tr><td>4</td><td rowspan="4">不予處罰部分</td><td>4</td><td>依法令之行為，不予處罰。</td><td>第十一條第一項</td><td></td></tr>
<tr><td>5</td><td>5</td><td>依所屬上級公務員職務命令之行為，不予處罰。</td><td>第十一條第二項本文</td><td>明知職務命令違法，而未依法定程序向該上級公務員陳述意見者，不在此限。</td></tr>
<tr><td>6</td><td>6</td><td>對於現在不法之侵害，而出於防衛自己或他人權利之行為，不予處罰。</td><td>第十二條本文</td><td></td></tr>
<tr><td>7</td><td>7</td><td>因避免自己或他人生命、身體、自由、名譽或財產之緊急危難而出於不得已之行為，不予處罰。</td><td>第十三條本文</td><td></td></tr>
<tr><td>8</td><td rowspan="3">得免部分</td><td>1</td><td>不得因不知法規而免除行政處罰責任。但按其情節，得免除其處罰。</td><td>第八條</td><td></td></tr>
<tr><td>9</td><td>2</td><td>防衛行為過當者，得免除其處罰。</td><td>第十二條但書</td><td></td></tr>
<tr><td>10</td><td>3</td><td>避難行為過當者，得免除其處罰。</td><td>第十三條但書</td><td></td></tr>
<tr><td>11</td><td rowspan="5">得減輕部分</td><td>1</td><td>不得因不知法規而免除行政處罰責任。但按其情節，得減輕其處罰。</td><td>第八條</td><td rowspan="3">裁處之罰鍰不得逾法定罰鍰最高額之三分之一，亦不得低於法定罰鍰最低額之三分之一。</td></tr>
<tr><td>12</td><td>2</td><td>防衛行為過當者，得減輕其處罰。</td><td>第十二條但書</td></tr>
<tr><td>13</td><td>3</td><td>避難行為過當者，得減輕其處罰。</td><td>第十三條但書</td></tr>
<tr><td>14</td><td>4</td><td>十四歲以上未滿十八歲人之行為，得減輕處罰。</td><td>第九條第二項</td><td rowspan="2">裁處之罰鍰不得逾法定罰鍰最高額之二分之一，亦不得低於法定罰鍰最低額之二分之一。</td></tr>
<tr><td>15</td><td>5</td><td>行為時因精神障礙或其他心智缺陷，致其辨識行為違法或依其辨識而行為之能力，顯著減低者，得減輕處罰。</td><td>第九條第四項</td></tr>
</table>

項次	審酌事項		內容	條文	備註
16	得加重部分	1	因違反行政法上義務所得之利益超過法定罰鍰最高額者，得於所得利益之範圍內酌量加重，不受法定罰鍰最高額之限制。	第十八條第二項	
17	得併罰部分	1	私法人之董事或其他有代表權之人，因執行其職務或為私法人之利益為行為，致使私法人違反行政法上義務應受處罰者，該行為人如有故意或重大過失時，除法律或自治條例另有規定外，應並受同一規定罰鍰之處罰。依前項並受同一規定處罰之罰鍰，不得逾新臺幣一百萬元。但其所得之利益逾新臺幣一百萬元者，得於其所得利益之範圍內裁處之。	第十五條第一項、第三項	
18		2	私法人之職員、受僱人或從業人員，因執行其職務或為私法人之利益為行為，致使私法人違反行政法上義務應受處罰者，私法人之董事或其他有代表權之人，如對該行政法上義務之違反，因故意或重大過失，未盡其防止義務時，除法律或自治條例另有規定外，應並受同一規定罰鍰之處罰。依前項並受同一規定處罰之罰鍰，不得逾新臺幣一百萬元。但其所得之利益逾新臺幣一百萬元者，得於其所得利益之範圍內裁處之。	第十五條第二項、第三項	
19		3	設有代表人或管理人之非法人團體，或法人以外之其他私法組織，違反行政法上義務者，準用行政罰法第十五條規定。	第十六條	

項次	審酌事項		內容	條文	備註
20	得追繳部分	1	為他人利益而實施行為，致使他人違反行政法上義務應受處罰者，該行為人因其行為受有財產上利益而未受處罰時，得於其所受財產上利益價值範圍內，酌予追繳。	第二十條 第一項	
21		2	行為人違反行政法上義務應受處罰，他人因該行為受有財產上利益而未受處罰時，得於其所受財產上利益價值範圍內，酌予追繳。	第二十條 第二項	
22	審酌部分	1	裁處罰鍰，應審酌違反行政法上義務行為應受責難程度、所生影響及因違反行政法上義務所得之利益，並得考量受處罰者之資力。	第十八條 第一 項	

三、臺北市政府處理違反大眾捷運法事件，統一處理及裁罰基準如下表：

單位：新臺幣

項次	違反事實	法規依據	法定罰鍰額度或其他處置	統一裁罰基準
1	車輛行駛中，攀登、跳車或攀附隨行。	第五十條 第一項 第一款	一千五百元以上 七千五百元以下	一、其行為未造成列車延誤或延誤未滿五分鐘者，處一千五百元罰鍰。 二、其行為造成列車延誤五分鐘以上未滿十分鐘者，處四千五百元罰鍰。 三、其行為造成列車延誤十分鐘以上者，處七千五百元罰鍰。

項次	違反事實	法規依據	法定罰鍰額度或其他處置	統一裁罰基準
2	妨礙車門、月台門關閉或擅自開啟。	第五十條第一項第二款	一千五百元以上七千五百元以下	一、其行為未造成列車延誤或延誤未滿五分鐘者，處一千五百元罰鍰。 二、其行為造成列車延誤五分鐘以上未滿十分鐘者，處四千五百元罰鍰。 三、其行為造成列車延誤十分鐘以上者，處七千五百元罰鍰。
3	非大眾捷運系統之車輛或人員，違反第四十四條第二項前段規定，進入大眾捷運系統之路線、橋樑、隧道、涵管內	第四十四條第二項前段及第五十條第一項第三款	一千五百元以上七千五百元以下	一、有下列情形之一，處一千五百元罰鍰： (一)進入站區內旅客詢問處內、職員區等非供公眾通行之處所者。 (二)進入大眾捷運系統之路線、橋樑、隧道、涵管內，未造成列車延誤或延誤未滿五分鐘者。
3	及站區內非供公眾通行之處所。			二、有下列情形之一，處四千五百元罰鍰： (一)進入站區內各類機房、管制區、月台管制區等非供公眾通行之處所者。 (二)進入大眾捷運系統之路線、橋樑、隧道、涵管內，致造成列車延誤五分鐘以上未滿十分鐘者。 三、有下列情形之一，處七千五百元罰鍰： (一)進入站區內月台管制區非供公眾通行之處所，致造成列車延誤十分鐘以上者。 (二)進入大眾捷運系統之路線、橋樑、隧道、涵管內，致造成列車延誤十分鐘以上者。

項次	違反事實	法規依據	法定罰鍰額度或其他處置	統一裁罰基準
4	未經驗票程序、不按規定處所或方式出入車站或上下車。	第五十條第一項第四款	一千五百元以上 七千五百元以下	一、有下列情形之一，處一千五百元罰鍰： (一)經由攀爬護欄、圍籬方式出入車站或上下車者。 (二)經由其他非供一般旅客通行之通道、縫隙出入車站或上下車者。 (三)跳、鑽、爬或跨越驗票閘門。 (四)未經許可擅自開啟公務門者。 二、非因急難疏散措施，而擅自由緊急逃生通道出入車站或上下車者，處四千五百元罰鍰。
5	拒絕大眾捷運系統站、車人員查票或妨礙其執行職務。	第五十條第一項第五款	一千五百元以上 七千五百元以下	一、有下列情形之一，處一千五百元罰鍰： (一)拒絕大眾捷運系統站、車人員查票者。 (二)妨礙大眾捷運系統站、車人員執行職務者。 二、妨礙大眾捷運系統站、車人員執行職務，且造成列車延誤五分鐘以上未滿十分鐘者，處四千五百元罰鍰。 三、妨礙大眾捷運系統站、車人員執行職務，且以言語謾罵或暴力相向或造成列車延誤十分鐘以上者，處七千五百元罰鍰。
6	滯留於不提供載客服務之車廂，不聽勸止。	第五十條第一項第六款	一千五百元以上 七千五百元以下	一、滯留於不提供運送服務之列車車廂，不聽勸止，未造成列車延誤或延誤未滿五分鐘者，處一千五百元罰鍰。 二、滯留於不提供運送服務之列車車廂，不聽勸止，造成列車延誤五分鐘以上未滿十分鐘者，處四千五百元罰鍰。

項次	違反事實	法規依據	法定罰鍰額度或其他處置	統一裁罰基準
6				三、有下列情形之一，處七千五百元罰鍰： (一)滯留於不提供運送服務之列車車廂，不聽勸止，造成列車延誤十分鐘以上者。 (二)未經許可，滯留於列車駕駛室，不聽勸止者。
7	未經許可在車上或站區內募捐、散發或張貼宣傳品、銷售物品或為其他商業行為。	第五十條第一項第七款	一千五百元以上 七千五百元以下	一、其行為於同一日內被查獲第一次者，處一千五百元罰鍰。 二、其行為於同一日內被查獲第二次以上者，處七千五百元罰鍰。
8	未經許可攜帶動物進入站區或車輛內。	第五十條第一項第八款	一千五百元以上 七千五百元以下	一、未經許可攜帶未裝於獸籠或其他容器內之動物，進入站區或車輛內者，處一千五百元罰鍰。 二、未經許可攜帶未裝於獸籠或其他容器內之動物，進入站區或車輛內，造成污染環境、影響其他旅客或造成列車延誤五分鐘以上未滿十分鐘者，處四千五百元罰鍰。 三、經許可攜帶未裝於獸籠或其他容器內之動物，進入站區內或車輛內，且造成列車延誤十分鐘以上或發生行車事故者，處七千五百元罰鍰。

項次	違反事實	法規依據	法定罰鍰額度或其他處置	統一裁罰基準
9	於大眾捷運系統禁止飲食區內飲食，嚼食口香糖或檳榔，或隨地吐痰、檳榔汁、檳榔渣，拋棄紙屑、菸蒂、口香糖、瓜果或其皮、核、汁、渣或其他一般廢棄物。	第五十條第一項第九款	一千五百元以上 七千五百元以下	一、有下列情形之一，處一千五百元罰鍰： (一)於大眾捷運系統禁止飲食區內飲食者。 (二)於大眾捷運系統禁止飲食區內嚼食口香糖或檳榔。 (三)於大眾捷運系統內隨地吐痰、檳榔汁、檳榔渣，或拋棄紙屑、菸蒂、口香糖、瓜果或其皮、核、汁、渣或其他一般廢棄物，未造成列車延誤或延誤未滿五分鐘者。 二、有下列情形之一，處四千五百元罰鍰： (一)於大眾捷運系統禁止飲食區內飲食，嚼食口香糖或檳榔，造成環境髒亂者。 (二)於大眾捷運系統內隨地吐痰、檳榔汁、檳榔渣，或拋棄紙屑、菸蒂、口香糖、瓜果或其皮、核、汁、渣或其他一般廢棄物，且污染環境或造成列車延誤五分鐘以上未滿十分鐘者。 三、於大眾捷運系統禁止飲食區內飲食，嚼食口香糖或檳榔，或隨地吐痰、檳榔汁、檳榔渣，拋棄紙屑、菸蒂、口香糖、瓜果或其皮、核、汁、渣或其他一般廢棄物，致造成列車延誤十分鐘以上或發生行車事故者，處七千五百元罰鍰。

項次	違反事實	法規依據	法定罰鍰額度或其他處置	統一裁罰基準
10	滯留於車站出入口、驗票閘門、售票機、電扶梯或其他通道，致妨礙旅客通行或使用，不聽勸離。	第五十條第一項第十款	一千五百元以上七千五百元以下	一、其行為致妨礙旅客通行或使用，不聽勸離者，處一千五百元罰鍰。 二、其行為致妨礙旅客通行或使用，不聽勸離且影響行車或公共秩序者，處四千五百元罰鍰。 三、其行為致妨礙旅客通行或使用，不聽勸離且以言語謾罵或暴力相向者，處七千五百元罰鍰。
11	非為乘車在車站之旅客大廳、穿堂層或月台層區域內遊蕩，致妨礙旅客通行或使用，不聽勸離。	第五十條第一項第十一款	一千五百元以上七千五百元以下	一、其行為致妨礙旅客通行或使用，不聽勸離者，處一千五百元罰鍰。 二、其行為致妨礙旅客通行或使用，不聽勸離且影響行車或公共秩序者，處四千五百元罰鍰。 三、其行為致妨礙旅客通行或使用，不聽勸離且以言語謾罵或暴力相向者，處七千五百元罰鍰。
12	躺臥於車廂內或月台上之座椅，不聽勸阻。	第五十條第一項第十二款	一千五百元以上七千五百元以下	一、其行為經勸阻不聽者，處一千五百元罰鍰。 二、其行為經勸阻不聽且以言語謾罵或暴力相向者，處七千五百元罰鍰。
13	未經許可在捷運系統路權範圍內設攤、搭棚架或擺設筵席。	第五十條第一項第十三款	一千五百元以上七千五百元以下	一、未經許可在捷運系統路權範圍內設攤、搭棚架或擺設筵席，處一千五百元罰鍰，並得要求限期改善。 二、未於限期內，撤攤、拆除棚架或回復原狀者，處七千五百元罰鍰。

項次	違反事實	法規依據	法定罰鍰額度或其他處置	統一裁罰基準
14	於月台上嬉戲、跨越黃色警戒線，或於電扶梯上不按遵行方向行走或奔跑，或為其他影響作業程序及行車安全之行為，不聽勸止。	第五十條第一項第十四款	一千五百元以上七千五百元以下	一、其行為經勸止不聽者，處一千五百元罰鍰。 二、其行為致妨礙旅客權益，不聽勸止且影響行車安全或公共秩序者，處四千五百元罰鍰。 三、其行為經勸止不聽且以言語謾罵或暴力相向者，處七千五百元罰鍰。
15	未經許可攜帶經公告之危險或易燃物進入大眾捷運系統路線、場、站或車輛內。	第五十條之一第一項第一款	一萬元以上五萬元以下	一、其行為未造成列車延誤或延誤未滿五分鐘者，處一萬元罰鍰。 二、其行為造成列車延誤五分鐘以上未滿十分鐘者，處二萬五千元罰鍰。 三、其行為造成列車延誤十分鐘以上者，處五萬元罰鍰。
16	任意操控站、車設備或妨礙行車、電力或安全系統設備正常運作。	第五十條之一第一項第二款	一萬元以上五萬元以下	一、其行為未造成列車延誤或延誤未滿五分鐘者，處一萬元罰鍰。 二、其行為造成列車延誤五分鐘以上未滿十分鐘或致設備損害，未立即影響行車安全或公共安全者，處二萬五千元罰鍰。 三、其行為造成列車延誤十分鐘以上或致設備損害，且立即影響行車安全或公共安全者，處五萬元罰鍰。

項次	違反事實	法規依據	法定罰鍰額度或其他處置	統一裁罰基準
17	違反第四十四條第三項規定，未經天橋或地下道，跨越完全獨立專用路權之大眾捷運系統路線。	第五十條之一第一項第三款	一萬元以上五萬元以下	一、其行為未造成列車延誤或延誤未滿五分鐘者，處一萬元罰鍰。 二、其行為造成列車延誤五分鐘以上未滿十分鐘者，處二萬五千元罰鍰。 三、其行為造成列車延誤十分鐘以上者，處五萬元罰鍰。

四、違反大眾捷運法第50條第1項及第50-1條第1項者，大眾捷運系統站、車人員得視情節會同警察人員強制其離開站、車或大眾捷運系統區域，其未乘車區間之票款，不予退還；未滿十四歲之人，因其法定代理人或監護人監督不周，致違反大眾捷運法第50-1條第一項規定時，處罰其法定代理人或監護人。

五、依第三點規定處罰程序如下：

(一) 發現違反大眾捷運法第50條第1項、第50-1條第1項案件，即由本府警察局捷運警察隊依大眾捷運法第40條規定執行裁處或由臺北大眾捷運股份有限公司（本府依大眾捷運法第52條第2項規定委託執行）執行裁處後，即當場交付予受處分人繳納罰鍰或履行一定行為義務，受處分人當場拒收裁處書者，由臺北大眾捷運股份有限公司依照行政程序法送達規定，執行裁處書送達程序。

(二) 前款受處分人逾期不繳納罰鍰者，由臺北大眾捷運股份有限公司進行催繳作業，如經限期催繳仍不繳納罰鍰者，依行政執行法第11條第1項規定移送強制執行。

六、本基準自發布日施行。

六、臺北大眾捷運系統附屬事業經營管理辦法

民國88年2月11日修正公布

第一章 總則

第1條 本辦法依大眾捷運法（以下簡稱本法）第53條規定訂定之。

第2條 本辦法以臺北市政府主管之臺北大眾捷運系統路網所及之地及其鄰近地區為適用範圍。

第3條 本辦法所稱主管機關為臺北市政府。

第4條 大眾捷運系統營運機構，得經主管機關核准，經營下列附屬事業：

一、有關大眾捷運系統之其他水、陸、空接轉運輸。

二、有關大眾捷運系統服務旅客所必需之事業。

三、有關大眾捷運系統營運與建造所需工具、器材之修護及製造。

四、其他有關培養、繁榮大眾捷運系統所必需之土地開發或管理事業、廣告業、觀光旅遊事業、餐飲服務業、捷運工程、管理及諮詢顧問服務業。

前項附屬事業之經營項目，須經其他有關機關核准者，並應申請核准之。

第5條 聯合開發地區內之附屬事業，其經營管理並應符合聯合開發相關法令之規定。

第二章 經營行為與場所之限制

第6條 大眾捷運系統營運機構附屬事業之經營，不得於禁止飲食區內販賣食品，飲料、檳榔、香菸及口香糖等物品。

附屬事業之經營，其貨物堆積、存放、進出及服務方式，不得影響大眾捷運系統之交通、安全、衛生及觀瞻。

第7條 大眾捷運系統高架設施之下層空間，依原規劃設計可供附屬事業經營者，其附屬事業之經營，不得影響大眾捷運系統及場、站鄰近地區之交通、安全、衛生及觀瞻。

前項所稱場、站鄰近地區，係指大眾捷運系統場、站附近，與大眾捷運系統之營運有關之地區。

第三章 經營型態、財務規定及經營契約

第8條 **大眾捷運系統附屬事業，得由大眾捷運系統營運機構依下列方式經營：**

一、自行經營。 **二、轉投資他公司經營。**

三、委託他人經營。 **四、出租他人經營。**

第9條 大眾捷運系統營運機構經營附屬事業者，應遵守下列規定：

一、由專責部門經營管理附屬事業。

二、大眾捷運系統運輸部門收支與附屬事業部門收支科目分列。

三、大眾捷運系統營運虧損時，得以附屬事業之盈餘填補之；附屬事業虧損時，不得以大眾捷運系統營運收入填補之。

第10條 大眾捷運系統營運機構轉投資他公司經營附屬事業者，應遵守下列規定：

一、轉投資公司以經營本辦法所規定項目之事業為主要營業項目。

二、大眾捷運系統營運機構應編製其轉投資公司個別財務報表及合併財務報表。

三、大眾捷運系統營運機構之轉投資，準用「臺北市政府投資事業管理監督辦法」之規定。

第11條 **大眾捷運系統營運機構委託他人經營附屬事業者，應由主管機關監督公開招標。**

委託經營契約之訂定，應遵守下列規定：

一、受託人取得委託經營權前，應先支付權利金。

二、依事業性質訂明委託期限。

三、受託人經營之報酬依經營之預期成果調整。

四、訂明履約保證金。

五、受託人不得將附屬事業複委託第三人經營，違者，終止契約。

六、訂明受託人經營附屬事業有妨礙大眾捷運系統之交通、安全、衛生或觀瞻者，經通知改善，逾期仍未改善者，終止契約。

第12條 **大眾捷運系統營運機構附屬事業出租他人經營者，應公開招商。**

出租經營契約應訂明下列事項：

一、依事業之性質訂明出租期限及租金支付事宜。

二、押標金、履約保證金或擔保品或銀行履約保證金保證事宜。

三、承租人不得將附屬事業經營權之全部轉租（借）第三人經營；未經同意不得將經營權部分轉租（借）第三人經營，違者，均終止契約。

四、承租人經營附屬事業有妨礙大眾捷運系統之交通、安全、衛生或觀瞻者，經通知期限改善，逾期仍未改善者，終止契約。

第四章　監督與罰則

第13條　大眾捷運系統附屬事業之經營應受主管機關之監督。大眾捷運系統營運機構有關附屬事業之財務報表應定期經會計師簽證後，送請主管機關備查。主管機關得不定期派員視察大眾捷運系統附屬事業之營運狀況，必要時得檢閱有關文件帳冊；認為有缺失時，應即督導改正。

大眾捷運系統營運機構拒絕提出文件帳冊或不遵從督導改正者，主管機關應依本法第51條第1項第2款規定處以罰鍰；情節重大者，並得定期停止其附屬事業經營之一部或全部。

第14條　大眾捷運系統營運機構自行經營或轉投資他公司經營附屬事業有妨礙捷運系統之交通、安全者，主管機關應通知其限期改善，逾期仍未改善者，依本法第51條第1項第2款規定處以罰鍰；情節重大者，並得定期停止其附屬事業經營之一部或全部。

第15條　受託人或承租人經營附屬事業有妨礙大眾捷運系統之交通、安全者，大眾捷運系統營運機構應通知其限期改善，逾期仍未改善者，應終止委託或出租經營契約。

大眾捷運系統營運機構未依前項規定終止委託或出租經營契約者，依本法第51條第1項第2款規定處以罰鍰；情節重大者，並得停止其經營該附屬事業。

第五章　附則

第16條　本辦法自發布日施行。

七、臺北捷運系統旅客須知

民國111年3月29日公告修正

一、一般規定

(一) 臺北大眾捷運股份有限公司（以下簡稱本公司）為提供捷運系統旅客安全、可靠、便捷、舒適之服務，特依「臺北市大眾捷運系統旅客運送自治條例」規定訂定本須知，並於車站公告，變更或調整時亦同。

(二) 本須知用語定義如下：

1. 捷運範圍：為本公司所經管之大眾捷運系統路網範圍內所有路線、場、站與列車等區域。
2. 旅客：指搭乘本公司列車，或持有有效車票並進出乘車處所車站大廳之人。
3. 付費區：指站區內旅客持用車票，經驗票閘門驗票後，允許進入之區域。
4. 車票：指供旅客搭乘本公司經營之大眾捷運系統之乘車憑證。
5. 無票：指旅客未持有效車票或持用經變造、偽造之車票進入付費區或乘車者。
6. 失效車票：指使用期限已屆滿之車票。
7. 冒用不符身分之車票：指旅客持用與其身分不相符之車票，進入付費區或乘車者。
8. 驗票閘門：指設於站內付費區與非付費區之間，採自動驗票方式管制旅客進出之設備。

(三) 非經本公司准許之車輛或人員，不得進入本公司之路線、橋樑、隧道、涵管內及站區內非供公眾通行之處所。旅客除經天橋及地下道外，不得跨越完全獨立專用路權之大眾捷運系統路線。

(四) 除經本公司同意外，旅客進出付費區均應使用本公司發行或同意使用之車票通過驗票閘門。

(五) 本公司因天災事變、罷工、外來因素所肇致之事故或路線施工、運輸擁擠、交通管制等不可歸責於本身之事由時，為顧及旅客權益，得為下列必要措施：

1. 暫停部分或全部營運區段。
2. 限制或停用車站供公眾使用之設施。
3. 限制或停止旅客上下列車。
4. 強制旅客離開列車或站區。

本公司於執行前項各款措施時，應於有關車站公告事由，並即時通報旅客。

(六) 捷運範圍內設備（施），旅客應依照標示之規定或方法使用，並不得擅自占用、破壞、損毀、干擾或搬動。

(七) 有下列情形之一者，本公司得拒絕運送，站、車人員並得視情節會同警察人員強制或護送其離開站、車或大眾捷運系統區域：

1. 違反法令、公共秩序、善良風俗或本公司旅客運送章則等各項規定。
2. 有明顯傷害他人或自己之虞，或有騷擾他人行為。
3. 穿著惡臭或攜帶不潔物品影響公共衛生。
4. 老、幼、重病等需要護送而無人護送。
5. 攜帶物品造成他人不便。
6. 其他經本公司公告禁止之事項。

(八) 在捷運範圍內，不得有下列行為：

1. 於車站、車廂內使用直排輪、溜冰鞋、滑板、滑板車或其他類似器材。
2. 於車站、車廂內推擠或影響自己或他人安全。
3. 坐、臥於車廂、車站地板、設備或設施上。
4. 於車站、車廂內吸菸或吸食電子煙（霧化器）。
5. 其他行為有造成大眾捷運系統運轉之障礙或構成危險之虞。

(九) 在捷運範圍內為下列行為，應向本公司申請許可後，始得為之：

1. 聚眾講演、播放音響、演奏樂器或其他干擾之行為。
2. 張貼、塗抹、刻畫任何文字、圖畫或其他類似東西於各項設施及建築物上。
3. 於車站或車廂內，照相、拍攝或攝影，而妨礙他人或系統安全之虞者。
4. 非營運時間內，於車站或車廂內逗留。
5. 於車站、車廂內，向他人為傳教、市場調查或其他類似行為。
6. 散發報紙、傳單、廣告物或宣傳品。
7. 使用車站、車廂內未開放使用之電源插座。

(十) 在捷運範圍內，搭乘電扶梯，應握好扶手、站穩踏階，勿倚靠側板，年長及行動不便者宜改搭電梯，且不得有下列行為：

1. 不按遵行之方向搭乘，而於電扶梯行走或奔跑。
2. 嬉戲、跳躍、跨越兩側護欄或為其他危險行為。
3. 攜帶非摺疊式自行車。

二、車票使用規定

(十一) 車票種類：

1. 單程票：提供旅客單次使用之車票。
2. 團體票：提供旅客2人以上，全程同行且起訖站相同使用之車票。
3. 定期票：提供旅客於一定期間內使用之車票。
4. 儲值卡：各發行機構依法發行，經本公司同意使用之票證。
5. 其他票種。

(十二) 除團體票外，捷運車票每程限1人使用，不得多人共用。車票之有效使用期限如下：

1. 單程票：發售當日有效。
2. 團體票：發售當日有效。
3. 定期票：票載或公告期限內有效。
4. 儲值卡：各發行機構公告期限內有效。
5. 其他票種：票載或公告期限內有效。

前項車票有效使用期限得另行公告之。

(十三) 旅客持用車票，除因可歸責於本公司之事由外，經驗票閘門進入付費區至離開付費區之停留時限規定如下：

1. 不同一車站進出，最大時限為2小時；
2. 同一車站進出，最大時限為15分鐘；

違反前項規定者，除應付之票價外，應於車站詢問處繳交或由驗票閘門自動扣除本公司公告之單程票最低票價之金額。

(十四) 旅客乘車應支付之票價，以本公司於車站公告之票價表為準。

其運價一律全票收費。同站進出者，應支付車站公告最低單程票票價。如屬特殊狀況（民眾借用付費區廁所，或旅客剛進站後立即出站，無搭車事實），可洽站務人員協助處理。

未滿6歲之兒童（身高滿115公分應出示身分證明）、身高未滿115公分之兒童，得由購票旅客陪同免費乘車。每1位購票旅客最多以陪同4名為原則，並妥善照護其安全。

(十五) 旅客無票、持用失效車票或冒用不符身分之車票乘車者，除補繳票價外，並支付票價50倍之違約金。
前項應補繳票價及支付之違約金，如旅客不能證明其起站地點者，以本公司公告之單程票最高票價計算。

(十六) 旅客持用偽造或變造之車票，除依前點無票規定處理外，並依法移送偵辦。

(十七) 旅客於乘車途中遺失車票，未自動至車站詢問處補票而遭查獲者，依無票乘車處理。
前項旅客遺失車票自動補票者，免支付違約金。

(十八) 旅客乘車逾站，除因可歸責於本公司之事由外，應至車站詢問處補繳差額。

(十九) 旅客持用車票，未依規定通行驗票閘門者，除因不可歸責於旅客之事由外，應補繳該次旅程實際票價，如旅客不能證明其起站地點者，以本公司公告之單程票最高票價計算。

(二十) 因車站發生緊急事故、異常狀況或列車因故運行中斷，須疏散旅客出站時，持用單程票及團體票旅客得於當日起算7日內請求退還全部票價。
持用定期票、電子票證及其他票種旅客，得於下次進站時，由驗票閘門自動免費更正車票資料或至車站詢問處免費更正車票資料。

(二一) 旅客須補票或支付違約金，如因故當時無法繳交者，應出示身分證明文件，並填具旅客補繳車費處理單，於10日內向本公司指定之處所補繳。
前項費用或違約金逾期未繳納者，本公司得依法追償。

(二二) 旅客持用本公司發行車票通行驗票閘門時無法感應者，得以換票搭乘方式辦理；但單程票於出站時無法感應者，出站時不予退費，並由本公司收回。
前項換票搭乘者，應於持用車票通行驗票閘門無法感應時立即提出申請。

(二三) 旅客持用本公司發行車票，除因可歸責於本公司之事由或本公司另有公告外，一經使用或中途出站概不退費。未使用之單程票限於購買當日辦理退費，其他票種限於車票有效期限內辦理退費。
旅客申請本公司發行車票退費時，本公司得扣除附加於車票之優待或折扣金額及加收手續費，若退費金額經扣除優待或折扣金額後不足支付手續費，則不予退費。
前項手續費，以本公司公告之單程票最低票價計算之。

(二四) 旅客申請本公司發行車票退費，應先行向本公司車站詢問處申請，經查驗無誤後，以現場、郵寄或至指定地點領取等方式退回票款。

(二五) 儲值卡發售使用及退費，依各發行機構訂定之規定辦理。

三、隨身攜帶物

(二六) 旅客隨身攜帶行李及物品，應符合下列規定：

1. 不得妨礙其他旅客，並應自行保管及照料。
2. 任一件最長邊不得超過165公分，且長、寬、高之和不得超過220公分。但輪椅、代步車、嬰兒車、自行車、衝浪板及其他經本公司公告物品，不在此限。
3. 旅客隨身攜帶氣球者，其數量不得超過5個，且任一個最長邊不得超過50公分。
4. 不得攜帶或乘坐車輛、代步車、電動車及其他類似動力機具。但領有身心障礙證明（手冊）或其他經本公司許可之旅客，可使用坐乘式輪椅或代步車等行動輔具，以不超過時速5公里速度於車站內通行。
5. 不得攜帶或騎乘自行車。但摺疊或拆卸完成並妥善包裝之自行車（含腳踏自行車，以及電源關閉之電動輔助自行車，最長邊不超過165公分，且長、寬、高之和不得超過220公分），或符合「臺北捷運公司開放旅客攜帶自行車搭乘捷運應行注意事項」者，旅客可攜帶進入車站。
6. 不得攜帶、使用手推車或其他類似器具。
7. 旅客隨身攜帶衝浪板者，其最長邊不得超過180公分，尾舵、腳繩等附掛物，應自行拆卸、收好。衝浪板最長邊165公分以上180公分以下者，僅限假日時段攜帶進入車站，搭乘列車第一節或最後一節車廂，不得使用電扶梯。

(二七) 攜帶動物進入站區或車輛內，應裝於尺寸不超過長55公分、寬45公分、高40公分之寵物箱、寵物車（僅計算本體尺寸，不含支架及輪子）、小籠或小容器內，且包裝完固，無糞便、液體漏出之虞，動物之頭、尾及四肢均不得露出，每1位購票旅客以攜帶1件為限。但警察人員攜帶之警犬，視覺、聽覺、肢體功能障礙者由合格導盲犬、導聾犬、肢體輔助犬陪同或導盲犬、導聾犬、肢體輔助犬專業訓練人員於執行訓練時帶同幼犬，不在此限。

前項允許攜帶之動物，由本公司於各車站公告，並得因應特殊狀況，另行公告於特定期間、區域內，限制旅客攜帶動物進入站區或車輛內。

(二八) 未經許可，不得攜帶下列危險品或易燃物進入捷運範圍：

1. 各種刀具、剪刀或其他尖銳物品。但未違反法令，經妥善包裝，且無影響他人安全之虞者，不在此限。
2. 各種槍械或彈藥。但值勤軍警人員攜帶槍械及彈藥，不在此限。
3. 閃火點在攝氏60度以下之易燃液體如：礦油、汽油、煤油、苯、甲苯（松香水）、甲醇、乙醇（酒精）、丙酮、乙醚、油漆（油性塑膠漆及溶劑性水泥漆等）、二硫化碳及其他易燃液體。
4. 易於爆裂物品如：炸藥、彈藥、火藥、煙火、爆竹、電石、高壓氣體（氫氣、氧氣、丙烷、液化石油氣、乙炔等）、硝化纖維、二硝基苯、二硝基甲苯、三硝基甲苯、二硝基酚、三硝基酚（即苦味酸）、硝化乙二醇、硝化甘油、硝酸酐、有機性過氧化合物、乾冰（固態二氧化碳）及其他容易爆炸之物等。
5. 容易自燃及引燃物品如：火柴、火藥、金屬鈉、鉀汞合金、鎂粉、鋁粉、黃燐、硫化磷、磷化鈣、玩具煙火、爆竹、異丙醇、其他易燃固體等。但隨身使用之火柴、打火機等物品，不在此限。
6. 容易侵害人體及有害他物之虞物品如：硫酸、鹽酸、硝酸、鉛酸蓄電池、氯酸鹽（鉀、鈉、鋇）、過氯酸鹽（銨、鉀、鈉）、氯化磷、過氧化鈉、過氧化鋇、硝酸銨、漂白粉、農藥、殺蟲劑、除草劑、砷、砒霜、氰化物、鈾、鈽、鐳、醫療廢棄物，及其他具腐蝕性、毒性、放射性、傳染性物質或容易傷害人體之物等。

(二九) 旅客隨身攜帶行李，疑為危險品或易燃物時，本公司得要求旅客澄清，並提供檢查。其拒絕檢查者，視同攜帶危險品處理，本公司除拒絕運送外，並通知警察機關辦理。

四、遺失物

(三十) 旅客在車站、車廂內拾得之遺失物，得交由車站詢問處處理，本公司將附收執聯單由拾得之旅客收執。

車站、車廂以外之遺失物，由拾得人自行交由警察機關依法處理。

(三一) 旅客遺失物品時，可洽車站詢問處、24小時客服中心或捷運遺失物中心請求協尋。

(三二) 旅客認領遺失物時須能證明其為遺失物之所有人，若認領人非所有人本人，須持有認領人本人及所有人之身分證明文件，始得辦理遺失物領回手續。

(三三) 本公司依法令及相關規定處理遺失物，不負遺失物損害賠償責任。

五、罰則

(三四) 違反大眾捷運法第50條及第50條之1者，將依法處以罰鍰。

(三五) 違反本須知規定，本公司得拒絕運送。若違反大眾捷運法或臺北市大眾捷運系統旅客運送自治條例之處罰規定，本公司得依法處以罰鍰，並得視情節會同警察人員強制其離開，其未乘車區間票價不予退還。

六、其他

(三六) 旅客於乘車途中發生病痛不適，可立即通知本公司人員代為通知醫療單位進行救護。

身心障礙旅客可通知本公司人員協助，或使用無障礙設施通行。

(三七) 旅客如須諮詢或反映意見，本公司客服專線電話為02-218-12345，電子信箱為email@metro.taipei。

電子票證相關問題可逕向各發行機構反映。

(三八) 大眾捷運法第50條：有下列情形之一者，處行為人或駕駛人新臺幣1,500元以上7,500元以下罰鍰：

1. 車輛行駛中，攀登、跳車或攀附隨行。
2. 妨礙車門、月臺門關閉或擅自開啟。
3. 非大眾捷運系統之車輛或人員，違反第44條第2項前段規定，進入大眾捷運系統之路線、橋樑、隧道、涵管內及站區內非供公眾通行之處所。
4. 未經驗票程序、不按規定處所或方式出入車站或上下車。
5. 拒絕大眾捷運系統站、車人員查票或妨害其執行職務。
6. 滯留於不提供載客服務之車廂，不聽勸止。

7. 未經許可在車上或站區內募捐、散發或張貼宣傳品、銷售物品或為其他商業行為。
8. 未經許可攜帶動物進入站區或車輛內。
9. 於大眾捷運系統禁止飲食區內飲食，嚼食口香糖或檳榔，或隨地吐痰、檳榔汁、檳榔渣，拋棄紙屑、菸蒂、口香糖、瓜果或其皮、核、汁、渣或其他一般廢棄物。
10. 滯留於車站出入口、驗票閘門、售票機、電扶梯或其他通道，致妨礙旅客通行或使用，不聽勸離。
11. 非為乘車而在車站之旅客大廳、穿堂層或月臺層區域內遊蕩，致妨礙旅客通行或使用，不聽勸離。
12. 躺臥於車廂內或月臺上之座椅，不聽勸阻。
13. 未經許可在捷運系統路權範圍內設攤、搭棚架或擺設筵席。
14. 於月臺上嬉戲、跨越黃色警戒線，或於電扶梯上不按遵行方向行走或奔跑，或為其他影響作業秩序及行車安全之行為，不聽勸止。

有前項各款情事之一者，大眾捷運系統站、車人員得視情節會同警察人員強制其離開站、車或大眾捷運系統區域，其未乘車區間之票款，不予退還。

(三九) 大眾捷運法第50條之1：下列情形之一者，處新臺幣1萬元以上5萬元以下罰鍰：

1. 未經許可攜帶經公告之危險或易燃物進入大眾捷運系統路線、場、站或車輛內。
2. 任意操控站、車設備或妨礙行車、電力或安全系統設備正常運作。
3. 違反第44條第3項規定，未經天橋或地下道，跨越完全獨立專用路權之大眾捷運系統路線。

有前項情形之一者，適用前條第2項規定。

未滿14歲之人，因其法定代理人或監護人監督不周，致違反第一項規定時，處罰其法定代理人或監護人。

(四十) 本須知自公告日起生效，修正時亦同。

八、車票種類、收費方式與常客優惠專案

(一) **收費票價方式**：依照旅客所搭乘的最短里程長度來計算。票價最低下限為20元，最高上限為65元，並以5為單位。身高未滿115公分或是6歲以下之孩童可免費搭乘，但須有成人陪伴。

(二) **捷運票價區間記費方式如下**：

搭乘里程數（單位：公里）	票價（單位：元）	使用悠遊卡票價×0.8
＜5	20	16
5～8	25	20
8～11	30	24
11～14	35	28
14～17	40	32
17～20	45	36
20～23	50	40
23～26	55	44
26～31	60	48
＞31	65	52

※同一車站進出，須付最低票價金額，且進出時間不得超過15分鐘。不同一車站進出，進出時間不得超過兩小時。違反以上規定者，須再多付20元滯留金。另外當有兩種以上之路線方案可同時到達其他車站時，則採用路程最短且票價最低之金額收費。

(三) **車票種類**：有單程票、一日票、24小時票、紀念票、團體票等、攜帶自行車單程票。

1. **單程票**：僅限購票當日使用。單程票在每一個捷運車站均有設自動售票機，因此單程票是由自動售票機販售。單程票票價一律以全票金額計，進站時，由機器自動感應，出站時回收。中途出站，不退差價，愈站乘車者，需補差價。單程票在每一車站均有設置自動售票機系統。

2. **儲值票**：面額分500元與1000兩種。為磁卡式車票。購買1000元之儲值票，可享有只要800元之優惠。當剩餘金額低於0元時，車票自動回收。（現已停售。）
3. **一日票**：在各車站詢問處皆有販售。每張售價新台幣150元整，僅限購票當日使用。使用一日票至當日營運時間結束為止，不限次數與里程搭乘捷運。使用方式與悠遊卡的使用方式是相同的，進站以及出站時，均由機器自動感應。本票卡不含押金，且無加值功能。
4. **24小時票**：在各車站詢問處皆有販售。每張售價新台幣180元整，於第一次啟用起開始計算24小時內，不限次數與里程搭乘捷運。使用方式與悠遊卡的使用方式是相同的，進站以及出站時，均由機器自動感應。本票卡不含押金，且無加值功能。
5. **紀念票**：逢特殊日子或具有紀念日子的時候，就會販售出與當時記念意義有關之紀念票，為限量且限時販售。
6. **團體票**：使用團體票，進出車站時，由公務閘門進出，且團體必須同時同一車站進出。10人以上（含）之團體可享單程票價之八折優惠，40人以上（含）可享單程票價之七折優惠。
7. **攜帶自行車單程票**：每張票僅限一人攜帶一輛自行車搭乘捷運時使用，未加蓋戳章者無效。本票券僅限購票當日，且於開放攜帶自行車搭乘捷運時段時使用，愈期做廢。使用時由站務人員協助開啟團體票

(四) **台北觀光護照（Taipei Pass）**：

1. **特性**：一種結合公車、捷運的感應式交通票卡。啟用後於有效日期天數內，可不限次數與里程，搭乘台北捷運、台北市聯營公車以及新北市市轄公車。使用方式與使用悠遊卡方式相同，只需將卡片輕觸悠遊卡標誌的感應區即可。
2. **販售地點**：於各台北捷運車站詢問處，以及悠遊卡台北車站客服中心即可購得之。
3. **種類**：主要分一日券、一日券（貓纜版）、二日券、三日券與五日券等五種票券，價格如下：

種類	一日券	一日券（貓覽版）	二日券	三日券	五日券
售價	180元	250元	310元	440元	700元

※觀光護照貓覽版，啟用日起有效期限內，可不限次數搭乘台北捷運、台北市聯營公車、新北市轄路線公車與貓空纜車。

4. **注意事項：**

(1)台北觀光護照之使用期限，由第一次使用開始當日計算（自啟用當日起計算），以票卡正面標示之天數為有效期限。

(2)每張票卡僅限1人使用，不得多人共用。

(3)此為「不記名」之票卡，故無法辦理掛失及補發。

(4)票卡辦理退卡退費，必須未使用且外觀正常，亦須完整包裝，得於購買後7日內至各台北捷運車站詢問處辦理退卡退費，每筆退卡手續酌收取手續費20元。如票卡一旦經使用或是毀損，恕無法辦理退卡與退費。

(5)本票卡不含押金，且無加值功能。

(五)**常客優惠專案：**

1. **實施日期**：2020年2月1日起。

2. **適用對象：**

持電子票證（悠遊卡、一卡通、愛金卡、有錢卡）之普通卡、學生卡及優待卡搭乘臺北捷運，並支付全票票價之旅客。

(1)社福卡（敬老卡、愛心卡）、臺北市發行之國小數位學生證或兒童優惠卡、新北兒童卡，搭乘捷運已享優惠票價，不適用本方案。另愛心陪伴卡單獨使用時，視同普通卡，該次搭乘適用本方案；愛心陪伴卡若緊接在原愛心卡使用時，同愛心卡享優惠票價，僅累計搭乘次數，優惠票價不納入累計。

(2)特殊票種（公共運輸定期票、攜帶自行車或寵物車單程票、團體票、捷運旅遊票）不適用本方案。

3. **基本規則：**

(1)持電子票證搭乘捷運以全票票價扣款，並於票卡累積搭乘次數及搭乘金額。

(2)依每卡每月累計搭乘次數，決定現金回饋比例，並依累計搭乘金額，計算回饋金。

(3)當月搭乘捷運首次通過捷運閘門時，回饋金即以自動加值方式，存入同一張票卡之電子錢包。回饋金等同現金，除可用於搭乘捷運，亦可小額消費。

(4)每月累積期間：自每月1日0時至該月最後1日24時止。

(5)回饋金自動加值有效期間：自當月1日零時起，1年內有效。於有效期間內，首次通過捷運閘門即自動加值，超過有效期間均未搭乘捷運，則尚未存入電子錢包之回饋金，將於到期日之翌日零時起失效歸零。

4. **注意事項：**

(1)「搭乘次數」以完成「進站刷卡、出站扣款」為1次，並以出站扣款的時間為準。惟環狀線與板南線之間，因採站外轉乘，旅客在「環狀線板橋站/板南線板橋站」或「環狀線新埔民生站/板南線新埔站」，於站外轉乘容許時間（20分鐘）內轉乘者，視為同一旅次計算票價，「搭乘次數」累計1次。

(2)搭乘捷運於出站時，不論是否享有轉乘優惠，搭乘金額均以「全票票價」累計。

(3)搭乘捷運之進站及出站時間如有跨月，則該次搭乘紀錄累計於次月，並於出站閘門將當月回饋金自動加值存入電子錢包。

(4)旅客搭乘捷運經閘門進入付費區至離開付費區，超過停留時限（同一車站進出之最大時限為15分鐘；不同車站進出之最大時限為2小時）所收取之單程票最低票價金額（20元），不納入累積搭乘金額。

(5)依金管會「電子票證定型化契約應記載及不得記載事項」規定，電子票證儲值餘額上限不得超過新臺幣一萬元。故回饋金加值後，電子錢包餘額如超過1萬元者，閘門將自動提醒請旅客洽車站詢問處開立回饋金加值證明。旅客可持加值證明於車站詢問處將回饋金儲值至其他票卡，或待原票卡餘額減少後再行儲值。

(六) **雙向轉乘優惠：**

為配合臺北市政府鼓勵民眾使用大眾運輸工具之政策，故實施轉乘優惠措施。使用電子票證之旅客於轉乘優惠容許時間(1小時)內搭乘捷運直接轉乘公車，或搭乘公車直接轉乘捷運（不可搭乘其他運具，例如YouBike、淡海輕軌、臺鐵、貓空纜車、長途客運、高鐵、計程車等，形成中斷轉乘），依不同票種可享有不同額度之優惠。

1. 普通卡及單獨使用之愛心陪伴卡：每次新臺幣8元整。
2. 學生卡：每次優惠新臺幣6元整。

3. 社福卡（敬老卡、愛心卡、優待卡、陪同愛心卡使用之愛心陪伴卡等）：每次新臺幣4元整。
4. 公車捷運轉乘前加值不影響轉乘優惠。當搭完捷運（公車）票卡餘額為負值時，請於轉乘公車（捷運）前將電子票證加值成正值，即可享有轉乘優惠。另若轉乘前未正常感應捷運系統出站閘門或公車讀票機，則會無法判斷是否有轉乘情形，而影響轉乘權益。
5. 109年2月1日起實施公車上下車刷卡，上下車未完成刷卡則無法享有後續一趟捷運轉乘優惠，另捷運於出站時亦須成功由閘門完成扣款，後續方可享有公車轉乘優惠。

九、臺北捷運公司開放旅客攜帶自行車搭乘捷運應行注意事項

民國111年5月19日修正公布

一、臺北捷運公司（以下簡稱本公司）為配合臺北市政府提倡民眾正當休閒活動，特開放旅客攜帶自行車搭乘捷運，並訂定本應行注意事項於車站公告，旅客於開放時段攜帶自行車搭乘捷運時，應遵守大眾捷運法及相關法令與本應行注意事項規定。

二、開放進站時段：

(一) 週六、週日、國定假日、國定假日補假日及調整放假日（補行上班日除外）：06：00至營運結束為止。

(二) 政府行政機關上班日及補行上班日：10:00～16:00、22:00至營運結束為止。

(三) 其他時段不開放。如有異動，將另行公告。

三、開放進出及轉車車站：

(一) 除下列車站外，其他車站均開放自行車進出及轉乘：

1.文湖線及環狀線各車站。
2.淡水站。
3.中山站。
4.台北車站。
5.忠孝新生站。
6.忠孝復興站。
7.南京復興站。
8.大安站。

(二) 攜帶自行車未依規定於公告開放車站進出及轉乘之旅客，將依大眾捷運法第50條第1項第4款處罰。

四、進出車站動線：嚴禁使用電扶梯。車站內外之樓梯、電梯（每次使用最多限2輛自行車）及無障礙坡道均可使用，並僅可牽行不可騎乘或滑乘。

五、收費：採人車合併收費，單趟不限里程，一律全票收費，攜帶自行車單程票每張收費新臺幣80元整，旅客請先至車站詢問處向站務人員購票，每張車票僅限1人攜帶1輛自行車使用，出站回收。人車須一同進出車站。

六、進出閘門：請旅客洽車站站務人員協助，使用公務門進出付費區。

七、進出電聯車：

(一) 自行車停放車廂僅限第一節及最後一節電聯車車廂之車門可進出及停放，每1車門區限停2輛自行車，且不得佔用無障礙空間，每列車共可停放16輛，請旅客依標示位置候車及進出電聯車車廂，如車廂空間已明顯不足，請等候下一班車，勿強行進入車廂，以免妨礙其他旅客。

(二) 自行車應停放於車門中間之立柱兩側，自行車停於旅客與立柱中央，並與列車行駛方向垂直。

(三) 旅客攜帶自行車應「車不離身」，於車廂內旅客必須隨時扶持自行車，不可坐於座椅留置自行車單獨停放。

(四) 攜帶自行車旅客須隨時注意其他旅客進出車廂，禮讓進出動線，並避免污染他人衣物。

(五) 緊急時自行車須留置於車廂，並依列車廣播將自行車移至非開啟之車廂門邊，避免影響逃生動線。

八、攜帶自行車注意事項及使用限制：

(一) 旅客可攜帶之自行車僅限腳踏自行車及電動輔助自行車（須關閉電源），最大尺寸限制為長180公分、高120公分、寬70公分，禁止油類動力自行車、電動自行車、協力自行車及非屬常規型式之特殊自行車進出捷運系統。

12吋以下兒童自行車或其他自行車，最長邊不超過 165公分，且長、寬、高之和不得超過220公分，經妥善包裝後，可比照一般行李，營運時間內免費攜入各車站乘車。

(二) 未滿14歲旅客須由成人陪同，方得攜帶自行車進出捷運系統。

(三) 自行車於捷運系統內牽行、使用電梯及進出電聯車車廂，須禮讓身心障礙旅客及其他一般旅客。

(四) 旅客攜帶之自行車必須保持清潔，如有髒污之虞者，本公司得拒絕運送。

(五) 攜帶自行車者因其自行車造成本公司或第三人之損害，應負法律上相關之責任。

(六) 旅客攜帶之自行車，若有造成他人不便或影響安全之虞者，本公司得拒絕運送。

(七) 捷運系統發生緊急事件時，本公司得暫時停止旅客攜帶自行車進出捷運系統。

九、旅客攜帶自行車進出捷運系統，應確實遵守大眾捷運法與相關法令及本公司各項規定與注意事項，若有違反上述規定者，除依相關法令規定辦理外，旅客因違反規定導致本身之損害，應自行負擔相關責任，本公司不負損害賠償責任。

十、為因應特殊之狀況，本公司得公告調整開放之時段、車站及其他相關規定。

十、公共運輸定期票使用須知

民國110年12月15日起適用

壹、發行依據

依臺北市政府交通局「公共運輸定期票試辦計畫」，由臺北捷運公司會同經營臺北市聯營公車路線、新北市市區公車路線、臺北市YouBike等由臺北市政府交通局核定使用之公共運輸業者，發行公共運輸定期票。

貳、發售票種及說明

公共運輸定期票（以下稱定期票）以悠遊卡發行，售價1280元，持卡人於定期票有效期間內，不限里程、不限次數搭乘臺北捷運、臺北市聯營公車及新北市市區公車（不含里程收費公車），並可享臺北市YouBike站點借車前30分鐘免費之優惠措施。

參、購票及續購

一、可設定定期票之悠遊卡：普通卡、悠遊聯名卡、悠遊Debit卡、學生卡、數位學生證（悠遊卡公司與縣市政府或學校合作發行滿12歲以上學生使用之學生證悠遊卡）。其中，悠遊聯名卡及悠遊Debit卡之票卡效期須60天以上。

二、購票：持悠遊卡至臺北捷運車站購買。

三、續購：持卡人得持原票卡於定期票有效期間屆滿前10日起至臺北捷運車站辦理續購。

四、購買定期票時，購票金額係直接由悠遊卡儲值金額扣除，若餘額不足，須先加值補足悠遊卡儲值金額。

肆、啟用及有效期間

一、啟用：

(一) 定期票設定於悠遊卡公司所發行之悠遊卡普通卡、悠遊聯名卡或悠遊Debit卡，首次使用時，將票卡輕觸捷運車站自動收費進站閘門或公車驗票機上之感應區，即可啟用定期票（自購票當日起算，須於30日內啟用）。

(二) 定期票辦理續購時如仍在原定期票有效期間內，則續購之定期票俟原有效期間屆滿後之翌日自動啟用；如續購時已逾原定期票有效期間，則續購之定期票有效期間自續購後首次使用當日起算（自續購當日起算，須於30日內啟用）。

(三) 定期票無法於YouBike站點啟用，除須先於捷運或公車啟用，持卡人亦須加入YouBike會員並以該悠遊卡卡號註冊，始可享臺北市YouBike站點借車前30分鐘免費。

二、有效期間：自啟用當日（含）起算連續30日截止。

伍、退票、掛失及交易資料查詢

一、退票：

(一) 定期票啟用後，於有效期間內可申請辦理退票，由持卡人至臺北捷運車站詢問處辦理，逾期不予受理，退票金額存入悠遊卡電子錢包。

(二) 悠遊卡如需辦理退卡退費（含悠遊聯名卡、悠遊Debit卡），當票卡仍於定期票有效期間內，須先持卡至臺北捷運車站詢問處辦理定期票剩餘金額退還後，再辦理悠遊卡餘額返還。

(三) 定期票於購買後，若未於30日內啟用，可申請辦理退票，由持卡人至臺北捷運車站詢問處辦理。

(四) 退票金額之計算，除另有規定者外，應由定期票票價扣除經過日數之單日扣減基準金額加總及退票手續費20元後退還餘額（不敷扣除者不予退費）。前述單日扣減基準金額如下：第1日之單日扣減基準金額為180元，第2日起之單日扣減基準金額為130元。

(五) 前項「經過日數」係指定期票啟用當日起算至退票當日止之日數；購買後未啟用即退票，則經過日數以0計。定期票一經啟用後退票者，退票當日均視為已搭乘，不得計入退費。

(六) 退票金額一律以加值至悠遊卡儲值金額方式退還。

二、掛失：

(一) 無記名悠遊卡恕無法辦理掛失。

(二) 記名悠遊卡如有遺失、被竊、被搶、詐取或其他遭持卡人以外之第三人占有時，請依悠遊卡公司規定，儘速聯絡悠遊卡公司客服專線(02)412-8880（悠遊聯名卡請聯絡各發卡銀行），辦理掛失停用手續。

(三) 數位學生證如有遺失、被竊、被搶、詐取或其他遭持卡人以外之第三人占有時，請洽所屬學校辦理掛失。該數位學生證如已向悠遊卡公司辦理記名，亦可聯絡悠遊卡公司客服專線(02)412-8880辦理掛失停用手續。

(四) 悠遊卡非線上即時交易，票卡掛失後，持卡人需承擔自辦理掛失確認後3小時內之損失。

(五) 悠遊卡公司受理票卡掛失後，將通知臺北捷運公司辦理定期票退票手續，臺北捷運公司將依伍、一之退票規定，自啟用日起算至掛失當日，計算定期票退票金額後退還持卡人。退票金額返還方式，循現行記名悠遊卡退費管道，使用退費通知單、匯款或隨銀行帳單退回定期票餘額。

三、交易資料查詢：

(一) 持卡人可持票卡至統一超商ibon、全家Famiport、臺北捷運車站查詢機（EQM）及捷運車站詢問處查詢最近六筆交易紀錄。

(二) 持卡人可透過智慧型手機下載悠遊卡APP「EasyWallet」，輸入悠遊卡外觀卡號（記名卡需另輸入生日進行驗證），即可查詢當日前3天至前3個月之交易紀錄。

陸、使用規定

一、定期票於有效期間內可不限次數搭乘，故因傷病或其他個人因素中止搭乘者，恕不受理退費或補償。

二、定期票於有效期間內，如發生捷運列車運行中斷時，受影響之持卡人得依臺北捷運公司「列車運行中斷旅客延誤退費暨受困補償要點」請求補償。

三、定期票僅限一人使用，不得多人共用，如經查證有多人共用情形，將停用該定期票，第2人以上使用者將依《臺北捷運系統旅客須知》以無票乘車處理，且相關因定期票停用衍生之權益損失由持卡人自行承擔。持卡人如持遭停用之定期票辦理退費，將由定期票實收票價扣除定期票停用前之實際搭乘金額（含臺北捷運、公車及YouBike，並以原價計算）及退票手續費20元後退還餘額（不敷扣除者不予退費）。

四、票卡應避免污、折、刮、磨損、暴露高溫及扭曲之破壞，若有前述破壞情形致票卡資訊無法讀取，恕不受理搭乘。持卡人可持悠遊卡至臺北捷運車站詢問處後送處理，經查驗若為前述人為因素造成，將依伍、一之退票規定，計算定期票退票金額後退還持卡人。

五、票卡因故無法感應使用，在票卡外觀完整且無人為毀損情況下，請連絡悠遊卡公司客服專線（02）412-8880或持悠遊卡至臺北捷運車站詢問處處理。退票金額以定期票票價扣除「定期票票價乘以經過日數佔定期票有效期間（30日）之比例（不足1元之數值採無條件捨去）」之優惠價計算。

柒、其他

一、本須知如有修改或增刪時，由臺北捷運公司於網站及車站公告其變更事項、條款內容、生效日期。

二、除本須知另有規定外，其餘依臺北捷運公司旅客運送章則、臺北市聯營公車及新北市公車敬告乘客條款、臺北市公共自行車租賃系統YouBike服務條款等相關規定辦理。

三、有關悠遊卡使用之相關規定，依悠遊卡公司悠遊卡約定條款辦理。

十一、列車運行中斷旅客延誤退費暨受困補償要點

民國105年12月7日適用

(一) 臺北大眾捷運股份有限公司為維護旅客權益及提昇公司服務品質，特訂定本要點。

(二) 本要點所稱運行中斷係指捷運系統發生緊急事故、異常狀況或系統故障致列車運行中斷，經營運單位行控中心確認並發布公告（廣播）之情形。

(三) 經行控中心發布公告列車運行中斷，依下列方式處理：

1. **電子票證**：旅客得於下次進站時，由驗票閘門自動免費更正車票資料或至車站詢問處免費更正車票資料。
2. **單程票及團體票**：旅客得於7日內至車站詢問處請求退還全部票價。
3. **其他車票**：
   (1) **單次使用之車票**：旅客得於7日內至車站詢問處請求退還全部票價。
   (2) **可多次使用之車票**：旅客得於7日內至車站詢問處請求發給捷運免費搭乘券，免費搭乘券以每位旅客1張為原則。

(四) 旅客因運行中斷致受困車廂10分鐘以上，除依第3點規定處理外，得依下列標準請求補償：

1. 受困10分鐘以上，未滿20分鐘者，發給捷運免費搭乘券1張。
2. 受困20分鐘以上，未滿40分鐘者，發給捷運免費搭乘券2張。
3. 受困40分鐘以上，未滿60分鐘者，發給捷運免費搭乘券5張。
4. 受困60分鐘以上者，每增加15分鐘，加發捷運免費搭乘券3張，未滿15分鐘以15分鐘計。

(五) 前點所指受困車廂時間之計算，係指旅客受困車廂時起，經車站人員協助引導脫困到達車站為止之時間。

(六) 本要點自公告日起生效，修正時亦同。

十二、臺北捷運公司開放旅客攜帶寵物車搭乘捷運應行注意事項

民國111年5月19日修正公布

一、臺北捷運公司（以下簡稱本公司）為便利攜帶寵物旅客，並兼顧一般旅客權益，經評估相關因素後，開放旅客攜帶寵物車搭乘捷運，並訂定本應行注意事項（以下簡稱本應行注意事項）。

二、開放進站時段：

(一) 中、小型寵物車（本體尺寸長、寬、高之和175公分以下）：平、假日營運時段。

(二) 大型寵物車（本體尺寸長、寬、高之和介於176公分至 210公分）：

1. 週六、週日、國定假日、國定假日補假日及調整放假日（補行上班日除外）：06：00至營運結束為止。

2. 政府行政機關上班日及補行上班日：10:00~16:00、22:00至營運結束為止。

三、開放進出車站：

(一) 中、小型寵物車：全系統各車站。

(二) 大型寵物車：

1. 淡水信義線各站（台北車站、大安站除外）。

2. 松山新店線各站（南京復興站除外）。

3. 中和新蘆線各站（忠孝新生站除外）。

4. 板南線各站（忠孝復興站、忠孝新生站、台北車站除外）。

四、旅客攜帶寵物車搭乘捷運，應遵守下列事項：

(一) 大型寵物車，進站時須至車站詢問處購買「攜帶寵物車單程票」（人車合一、不限里程，每張新臺幣 80 元），依服務人員引導經由公務門進出付費區。

(二) 寵物車須保持包裝完固，無糞便、液體漏出之虞，寵物之頭、尾及四肢均不得露出，每 1 位購票旅客以攜帶 1 件為限。

(三) 寵物應適當防護屎尿，不散發惡臭、不吠叫。

(四) 請使用電梯，禁止使用電扶梯。

(五) 大型寵物車僅限停放列車第一節及最後一節車廂，且不得佔用無障礙空間，如車廂空間已明顯不足，請等候下一班車，勿強行進入車廂。

(六) 須禮讓身心障礙旅客、嬰兒車及其他一般旅客，不可影響動線。

(七) 如造成本公司或第三人之損害，應負法律上相關之責任。

(八) 應遵守大眾捷運法、臺北捷運系統旅客須知、本應行注意事項及其他相關規定。違者，除依相關法令規定辦理外，本公司並得拒絕運送。

NOTE

第五單元　桃園捷運

主題一、桃園機場捷運系統概述

一、緣起

桃園國際機場捷運（Taoyuan International Airport MRT 或Taiwan Taoyuan International Airport Access MRT System）是位於臺灣北部的捷運線，為臺灣第一條以提供機場聯外交通為主要目的之捷運路線，除了主要服務桃園國際機場之聯外交通外，亦兼具一般捷運系統的城際運輸功能。

本線原為中正機場捷運，該計畫於2003年流產，後政府規劃自建。重新設計建設**工程正式名稱定為「臺灣桃園國際機場聯外捷運系統」**，中華民國政府、民間與媒體則多以機場捷運、機捷或桃園機場捷運稱之。全線起自臺北車站，經由桃園國際機場、止於中壢車站，橫跨臺北市、新北市、桃園市等3個直轄市。

2010年7月6日，「桃園縣大眾捷運股份有限公司」成立，資本額為新臺幣30億元，由臺北市政府、新北市政府、桃園縣政府按照桃園捷運路線行經行政區域的長度比例出資（出資比例依序為6.67%、29.32%、64.01%），並由桃園縣政府主導經營。

機場捷運規劃有直達車與普通車二種營運模式：

直達車	自臺北車站行駛至臺灣桃園國際機場，途中僅停靠市區及機場端主要車站，需時約35分鐘。
普通車	全線運行、各站皆停，由臺北車站至臺灣桃園國際機場約需50分鐘。

桃園機場捷運系統規劃於臺北車站與高鐵桃園站，提供市區預辦登機服務及行李託運，便利搭機旅客提前完成登機準備；如此形同是機場內的航空公司報到櫃檯延伸至市中心區，將捷運車站形同機場的縮影，旅客可以提早在車站內託運行李，取得登機證。而新北產業園區站、機場第三航廈站及高鐵桃園站亦預留有行李處理系統之空間，於未來擴充使用。

二、桃園捷運公司的願景

桃園近年來工商發展迅速，人口、產業及都市空間發展變化極大，**高鐵特定區及航空城深具發展潛力，未來將與桃園、中壢形成都會三核心**，已具備發展成為都會區的優渥條件與契機，而整體交通運輸問題之解決愈顯重要，必須及早因應未來運輸需求成長，俾提升大眾運輸效能與使用率。

透過捷運系統運輸路網之規劃建設，搭配城鄉產業發展策略，規劃都市及非都市土地作合理有效之利用，以及無線寬頻環境之建構，使桃園逐步發展成為便捷、舒適、永續、繁榮，且具科技、人文、運動休閒、觀光遊憩等多元化國際競爭力的大都會。

捷運系統係大眾運輸路網建設之一環，發展以桃園都會區為本之大眾捷運系統，並可結合地方發展特色與實際需求，進行沿線地區之都市更新與活化再造，加速場站周邊土地整體開發，有效提昇土地利用價值，實踐TOD大眾運輸導向之整體都市發展與縣政願景，也正是推動桃園都會區捷運建設之積極目標。

三、桃園捷運的企業識別（CIS）標誌

本標誌以橢圓之主架構，環繞層次變化之圓弧，呈現律動與前進的速度感右上方環繞紫色圓弧象徵天空，有飛航的意味。左下方環繞的藍色圓弧象徵地面，速度感和傾斜上鉤的線條形成捷運列車的意象上、下圓弧將陸、空結合為一體，其內部結合三條延伸線形成英文字「T」呈現飛機翱翔之姿，呼應國門之都，代表桃園捷運連結桃園航空城，與世界接軌圖形內隱含3T意象，充分展現了桃園捷運建設目標：運輸（Transportation）、科技（Technology）、信賴（Trust）。

桃園捷運的標誌

四、桃園捷運公司的品質、職安與資安政策

(一) **品質政策**：在秉持的政策與有限資源下，透過全員的參與，不斷改善、提升工作方法、管理技能及品質水準，使本公司的產品與服務品質皆能滿足顧客的需求，進而成為業界的標竿。

(二) **職業安全衛生政策**：關懷生命，防止職業災害；遵守法規，推展零災害運動；持續整理整頓，共創安全衛生環境。

(三) **資訊安全政策**：

1. 確保本公司所屬之資訊資產之機密性、完整性及可用性。
2. 防杜人為疏失、蓄意或天然災害等因素使其免於遭受內、外部的蓄意或意外之威脅。
3. 保障本公司所屬利害關係人之權益。
4. 符合相關法令法規之要求。

五、桃園捷運公司運務處與維修處的組織及工作職掌

(一) **運務處**：為提供信賴可靠與卓越服務的捷運運輸，配合路線與建架構編列而成，主要為行車控制、車務、站務及票務等規劃管理及業務執行、運務相關規章制度之研(修)訂等事項。設有下列各單位：

1. **運務規劃及管理組**：主要業務係辦理運務處稽核與查核、事故調查、裁罰作業等業務。
2. **行控中心**：負責營運路線之狀況掌握，包括列車調度與監控，相關設備之監控，異常或緊急事件之處理，及聯繫維修人員，協調維修作業施作時機與方式。
3. **票務中心**：負責公司票證庫存配送管理、問題票處理、運量計算、營收查核、票證公司疑義帳務處理、票證公司清算清分作業、社福票證作業、票證客訴處理作業等業務。
4. **站務中心**：負責旅客服務之工作、站務人員訓練、緊急狀況時現場處理及規章手冊修改建議及營運相關建議。
5. **車務中心**：主要業務分為正線與機廠部分，正線包含電聯車駕駛、故障診斷與排除、旅客安全狀況監控、司機員調度、以及配合行控中心及車站處理異常狀況；機廠部分包含電聯車調度及收發車、電聯車清潔、機廠管制區進場管制及防護，及機廠相關設備監控等。

(二) **維修處**：主要負責車輛、機具、軌道、機電設施等之維修業務、維修技術之發展、小型新增及改善工程規劃、維修相關規章制度之研(修)訂等事項。設有下列各單位：

1. **維修管理暨研究發展組**：負責各項維修目標之執行計畫擬定，以及技術會報、維修管理系統、安全品保、內部稽核、資訊管理、預算、人事管理業務、訓練、庶務及支援處內各項維修後勤業務。
2. **車輛廠**：負責電聯車系統、機廠維修設備、軌道工程維修車輛之維護工作等相關維修作業。
3. **電機廠**：主要負責本系統供電系統、車站及車站之水電環控設備、電梯/電扶梯、月台門系統等相關設施設備之維護。
4. **電子廠**：主要負責本系統號誌系統、旅客資訊顯示系統、通訊系統、航班資訊顯示系統及監控系統等相關設施設備之維護。

5. **軌土廠**：主要業務為負責沿線軌道系統及第三軌(不含供電)之檢修與保養，沿線土建設施維護及監控作業，操作工程車輛進行巡軌作業。

六、桃園捷運中心組織架構

桃園捷運中心組織架構依其管理層級列如下：

第一層：董事會

第二層：稽核室

第三層：董事長

第四層：總經理

第五層：副總經理

第六層：設下列各處

運務處	運務規劃及管理組、行控中心、票務中心、站務中心、車務中心
維修處	維修管理暨研究發展組、車輛廠、電機廠、電子廠、軌土廠
工安處	勞安衛生組、品質環保組、系統安全組
總務處	行政事務組、採購發包組、物料倉儲組
企劃處	綜合規劃組、績效管理組、資訊組、開發事業組
財務處	財務管理組、財產管理組
人力資源處	人力發展組、人事管理組
會計室	預算組、帳務成本組

第七層：法務室、公共事務室

主題二、桃園機場捷運系統概況

一、桃園機場捷運簡介

桃園機場捷運由臺北車站往南經過桃園國際機場至桃園中壢區全長51公里，全線設有22個車站，但A14機場第三航廈站將配合第三航廈興建時程開通，後續桃園機場捷運線將延伸至台鐵中壢車站。**在臺北車站等4個車站與台鐵、高鐵、臺北捷運淡水信義線、板南線、中和新蘆線、環狀線等6條路網相連，形**

成便捷之軌道轉乘網絡，除能發揮北部地區之都會捷運功能外，亦提供桃園國際機場便利之聯外交通。

臺灣桃園國際機場捷運系統興建完成後，將串聯國際機場至高鐵車站、臺鐵車站及臺北捷運系統，形成一個四通八達的複合運輸系統；由A1站（臺北車站）至臺灣桃園國際機場，**約僅需35分鐘（含抵達各站停等時間），列車平均服務速率（時速）約為90公里/小時**，故可大幅縮短旅客往返機場的旅運時間，**搭機旅客亦可藉由預辦登機服務，提早在市區車站託運行李，取得登機證**，提供旅遊者一個完善與舒適的旅遊運輸服務。

二、桃園機場捷運計畫路線與維修廠

(一) **桃園機場捷運路線與延伸計畫**：桃園機場捷運經過桃園國際機場後，沿著新街溪、領航北路、高鐵北路、高鐵南路、中豐北路至中豐路，繼續沿中豐路、中正路至中壢車站止，全長53.09公里，營運時速設計為110公里，但實際營運最高時速約為100公里。

<table>
<tr><th>車站編號</th><th>車站名稱</th><th>里程</th><th>站體型式</th><th colspan="2">所在地</th></tr>
<tr><td>A1</td><td>臺北車站</td><td>0.0Km</td><td>地下</td><td>台北市</td><td>中正區</td></tr>
<tr><td>A2</td><td>三重</td><td>4.1Km</td><td rowspan="5">高架</td><td rowspan="5">新北市</td><td>三重區</td></tr>
<tr><td>A3</td><td>新北產業園區</td><td>7.6Km</td><td>新莊區</td></tr>
<tr><td>A4</td><td>新莊副都心</td><td>9.0Km</td><td rowspan="2">新莊、泰山區</td></tr>
<tr><td>A5</td><td>泰山</td><td>9.9Km</td></tr>
<tr><td>A6</td><td>泰山貴和</td><td>12.7Km</td><td>泰山區</td></tr>
<tr><td>A7</td><td>體育大學
(龜山樂善)</td><td>17.3Km</td><td>地下</td><td rowspan="2">桃園市</td><td rowspan="2">龜山區</td></tr>
<tr><td>A8</td><td>長庚醫院</td><td>20Km</td><td rowspan="4">高架</td></tr>
<tr><td>A9</td><td>林口</td><td>21.2Km</td><td>新北市</td><td>林口區</td></tr>
<tr><td>A10</td><td>山鼻</td><td>29.6Km</td><td rowspan="2">桃園市</td><td rowspan="2">蘆竹區</td></tr>
<tr><td>A11</td><td>坑口</td><td>31.6Km</td></tr>
</table>

<table>
<tr><th>車站編號</th><th>車站名稱</th><th>里程</th><th>站體型式</th><th colspan="2">所在地</th></tr>
<tr><td>A12</td><td>機場第一航廈</td><td>34.8Km</td><td rowspan="3">地下</td><td rowspan="10">桃園市</td><td rowspan="6">大園區</td></tr>
<tr><td>A13</td><td>機場第二航廈</td><td>35.8Km</td></tr>
<tr><td>A14</td><td>機場旅館</td><td>37.1Km</td></tr>
<tr><td>A15</td><td>大園</td><td>39.1Km</td><td rowspan="6">高架</td></tr>
<tr><td>A16</td><td>橫山</td><td>41.4Km</td></tr>
<tr><td>A17</td><td>領航
(大園國際高中)</td><td>42.9Km</td></tr>
<tr><td>A18</td><td>高鐵桃園站</td><td>44.5Km</td><td rowspan="4">中壢區</td></tr>
<tr><td>A19</td><td>桃園體育園區</td><td>46.3Km</td></tr>
<tr><td>A20</td><td>興南</td><td>49.2Km</td></tr>
<tr><td>A21</td><td>環北</td><td>50.8Km</td><td>地下</td></tr>
</table>

(二) **機場捷運延伸線計畫**：本計畫由機場捷運環北站(不含)起，全長約06公里，全線採「地下化」方式前進，路線沿中豐路南行，至中央西路路口設置「老街溪站」，繼續往南於中山路附近東(左)轉穿越民宅至中正路，並在中正路下方設置橫渡線，最終在目前臺鐵中壢火車站下方設置「中壢站」，該站將與未來臺鐵地下化中壢車站(規劃中)路線交會共站，呈現捷運在下、鐵路在上配置。

三、機場捷運車廂

由日商川崎重工設計，車種共分為直達機場為主的直達車與每站停靠的普通車兩種。

車廂外型，與現行捷運略有不同，車頭採略偏橢圓，左右兩片大型前窗及搭配下方的兩具「倒八字眉」造型的車燈，帶有中華風的外觀感受，而車廂左右各採用三片玻璃鏡面大型車門，以方便乘客快速上下車。

(一) **直達車**：**車廂主色調為紫色**，車頭與車身塗裝紫色線條，**每一車廂為54個座位，座椅採橫排座椅**，「非字型」座位，每列有4節乘客車廂，並外掛1節為行李車廂，共11列為一組，提供有個人折疊桌、閱讀燈、掛衣架與行李架等配備。**直達車廂內共有四台LED螢幕，提供機場最新起降航班動態與即時新聞等資訊。**

(二) 普通車：**車廂主色調為藍色**，車頭與車身塗裝藍色線條，**每一車廂平均為50個座位，座椅採縱向面對面的設計**，靠窗長排座位，每列有4節乘客車廂，無外掛1節行李車廂，共17列為一組。**每車設有足夠的站立空間與兩台LED螢幕，提供最新機場起降航班動態與即時新聞等資訊。**

四、桃園機場捷運系統營運特性

桃園捷運系統為桃園地區的地方型鐵路，除可聯接大臺北地區的捷運系統外，並不能直通其他新竹、苗栗地區的縣市。因此其具有兩點營運特性：

(一) 具機場聯外功能。

(二) 具都會捷運功能。

五、桃園機場捷運系統與其他都市高運量捷運系統相比較

桃園機場捷運系統係提供出國旅客趕赴返桃園機場而開發，國際旅客往往因須辦理出境手續而花較長時間，且隨身攜帶行李亦較笨重，因此乃**特別設計有直達車，且在車廂中有航班資訊顯示系統**。直達車車廂主色調為紫色，車頭與車身塗裝紫色線條，而普通車車廂主色調為藍色，車頭與車身塗裝藍色線條，**兩者皆提供機場最新起降航班動態與即時新聞等資訊**。但桃園機場捷運系統與一般都市高運量捷運系統相比較，它具有下列特點：

(一) **具有非每站皆停之直達車。**

(二) **航班資訊顯示系統。**

(三) 桃園機場捷運系統全線通車後，將採**10分鐘內各發一班直達車、一班普通車之交替發車模式**。直達車從臺北車站至桃園國際機場之行車時間將在35分鐘內；普通車從臺北車站至中壢全程，約需70分鐘。故桃園機場捷運系統與其他都市捷運系統比較，**最高營運速度，桃園捷運亦較高。**

(四) 桃園捷運在臺北火車站所採用的月台形式即為兩個島式月台，故稱為「雙島式」月台。第1月台及第2月台為直達車往機場第二航廈站方向，第3月台及第4月台為普通車往環北站方向。

六、桃園機場捷運路線圖

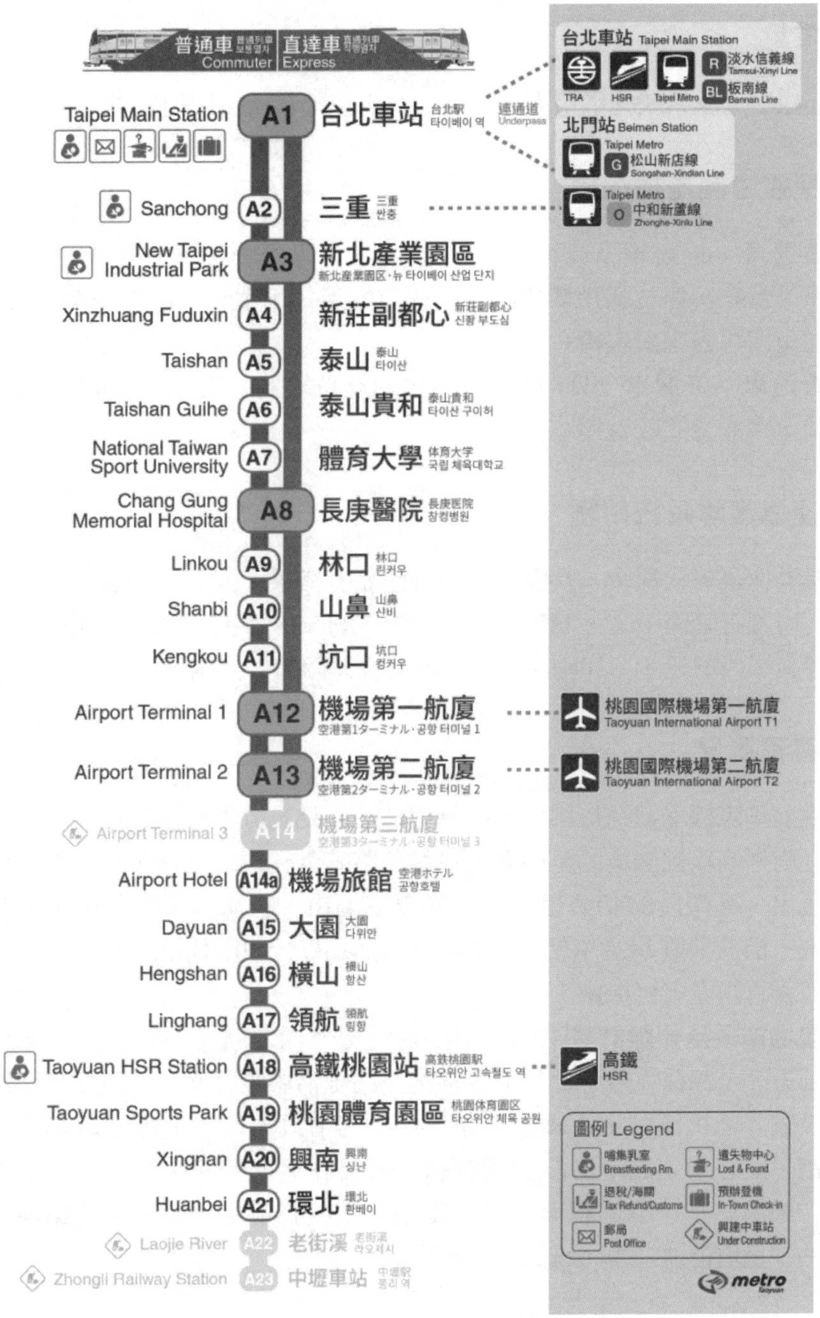

普通車 Commuter
直達車 Express
Taipei Main Station A1 台北車站 台北駅 타이베이 역
連通道 Underpass
台北車站 Taipei Main Station
TRA
HSR
Taipei Metro
R 淡水信義線 Tamsui-Xinyi Line
BL 板南線 Bannan Line
北門站 Beimen Station
Taipei Metro
G 松山新店線 Songshan-Xindian Line
Sanchong A2 三重 三重 싼충
Taipei Metro
O 中和新蘆線 Zhonghe-Xinlu Line
New Taipei Industrial Park A3 新北產業園區 新北産業園区·뉴 타이베이 산업 단지
Xinzhuang Fuduxin A4 新莊副都心 新荘副都心 신쫭 부도심
Taishan A5 泰山 泰山 타이산
Taishan Guihe A6 泰山貴和 泰山貴和 타이산 구이허
National Taiwan Sport University A7 體育大學 体育大学 국립 체육대학교
Chang Gung Memorial Hospital A8 長庚醫院 長庚医院 창겅병원
Linkou A9 林口 林口 린커우
Shanbi A10 山鼻 山鼻 산비
Kengkou A11 坑口 坑口 컹커우
Airport Terminal 1 A12 機場第一航廈 空港第1ターミナル·공항 터미널 1
桃園國際機場第一航廈 Taoyuan International Airport T1
Airport Terminal 2 A13 機場第二航廈 空港第2ターミナル·공항 터미널 2
桃園國際機場第二航廈 Taoyuan International Airport T2
Airport Terminal 3 A14 機場第三航廈 空港第3ターミナル·공항 터미널 3
Airport Hotel A14a 機場旅館 空港ホテル 공항호텔
Dayuan A15 大園 大園 다위안
Hengshan A16 橫山 橫山 헝산
Linghang A17 領航 領航 링항
Taoyuan HSR Station A18 高鐵桃園站 高鉄桃園駅 타오위안 고속철도 역
高鐵 HSR
Taoyuan Sports Park A19 桃園體育園區 桃園体育園区 타오위안 체육 공원
Xingnan A20 興南 興南 싱난
Huanbei A21 環北 環北 환베이
Laojie River A22 老街溪 老街渓 라오제시
Zhongli Railway Station A23 中壢車站 中壢駅 중리 역
圖例 Legend
哺集乳室 Breastfeeding Rm.
遺失物中心 Lost & Found
退稅/海關 Tax Refund/Customs
預辦登機 In-Town Check-in
郵局 Post Office
興建中車站 Under Construction
metro taoyuan

主題三、桃園機場捷運系統常識摘述

一、供電

桃園國際場捷運系統的供電方式為第三軌系統，其所使用的電壓為直流750V。

二、捷運車廂座椅配置

(一) **直達車**：直達車一列5輛，多1輛行李車專用車廂。直達車座位較像高鐵、台鐵，座位採用紫色絨布座椅較舒適，每車廂以2X2「橫向」配置，並有四組對坐式座椅。

(二) **普通車**：普通車一列4輛。普通車的座位則為「縱向」配置，無座墊座椅，車廂空間較直達車寬敞。

三、捷運售票系統用語

桃園機場捷運線開通後，為吸引大量外國旅客搭乘，因此，捷運售票系統設計「目前規畫有繁體中文、簡體中文、英語、日文、韓文、德文、印尼、馬來西亞、泰文、西班牙。」10國語言，方便在台國際旅客查詢。

四、路程概況

(一) 桃園國際機場捷運以桃園國際機場二期航站為分界點，往東至臺北車站，往南經高鐵桃園車站至中壢火車站。路線全長約53公里，其中地下段約13公里，高架段約40公里，範圍涵蓋桃園市、新北市、臺北市等三個行政區，沿途共設24座車站，包括15座高架車站，9座地下車站；並設置青埔與蘆竹兩處維修機廠。

(二) **機場捷運延伸線計畫**：本計畫由機場捷運環北站（不含）起，全長約06公里，全線採「地下化」方式前進，路線沿中豐路南行，至中央西路路口設置「老街溪站」，繼續往南於中山路附近東（左）轉穿越民宅至中正路，並在中正路下方設置橫渡線，最終在目前臺鐵中壢火車站下方設置「中壢站」，該站將與未來臺鐵地下化中壢車站（規劃中）路線交會共站，呈現捷運在下、鐵路在上配置。

五、區間閉塞制的運用

目前桃園機場捷運系統之運轉係採取「移動區間閉塞制」。

六、市區預辦登機服務

(一) **服務地點**：桃園捷運機場捷運線A1臺北車站B1層預辦登機區。

(二) **服務時間**：每日06:00~21:30 (飛機起飛前3小時手續停止辦理)。旅客須於航班起飛當日上午6時至航班起飛前3小時(180分鐘)之任何時間辦理市區預辦登機手續。

(三) **注意事項**：不受理年齡12歲以下單獨旅行兒童、團體、攜帶寵物及攜帶超大超長行李之旅客。

(四) **可辦理登機手續的航空公司**：

1. 中華航空、華信航空。
2. 長榮航空、立榮航空。

七、桃園捷運通勤135團體優惠專案－團體定期票使用須知

法規一點靈

桃園捷運通勤135團體優惠專案－團體定期票使用須知

壹、發售票種及說明

一、本票卡為記名非接觸式晶片卡，供記名持卡人本人於100天內及指定站間範圍內，不限次數搭乘之車票。

二、優惠折扣為100天定期票5折（以單程票全票金額通勤日70天，每天使用2次計算）

三、本票卡僅可用於搭乘桃園捷運，不適用於轉乘其他運具。

四、本票卡僅儲存乘車期限，不具儲值現金功能。

貳、購票及續購

一、購票：

(一) 第一次購票時，請向團體窗口索取「團體定期票申辦表」或至本公司網站下載填寫團體定期票申辦表，指定起迄站一端為該團體之指定車站，另一端由持卡人選定，繳交團體定期票費用及工本費50元/張（不可退還）予團體窗口。

(二) 本人辦理或委託他人代辦時，應確認填寫資料正確無誤，保障記名持卡人權益，如因填寫資料有誤致影響持卡人辦理退票、掛失，或查票時無法證明為記名持卡人本人等，本公司概不負責。

(三) 每人限持有一張定期票。

二、續購：

(一) 記名持卡人得持原票卡於有效期間屆滿前10天起，逕至車站詢問處辦理續購，繳交定期票費用。

(二) 續購天期為100天，指定起迄站一端為該團體之指定車站，不需填寫「團體定期票申辦表」。

參、啟用及有效期間

一、啟用：

(一) 購票：於購票後第一次使用當天啟用（需於購票後30天內啟用）。

(二) 續購：辦理續購後，如續購時間為原有效期間內，則續購之定期票俟原有效期間屆滿後即啟用；如續購時間已逾有效期間，則續購之定期票自續購後第一次使用當天啟用（需於續購後30天內啟用）。

二、有效期間：自啟用後計算至有效期間100天（連續天數）營業時間結束截止。

肆、變更及退票、掛失、交易資料查詢

一、變更及退票：

(一) 團體定期票發售後恕不受理變更，應依退票後重新申辦新卡方式辦理。

(二) 團體定期票退票限於有效期間內，由記名持卡人本人辦理；逾期不予退費。

(三) 團體定期票退票後即鎖卡，無法持原卡辦理續購，如有定期票使用需求須重新申辦新卡。

(四) 退票金額之計算，除另有規定者外，應由團體定期票實收費用（不含工本費）扣除「指定站間單程票全票金額乘以經過天數（日曆天）乘以每天使用2次」，並扣除退票手續費20元後退還餘額（不敷扣除者不予退費）。

(五) 前項經過天數係指自票卡啟用當天起算，至退票當天止之天數，退票當天均視為已搭乘，不得計入退費。票卡未經啟用即辦理退票，則以團體定期票實收費用（不含工本費）扣除退票手續費20元後退還餘額。

(六) 團體定期票不受理回收票卡及歸還工本費，惟如票卡外觀完好，但無法判讀內容，本公司將回收票卡，以原購買費用扣除「原購買費用按天數（日曆天）比例乘以經過天數」之優惠價計算餘額，並退還票卡工本費，且不另收手續費。

(七) 卡片應避免污、折、刮、磨損、暴露高溫及扭曲之破壞，若有前述破壞情形致卡片資訊無法讀取，且外觀卡號無法辨識時，不予受理退票。

二、掛失：

(一) 團體定期票遺失時，應由記名持卡人本人至車站詢問處或聯絡客服專線辦理掛失停用手續，掛失後如有被冒用之情事，由本公司承擔該損失風險。卡片一經掛失後，恕不受理取消掛失。

(二) 辦理掛失手續後，本公司將依照肆、一、(四)(五)之退票規定辦理計算團體定期票剩餘金額後退還於原記名持卡人。

三、交易資料查詢：

(一) 最近六筆交易紀錄：記名持卡人可持團體定期票卡至車站「車票餘額查詢機」查詢最近六筆交易紀錄。

(二) 非最近六筆交易紀錄：記名持卡人至車站詢問處辦理查詢作業，並於收到本公司所寄發之通知單後至指定車站繳交查詢費用及領取非最近六筆交易紀錄表。（查詢費用收取標準：20元，每多1頁加收5元）

伍、使用方式

一、本票卡為非接觸式晶片卡，使用時將卡片輕觸自動收費閘門上之感應區，閘門確認有效性後即自動開啟。

二、團體定期票不限搭乘車種。

三、團體定期票如搭乘超越指定站間範圍，需按身分別補足超越站間之單程票票價。

四、團體定期票除因可歸責於本公司之事由外，經自動收費閘門進入付費區至離開付費區之停留時限規定如下，違反規定者，應再支付單程票全票最低票價費用。

(一) 非同一車站進出，最大時限為2小時。

(二) 同一車站進出，最大時限為15分鐘。

五、團體定期票於有效期間內，因不可抗力或其他臨時性因素致列車停駛超過1日（含）時，受影響之記名持卡人本人得向車站服務人員領取一次票，領取張數以停駛日數每日2張計算。

六、團體定期票於有效期間內可不限次數搭乘，故因傷病或其他個人因素中止旅程者，恕不受理補償。

七、記名團體定期票請妥善保管，且僅限記名持卡人本人使用，不得供其他人使用，如經本公司查證非持卡人本人使用，將停用該定期票卡，並依大眾捷運法第49條規定，冒用者除須補繳票價外，並支付票價50倍之違約金，同時將該定期票卡收回，並通知記名持卡人領回該停用之票卡及依肆、一、(四)(五)退票規定計算之餘額，且本公司不接受該記名持卡人再次申辦定期票。相關因停用及收回衍生之權益損失由記名持卡人自行承擔。

陸、客戶資料

一、記名持卡人同意提供個人基本資料予本公司，進行提供資訊服務、統計及市調分析等參考依據。經提供予本公司之個人資料，持卡人得申請查詢、閱覽、複製，並就更新、登載錯誤之資料請求補充、更正；若發生個人資料之蒐集、處理或利用無合理目的或違法之情形，持卡人得要求本公司停止其個人資料之蒐集、處理或利用，並得要求本公司刪除持卡人已提供之個人資料。

二、記名持卡人資料如有異動，應通知本公司更改，以確保其權益。

三、本公司除非經過記名持卡人同意、應法律規定之要求，或基於善意相信揭露為法律需要，絕不將持卡人的個人資料提供、出借或出售給與本服務或交易無關之任何第三者，以保護記名持卡人的個人資料及隱私權。

柒、其他

一、本須知如有修改或增刪時，本公司將於網站及車站公告其變更事項、條款內容、生效日期。

二、除本須知另有規定外，其餘依本公司旅客運送章則等相關規定辦理。

八、桃園大眾捷運系統旅客須知摘錄

法規一點靈

桃園大眾捷運系統旅客須知

(一) 在捷運範圍內，不得有下列行為。違者本公司得拒絕運送：

1. 於車站、車廂內推擠或影響自己或他人安全。
2. 於車站、車廂內騎乘或攜帶自行車。但摺疊完成並妥善包裝之摺疊式自行車（含腳踏自行車，以及電源關閉之電動輔助自行車）或符合本公司公告規範者，旅客可攜帶進入車站。
3. 於車站、車廂內使用直排輪、溜冰鞋、滑板、滑板車等其他類似器材。
4. 於車站、車廂內攜帶或乘坐代步車、電動車或其他類似動力機具。但領有身心障礙手冊或其他經本公司許可之旅客，可使用坐乘式輪椅或代步車，以不超過時速5公里速度於車站內通行。

(二) 旅客隨身攜帶行李及物品，應符合下列規定，違者本公司得拒絕運送：

1. 不得妨礙其他旅客，並應自行保管及照料。
2. 每件長度不得超過165公分，長、寬、高之和不得超過220公分。但輪椅、代步車、嬰兒車，及其他經本公司公告物品，不在此限。
3. 旅客隨身攜帶氣球者，其數量不得超過5個，且任1個最長邊不得超過50公分。
4. 攜帶動物進入站區或車輛內，應裝於寵物箱、小籠或小容器內，且包裝完固，無排泄物、液體漏出之虞，動物之頭、尾及四肢均不得露出，每1位購票旅客以攜帶1件為限，尺寸不得超過長55公分、寬45公分、高40公分。但警察人員攜帶之警犬、視覺、聽覺、肢體功能障礙者由合格導盲犬、導聾犬、肢體輔助犬陪同或導盲犬、導聾犬、肢體輔助犬專業訓練人員於執行訓練時帶同導盲、導聾、肢體輔助犬幼犬，不在此限。

嚴選題庫

(　　) 1 桃園國際機場捷運係以何種方式興建？ (A)OT (B)BOT (C)ROT (D)政府規劃自建。

(　　) 2 桃園國際機場捷運全線起自哪一個車站，經由桃園國際機場、止於中壢車站？ (A)臺北車站 (B)板橋車站 (C)桃園車站 (D)三重車站。

(　　) 3 下列捷運系統只有哪一個規劃有直達車與普通車二種營運模式？ (A)臺北捷運 (B)新北捷運 (C)高雄捷運 (D)桃園國際機場捷運。

(　　) 4 桃園國際機場捷運直達車自臺北車站行駛至臺灣桃園國際機場，需時約需多少分鐘？ (A)25分鐘 (B)30分鐘 (C)35分鐘 (D)45分鐘。

(　　) 5 桃園捷運標誌的3T意象，下列何者不在其中？ (A)運輸 (B)通信 (C)科技 (D)信賴。

(　　) 6 桃園機場捷運由臺北車站往南經過桃園國際機場至桃園中壢區全長51公里，全線設有幾個車站？ (A)20個 (B)21個 (C)22個 (D)24個。

(　　) 7 桃園機場捷運線自臺北車站至桃園機場，與臺北捷運在下列哪一個站交會？ (A)忠孝新生站 (B)民權西路站 (C)三重站 (D)蘆洲站。

(　　) 8 桃園機場捷運直達車及普通車，各有多少個座位？ (A)48；42 (B)50；46 (C)52；48 (D)54；50。

(　　) 9 桃園機場捷運系統在青埔及下列何處設有維修廠？ (A)蘆竹 (B)八德 (C)鳳鳴 (D)大園。

(　　) 10 桃園機場捷運系統與一般都市高運量捷運系統相比較，其所具有的特點，下列何者錯誤？ (A)非每站皆停之直達車 (B)票價較為便宜 (C)航班資訊顯示系統 (D)最高營運速度。

解答與解析

1 **(D)**。本線原為中正機場捷運，該計畫於2003年流產，後政府規劃自建。重新設計建設工程正式名稱定為「臺灣桃園國際機場聯外捷運系統」。

2 **(A)**。全線起自臺北車站，經由桃園國際機場、止於中壢車站，橫跨臺北市、新北市、桃園市等3個直轄市。

3 **(D)**。只有桃園機場捷運規劃有直達車與普通車二種營運模式。

4 **(C)**。桃園國際機場捷運直達車途中僅停靠市區及機場端主要車站。

5 **(B)**。3T意象為運輸(Transportation)、科技(Technology)、信賴(Trust)。

6 **(C)**。但A14機場第三航廈站將配合第三航廈興建時程開通，後續桃園機場捷運線將延伸至台鐵中壢車站。

7 **(C)**。桃園機場捷運線原長35.7公里，自臺北車站至桃園機場，與臺北捷運紫線在「三重站」交會。

8 **(D)**。直達車座椅採橫排座椅，普通車座椅採縱向面對面的設計。

9 **(A)**。桃園機場捷運系統設置青埔與蘆竹兩處維修廠。

10 **(B)**。桃園機場捷運系統與一般都市高運量捷運系統相比較，只具有(A)(C)(D)三個特點。

NOTE

桃園捷運系統相關行政法令條文

一、大眾捷運系統土地開發辦法

民國99年1月15日修正公布

第一章　總則

第1條　本辦法依大眾捷運法（以下簡稱本法）第7條第7項規定訂定之。

第2條　大眾捷運系統路線、場、站土地及其毗鄰地區土地之開發依本辦法之規定。

第3條　本辦法用詞，定義如下：

一、開發用地：係指大眾捷運系統路線、場、站土地及其毗鄰地區之土地，經主管機關核定為土地開發之土地。

二、土地開發：係指主管機關自行開發或與投資人合作開發開發用地，以有效利用土地資源之不動產興闢事業。

第4條　大眾捷運系統土地開發之主管機關，為各該大眾捷運系統主管機關或交通部指定之地方主管機關；其執行機構為各該大眾捷運系統主管機關所屬或許可之工程建設機構、營運機構或其他土地開發機構。

前項主管機關辦理本法所規定之土地開發事宜，得委任或委託執行機構為之。

前項情形，應將委任或委託事項及法規依據公告，並刊登政府公報。

第5條　（刪除）

第二章　土地開發之規劃及容許使用項目

第6條　辦理土地之開發時，執行機構應擬定開發範圍，報請主管機關核定實施。

第7條　主管機關為辦理各開發用地之興建前，應將用地範圍、土地使用分區管制規定或構想、建物設計指導原則（含捷運設施需求及設計）、開發時程及其他有關土地開發事項公告並刊登政府公報。

第8條 開發用地內之捷運設施屬出入口、通風口或其他相關附屬設施等，經主管機關核准得交由投資人興建，其建造成本由主管機關支付。

第9條 主管機關得依區域計畫法或都市計畫法之規定，就大眾捷運系統路線、場、站土地及其毗鄰地區，申請劃定或變更為特定專用區。
開發用地及前項特定專用區之建築物及土地使用，應符合非都市土地使用管制或都市計畫土地使用分區管制之規定。

第三章　土地取得程序、開發方式及投資人甄選程序

第10條 大眾捷運系統開發用地屬公有者，主管機關得依本法第7條第4項規定辦理有償撥用。

第11條 **大眾捷運系統開發所需用地屬私有而由主管機關依本法第7條第4項規定以協議價購方式辦理者，經執行機構召開會議依優惠辦法協議不成時，得由主管機關依法報請徵收。**

第12條 以市地重劃方式取得開發用地時，由主管機關擬定市地重劃計畫書，送請該管市地重劃主管機關依平均地權條例有關規定辦理。

第13條 以區段徵收方式取得土地開發用地時，由主管機關擬定區段徵收計畫及徵收土地計畫書，送請該管區段徵收主管機關依本法第7條第5項、第6項規定辦理。

第14條 開發用地由主管機關自行開發或公告徵求投資人合作開發之。
主管機關與投資人合作開發者，其徵求投資人所需之甄選文件由執行機構報請主管機關核定後辦理。

第15條 主管機關依前條規定辦理徵求投資人時，申請人應於公告期滿後一個月內，依甄選文件備具下列書件各二份及申請保證金，向主管機關提出申請：
一、申請書：載明申請人姓名、出生年月日、職業、住所或居所、身分證統一編號或法人名稱、主事務所、代表人姓名，申請土地開發之地點及範圍。
二、申請人身分證影本、法人登記證明文件。
三、財力證明文件或開發資金來源證明文件及類似開發業績證明文件。
前項財力及開發資金基準，由主管機關定之。

第四章　申請投資表件及審查程序

第16條　依前條申請土地開發者應自公告期滿後四個月內提出開發建議書二份，逾期視為撤回申請；其開發建議書應包括下列事項：

一、基地位置、範圍與土地權屬。

二、土地權利取得方法與使用計畫、開發成果處分方式。

三、開發項目、內容與用途。

四、建築計畫：包括建築設計、結構系統、設備系統、營建工法、建材規格及工程預算書等。

五、依建築相關法令應檢附之防災計畫。

六、依水土保持、環境保護相關法令提送水土保持計畫、環境影響評估計畫等。

七、與捷運系統相關設施銜接計畫。

八、財務計畫：包括財務基本假設與參數設定、預估投資總金額、預估營運收支總金額、資金籌措與償還計畫、分年現金流量及投資效益分析。

九、開發時程計畫。

十、營運管理計畫。

十一、申請人與主管機關、土地所有人合作條件、分收比例及其他相關權利義務文件。

十二、其他有關事項文件。

主管機關得考量基地條件、捷運設施、以設定地上權方式或合併不同基地作開發辦理等特殊情形，酌予調整前條、本條所定期限及甄選文件並公告。

有二以上申請人申請投資時，除斟酌各申請人之開發能力及開發建議書外，以其開發內容對於都市發展之貢獻程度及其提供主管機關獲益較高者為優先考慮因素。

第17條　執行機構受理申請投資土地開發案件時，應就申請投資書件先行審查，所備書件不合規定且屬非契約必要之點者，執行機構應詳為列舉通知申請人限期補正，逾期不補正或補正不全者，視為放棄投資申請。

執行機構受理前項完成補正之申請案件，應於三個月內會同有關機關就申請資料完成審查或評選，並報主管機關核定土地開發計畫。

但申請案件須變更都市計畫、區域計畫或案情繁複者，得延長之。
前項審查或評選得通知申請人或有關機關。

第18條 **依前條規定核定取得投資權之申請案件，由執行機構通知申請人依審定條件於書面通知到達日起三十日內簽訂投資契約書，並繳交預估投資總金額百分之三之履約保證金。**不同意主管機關審定條件或未於限期內簽訂投資契約書，並繳交履約保證金者，視同放棄投資權，執行機構得由其他申請投資案件依序擇優遞補或重新公開徵求投資人。

第19條 前條履約保證金，申請人應以現金逕向執行機構指定之金融機構繳納，或以下列方式辦理：
一、銀行本行本票或支票、保付支票。
二、無記名政府公債。
三、設定質權予執行機構之銀行定期存款單。
四、銀行開發或保兌之不可撤銷擔保信用狀繳納。
五、取具銀行之書面連帶保證。
六、保險公司之連帶保證保險單。
前項保證金於計畫範圍內之工程完成百分之五十後，無息退還二分之一，開發計畫建築物全部領得使用執照後，無息退還原保證金之四分之一，餘款於不動產登記完畢，並交付所有人後十日內，無息退還。

第20條 投資人應自簽訂投資契約書之日起六個月內，依建築法令規定申請建造執照。
前項建造執照之申請，若因其他相關法令規定須先行辦理相關書圖文件送審，或有不可歸責於投資人之原因並經主管機關同意者，其作業之時間得不予計入。
第1項建造執照內容變更時，應先經執行機構同意後，再依建築法令規定辦理。

第五章 監督、管理及處分

第21條 建物全部或部分出租、設定地上權或以其他方式交由投資人統一經營者，投資人應於申請投資案核定後，檢具其所訂營運管理章程報經執行機構核轉主管機關核定，建物產權登記前併同營運人與執行機構簽訂營運契約書，依本辦法規定受執行機構之監督與管理。

建物非屬統一經營者，投資人得參照公寓大廈規約範本研訂管理規約，並納入與捷運有關之特別約定事項，報經執行機構核轉主管機關核定後請照、興建。

區分所有權人不得以會議決議排除第1項營運管理章程及營運契約之規定，及第2項管理規約之特別約定事項，專有部分有讓售等處分行為時，應於移轉契約中明定，須繼受原區分所有權人依公寓大廈管理條例及本條文之規範。

第22條 依土地開發計畫要求設置之公共設施建築及維護費用，由投資人負擔或視合作條件依協議比例分擔，並由執行機構或該公共設施主管機關代為施工或派員協助監督施工。

前項屬道路、人行陸橋及地下穿越道之公共設施；應於興建完成後將該部分之產權捐贈各該公共設施所在地之地方政府，並交由公共設施主管機關管理維護。

第23條 執行機構於必要時，得經主管機關核准，出租或出售開發之公有不動產，其租售作業要點由主管機關另定之。

第24條 投資人有下列情形之一者，執行機構得報請主管機關核准後解除投資契約：

一、違反第20條之規定者。

二、建造執照被作廢或註銷者。

三、違反第21條第一項之規定者。

第25條 投資人營運時有下列情形之一者，執行機構應通知限期改善，逾期不改善者，該執行機構得報經主管機關核准後終止契約：

一、地下商場，人行陸橋或地下道等工程附屬設施擅自增、修、改建者。

二、依土地開發計畫興建之開發設施未盡管理及養護責任，且不服從執行機構之監督與管理者。

三、不依主管機關核備之營運管理章程使用開發設施者。

投資人有前項各款情形之一者，執行機構於必要時得報經主管機關核准後逕為封閉或拆除之，所需費用由營運保證金扣抵。

第六章 獎勵

第26條 依本辦法申請投資土地開發案件，其符合獎勵投資法令有關規定者，得依法申請減免稅捐。

第27條 土地開發計畫經核准後，執行機構得協調政府相關單位配合興修計畫地區外關聯性公共設施及提供技術協助。

第28條 主管機關得協助投資人洽請金融機構辦理優惠或長期貸款。

第29條 依本辦法申請投資土地開發且無償提供捷運設施所需空間及其應持分土地所有權者，其建築物樓地板面積與高度得依下列規定放寬：

一、除捷運設施使用部分樓層不計入總樓地板面積外，得視個案情形酌予增加，但增加之樓地板面積，以不超過提供捷運系統場、站及相關設施使用之土地面積，乘以地面各層可建樓地板面積之和與基地面積之比，乘以二分之一為限。

二、除捷運設施使用部分樓層之高度得不計入高度限制外，並得視個案情形酌予增加，但增加部分以不超過該基地面前道路寬度之一倍，並以三十公尺為限。

第30條 若捷運系統工程建設因時程緊迫，執行機構於開發用地內，先行構築捷運設施，投資人於未來開發時，須償還因配合開發所增加之基本設計費及共構部分之細部設計費及施工費，但免計利息。

第七章 附則

第31條 執行機構應將下列條文載明於所訂契約中，作為契約內容之一部分：

一、投資契約書：第20條至第22條、第24條及第25條。

二、營運契約書：第23條及第25條。

第32條 本辦法自發布日施行。

二、大眾捷運系統兩側禁建限建辦法

民國108年5月16日修正公布

第一章 總則

第1條 本辦法依大眾捷運法第45-3條規定訂定之。

第2條 大眾捷運系統之場、站、路線及設施兩側之禁建、限建，依本辦法之規定辦理。

第3條 本辦法用詞，定義如下：

一、特殊軟弱地段：指土壤標準貫入試驗之貫入值小於八之軟弱粘土地層，且總厚度大於五十公尺，其間夾雜不同土層之厚度小於三公尺。

二、特殊堅硬地段：指於地表下十公尺範圍內，其土壤標準貫入試驗之貫入值大於五十之卵礫石或岩盤地質，且其連續厚度大於五十公尺。

三、過河段：指捷運系統穿越河川區域或排水設施範圍之區域。

四、廣告物：指招牌廣告及樹立廣告之廣告牌（塔）、電腦顯示板、電視牆、綵坊、牌樓、電動燈光、旗幟及非屬飛航管制區內之氣球等物體。

五、障礙物：指高度超過五十公分且水平投影面積超過五平方公尺之物體。

六、土地開挖行為：工程完成後無有體物留置之開挖行為，包括地基調查鑽孔、抽降地下水、地下構造物之拆除等。

七、現況測量：指針對捷運既有設施結構體、線形及淨空之情況所作之測量。

八、現況調查：指針對捷運既有設施結構體裂縫、滲漏水、鏽染鏽蝕等狀況以目視或拍照留存等方式進行，並作成紀錄之調查。

九、捷運主管機關：指本法第四條規定之大眾捷運系統中央或地方主管機關。

第二章　禁建限建範圍之公告、劃定、變更及廢止

第4條　**大眾捷運系統路線經行政院核定後，其違建、限建範圍，經捷運主管機關會同當地政府會勘後，由當地直轄市或縣（市）政府辦理公開閱覽三十日，並刊登於政府公報或新聞紙，土地權利關係人得於公開閱覽期間以書面提出意見。捷運主管機關於參酌土地權利關係人之意見後，劃定禁建、限建範圍。**

禁建、限建範圍劃定後，捷運主管機關應繪製比例尺不得小於千分之一之地形圖，並於報請交通部會同內政部核定後，委託當地直轄市或縣（市）政府公告實施。

第5條　本辦法已公告實施之禁建、限建範圍，因禁建、限建之內容變更或原因消滅時，捷運主管機關應依規定程序辦理變更或公告廢止。

第三章　禁建限建範圍及其管制

第6條　大眾捷運系統兩側禁建範圍為附件一所劃定之範圍。

前項禁建範圍內，除建造其他捷運設施、連通設施、開發建築物或依第二十二條規定所為之修繕、修改或拆除外，不得為下列行為：

一、建築物之建造。　二、工程設施之構築。

三、廣告物之設置。　四、障礙物之堆置。

五、土地開挖行為。

六、其他足以妨礙大眾捷運系統設施或行車安全之工程行為。

第7條　大眾捷運系統兩側限建範圍為附件二所劃定之範圍。

下列行為之主管機關核准申請人於限建範圍內辦理下列行為前，應先會商捷運主管機關：

一、建築物之建造。　二、工程設施之構築

三、廣告物之設置。　四、地基調查鑽孔。

五、障礙物之堆置。　六、抽降地下水。

七、管線、人孔及其他工程設施之開挖。　八、地下構造物之拆除。

九、地下鑽掘式管、涵之設置。　十、河川區域之工程行為。

前項各款行為之審核與管理之範圍，依附件三之規定辦理。

公共工程主辦機關進行第二項各款行為前，應先與捷運主管機關協調後為之。

第8條　於限建範圍內進行前條第二項所列各款之行為所產生之捷運設施變形累積總量，不得超過附件四規定之容許變形值。

第9條　起造人為其限建範圍內建築物申請建造執照、拆除執照或雜項執照時，應檢具建築法規定之文件及下列書件，向當地主管建築機關申請，由當地主管建築機關會商捷運主管機關審核同意後發給之：

一、基地建築配置及平面位置圖，其比例尺不得小於五百分之一。

二、建築物地開挖剖面圖，其比例尺不得小於二百分之一，圖上並應標明與捷運設施之相關位置。

三、開挖支撐系統設計圖。

四、地基調查、試驗及分析報告。

五、開挖穩定性分析。

六、分級規範甽線圖。

七、開挖施工對捷運設施之安全影響評估報告。

八、監測計畫，其內容應包括監測儀器配置、監測管理值及監測頻率等。

起造人進行前項第4款地基調時，鑽探孔位於地下捷運設施外緣水平向外六公尺範圍內者，應檢附鑽孔位置之平面圖與剖面圖先向捷運主管機關提出申請同意鑽探。

第1項第7款及第8款規定之文件，經捷運主管機關同意者得免提送之。

第10條　起造人於申請建造執照、拆除執照或雜項執照前，得向捷運主管機關請求提供捷運設施相關設計資料及最近一次之現況測量結果。

第11條　起造人對第8條附件四第7款之軌道位移量或前條之現況測量結果有疑義者，得向捷運主管機關申請現場會勘。

捷運主管機關辦理前條會勘時，得請捷運營運機構協助之。

第12條　起造人為其限建範圍內之建築物申請開工前，應先會同捷運主管機關及捷運營運機構，辦理捷運設施之現況調查及現況測量，並提出與原設計保護捷運設施相符之施工計畫，由當地主管建築機關會商捷運主管機關審核同意後始得開工。

前項行為，經捷運主管機關同意者得免辦理之。

第1項施工計畫應載明下列事項：

一、開挖步驟、計時、機具及工地檢驗之方式。

二、輔助工法及其施作機具之說明。

三、降水系統之機具、配量及各開挖階段之水位控制。
四、各開挖階段支撐應力、擋土壁變形及捷運設施之變形預測值。
五、監測系統之儀器配置及安裝方式。
六、緊急應變措施。
七、其他基於公共安全或保護捷運設施之需要，經捷運主管機關要求檢附之文件或說明。

前項第4款之分析過程應作成評估報告，並列為施工計畫檢附之文件。

第13條 起造人於開挖前，應安裝監測捷運設施安全之儀器並讀取初始值作成監測初始值量測報告，於監測實施後二日內送交捷運主管機關備查。

起造人於每一階段開挖完成後七日內，應根據監測結果作成監測報告送交捷運主管機關備查。

第14條 起造人安裝於捷運設施或開挖支撐系統上之任一監測儀器讀數達警戒值時，應立即通知捷運主管機關、提出安全評估報告，研判繼續施工之安全性，並副知捷運營運機構。捷運主管機關於必要時，得要求起造人變更施工方法及提出緊急應變計畫。

起造人安裝於捷運設施或開挖支撐系統上之任一監測儀器讀數達行動值，應立即停止施工，派駐專業技師進行必要之緊急應變措施，以保護捷運設施安全，且應將監測儀器讀數或損害情形於二十四小時內儘速通知捷運主管機關，並副知捷運營運機構，非經捷運主管機關同意，不得繼續施工。

第一項警戒值之訂定，不得大於捷運設施之容許變形值之百分之八十或開挖支撐系統設計值之百分之九十。

第二項行動值之訂定，不得大於捷運設施之容許變形值之百分之九十或開挖支撐系統設計值之百分之百。

起造人安裝於捷運設施或開挖支撐系統上之任一監測儀器讀數達危險值，或捷運設施已有損害時，除應依第二項規定辦理外，並應通知當地主管建築機關、捷運主管機關及捷運營運機構會同採取即時強制措施或為必要之處置。

前項危險值之訂定，不得大於捷運設施之容許變形值之百分之百或開挖支撐系統設計值之百分之一百二十五。

第15條 起造人於開挖過程中有變更施工方法者，應於變更工法七日前，檢附該變更開挖對捷運設施之安全評估報告向捷運主管機關申請許可。

第16條　起造人於進行第12條第1項現況調查、現況測量及第13條安裝監測儀器前，應先向捷運主管機關提出申請。

第17條　起造人依第九條第一項第七款、第十二條第四項、第十三條、第十四條第一項及第十五條規定提送捷運主管機關之文件，應由專業技師簽證。

第17-1條　依第九條第一項第七款、第八款、第十二條第一項、第十三條、第十四條第一項及第十五條規定提送捷運主管機關之安全影響評估報告、監測計畫、施工計畫、監測初始值量測報告及監測報告，捷運主管機關得要求起造人、申請人、工程主辦機關或行為人先委託專業機構審查並出具書面審查報告。

前項專業機構，係指具有土木工程、大地工程或結構工程專業之機構或其他法人機構。

第18條　起造人於其限建範圍內之建築物完工後申請使用執照前，應向捷運主管機關申請會勘。

捷運主管機關辦理前項會勘應通知捷運營運機構參與之，並作成會勘紀錄，其內容應記載下列事項：

一、參與會勘之機關名稱、會勘地點及時間。

二、現況測量及現況週查之檢視結果紀錄。

三、應改善部分之說明。

四、其他必要事項。

起造人依據會勘紀錄改善完畢後，應向捷運主管機關申請再次會勘。

第19條　起造人為其限建範圍內之建築物申請使用執照時，除應依建築法規定檢附相關文件外，並應檢附前條第2項規定之最終會勘紀錄。

第20條　申請人進行第7條第2項第2款至第9款之行為前，應檢附作業計畫及捷運主管機關要求之文件向該管主管機關申請同意。該管主管機關應會同捷運主管機關審核之，無該管主管機關者，由捷運主管機關為之。

前項作業計畫應載明下列事項：

一、施作行為之區域範圍及與捷運設施相關之位置。

二、施作行為內容及時間。

三、施作人員、機具及安全防護措施等詳細資料。

進行第7條附件三第5項至第9項之行為者，應檢附經專業技師簽證之捷運設施影響評估報告，如涉及地下開挖或鑽掘時應準用本章建築物之申請及審核相關規定辦理。

第21條 限建範圍內之施工機具、設備、吊掛機具、鷹架、障礙物或其他任何物品，未依第12條第1項施工計畫或前條第1項作業計畫執行安全防護措施，或其傾倒或散落有侵入禁建範圍內之虞者，捷運主管機關得命其申請人、起造人或行為人停工或限期改善。

第22條 本辦法禁建範圍公告實施前已存在之合法建築物、工程設施、廣告物及障礙物，其不妨礙大眾捷運系統安全者，得按現狀使用，除得修繕或拆除外，不得增建或改建。其修繕或拆除方式應由當地該管主管機關會同捷運主管機關審核之。無該管主管機關者，由捷運主管機關為之。

前項合法建築物、工程設施、廣告物及障礙物經捷運主管機關認定有礙大眾捷運系統之安全者，捷運主管機關得商請當地該管主管機關通知其所有人或使用人共同協議修改或拆除。

前項協議於三個月內無法達成者，當地該管主管機關得命其所有人或使用人限期修改或拆除，屆期未修改或拆除者，強制拆除之。自行拆除或強制拆除合法建築物、工程設施或廣告物之補償依當地直轄市或縣（市）政府辦理公共工程用地拆遷補償規定補償之。

第23條 本辦法禁建範圍公告實施後，在禁建範圍內進行中屬於第6條之禁止行為，應即停工。捷運主管機關得商請當地該管主管機關命其所有人或使用人限期修改、拆除，並依前條規定辦理補償。

第24條 捷運工程建設機構及捷運營運機構，應定期巡察本辦法劃定之禁建、限建範圍，發現有違反本辦法行為者，應即通知捷運主管機關。

第25條 違反第6條、第7條禁止或限制之行為，捷運主管機關得商請當地該管主管機關通知申請人、或行為人命其限期改善、修改、停工或拆除，申請人、起造人或行為人屆期不辦理者，依行政執行法辦理。

無當地該管主管機關者，前項處分由捷運主管機關為之。

第26條 本辦法自發布日施行。

三、政府採購法

民國108年5月22日修正公布

第一章　總則

第1條　為建立政府採購制度，依公平、公開之採購程序，提升採購效率與功能，確保採購品質，爰制定本法。

第2條　本法所稱採購，指工程之定作、財物之買受、定製、承租及勞務之委任或僱傭等。

第3條　政府機關、公立學校、公營事業（以下簡稱機關）辦理採購，依本法之規定；本法未規定者，適用其他法律之規定。

第4條　法人或團體接受機關補助辦理採購，其補助金額占採購金額半數以上，且補助金額在公告金額以上者，適用本法之規定，並應受該機關之監督。

藝文採購不適用前項規定，但應受補助機關之監督；其辦理原則、適用範圍及監督管理辦法，由文化部定之。

第5條　機關採購得委託法人或團體代辦。

前項採購適用本法之規定，該法人或團體並受委託機關之監督。

第6條　機關辦理採購，應以維護公共利益及公平合理為原則，對廠商不得為無正當理由之差別待遇。

辦理採購人員於不違反本法規定之範圍內，得基於公共利益、採購效益或專業判斷之考量，為適當之採購決定。

司法、監察或其他機關對於採購機關或人員之調查、起訴、審判、彈劾或糾舉等，得洽請主管機關協助、鑑定或提供專業意見。

第7條　本法所稱工程，指在地面上下新建、增建、改建、修建、拆除構造物與其所屬設備及改變自然環境之行為，包括建築、土木、水利、環境、交通、機械、電氣、化工及其他經主管機關認定之工程。

本法所稱財物，指各種物品（生鮮農漁產品除外）、材料、設備、機具與其他動產、不動產、權利及其他經主管機關認定之財物。

本法所稱勞務，指專業服務、技術服務、資訊服務、研究發展、營運管理、維修、訓練、勞力及其他經主管機關認定之勞務。

採購兼有工程、財物、勞務二種以上性質，難以認定其歸屬者，按其性質所占預算金額比率最高者歸屬之。

第8條 本法所稱廠商，指公司、合夥或獨資之工商行號及其他得提供各機關工程、財物、勞務之自然人、法人、機構或團體。

第9條 本法所稱主管機關，為行政院採購暨公共工程委員會，以政務委員一人兼任主任委員。

本法所稱上級機關，指辦理採購機關直屬之上一級機關。其無上級機關者，由該機關執行本法所規定上級機關之職權。

第10條 主管機關掌理下列有關政府採購事項：

一、政府採購政策與制度之研訂及政令之宣導。

二、政府採購法令之研訂、修正及解釋。

三、標準採購契約之檢討及審定。

四、政府採購資訊之蒐集、公告及統計。

五、政府採購專業人員之訓練。

六、各機關採購之協調、督導及考核。

七、中央各機關採購申訴之處理。

八、其他關於政府採購之事項。

第11條 主管機關應設立採購資訊中心，統一蒐集共通性商情及同等品分類之資訊，並建立工程價格資料庫，以供各機關採購預算編列及底價訂定之參考。

除應秘密之部分外，應無償提供廠商。

機關辦理工程採購之預算金額達一定金額以上者，應於決標後將得標廠商之單價資料傳輸至前項工程價格資料庫。

前項一定金額、傳輸資料內容、格式、傳輸方式及其他相關事項之辦法，由主管機關定之。

財物及勞務項目有建立價格資料庫之必要者，得準用前二項規定。

第11-1條 機關辦理巨額工程採購，應依採購之特性及實際需要，成立採購工作及審查小組，協助審查採購需求與經費、採購策略、招標文件等事項，及提供與採購有關事務之諮詢。

機關辦理第一項以外之採購，依採購特性及實際需要，認有成立採購工作及審查小組之必要者，準用前項規定。

前二項採購工作及審查小組之組成、任務、審查作業及其他相關事項之辦法，由主管機關定之。

第12條 機關辦理查核金額以上採購之開標、比價、議價、決標及驗收時，應於規定期限內，檢送相關文件報請上級機關派員監辦；上級機關得視事實需要訂定授權條件，由機關自行辦理。

機關辦理未達查核金額之採購，其決標金額達查核金額者，或契約變更後其金額達查核金額者，機關應補具相關文件送上級機關備查。

查核金額由主管機關定之。

第13條 機關辦理公告金額以上採購之開標、比價、議價、決標及驗收，除有特殊情形者外，應由其主（會）計及有關單位會同監辦。

未達公告金額採購之監辦，依其屬中央或地方，由主管機關、直轄市或縣（市）政府另定之。未另定者，比照前項規定辦理。

公告金額應低於查核金額，由主管機關參酌國際標準定之。

第1項會同監辦採購辦法，由主管機關會同行政院主計處定之。

第14條 機關不得意圖規避本法之適用，分批辦理公告金額以上之採購。其有分批辦理之必要，並經上級機關核准者，應依其總金額核計採購金額，分別按公告金額或查核金額以上之規定辦理。

第15條 機關承辦、監辦採購人員離職後三年內不得為本人或代理廠商向原任職機關接洽處理離職前五年內與職務有關之事務。

機關人員對於與採購有關之事項，涉及本人、配偶、二親等以內親屬，或共同生活家屬之利益時，應行迴避。

機關首長發現前項人員有應行迴避之情事而未依規定迴避者，應令其迴避，並另行指定人員辦理。

第16條 請託或關說，宜以書面為之或作成紀錄。

政風機構得調閱前項書面或紀錄。

第一項之請託或關說，不得作為評選之參考。

第17條 外國廠商參與各機關採購，應依我國締結之條約或協定之規定辦理。

前項以外情形，外國廠商參與各機關採購之處理辦法，由主管機關定之。

外國法令限制或禁止我國廠商或產品服務參與採購者，主管機關得限制或禁止該國廠商或產品服務參與採購。

機關辦理涉及國家安全之採購，有對我國或外國廠商資格訂定限制條件之必要者，其限制條件及審查相關作業事項之辦法，由主管機關會商相關目的事業主管機關定之。

第二章　招標

第18條　採購之招標方式，分為公開招標、選擇性招標及限制性招標。
本法所稱公開招標，指以公告方式邀請不特定廠商投標。
本法所稱選擇性招標，指以公告方式預先依一定資格條件辦理廠商資格審查後，再行邀請符合資格之廠商投標。
本法所稱限制性招標，指不經公告程序，邀請二家以上廠商比價或僅邀請一家廠商議價。

第19條　機關辦理公告金額以上之採購，除依第20條及第22條辦理者外，應公開招標。

第20條　機關辦理公告金額以上之採購，符合下列情形之一者，得採選擇性招標：
一、經常性採購。
二、投標文件審查，須費時長久始能完成者。
三、廠商準備投標需高額費用者。
四、廠商資格條件複雜者。
五、研究發展事項。

第21條　機關為辦理選擇性招標，得預先辦理資格審查，建立合格廠商名單。但仍應隨時接受廠商資格審查之請求，並定期檢討修正合格廠商名單。
未列入合格廠商名單之廠商請求參加特定招標時，機關於不妨礙招標作業，並能適時完成其資格審查者，於審查合格後，邀其投標。
經常性採購，應建立六家以上之合格廠商名單。
機關辦理選擇性招標，應予經資格審查合格之廠商平等受邀之機會。

第22條　機關辦理公告金額以上之採購，符合下列情形之一者，得採限制性招標：
一、以公開招標、選擇性招標或依第九款至第十一款公告程序辦理結果，無廠商投標或無合格標，且以原定招標內容及條件未經重大改變者。

二、屬專屬權利、獨家製造或供應、藝術品、秘密諮詢，無其他合適之替代標的者。

三、遇有不可預見之緊急事故，致無法以公開或選擇性招標程序適時辦理，且確有必要者。

四、原有採購之後續維修、零配件供應、更換或擴充，因相容或互通性之需要，必須向原供應廠商採購者。

五、屬原型或首次製造、供應之標的，以研究發展、實驗或開發性質辦理者。

六、在原招標目的範圍內，因未能預見之情形，必須追加契約以外之工程，如另行招標，確有產生重大不便及技術或經濟上困難之虞，非洽原訂約廠商辦理，不能達契約之目的，且未逾原主契約金額百分之五十者。

七、原有採購之後續擴充，且已於原招標公告及招標文件敘明擴充之期間、金額或數量者。

八、在集中交易或公開競價市場採購財物。

九、委託專業服務、技術服務、資訊服務或社會福利服務，經公開客觀評選為優勝者。

十、辦理設計競賽，經公開客觀評選為優勝者。

十一、因業務需要，指定地區採購房地產，經依所需條件公開徵求勘選認定適合需要者。

十二、購買身心障礙者、原住民或受刑人個人、身心障礙福利機構或團體、政府立案之原住民團體、監獄工場、慈善機構及庇護工場所提供之非營利產品或勞務。

十三、委託在專業領域具領先地位之自然人或經公告審查優勝之學術或非營利機構進行科技、技術引進、行政或學術研究發展。

十四、邀請或委託具專業素養、特質或經公告審查優勝之文化、藝術專業人士、機構或團體表演或參與文藝活動或提供文化創意服務。

十五、公營事業為商業性轉售或用於製造產品、提供服務以供轉售目的所為之採購，基於轉售對象、製程或供應源之特性或實際需要，不適 宜以公開招標或選擇性招標方式辦理者。

十六、其他經主管機關認定者。

前項第九款專業服務、技術服務、資訊服務及第十款之廠商評選辦法與服務費用計算方式與第十一款、第十三款及第十四款之作業辦法，由主管機關定之。

第一項第九款社會福利服務之廠商評選辦法與服務費用計算方式，由主管機關會同中央目的事業主管機關定之。

第一項第十三款及第十四款，不適用工程採購。

第23條　未達公告金額之招標方式，在中央由主管機關定之；在地方由直轄市或縣（市）政府定之。地方未定者，比照中央規定辦理。

第24條　機關基於效率及品質之要求，得以統包辦理招標。

前項所稱統包，指將工程或財物採購中之設計與施工、供應、安裝或一定期間之維修等併於同一採購契約辦理招標。

統包實施辦法，由主管機關定之。

第25條　機關得視個別採購之特性，於招標文件中規定允許一定家數內之廠商共同投標。

第一項所稱共同投標，指二家以上之廠商共同具名投標，並於得標後共同具名簽約，連帶負履行採購契約之責，以承攬工程或提供財物、勞務之行為。

共同投標以能增加廠商之競爭或無不當限制競爭者為限。

同業共同投標應符合公平交易法第十五條第一項但書各款之規定。

共同投標廠商應於投標時檢附共同投標協議書。

共同投標辦法，由主管機關定之。

第26條　機關辦理公告金額以上之採購，應依功能或效益訂定招標文件。其有國際標準或國家標準者，應從其規定。

機關所擬定、採用或適用之技術規格，其所標示之擬採購產品或服務之特性，諸如品質、性能、安全、尺寸、符號、術語、包裝、標誌及標示或生產程序、方法及評估之程序，在目的及效果上均不得限制競爭。

招標文件不得要求或提及特定之商標或商名、專利、設計或型式、特定來源地、生產者或供應者。但無法以精確之方式說明招標要求，而已在招標文件內註明諸如「或同等品」字樣者，不在此限。

第26-1條 機關得視採購之特性及實際需要，以促進自然資源保育與環境保護為目的，依前條規定擬定技術規格，及節省能源、節約資源、減少溫室氣體排放之相關措施。

前項增加計畫經費或技術服務費用者，於擬定規格或措施時應併入計畫報核編列預算。

第27條 機關辦理公開招標或選擇性招標，應將招標公告或辦理資格審查之公告刊登於政府採購公報並公開於資訊網路。公告之內容修正時，亦同。

前項公告內容、公告日數、公告方法及政府採購公報發行辦法，由主管機關定之。

機關辦理採購時，應估計採購案件之件數及每件之預計金額。預算及預計金額，得於招標公告中一併公開。

第28條 機關辦理招標，其自公告日或邀標日起至截止投標或收件日止之等標期，應訂定合理期限。其期限標準，由主管機關定之。

第29條 公開招標之招標文件及選擇性招標之預先辦理資格審查文件，應自公告日起至截止投標日或收件日止，公開發給、發售及郵遞方式辦理。發給、發售或郵遞時，不得登記領標廠商之名稱。

選擇性招標之文件應公開載明限制投標廠商資格之理由及其必要性。

第1項文件內容，應包括投標廠商提交投標書所需之一切必要資料。

第30條 機關辦理招標，應於招標文件中規定投標廠商須繳納押標金；得標廠商須繳納保證金或提供或併提供其他擔保。但有下列情形之一者，不在此限：

一、勞務採購，以免收押標金、保證金為原則。

二、未達公告金額之工程、財物採購，得免收押標金、保證金。

三、以議價方式辦理之採購，得免收押標金。

四、依市場交易慣例或採購案特性，無收取押標金、保證金之必要或可能。

押標金及保證金應由廠商以現金、金融機構簽發之本票或支票、保付支票、郵政匯票、政府公債、設定質權之金融機構定期存款單、銀行開發或保兌之不可撤銷擔保信用狀繳納，或取具銀行之書面連帶保證、保險公司之連帶保證保險單為之。

押標金、保證金與其他擔保之種類、額度、繳納、退還、終止方式及其他相關作業事項之辦法，由主管機關另定之。

第31條 機關對於廠商所繳納之押標金，應於決標後無息發還未得標之廠商。廢標時，亦同。

廠商有下列情形之一者，其所繳納之押標金，不予發還；其未依招標文件規定繳納或已發還者，並予追繳：

一、以虛偽不實之文件投標。

二、借用他人名義或證件投標，或容許他人借用本人名義或證件參加投標。

三、冒用他人名義或證件投標。

四、得標後拒不簽約。

五、得標後未於規定期限內，繳足保證金或提供擔保。

六、對採購有關人員行求、期約或交付不正利益。

七、其他經主管機關認定有影響採購公正之違反法令行為。

前項追繳押標金之情形，屬廠商未依招標文件規定繳納者，追繳金額依招標文件中規定之額度定之；其為標價之一定比率而無標價可供計算者，以預算金額代之。

第二項追繳押標金之請求權，因五年間不行使而消滅。

前項期間，廠商未依招標文件規定繳納者，自開標日起算；機關已發還押標金者，自發還日起算；得追繳之原因發生或可得知悉在後者，自原因發生或可得知悉時起算。

追繳押標金，自不予開標、不予決標、廢標或決標日起逾十五年者，不得行使。

第32條 機關應於招標文件中規定，得不發還得標廠商所繳納之保證金及其孳息，或擔保者應履行其擔保責任之事由，並敘明該項事由所涉及之違約責任、保證金之抵充範圍及擔保者之擔保責任。

第33條 廠商之投標文件，應以書面密封，於投標截止期限前，以郵遞或專人送達招標機關或其指定之場所。

前項投標文件，廠商得以電子資料傳輸方式遞送。但以招標文件已有訂明者為限，並應於規定期限前遞送正式文件。

機關得於招標文件中規定允許廠商於開標前補正非契約必要之點之文件。

第34條　機關辦理採購，其招標文件於公告前應予保密。但須公開說明或藉以公開徵求廠商提供參考資料者，不在此限。

機關辦理招標，不得於開標前洩漏底價，領標、投標廠商之名稱與家數及其他足以造成限制競爭或不公平競爭之相關資料。

底價於開標後至決標前，仍應保密，決標後除有特殊情形外，應予公開。

但機關依實際需要，得於招標文件中公告底價。

機關對於廠商投標文件，除供公務上使用或法令另有規定外，應保守秘密。

第35條　機關得於招標文件中規定，允許廠商在不降低原有功能條件下，得就技術、工法、材料或設備，提出可縮減工期、減省經費或提高效率之替代方案。其實施辦法，由主管機關定之。

第36條　機關辦理採購，得依實際需要，規定投標廠商之基本資格。

特殊或巨額之採購，須由具有相當經驗、實績、人力、財力、設備等之廠商始能擔任者，得另規定投標廠商之特定資格。

外國廠商之投標資格及應提出之資格文件，得就實際需要另行規定，附經公證或認證之中文譯本，並於招標文件中訂明。

第1項基本資格、第2項特定資格與特殊或巨額採購之範圍及認定標準，由主管機關定之。

第37條　機關訂定前條投標廠商之資格，不得不當限制競爭，並以確認廠商具備履行契約所必須之能力者為限。

投標廠商未符合前條所定資格者，其投標不予受理。但廠商之財力資格，得以銀行或保險公司之履約及賠償連帶保證責任、連帶保證保險單代之。

第38條　政黨及與其具關係企業關係之廠商，不得參與投標。

前項具關係企業關係之廠商，準用公司法有關關係企業之規定。

第39條　機關辦理採購，得依本法將其對規劃、設計、供應或履約業務之專案管理，委託廠商為之。

承辦專案管理之廠商，其負責人或合夥人不得同時為規劃、設計、施工或供應廠商之負責人或合夥人。

承辦專案管理之廠商與規劃、設計、施工或供應廠商，不得同時為關係企業或同一其他廠商之關係企業。

第40條　機關之採購，得洽由其他具有專業能力之機關代辦。

上級機關對於未具有專業採購能力之機關，得命其洽由其他具有專業能力之機關代辦採購。

第41條　廠商對招標文件內容有疑義者，應於招標文件規定之日期前，以書面向招標機關請求釋疑。

機關對前項疑義之處理結果，應於招標文件規定之日期前，以書面答復請求釋疑之廠商，必要時得公告之；其涉及變更或補充招標文件內容者，除選擇性招標之規格標與價格標及限制性招標得以書面通知各廠商外，應另行公告，並視需要延長等標期。機關自行變更或補充招標文件內容者，亦同。

第42條　機關辦理公開招標或選擇性招標，得就資格、規格與價格採取分段開標。

機關辦理分段開標，除第一階段應公告外，後續階段之邀標，得免予公告。

第43條　機關辦理採購，除我國締結之條約或協定另有禁止規定者外，得採行下列措施之一，並應載明於招標文件中：

一、要求投標廠商採購國內貨品比率、技術移轉、投資、協助外銷或其他類似條件，作為採購評選之項目，其比率不得逾三分之一。

二、外國廠商為最低標，且其標價符合第52條規定之決標原則者，得以該標價優先決標予國內廠商。

第44條　機關辦理特定之採購，除我國締結之條約或協定另有禁止規定者外，得對國內產製加值達百分之五十之財物或國內供應之工程、勞務，於外國廠商為最低標，且其標價符合第52條規定之決標原則時，以高於該標價一定比率以內之價格，優先決標予國內廠商。

前項措施之採行，以合於就業或產業發展政策者為限，且一定比率不得逾百分之三，優惠期限不得逾五年；其適用範圍、優惠比率及實施辦法，由主管機關會同相關目的事業主管機關定之。

第三章　決標

第45條　公開招標及選擇性招標之開標，除法令另有規定外，應依招標文件公告之時間及地點公開為之。

第46條　機關辦理採購，除本法另有規定外，應訂定底價。底價應依圖說、規範、契約並考量成本、市場行情及政府機關決標資料逐項編列，由機關首長或其授權人員核定。

前項底價之訂定時機，依下列規定辦理：

一、公開招標應於開標前定之。

二、選擇性招標應於資格審查後之下一階段開標前定之。

三、限制性招標應於議價或比價前定之。

第47條　機關辦理下列採購，得不訂底價。但應於招標文件內敘明理由及決標條件與原則：

一、訂定底價確有困難之特殊或複雜案件。

二、以最有利標決標之採購。

三、小額採購。

前項第1款及第2款之採購，得規定廠商於投標文件內詳列報價內容。

小額採購之金額，在中央由主管機關定之；在地方由直轄市或縣（市）政府定之。但均不得逾公告金額十分之一。地方未定者，比照中央規定辦理。

第48條　機關依本法規定辦理招標，除有下列情形之一不予開標決標外，有三家以上合格廠商投標，即應依招標文件所定時間開標決標：

一、變更或補充招標文件內容者。

二、發現有足以影響採購公正之違法或不當行為者。

三、依第82條規定暫緩開標者。

四、依第84條規定暫停採購程序者。

五、依第85條規定由招標機關另為適法之處置者。

六、因應突發事故者。

七、採購計畫變更或取銷採購者。

八、經主管機關認定之特殊情形。

第一次開標，因未滿三家而流標者，第二次招標之等標期間得予縮短，並得不受前項三家廠商之限制。

第49條 未達公告金額之採購，其金額逾公告金額十分之一者，除第22條第1項各款情形外，仍應公開取得三家以上廠商之書面報價或企劃書。

第50條 投標廠商有下列情形之一，經機關於開標前發現者，其所投之標應不予開標；於開標後發現者，應不決標予該廠商：

一、未依招標文件之規定投標。

二、投標文件內容不符合招標文件之規定。

三、借用或冒用他人名義或證件投標。

四、以不實之文件投標。

五、不同投標廠商間之投標文件內容有重大異常關聯。

六、第一百零三條第一項不得參加投標或作為決標對象之情形。

七、其他影響採購公正之違反法令行為。

決標或簽約後發現得標廠商於決標前有第一項情形者，應撤銷決標、終止契約或解除契約，並得追償損失。但撤銷決標、終止契約或解除契約反不符公共利益，並經上級機關核准者，不在此限。

第一項不予開標或不予決標，致採購程序無法繼續進行者，機關得宣布廢標。

第51條 機關應依招標文件規定之條件，審查廠商投標文件，對其內容有疑義時，得通知投標廠商提出說明。

前項審查結果應通知投標廠商，對不合格之廠商，並應敘明其原因。

第52條 機關辦理採購之決標，應依下列原則之一辦理，並應載明於招標文件中：

一、訂有底價之採購，以合於招標文件規定，且在底價以內之最低標為得標廠商。

二、未訂底價之採購，以合於招標文件規定，標價合理，且在預算數額以內之最低標為得標廠商。

三、以合於招標文件規定之最有利標為得標廠商。

四、採用複數決標之方式：機關得於招標文件中公告保留之採購項目或數量選擇之組合權利，但應合於最低價格或最有利標之競標精神。

機關辦理公告金額以上之專業服務、技術服務、資訊服務、社會福利服務或文化創意服務者，以不訂底價之最有利標為原則。

決標時得不通知投標廠商到場，其結果應通知各投標廠商。

第53條 合於招標文件規定之投標廠商之最低標價超過底價時，得洽該最低標廠商減價一次；減價結果仍超過底價時，得由所有合於招標文件規定之投標廠商重新比減價格，比減價格不得逾三次。

前項辦理結果，最低標價仍超過底價而不逾預算數額，機關確有緊急情事需決標時，應經原底價核定人或其授權人員核准，且不得超過底價百分之八。但查核金額以上之採購，超過底價百分之四者，應先報經上級機關核准後決標。

第54條 決標依第52條第1項第2款規定辦理者，合於招標文件規定之最低標價逾評審委員會建議之金額或預算金額時，得洽該最低標廠商減價一次。減價結果仍逾越上開金額時，得由所有合於招標文件規定之投標廠商重新比減價格。機關得就重新比減價格之次數予以限制，比減價格不得逾三次，辦理結果，最低標價仍逾越上開金額時，應予廢標。

第55條 機關辦理以最低標決標之採購，經報上級機關核准，並於招標公告及招標文件內預告者，得於依前2條規定無法決標時，採行協商措施。

第56條 決標依第52條第1項第3款規定辦理者，應依招標文件所規定之評審標準，就廠商投標標的之技術、品質、功能、商業條款或價格等項目，作序位或計數之綜合評選，評定最有利標。價格或其與綜合評選項目評分之商數，得做為單獨評選之項目或決標之標準。未列入之項目，不得做為評選之參考。評選結果無法依機關首長或評選委員會過半數之決定，評定最有利標時，得採行協商措施，再作綜合評選，評定最有利標。評定應附理由。綜合評選不得逾三次。

依前項辦理結果，仍無法評定最有利標時，應予廢標。

機關採最有利標決標者，應先報經上級機關核准。

最有利標之評選辦法，由主管機關定之。

第57條 機關依前二條之規定採行協商措施者，應依下列原則辦理：

一、開標、投標、審標程序及內容均應予保密。

二、協商時應平等對待所有合於招標文件規定之投標廠商，必要時並錄影或錄音存證。

三、原招標文件已標示得更改項目之內容，始得納入協商。

四、前款得更改之項目變更時，應以書面通知所有得參與協商之廠商。

五、協商結束後，應予前款廠商依據協商結果，於一定期間內修改投標文件重行遞送之機會。

第58條 機關辦理採購採最低標決標時，如認為最低標廠商之總標價或部分標價偏低，顯不合理，有降低品質、不能誠信履約之虞或其他特殊情形，得限期通知該廠商提出說明或擔保。廠商未於機關通知期限內提出合理之說明或擔保者，得不決標予該廠商，並以次低標廠商為最低標廠商。

第59條 廠商不得以支付他人佣金、比例金、仲介費、後謝金或其他不正利益為條件，促成採購契約之成立。

違反前項規定者，機關得終止或解除契約，並將二倍之不正利益自契約價款中扣除。未能扣除者，通知廠商限期給付之。

第60條 機關辦理採購依第51條、第53條、第54條或第57條規定，通知廠商說明、減價、比減價格、協商、更改原報內容或重新報價，廠商未依通知期限辦理者，視同放棄。

第61條 機關辦理公告金額以上採購之招標，除有特殊情形者外，應於決標後一定期間內，將決標結果之公告刊登於政府採購公報，並以書面通知各投標廠商。無法決標者，亦同。

第四章　履約管理

第62條 機關辦理採購之決標資料，應定期彙送主管機關。

第63條 各類採購契約以採用主管機關訂定之範本為原則，其要項及內容由主管機關參考國際及國內慣例定之。

採購契約應訂明一方執行錯誤、不實或管理不善，致他方遭受損害之責任。

第64條 採購契約得訂明因政策變更，廠商依契約繼續履行反而不符公共利益者，機關得報經上級機關核准，終止或解除部分或全部契約，並補償廠商因此所生之損失。

第65條 得標廠商應自行履行工程、勞務契約，不得轉包。

前項所稱轉包，指將原契約中應自行履行之全部或其主要部分，由其他廠商代為履行。

廠商履行財物契約，其需經一定履約過程，非以現成財物供應者，準用前2項規定。

第66條　得標廠商違反前條規定轉包其他廠商時，機關得解除契約、終止契約或沒收保證金，並得要求損害賠償。

前項轉包廠商與得標廠商對機關負連帶履行及賠償責任。再轉包者，亦同。

第67條　得標廠商得將採購分包予其他廠商。稱分包者，謂非轉包而將契約之部分由其他廠商代為履行。

分包契約報備於採購機關，並經得標廠商就分包部分設定權利質權予分包廠商者，民法第513條之抵押權及第816條因添附而生之請求權，及於得標廠商對於機關之價金或報酬請求權。

前項情形，分包廠商就其分包部分，與得標廠商連帶負瑕疵擔保責任。

第68條　得標廠商就採購契約對於機關之價金或報酬請求權，其全部或一部得為權利質權之標的。

第69條　（刪除）

第五章　驗收

第70條　機關辦理工程採購，應明訂廠商執行品質管理、環境保護、施工安全衛生之責任，並對重點項目訂定檢查程序及檢驗標準。

機關於廠商履約過程，得辦理分段查驗，其結果並得供驗收之用。

中央及直轄市、縣（市）政府應成立工程施工查核小組，定期查核所屬（轄）機關工程品質及進度等事宜。

工程施工查核小組之組織準則，由主管機關擬訂，報請行政院核定後發布之。其作業辦法，由主管機關定之。

財物或勞務採購需經一定履約過程，而非以現成財物或勞務供應者，準用第1項及第2項之規定。

第70-1條　機關辦理工程規劃、設計，應依工程規模及特性，分析潛在施工危險，編製符合職業安全衛生法規之安全衛生圖說及規範，並量化編列安全衛生費用。

機關辦理工程採購，應將前項設計成果納入招標文件，並於招標文件規定廠商須依職業安全衛生法規，採取必要之預防設備或措施，實施安全衛生管理及訓練，使勞工免於發生職業災害，以確保施工安全。

廠商施工場所依法令或契約應有之安全衛生設施欠缺或不良，致發生職業災害者，除應受職業安全衛生相關法令處罰外，機關應依本法及契約規定處置。

第71條 機關辦理工程、財物採購，應限期辦理驗收，並得辦理部分驗收。

驗收時應由機關首長或其授權人員指派適當人員主驗，通知接管單位或使用單位會驗。

機關承辦採購單位之人員不得為所辦採購之主驗人或樣品及材料之檢驗人。

前3項之規定，於勞務採購準用之。

第72條 機關辦理驗收時應製作紀錄，由參加人員會同簽認。驗收結果與契約、圖說、貨樣規定不符者，應通知廠商限期改善、拆除、重作、退貨或換貨。

其驗收結果不符部分非屬重要，而其他部分能先行使用，並經機關檢討認為確有先行使用之必要者，得經機關首長或其授權人員核准，就其他部分辦理驗收並支付部分價金。

驗收結果與規定不符，而不妨礙安全及使用需求，亦無減少通常效用或契約預定效用，經機關檢討不必拆換或拆換確有困難者，得於必要時減價收受。其在查核金額以上之採購，應先報經上級機關核准；未達查核金額之採購，應經機關首長或其授權人員核准。

驗收人對工程、財物隱蔽部分，於必要時得拆驗或化驗。

第73條 工程、財物採購經驗收完畢後，應由驗收及監驗人員於結算驗收證明書上分別簽認。

前項規定，於勞務驗收準用之。

第73-1條 機關辦理工程採購之付款及審核程序，除契約另有約定外，應依下列規定辦理：

一、定期估驗或分階段付款者，機關應於廠商提出估驗或階段完成之證明文件後，十五日內完成審核程序，並於接到廠商提出之請款單據後，十五日內付款。

二、驗收付款者，機關應於驗收合格後，填具結算驗收證明文件，並於接到廠商請款單據後，十五日內付款。

三、前2款付款期限，應向上級機關申請核撥補助款者，為三十日。前項各款所稱日數，係指實際工作日，不包括例假日、特定假日及退請受款人補正之日數。

機關辦理付款及審核程序，如發現廠商有文件不符、不足或有疑義而需補正或澄清者，應一次通知澄清或補正，不得分次辦理。

財物及勞務採購之付款及審核程序，準用前三項之規定。

第六章　爭議處理

第74條　廠商與機關間關於招標、審標、決標之爭議，得依本章規定提出異議及申訴。

第75條　廠商對於機關辦理採購，認為違反法令或我國所締結之條約、協定（以下合稱法令），致損害其權利或利益者，得於下列期限內，以書面向招標機關提出異議：

一、對招標文件規定提出異議者，為自公告或邀標之次日起等標期之四分之一，其尾數不足一日者，以一日計。但不得少於十日。

二、對招標文件規定之釋疑、後續說明、變更或補充提出異議者，為接獲機關通知或機關公告之次日起十日。

三、對採購之過程、結果提出異議者，為接獲機關通知或機關公告之次日起十日。其過程或結果未經通知或公告者，為知悉或可得而知悉之次日起十日。但至遲不得逾決標日之次日起十五日。

招標機關應自收受異議之次日起十五日內為適當之處理，並將處理結果以書面通知提出異議之廠商。其處理結果涉及變更或補充招標文件內容者，除選擇性招標之規格標與價格標及限制性招標應以書面通知各廠商外，應另行公告，並視需要延長等標期。

第76條　廠商對於公告金額以上採購異議之處理結果不服，或招標機關逾前條第二項所定期限不為處理者，得於收受異議處理結果或期限屆滿之次日起十五日內，依其屬中央機關或地方機關辦理之採購，以書面分別向主管機關、直轄市或縣（市）政府所設之採購申訴審議委員會申訴。地方政府未設採購申訴審議委員會者，得委請中央主管機關處理。

廠商誤向該管採購申訴審議委員會以外之機關申訴者，以該機關收受之日，視為提起申訴之日。

第二項收受申訴書之機關應於收受之次日起三日內將申訴書移送於該管採購申訴審議委員會，並通知申訴廠商。

爭議屬第三十一條規定不予發還或追繳押標金者，不受第一項公告金額以上之限制。

第77條 申訴應具申訴書，載明下列事項，由申訴廠商簽名或蓋章：

一、申訴廠商之名稱、地址、電話及負責人之姓名、性別、出生年月日、住所或居所。

二、原受理異議之機關。

三、申訴之事實及理由。

四、證據。

五、年、月、日。

申訴得委任代理人為之，代理人應檢附委任書並載明其姓名、性別、出生年月日、職業、電話、住所或居所。

民事訴訟法第70條規定，於前項情形準用之。

第78條 廠商提出申訴，應同時繕具副本送招標機關。機關應自收受申訴書副本之次日起十日內，以書面向該管採購申訴審議委員會陳述意見。

採購申訴審議委員會應於收受申訴書之次日起四十日內完成審議，並將判斷以書面通知廠商及機關。必要時得延長四十日。

第79條 申訴逾越法定期間或不合法定程式者，不予受理。但其情形可以補正者，應定期間命其補正；逾期不補正者，不予受理。

第80條 採購申訴得僅就書面審議之。

採購申訴審議委員會得依職權或申請，通知申訴廠商、機關到指定場所陳述意見。

採購申訴審議委員會於審議時，得囑託具專門知識經驗之機關、學校、團體或人員鑑定，並得通知相關人士說明或請機關、廠商提供相關文件、資料。

採購申訴審議委員會辦理審議，得先行向廠商收取審議費、鑑定費及其他必要之費用；其收費標準及繳納方式，由主管機關定之。

採購申訴審議規則，由主管機關擬訂，報請行政院核定後發布之。

第81條 申訴提出後，廠商得於審議判斷送達前撤回之。申訴經撤回後，不得再行提出同一之申訴。

第82條 採購申訴審議委員會審議判斷，應以書面附事實及理由，指明招標機關原採購行為有無違反法令之處；其有違反者，並得建議招標機關處置之方式。

採購申訴審議委員會於完成審議前，必要時得通知招標機關暫停採購程序。

採購申訴審議委員會為第1項之建議或前項之通知時，應考量公共利益、相關廠商利益及其他有關情況。

第83條 審議判斷，視同訴願決定。

第84條 廠商提出異議或申訴者，招標機關評估其事由，認其異議或申訴有理由者，應自行撤銷、變更原處理結果，或暫停採購程序之進行。但為應緊急情況或公共利益之必要，或其事由無影響採購之虞者，不在此限。

依廠商之申訴，而為前項之處理者，招標機關應將其結果即時通知該管採購申訴審議委員會。

第85條 審議判斷指明原採購行為違反法令者，招標機關應自收受審議判斷書之次日起二十日內另為適法之處置；期限屆滿未處置者，廠商得自期限屆滿之次日起十五日內向採購申訴審議委員會申訴。

採購申訴審議委員會於審議判斷中建議招標機關處置方式，而招標機關不依建議辦理者，應於收受判斷之次日起十五日內報請上級機關核定，並由上級機關於收受之次日起十五日內，以書面向採購申訴審議委員會及廠商說明理由。

審議判斷指明原採購行為違反法令，廠商得向招標機關請求償付其準備投標、異議及申訴所支出之必要費用。

第85-1條 機關與廠商因履約爭議未能達成協議者，得以下列方式之一處理：

一、向採購申訴審議委員會申請調解。

二、向仲裁機構提付仲裁。

前項調解屬廠商申請者，機關不得拒絕。工程及技術服務採購之調解，採購申訴審議委員會應提出調解建議或調解方案；其因機關不同意致調解不成立者，廠商提付仲裁，機關不得拒絕。

採購申訴審議委員會辦理調解之程序及其效力，除本法有特別規定者外，準用民事訴訟法有關調解之規定。

履約爭議調解規則，由主管機關擬訂，報請行政院核定後發布之。

第85-2條 申請調解，應繳納調解費、鑑定費及其他必要之費用；其收費標準、繳納方式及數額之負擔，由主管機關定之。

第85-3條 調解經當事人合意而成立；當事人不能合意者，調解不成立。

調解過程中，調解委員得依職權以採購申訴審議委員會名義提出書面調解建議；機關不同意該建議者，應先報請上級機關核定，並以書面向採購申訴審議委員會及廠商說明理由。

第85-4條 履約爭議之調解，當事人不能合意但已甚接近者，採購申訴審議委員會應斟酌一切情形，並徵詢調解委員之意見，求兩造利益之平衡，於不違反兩造當事人之主要意思範圍內，以職權提出調解方案。

當事人或參加調解之利害關係人對於前項方案，得於送達之次日起十日內，向採購申訴審議委員會提出異議。

於前項期間內提出異議者，視為調解不成立；其未於前項期間內提出異議者，視為已依該方案調解成立。

機關依前項規定提出異議者，準用前條第2項之規定。

第86條 主管機關及直轄市、縣（市）政府為處理中央及地方機關採購之廠商申訴及機關與廠商間之履約爭議調解，分別設採購申訴審議委員會；置委員七人至三十五人，由主管機關及直轄市、縣（市）政府聘請具有法律或採購相關專門知識之公正人士擔任，其中三人並得由主管機關及直轄市、縣（市）政府高級人員派兼之。但派兼人數不得超過全體委員人數五分之一。

採購申訴審議委員會應公正行使職權。採購申訴審議委員會組織準則，由主管機關擬訂，報請行政院核定後發布之。

第七章　罰則

第87條 意圖使廠商不為投標、違反其本意投標，或使得標廠商放棄得標、得標後轉包或分包，而施強暴、脅迫、藥劑或催眠術者，處一年以上七年以下有期徒刑，得併科新臺幣三百萬元以下罰金。

犯前項之罪，因而致人於死者，處無期徒刑或七年以上有期徒刑；致重傷者，處三年以上十年以下有期徒刑，各得併科新臺幣三百萬元以下罰金。以詐術或其他非法之方法，使廠商無法投標或開標發生不正確結果者，處五年以下有期徒刑，得併科新臺幣一百萬元以下罰金。

意圖影響決標價格或獲取不當利益，而以契約、協議或其他方式之合意，使廠商不為投標或不為價格之競爭者，處六月以上五年以下有期徒刑，得併科新臺幣一百萬元以下罰金。

意圖影響採購結果或獲取不當利益，而借用他人名義或證件投標者，處三年以下有期徒刑，得併科新臺幣一百萬元以下罰金。容許他人借用本人名義或證件參加投標者，亦同。

第1項、第3項及第4項之未遂犯罰之。

第88條 受機關委託提供採購規劃、設計、審查、監造、專案管理或代辦採購廠商之人員，意圖為私人不法之利益，對技術、工法、材料、設備或規格，為違反法令之限制或審查，因而獲得利益者，處一年以上七年以下有期徒刑，得併科新臺幣三百萬元以下罰金。其意圖為私人不法之利益，對廠商或分包廠商之資格為違反法令之限制或審查，因而獲得利益者，亦同。

前項之未遂犯罰之。

第89條 受機關委託提供採購規劃、設計或專案管理或代辦採購廠商之人員，意圖為私人不法之利益，洩漏或交付關於採購應秘密之文書、圖畫、消息、物品或其他資訊，因而獲得利益者，處五年以下有期徒刑、拘役或科或併科新臺幣一百萬元以下罰金。

前項之未遂犯罰之。

第90條 意圖使機關規劃、設計、承辦、監辦採購人員或受機關委託提供採購規劃、設計或專案管理或代辦採購廠商之人員，就與採購有關事項，不為決定或為違反其本意之決定，而施強暴、脅迫者，處一年以上七年以下有期徒刑，得併科新臺幣三百萬元以下罰金。

犯前項之罪，因而致人於死者，處無期徒刑或七年以上有期徒刑；致重傷者，處三年以上十年以下有期徒刑，各得併科新臺幣三百萬元以下罰金。

第1項之未遂犯罰之。

第91條 意圖使機關規劃、設計、承辦、監辦採購人員或受機關委託提供採購規劃、設計或專案管理或代辦採購廠商之人員，洩漏或交付關於採購應秘密之文書、圖畫、消息、物品或其他資訊，而施強暴、脅迫者，處五年以下有期徒刑，得併科新臺幣一百萬元以下罰金。

犯前項之罪，因而致人於死者，處無期徒刑或七年以上有期徒刑；致重傷者，處三年以上十年以下有期徒刑，各得併科新臺幣三百萬元以下罰金。

第1項之未遂犯罰之。

第92條 廠商之代表人、代理人、受雇人或其他從業人員，因執行業務犯本法之罪者，除依該條規定處罰其行為人外，對該廠商亦科以該條之罰金。

第八章　附則

第93條 各機關得就具有共通需求特性之財物或勞務，與廠商簽訂共同供應契約。

共同供應契約之採購，其招標文件與契約應記載之事項、適用機關及其他相關事項之辦法，由主管機關另定之。

第93-1條 機關辦理採購，得以電子化方式為之，其電子化資料並視同正式文件，得免另備書面文件。

前項以電子化方式採購之招標、領標、投標、開標、決標及費用收支作業辦法，由主管機關定之。

第94條 機關辦理評選，應成立五人以上之評選委員會，專家學者人數不得少於三分之一，其名單由主管機關會同教育部、考選部及其他相關機關建議之。

前項所稱專家學者，不得為政府機關之現職人員。

評選委員會組織準則及審議規則，由主管機關定之。

第95條 機關辦理採購宜由採購專業人員為之。但一定金額之採購，應由採購專業人員為之。

前項採購專業人員之資格、考試、訓練、發證、管理辦法及一定金額，由主管機關會商相關機關定之。

第96條 機關得於招標文件中，規定優先採購取得政府認可之環境保護標章使用許可，而其效能相同或相似之產品，並得允許百分之十以下之價差。產品或其原料之製造、使用過程及廢棄物處理，符合再生材質、可回收、低污染或省能源者，亦同。

其他增加社會利益或減少社會成本，而效能相同或相似之產品，準用前項之規定。

前二項產品之種類、範圍及實施辦法，由主管機關會同行政院環境保護署及相關目的事業主管機關定之。

第97條 主管機關得參酌相關法令規定採取措施，扶助中小企業承包或分包一定金額比例以上之政府採購。

前項扶助辦法，由主管機關定之。

第98條 得標廠商其於國內員工總人數逾一百人者，應於履約期間僱用身心障礙者及原住民，人數不得低於總人數百分之二，僱用不足者，除應繳納代金，並不得僱用外籍勞工取代僱用不足額部分。

第99條 機關辦理政府規劃或核准之交通、能源、環保、旅遊等建設，經目的事業主管機關核准開放廠商投資興建、營運者，其甄選投資廠商之程序，除其他法律另有規定者外，適用本法之規定。

第100條 主管機關、上級機關及主計機關得隨時查核各機關採購進度、存貨或其使用狀況，亦得命其提出報告。

機關多餘不用之堪用財物，得無償讓與其他政府機關或公立學校。

第101條 機關辦理採購，發現廠商有下列情形之一，應將其事實、理由及依第一百零三條第一項所定期間通知廠商，並附記如未提出異議者，將刊登政府採購公報：

一、容許他人借用本人名義或證件參加投標者。

二、借用或冒用他人名義或證件投標者。

三、擅自減省工料，情節重大者。

四、以虛偽不實之文件投標、訂約或履約，情節重大者。

五、受停業處分期間仍參加投標者。

六、犯第八十七條至第九十二條之罪，經第一審為有罪判決者。

七、得標後無正當理由而不訂約者。

八、查驗或驗收不合格，情節重大者。

九、驗收後不履行保固責任，情節重大者。

十、因可歸責於廠商之事由，致延誤履約期限，情節重大者。

十一、違反第六十五條規定轉包者。

十二、因可歸責於廠商之事由，致解除或終止契約，情節重大者。
十三、破產程序中之廠商。
十四、歧視性別、原住民、身心障礙或弱勢團體人士，情節重大者。
十五、對採購有關人員行求、期約或交付不正利益者。

廠商之履約連帶保證廠商經機關通知履行連帶保證責任者，適用前項規定。

機關為第一項通知前，應給予廠商口頭或書面陳述意見之機會，機關並應成立採購工作及審查小組認定廠商是否該當第一項各款情形之一。

機關審酌第一項所定情節重大，應考量機關所受損害之輕重、廠商可歸責之程度、廠商之實際補救或賠償措施等情形。

第102條 廠商對於機關依前條所為之通知，認為違反本法或不實者，得於接獲通知之次日起二十日內，以書面向該機關提出異議。

廠商對前項異議之處理結果不服，或機關逾收受異議之次日起十五日內不為處理者，無論該案件是否逾公告金額，得於收受異議處理結果或期限屆滿之次日起十五日內，以書面向該管採購申訴審議委員會申訴。

機關依前條通知廠商後，廠商未於規定期限內提出異議或申訴，或經提出申訴結果不予受理或審議結果指明不違反本法或並無不實者，機關應即將廠商名稱及相關情形刊登政府採購公報。

第1項及第2項關於異議及申訴之處理，準用第六章之規定。

第103條 依前條第三項規定刊登於政府採購公報之廠商，於下列期間內，不得參加投標或作為決標對象或分包廠商：

一、有第一百零一條第一項第一款至第五款、第十五款情形或第六款判處有期徒刑者，自刊登之次日起三年。但經判決撤銷原處分或無罪確定者，應註銷之。
二、有第一百零一條第一項第十三款、第十四款情形或第六款判處拘役、罰金或緩刑者，自刊登之次日起一年。但經判決撤銷原處分或無罪確定者，應註銷之。
三、有第一百零一條第一項第七款至第十二款情形者，於通知日起前五年內未被任一機關刊登者，自刊登之次日起三個月；已被任一機關刊登一次者，自刊登之次日起六個月；已被任一機關刊登累計二次以上者，自刊登之次日起一年。但經判決撤銷原處分者，應註銷之。

機關因特殊需要，而有向前項廠商採購之必要，經上級機關核准者，不適用前項規定。

本法中華民國一百零八年四月三十日修正之條文施行前，已依第一百零一條第一項規定通知，但處分尚未確定者，適用修正後之規定。

第104條 軍事機關之採購，應依本法之規定辦理。但武器、彈藥、作戰物資或與國家安全或國防目的有關之採購，而有下列情形者，不在此限。

一、因應國家面臨戰爭、戰備動員或發生戰爭者，得不適用本法之規定。

二、機密或極機密之採購，得不適用第27條、第45條及第61條之規定。

三、確因時效緊急，有危及重大戰備任務之虞者，得不適用第26條、第28條及第36條之規定。

四、以議價方式辦理之採購，得不適用第26條第3項本文之規定。

前項採購之適用範圍及其處理辦法，由主管機關會同國防部定之，並送立法院審議。

第105條 機關辦理下列採購，得不適用本法招標、決標之規定。

一、國家遇有戰爭、天然災害、癘疫或財政經濟上有重大變故，需緊急處置之採購事項。

二、人民之生命、身體、健康、財產遭遇緊急危難，需緊急處置之採購事項。

三、公務機關間財物或勞務之取得，經雙方直屬上級機關核准者。

四、依條約或協定向國際組織、外國政府或其授權機構辦理之採購，其招標、決標另有特別規定者。

前項之採購，有另定處理辦法予以規範之必要者，其辦法由主管機關定之。

第106條 駐國外機構辦理或受託辦理之採購，因應駐在地國情或實地作業限制，且不違背我國締結之條約或協定者，得不適用下列各款規定。但第二款至第四款之事項，應於招標文件中明定其處理方式。

一、第27條刊登政府採購公報。

二、第30條押標金及保證金。

三、第53條第1項及第54條第1項優先減價及比減價格規定。

四、第6章異議及申訴。

前項採購屬查核金額以上者，事後應敘明原由，檢附相關文件送上級機關備查。

第107條 機關辦理採購之文件，除依會計法或其他法律規定保存者外，應另備具一份，保存於主管機關指定之場所。

第108條 中央及直轄市、縣（市）政府應成立採購稽核小組，稽核監督採購事宜。

前項稽核小組之組織準則及作業規則，由主管機關擬訂，報請行政院核定後發布之。

第109條 機關辦理採購，審計機關得隨時稽察之。

第110條 主計官、審計官或檢察官就採購事件，得為機關提起訴訟、參加訴訟或上訴。

第111條 機關辦理巨額採購，應於使用期間內，逐年向主管機關提報使用情形及其效益分析。主管機關並得派員查核之。

主管機關每年應對已完成之重大採購事件，作出效益評估；除應秘密者外，應刊登於政府採購公報。

第112條 主管機關應訂定採購人員倫理準則。

第113條 本法施行細則，由主管機關定之。

第114條 本法自公布後一年施行。

本法修正條文（包括中華民國90年1月10日修正公布之第7條）自公布日施行。

四、桃園大眾捷運系統旅客須知

1. 桃園大眾捷運股份有限公司（以下簡稱本公司）為提供旅客舒適、便捷、安全、可靠之服務，特依「桃園市大眾捷運系統旅客運送規則」訂定本須知，並於車站公告，變更或調整時亦同。
2. 本須知用語定義如下：
   - 捷運範圍：為本公司所經營管理之大眾捷運系統路網範圍內所有路線、場、站與列車等區域。
   - 旅客：指搭乘本公司列車，或持有效車票進出車站之人。
   - 自動收費閘門：指設置於站內付費區與非付費區之間，採自動驗票方式管制旅客進出之設備。
   - 付費區：指車站內旅客持有車票，經自動收費閘門驗票或經站務人員查驗無誤後，始得進入之區域。
   - 車票：指供旅客搭乘本公司經營之大眾捷運系統之有效憑證，包含本公司發行及各發行機構依法發行，經本公司同意使用之票證。
   - 無票：未持有效車票或未經正常驗票程序進入付費區。
   - 失效車票：已逾有效使用期限或可使用次數之車票。
3. 非經本公司准許之車輛或人員，不得進入本公司之路線、橋樑、隧道、涵管內及站區內非供公眾通行之處所。旅客除經天橋及地下道外，不得跨越完全獨立專用路權之大眾捷運系統路線。
4. 本公司因天災事變、罷工、外來因素所肇致之事故或路線施工、運輸擁擠、交通管制等不可歸責於本身之事由時，為顧及旅客權益，得為下列必要措施：
   - 暫停部份或全部營運區段。
   - 限制或停用車站供公眾使用之設施。
   - 限制或停止旅客上下列車。
   - 強制旅客離開列車或站區。

   本公司於執行前項各款措施時，應於有關車站公告事由，並即時通報旅客。
5. 捷運範圍內之設備或設施，旅客應依照標示之規定或方法使用，並不得擅自占用、破壞、毀損、干擾或移動。

6. 旅客有下列情形之一者，本公司人員得視情節會同警察人員強制或護送其離開捷運系統範圍。其未乘車區間之票款，旅客得請求退還：
- 違反法令、公共秩序、善良風俗或旅客須知。
- 依法令得為拒絕運送之處置。
- 騷擾他人，或行為有明顯傷害他人或自己之虞。
- 未著衣物、穿著或攜帶不潔、惡臭或異味之衣著、物品影響他人或公共衛生。
- 需他人護送之旅客而無護送人陪同。
- 隨身攜帶物品之長度、體積造成他人重大不便。

7. 在捷運範圍內，不得有下列行為：
- 於車站、車廂內推擠或影響自己或他人安全。
- 於車站、車廂內使用直排輪、溜冰鞋、滑板、滑板車等其他類似器材。
- 坐、臥於車廂、車站地板、設備或設施上。
- 於車站、車廂吸菸或吸食電子菸（霧化器）。
- 其他行為有造成大眾捷運系統運轉之障礙或構成危險之虞。
- 違反其他本公司公告禁止之事項。

8. 在捷運範圍內，為維護安全，搭乘電扶梯，應緊握扶手、站穩踏階，勿倚靠側板，且不得有下列行為：
- 不按遵行之方向於電扶梯上行走。
- 於電扶梯上奔跑。
- 嬉戲、跳躍、跨越兩側護欄或從事其他危險行為。

攜帶大件行李之旅客、年長及行動不便者宜改搭電梯。

9. 在捷運範圍內從事下列行為，應向本公司申請許可後，始得為之：
- 聚眾講演、播放音響、演奏樂器、舉辦活動或其他干擾之行為。
- 張貼、塗抹、刻劃任何文字、圖畫或其他類似物件於各項設施或建築物上。
- 於車站或車廂內照相、拍攝或攝影，有妨礙他人或系統安全之虞者。
- 於車站、車廂內，向他人為傳教、市場調查或其他類似行為。
- 散發報紙、傳單、廣告物或宣傳品。
- 使用車站、車廂內未開放使用之電源插座。
- 非營運時間內，於車站或車廂內逗留。

10. 車票種類及發售方式如下：
- 單程票：提供旅客單次使用之車票。於詢問處、單程票售票機或本公司指定處所發售。
- 團體票：提供旅客10人以上，全程同行且起訖站相同使用之車票。於詢問處或本公司指定處所發售。
- 定期票：提供旅客於一定期間內使用之車票。於詢問處或本公司指定處所發售。
- 電子票證：各發行機構依法發行，經本公司同意使用之票證。
- 其他票種：依本公司官網公告辦法發售。

11. 除團體票、身高未滿115公分之兒童及身高滿115公分但未滿6歲兒童經出示身分證明文件者之外，車票每程僅限1人使用，不得多人共用，經查獲多人共用者，視為無票，依大眾捷運法第49條辦理。車票之有效使用期限依票載或公告之期限內有效，電子票證則依各發行機構公告期限內有效。

12. 旅客應妥善使用、保管本公司發行之單程票，不得折損、刮傷或塗寫。如使用、保管不當，致無法辨識或使用者，應負損害賠償責任。

    旅客持用車票損壞時，應立即向站務人員反應，損壞車票之處理方式如下：
- 旅客毀損單程票，須繳回並支付工本費。
- 旅客持用之單程票於出站時遭車站設備損壞者，票卡由本公司收回，購票費用不予退還。
- 其他票種：依本公司官網公告辦法辦理。

13. 旅客持用車票，除因可歸責於本公司之事由外，經自動收費閘門進入付費區至離開付費區之停留時限規定如下：
- 不同一車站進出，最大時限為2小時。
- 同一車站進出，最大時限為15分鐘。

    違反前項規定者，除應付之票價外，另加收本公司公告之單程票最低票價費用。

14. 旅客乘車應支付之票價，以本公司於車站公告之票價表為準。其運價一律全票收費。同站進出者，應支付車站公告之單程票最低票價費用，如屬特殊情況，可洽站務人員協助處理。

15. 身高未滿115公分之兒童，或身高滿115公分但未滿6歲之兒童經出示身分證明文件者，得免購票乘車，但須由已購票旅客陪同，違者本公司得拒絕運送。

16. 旅客乘車逾站，除因可歸責於本公司之事由外，應補繳差額。
17. 無票、持用失效車票或冒用不符身分之車票乘車者，除補繳票價外，並支付票價50倍之違約金。
前項應補繳票價及支付之違約金，如旅客不能證明其起站地點者，以本公司公告之單程票最高票價計算。
18. 旅客於乘車途中遺失車票，未自動至詢問處補票而遭查獲者，依無票搭乘規定處理。 前項旅客遺失車票自動補票者，免支付違約金。
19. 旅客遺失單程票者，補票時需加收工本費。
20. 旅客持用車票，未依規定通行自動收費閘門者，除因不可歸責於旅客之事由外，應補繳該次旅程實際票價，如旅客不能證明其起站地點者，以本公司公告之單程票最高票價計算。
21. 旅客須補票或支付違約金，如因故當時無法繳交者，應出示身分證明文件，並填具旅客補繳車資處理單，於10日內至本公司指定之處所補繳。
前項費用或違約金逾期未繳納者，本公司得依法追償。
22. 持用偽造或變造之車票者，除依無票搭乘規定處理外，本公司將報請警察機關處理。
23. 因車站發生緊急事故、異常狀況或列車因故運行中斷，須疏散旅客出站時，持用單程票之旅客得於當日起算7日內請求退還全部票價。持用其他票種之旅客，得於下次進站時由自動收費閘門免費更正車票資料或至詢問處免費更正車票資料。
24. 因系統故障，致旅客受困於車廂或電梯內，補償方式依列車運行中斷旅客退費暨受困補償要點辦理。
25. 旅客持用本公司發行車票，除因可歸責於本公司之事由或本公司另有公告外，一經使用概不退費。
26. 非因車站發生緊急事故、異常狀況或列車因故運行中斷而未使用之單程票，限於購買當日辦理退費，其他票種依本公司官網公告辦法辦理。
27. 旅客如中途出站，除因可歸責於本公司之事由外，其票價差額不予退還。
28. 旅客申請本公司發行車票退費時，本公司得扣除附加於車票之優待或折扣並加收手續費；若退費金額不足支付手續費，則不予退費。
29. 旅客申請本公司發行車票退費，應先行向本公司詢問處申請，經查驗無誤後，以現場或至指定處所領取等方式退回票款。

30.各家票證公司發售之票卡相關使用規範，依該公司所訂定之約定條款規定辦理。

31.旅客隨身攜帶行李及物品，應符合下列規定：

- 不得妨礙其他旅客，並應自行保管及照料。
- 每件長度不得超過165公分，長、寬、高之和不得超過220公分。但輪椅、嬰兒車、寵物推車及其他經本公司公告物品，不在此限。
- 旅客隨身攜帶氣球者，其數量不得超過5個，且任1個最長邊不得超過50公分。
- 攜帶自行車應遵守本公司公告之「桃園捷運公司開放旅客攜帶自行車搭乘捷運應行注意事項」，且捷運範圍內不得騎乘或滑乘。
- 不得攜帶或乘坐代步車、電動車或其他類似動力機具。但領有身心障礙證明（手冊）或其他經本公司許可之旅客，可使用坐乘式輪椅或代步車等行動輔具，以不超過時速5公里速度於車站內通行。
- 不得攜帶、使用手推車或其他類似器具。
- 攜帶動物進入站區或車輛內，應依本條第(二)項規定裝於寵物箱、寵物車、小籠或小容器內，且包裝完固，無排泄物、液體漏出之虞，動物之頭、尾及四肢均不得露出，每1位購票旅客以攜帶1件為限。但警察人員攜帶之警犬，視覺、聽覺、肢體功能障礙者由合格導盲犬、導聾犬、肢體輔助犬陪同或導盲犬、導聾犬、肢體輔助犬專業訓練人員於執行訓練時帶同導盲、導聾、肢體輔助犬幼犬，不在此限。

前項允許攜帶之動物，由本公司於各車站公告，並得因應特殊狀況，另行公告於特定期間、區域內，限制旅客攜帶動物進入站區或車輛內。

32.未經許可，不得攜帶下列危險品或易燃物進入捷運範圍：

- 各種刀具、剪刀或其他尖銳物品。但未違反法令，經妥善包裝，且無影響他人安全之虞者，不在此限。
- 各種槍械或彈藥。但值勤軍警人員攜帶槍械及彈藥，不在此限。
- 閃火點在攝氏60度以下之易燃液體如：礦油、汽油、煤油、苯、甲苯（松香水）、甲醇、乙醇（酒精）、丙酮、乙醚、油漆（油性塑膠漆及溶劑性水泥漆等）、二硫化碳及其他易燃液體。
- 易於爆裂或爆炸之物品如：炸藥、彈藥、火藥、雷石、高壓氣體（氫氣、氧氣、丙烷、液化石油氣、乙炔等）、硝化纖維、二硝基苯、二硝基甲苯、三硝基甲苯、二硝基酚、三硝基酚（苦味酸）、硝化乙二醇、硝化甘油、硝酸酐、有機性過氧化合物、乾冰（固態二氧化碳）及其他容易爆炸之物等。

- 容易自燃或引燃之物品如：火藥、金屬鈉、鉀汞合金、鎂粉、鋁粉、黃燐、硫化磷、磷化鈣、煙火、玩具煙火、爆竹、異丙醇及其他易燃固體等。但隨身使用之火柴、打火機等物品，不在此限。
- 容易侵害人體或有害他物之虞之物品如：硫酸、鹽酸、硝酸、鉛酸蓄電池、氯酸鹽（鉀、鈉、鋇）、過氯酸鹽（銨、鉀、鈉）、氯化磷、過氧化鈉、過氧化鋇、硝酸銨、漂白粉、農藥、殺蟲劑、除草劑、砷、砒霜、氰化物、鈾、鈽、鐳、醫療廢棄物，及其他具腐蝕性、毒性、放射性、傳染性物質或容易傷害人體之物品等。

33. 旅客隨身攜帶行李，疑為危險品或易燃物者，本公司得要求旅客澄清，並配合進行檢查。拒絕檢查者，視同攜帶危險品，本公司除拒絕運送外，並通報警察人員。
34. 旅客遺失物品，可至詢問處、遺失物處理中心請本公司人員協尋，或電洽遺失物處理中心代尋。
35. 在車站、車廂內拾得遺失物，得交予本公司詢問處或遺失物處理中心人員點驗處理，本公司將附收執聯單由拾得人收執。
36. 在車站、車廂以外所有人不明之遺失物，由拾得人自行交由警察機關依法處理。
37. 旅客認領遺失物時須能證明其為遺失物之失主或所有人，若認領人非失主或所有人，則須持有認領人本人及失主或所有人之身分證件正本及委託書，始得辦理遺失物領回手續。遺失物如為貴重物品或具名之有價證券，則須由所有人親自領回。
38. 如遺失物已腐爛、產生惡臭等影響環境衛生，得由本公司自行處理。
39. 本公司依規定處理遺失物，不負遺失物損害賠償責任。
40. 違反本須知規定者，本公司得拒絕運送；違反大眾捷運法者，本公司得視情節會同警察人員強制其離開。除本須知另有規定外，其未乘車區間票價不予退還。
41. 大眾捷運法第50條：有下列情形之一者，處新臺幣一千五百元以上七千五百元以下罰鍰：

- 車輛行駛中，攀登、跳車或攀附隨行。
- 妨礙車門、月台門關閉或擅自開啟。
- 非大眾捷運系統之車輛或人員，違反第四十四條第二項前段規定，進入大眾捷運系統之路線、橋樑、隧道、涵管內及站區內非供公眾通行之處所。
- 未經驗票程序、不按規定處所或方式出入車站或上下車。
- 拒絕大眾捷運系統站、車人員查票或妨害其執行職務。
- 滯留於不提供載客服務之車廂，不聽勸止。
- 未經許可在車上或站區內募捐、散發或張貼宣傳品、銷售物品或為其他商業行為。
- 未經許可攜帶動物進入站區或車輛內。
- 於大眾捷運系統禁止飲食區內飲食，嚼食口香糖或檳榔，或隨地吐痰、檳榔汁、檳榔渣，拋棄紙屑、菸蒂、口香糖、瓜果或其皮、核、汁、渣或其他一般廢棄物。
- 滯留於車站出入口、自動收費閘門、售票機、電扶梯或其他通道，致妨礙旅客通行或使用，不聽勸離。
- 非為乘車而在車站之旅客大廳、穿堂層或月台層區域內遊蕩，致妨礙旅客通行或使用，不聽勸離。
- 躺臥於車廂內或月台上之座椅，不聽勸阻。
- 未經許可在捷運系統路權範圍內設攤、搭棚架或擺設筵席。
- 於月台上嬉戲、跨越黃色警戒線，或於電扶梯上不按遵行方向行走或奔跑，或為其他影響作業秩序及行車安全之行為，不聽勸止。

有前項各款情事之一者，大眾捷運系統站、車人員得視情節會同警察人員強制其離開站、車或大眾捷運系統區域，其未乘車區間之票款，不予退還。

42. 大眾捷運法第50條之1：有下列情形之一者，處新臺幣一萬元以上五萬元以下罰鍰：
    - 未經許可攜帶經公告之危險或易燃物進入大眾捷運系統路線、場、站或車輛內。
    - 任意操控站、車設備或妨礙行車、電力或安全系統設備正常運作。

    違反第四十四條第三項規定，未經天橋或地下道，跨越完全獨立專用路權之大眾捷運系統路線。

有前項情形之一者，適用前條第二項規定。

未滿十四歲之人，因其法定代理人或監護人監督不周，致違反第一項規定時，處罰其法定代理人或監護人。

43. 旅客於乘車途中發生病痛不適，可立即通知本公司站務、行車人員代為通知醫療單位進行救護。
44. 身心障礙旅客可通知本公司人員協助，或使用輔具循無障礙動線通行。
45. 旅客如須諮詢或反應意見，本公司客服專線電話為(03)286-8789，電子信箱為tym-pr@tymetro.com.tw，或登入本公司官網https://www.tymetro.com.tw/。
46. 各票證公司發行之車票相關問題請逕向各票證公司反應。
47. 本須知自公告日起生效，修正時亦同。

五、桃園市大眾捷運系統車輛機具檢修規則

民國105年6月4日修正公布

第1條 本規則依大眾捷運法第五十三條規定訂定之。

第2條 本規則以桃園市政府（以下簡稱本府）主管之大眾捷運系統為適用範圍。

第3條 本規則所稱車輛，係指大眾捷運系統運送旅客之電聯車及其他客車；所稱機具，係指為維持大眾捷運系統正常營運所需施行之維修、養護及搶修等作業有關之工程車及各型器具。

第4條 桃園市大眾捷運系統營運機構（以下簡稱營運機構）應依車輛與機具之種類及使用特性擬訂檢修實施作業規定，包括檢修等級、標準、方式、項目、週期、紀錄等內容。

車輛檢修分為定期及特別檢修。

車輛之定期檢修應包含每日或每次行車前之狀態及功能檢查。

營運機構應將車輛檢修紀錄妥善保存至少三年。

第5條 車輛停用一個月以上者，於停用期間得不施行定期檢修。但營運機構應予適當之處理。

第6條 車輛有下列情形之一者，應施行特別檢修：

一、發生事故。

二、發生故障或有故障之虞。
三、停用一個月以上復行使用。
四、其他經營運機構或本府認有檢修之必要。

第7條 車輛有下列情形之一者，營運機構應施行相關測試後始可復行：
一、檢修時認有必要。
二、新製或改造完成。
三、停用一年以上復行使用。
四、其他經營運機構或本府認有測試必要。
營運機構應擬訂相關測試作業內容。

第8條 營運機構應定期施行機具檢修，並應將檢修級別、項目、日期及施行單位等資料建檔管理。

第9條 本規則之作業規定由營運機構擬訂，報請本府核定後實施。

第10條 本規則自發布日施行。

六、桃園市大眾捷運系統修建養護規則

民國105年8月19日修正公布

第1條 本規則依大眾捷運法第五十三條規定訂定之。

第2條 本規則以桃園市政府（以下簡稱本府）主管之大眾捷運系統為適用範圍。

第3條 本規則用語定義如下：
一、路線設施：指捷運系統之路基、軌道、橋涵、隧道、車站、建築物及其相關設施。
二、機電設備：指捷運系統之水電、環控、供電、號誌、通訊、自動收費、月台門、電梯、電扶梯、電動步道、車輛、機廠及其相關設備。

第4條 桃園市大眾捷運系統營運機構（以下簡稱營運機構）就路線設施及機電設備應實施定期檢修及臨時檢修作業，並應分別擬訂作業規定，報請本府核定後實施。

前項定期檢修作業規定至少應包含定期檢修之項目及週期、路線設施及機電設備修建養護執行方式、設施設備之停用期間、檢修紀錄資料保存等相關作業。

營運機構應將檢修紀錄妥善保存以供本府檢查。

第5條 路線設施及機電設備之新設、改建或維修完畢時，應經營運機構檢查並確認功能正常，始得使用。

營運機構應對於路線設施每年至少舉行總檢查一次。

前項總檢查，應包括路線設施養護狀況、現時狀況及用料使用情形。

第6條 路線設施或機電設備有下列情事之一者，營運機構應實施臨時檢修：

一、發生事故。

二、有損壞故障之虞。

三、停用一定期間準備恢復使用。

四、其他經本府認為有檢修之必要。

第7條 路線設施發生下沉或移動情形或有發生之虞時，營運機構應即時採取適當之安全防護措施，並將處理經過及情形通知本府。

第8條 營運機構對於捷運路線橋涵之流水狀況及防護設施，應定期檢查並為必要之修補；其上下游河道有修補或疏濬之必要時，營運機構應主動洽請相關機關辦理。

第9條 橋梁跨越之河流每次洪水及漲水有超過警戒水位之虞者，營運機構應派員檢查記錄其水位，勘查並繪圖記錄橋臺、橋墩附近河床之狀態，以為養護作業參考。

第10條 營運機構應評估路線可能發生之潛在危險，設置適當之危險偵測設施或採取適當之檢測與防護措施，相關評估文件及檢測紀錄應妥為保存，備供本府查核。

營運機構應就前項規定事項訂定具體規範，報本府備查後實施；其修正時，亦同。

第11條 本規則自發布日施行。

七、桃園市大眾捷運系統旅客運送規則

民國105年6月13日修正公布

第1條 本規則依大眾捷運法第五十三條規定訂定之。

第2條 本規則以桃園市政府（以下簡稱本府）主管之大眾捷運系統營運機構（以下簡稱營運機構）所提供之旅客運送為適用範圍。

第3條 營運機構應於車站公告下列事項，變更調整時亦同：
一、旅客須知。
二、路網圖暨車站相關資訊。
三、車票種類、票價表。
四、營業時間。
五、首、末班車時刻及尖、離峰班距。
六、其他旅客運送相關事項。
七、經本府指定之事項。

第4條 旅客有下列情形之一者，營運機構得拒絕或中止運送，車站、車輛從業人員並得視情節依法會同警察人員強制或護送其離開車站、車輛或大眾捷運系統區域：
一、違反法令、公共秩序、善良風俗或旅客須知。
二、依法令得為拒絕運送之處置。
三、騷擾他人，或行為有明顯傷害他人或自己之虞。
四、未著衣物、穿著或攜帶不潔、惡臭或異味之衣著、物品影響他人或公共衛生。
五、需他人護送之旅客而無護送人陪同。
六、隨身攜帶物品之長度、體積造成他人重大不便。
旅客因前項事由遭營運機構拒絕或中止運送者，其未乘車區間之票款，旅客得請求退還。

第5條 營運機構除因有危及旅客運送安全之事故、災害、罷工等不可歸責之事由或經本府同意外，不得中斷旅客運送服務。

第6條 營運機構因故中斷旅客運送時，應即告知旅客並通報本府，並於相關車站公告其事由。

前項情形，營運機構應提供替代運送服務或退還當次已支付之全部票價。

第7條 營運機構應就下列與旅客搭乘之相關事項擬訂旅客運送章則，報請本府核定後實施：

一、旅客運送：包括旅客應遵守之事項、拒絕運送之事由、旅客隨身攜帶物之限制、旅客權益受損之補償規定、中斷旅客運送之處置及其他旅客運送之規定。

二、車票使用：車票之種類、發售及使用規定。

三、旅客違規：包括處理作業、罰則、違約金及其他旅客違規之規定。

四、旅客遺留物：包括處理、招領、保管及其他旅客遺留物之作業規定。

五、其他經本府認有明確規範之需要者。

第8條 營運機構應擬訂旅客須知，並報請主管機關備查。

前項旅客須知應包括下列項目及內容：

一、拒絕運送之事由及旅客隨身攜帶物之限制。

二、車票之種類、發售及使用規定。

三、大眾捷運法罰則及旅客須知違約金之處罰規定。

四、旅客遺留物處理之作業規定。

五、旅客權益受損之補償、中斷運送之處理。

六、其他經本府認有公告使旅客周知之需要者。

第9條 本規則自發布日施行。

八、桃園市大眾捷運系統行車安全規則

民國105年7月4日修正公布

第一章 總則

第1條 本規則依大眾捷運法第五十三條規定訂定之。

第2條 本規則以桃園市政府（以下簡稱本府）主管之大眾捷運系統為適用範圍，並設立桃園市大眾捷運系統營運機構（以下簡稱營運機構）營運之。

第3條 本規則用詞定義如下：

一、正線：指列車提供旅客運送服務經常使用之路線。

二、列車：指具備規定之標誌，在正線運轉所編組之車輛。

三、供電線路：指饋電線、電車線、第三軌條、迴線及相關之支撐裝置。

四、安全界限：指與軌道保持一定空間所設之界限。

五、號誌：指依形、色、音、電訊及其他方式，指示列車或車輛在一定區域內運轉條件之設備。

六、標誌：指依形、色及其他方式，表示列車、車輛或設備之位置、方向、條件。

七、閉塞區間：指依照號誌控管只供一列列車運轉之區間。

八、退行運轉：指列車與原來規定行進方向相反之方向運轉。

第二章 路線及設備

第4條 路線及行車相關設備應進行日常及定期檢查維護，並確保功能正常運作。

前項各種設備之新設、改建、維修或停用後恢復使用時，應先測試功能正常；其與列車行駛有關之設備，除日常之維修外，應以列車試運轉。

第5條 正線及其供電線路每日營運前應巡查一次以上，並保存巡查紀錄。

第6條 供旅客緊急使用有關之設備，應標示位置、用途及使用方法。

第7條 路線及供電線路因故無法使列車依規定速度安全運轉時，應以號誌表示之，必要時並派人監視。因災害或事故致有妨礙列車運轉之虞時，應即採取緊急安全防護措施，並派人監視，必要時停止列車行駛。

第8條 無電線路應有適當之安全防護措施，設置有關安全標示，並分段以警示燈表示通電狀況。

第9條 安全界限內不得放置物件。但因工作之必要且確認無妨礙列車運轉者，不在此限。

在安全界限外之物件，如有影響行車安全之虞者，亦不得放置。

第一項安全界限，由營運機構訂定之。

第10條 營運機構臨時停放之設備或器具應離月台邊緣二公尺以上，並不得放置於緊急逃生之出入口。

第11條 列車及車站均應依消防法令規定備置消防安全設備，月台每四十公尺至少應備置手提滅火器一具。

第12條 列車到站、離站前或設有月台門之車站於月台門開關時，應以訊號警示月台區人員。

第13條 月台末端通道非供旅客使用者，應設置管制及監視設施，且標示禁止旅客進入。

第三章　號誌及標誌

第14條 有下列情事之一者，應顯示禁止進入之號誌：

一、閉塞區間內有列車。

二、閉塞區間內有關轉轍器未開通正確方向。

三、鄰線之列車或車輛在正線分叉處妨礙行車之安全。

四、號誌發生故障。

五、單線運轉區間，其相反方向之號誌顯示進行。

第15條 軌旁號誌或車內號誌之顯示，應使接近該號誌之閉塞區間之列車，得在其緊急煞車距離以上確認之。

第16條 正線之轉轍器應與有關號誌聯鎖使用。號誌故障致轉轍器不能與號誌聯鎖時，除應依第二十一條第一項規定外，並應於列車通過前派員將轉轍器鎖定。

第17條　列車應按下列規定設置標誌：

一、列車前端兩側各設置白光燈一盞，於夜間、霧區或隧道內時，應開燈顯示。

二、列車後端兩側各設置紅光燈一盞，日、夜間均應開燈顯示。

前項標誌，於列車退行運轉時，應保持不變。

第18條　除下列處所應設置標誌標示外，路線得視情況設置各項適當標誌：

一、轉轍器開通方向之處所。

二、列車折返處所。

三、列車之停車位置。

四、緊急斷電開關位置及其他供電線路必要之處所。

五、軌道之終端。

第四章　運轉

第19條　正線應劃分閉塞區間，在同一閉塞區間內，同時只准一列車運轉。但有下列情事之一者，不在此限：

一、救援停留之故障列車。

二、因搶修路線，在已運轉工程列車之閉塞區間內，需再運轉其他工程列車。

前項列車運轉之作業規定，由營運機構訂定之。

第20條　列車應依號誌之顯示行駛。應有號誌顯示而無顯示或顯示不明確時，列車應立即停車，非俟顯示進行之號誌或接獲通告，不得繼續進行。非經行車控制中心之允許，並已作必要之安全措施，不得退行運轉。

第21條　列車應依自動控制設備所顯示之號誌行駛。因自動控制設備故障，致列車無法依自動控制設備所顯示之號誌行駛時，得以替代方式運轉。

前項替代方式，由營運機構訂定之。

第22條　列車行駛正線速度規定如下：

一、依號誌之顯示行車時，以號誌所設定之速度行駛。

二、依前條規定之替代方式行車時，應以二十五公里以下之時速行駛。

三、置有司機員之列車，而司機員不在列車行進方向之前端駕駛列車時，應以十五公里以下之時速行駛。

四、依第十九條但書規定行車時，應以十五公里以下之時速行駛。

前項第一款之速度，應按路線、供電線路之強度及車輛之構造情況，由營運機構訂定之。

第一項第三款情形，除於設有月台門之車站月台區且設有適當安全防護措施者外，應派人員於列車行進方向之前端引導。

前項引導，應有維護引導人員安全之適當措施，始得為之。

第23條 列車編組完畢駛入正線前，應確認下列項目之功能正常：

一、連結裝置。　二、煞車裝置及其聯動功能。

三、行駛控制設備。　四、空調系統。

五、車門裝置。　六、通信裝置。

七、警示信號。　八、照明設備。

九、逃生裝置。

第24條 載客列車於起動前，應關閉所有車門；列車完全停止後，始得開啟車門。

載客列車在設有月台門之車站停靠時，應停靠在允許誤差範圍內，如超過該範圍，應立即採取必要之安全措施後，始得開啟車門。

前項允許誤差範圍及安全措施，由營運機構訂定之。

第五章　事故或災害之應變及處理

第25條 營運機構應就下列事故訂定具體之緊急應變計畫：

一、火災。　二、列車衝撞或傾覆。

三、供電中斷。　四、人為危害事故。

五、天然災害。　六、其他。

前項緊急應變計畫應報本府備查且定期實施演練，並作缺失檢討及改善後報本府備查。

第26條 路線、車輛及其他行車設備所需之搶修器材，應經常整備於適當場所，搶修人員之召集及緊急出動，平時應施以訓練，並進行演習。

前項人員召集、緊急出動、訓練及演習，由營運機構訂定之。

第27條 營運機構應設置緊急應變小組，於緊急事故發生時，負責溝通、協調及維持系統之運作。

第28條 有妨礙或危及列車運轉安全之虞時，應採取適當安全防護措施及維護旅客生命安全之處置措施，必要時應暫時停止列車運轉。

第29條 因事故或災害致人員傷亡時，營運機構應立即報告有關主管機關，並作下列處置：

一、有人員死亡時，應保持現場，並儘速通知轄區司法警察機關轉請檢警單位到場實施勘驗，經司法警察機關初步蒐證處理，認明顯為自殺或一般車禍案件，向檢察官報備後，始得移動現場。

二、應立即將傷者送醫救護，妥善處理。

三、儘速通知死傷者之家屬。

四、將列車停止行駛情形通知與捷運連接之其他大眾運輸業者。

第六章 附則

第30條 營運機構依本規則訂定之相關規定，應陳報本府核定後實施。

第31條 本規則自發布日施行。

九、桃園縣大眾捷運系統運輸有效距離內汽車客運業營運路線調整辦法（原繼續通用）

民國103年12月25日發布

民國105年1月18日廢止

第1條 本辦法依大眾捷運法第31條第2項規定訂定之。

第2條 本辦法所稱主管機關為桃園縣政府。

第3條 本辦法以桃園縣政府主管之大眾捷運系統所及之地為適用範圍。

第4條 本辦法用語定義如下：

一、路線運輸有效距離：指大眾捷運系統路線兩側各一百公尺之範圍。

二、汽車客運業：指公路汽車客運業及市區汽車客運業。

三、路線重疊百分比：指在路線運輸有效距離內，捷運系統路線與汽車客運業單一營運路線重疊之長度總和，與該單一客運營運路線總長度之百分比。

四、汽車客運業營運路線之調整：指路線及站位之增減或變更。

第5條 大眾捷運系統路線主管機關應會商相關客運主管機關調整路線運輸有效距離內路線重疊百分比超過百分之五十之汽車客運業營運路線，並得增闢汽車客運業營運路線，以應乘客轉乘需要。

第6條　汽車客運業營運路線之調整，除由主管機關視實際需要辦理外，汽車客運業者或大眾捷運系統營運機構亦得向主管機關提出申請，並依公路法及汽車運輸業管理規則相關規定辦理。

第7條　本辦法自發布日施行。

十、桃園捷運乘車指南車票使用規則

(一) 購票規則

1. 旅客應支付之票價，以本公司於車站公告之票價表為準。同站進出者，應支付車站公告之單程票最低票價費用，如屬特殊情況，可洽站務人員協助處理。
2. 未滿6歲之兒童（身高滿115公分應出示身分證明），得免費乘車，但須由購票旅客陪同，且每1位購票旅客以陪同2名兒童為限；若無已購票旅客陪同者，不得單獨乘車，否則本公司得拒絕運送。
3. 購票旅客陪同之免費乘車兒童人數逾前項規定且已搭乘者，購票旅客應依超過之兒童人數購買單程票全票。

(二) 使用規則

1. 除團體票外，本公司車票每程僅限1人使用，不得多人共用。
2. 旅客應妥善使用、保管有效票證，不得折損、刮傷或塗寫。如使用、保管不當，致無法辨識或使用者，應負損害賠償責任。定期票若有前述破壞情形，不予受理退票，相關衍生之權益損失由記名持卡人自行承擔。
3. 旅客毀損單程票，須繳回單程票並支付票卡工本費新台幣50元。
4. 各家票證公司發售之票卡依該公司所訂定之約定條款規定辦理。
5. 旅客進出站僅持一張票卡輕觸感應區，勿多卡同時使用。

(三) 補票規則

1. **逾時出站：**

   (1) 旅客持用車票，除可歸責於本公司之事由外，進入付費區至離開付費區之停留時限規定如下：

＊不同車站進出，最大時限為2小時。

＊同一車站進出，最大時限為15分鐘。

(2)旅客持票卡超過前述最大時限規定者，除應付之票價外，另加收最低單程票價作為逾時手續費。

2. **逾站乘車：**

(1)**單程票與團體票：**旅客乘車逾站，應補足差額，補票金額為「實際乘車區間車資-旅客已付車資」。

(2)**定期票：**旅客乘車逾站，需按身分別補足超越站間之單程票票價。

(3)**票證公司票卡：**旅客出站時票卡餘額不足支付當次車資，須至車站詢問處加值或以現金繳費後出站。

3. **其他：**

(1)旅客無票、持用失效車票或冒用不符身分之車票乘車者，除補繳票價外，並應支付票價50倍之違約金。

(2)前項應補繳票價及支付之違約金，如旅客不能證明其起站地點者，以本公司公告之單程票最高票價計算。

(3)旅客遺失或毀損單程票者，補票時須加收單程票工本費。

(4)除因可歸責於本公司之事由外，應依規定以現金補足差額後出站。旅客若已付車資較高，亦不退差額。

(5)旅客須補票或支付違約金，如因故當時無法繳交者，應出示身分證明文件，並填具旅客補繳車費處理單，於10日內至各車站詢問處補繳。逾期未補繳者，本公司將依法追償。

(6)旅客持用偽造或變造之車票，除依無票搭乘規定處理外，本公司將報請警察機關處理。

4. **退費規則：**

(1)旅客持用單程票與團體票，除因可歸責於本公司之事由或本公司另有公告外，一經使用概不退費，未使用之單程票限於購票當日辦理退費。

(2)旅客如中途出站，除因可歸責於本公司之事由或本公司另有公告外，其票價差額不予退還。

(3)旅客申請定期票退費時，本公司得扣除附加於車票之優待或折扣並加收手續費後退還餘額（不敷扣除者不予退費）。

(4)旅客申請票卡退費，應先行向車站詢問處申請，經查驗無誤後，以現場或至指定處所領取等方式退回票款。

5. **補償規則：**

(1)因車站發生緊急事故、異常狀況或列車因故運行中斷，須疏散旅客出站時，持用單程票旅客得於當日起算7日內請求退還全部票價。持用其他票種之旅客，得於下次進站時由自動收費閘門免費更正車票資料或至車站詢問處免費更正車票資料。

(2)因系統故障，致旅客受困於車廂或電梯內逾20分鐘者，其受困時間每20分鐘發放1張一次票。

(3)定期票於有效期間內，因不可抗力或其他臨時性因素致列車停駛超過1日（含）時，受影響之記名持卡人本人得向車站服務人員領取一次票，領取張數以停駛日數每日2張計算。

6. **交易紀錄查詢：**旅客可利用車站「車票餘額查詢機」查詢所持票卡最近6筆交易紀錄，非最近6筆交易紀錄查詢則請至車站詢問處辦理，旅客須繳交工本費新台幣20元，每多一頁加收5元。

十一、桃園市大眾捷運系統附屬事業經營管理辦法

民國105年8月30日訂定發布

第1條 本辦法依大眾捷運法第五十三條規定訂定之。

第2條 本辦法以桃園市政府（以下簡稱本府）主管之大眾捷運系統（以下簡稱捷運系統）為適用範圍。

第3條 桃園市大眾捷運系統營運機構（以下簡稱營運機構）經本府核准，得經營下列附屬事業：

一、與捷運系統接轉運輸之相關事業。

二、與捷運系統旅客服務之相關事業。

三、與捷運系統興建、營運所需設施設備之研發、製造或修護之相關事業。

四、與捷運系統工程管理、營運管理、諮詢及顧問服務之相關事業。

五、廣告業、觀光旅遊事業、餐飲服務業及有關增進捷運系統營運所必需之土地開發或管理事業。

六、其他經本府核准經營之相關事業。

前項附屬事業之經營項目須經其他機關核准者，應另行申請核准。

第4條 附屬事業之經營，不得於禁止飲食區內販賣食品、飲料、檳榔、香菸及口香糖等物品；其貨物堆積、存放、進出及服務方式，不得影響捷運系統之交通、安全、衛生及觀瞻。

第5條 捷運系統高架設施之下層空間，可供附屬事業經營者，其附屬事業之經營，不得影響捷運系統及場、站鄰近地區之交通、安全、衛生及觀瞻。

前項所稱場、站鄰近地區，係指捷運系統場、站附近，與捷運系統之營運有關之地區。

第6條 營運機構得於捷運系統車站內提供場所由本府勞動局設立庇護工場、視障按摩據點或其他身心障礙者就業服務措施；其位置、面積及水電清潔費等條件，由營運機構決定之。

第7條 營運機構經營附屬事業，得依下列方式為之：

一、自行經營。

二、轉投資他公司經營。

三、委託他人經營。

四、出租他人經營。

前項各種方式之經營，其衍生之收入及支出應由營運機構納入預算程序辦理。

第8條 營運機構經營附屬事業，應遵守下列規定：

一、由專責部門經營管理附屬事業。

二、捷運系統運輸部門收支與附屬事業部門收支科目，應分別列帳。

三、大眾捷運系統營運虧損時，得以附屬事業之盈餘填補之；附屬事業虧損時，不得以大眾捷運系統營運收入填補之。

第9條 營運機構實施轉投資，投資前應就投資目的、所營事業、資本組成、組織型態、投資金額及效益分析等擬具計畫，並檢具協議或契約草案及投資事業概況、背景等有關資料，報經本府核定後，依預算程序辦理，並遵守下列規定；投資計畫變更時亦同：

一、轉投資公司應以經營本辦法所規定項目之事業為主要營業項目。

二、營運機構如對轉投資他公司具控制力，應編製轉投資公司個別財務報表及合併財務報表。

第10條 附屬事業委託他人經營者，應依政府採購法相關規定辦理。委託經營契約之訂定，應遵守下列規定：

一、受託人取得委託經營權前，應先支付權利金。

二、依事業性質訂明委託期間。

三、受託人經營之報酬依經營之預期成果調整。

四、訂明履約保證金。

五、受託人不得將附屬事業轉租、轉讓或再委託第三人經營。違者，終止契約。

六、訂明受託人經營附屬事業有妨礙捷運系統之交通、安全、衛生及觀瞻者，經通知限期改善而未改善者，終止契約。

第11條 附屬事業出租他人經營者，應公開招商。

出租經營契約應訂明下列事項：

一、依事業之性質訂明出租期間及租金支付事宜。

二、押標金、履約保證金、擔保品或銀行履約保證金保證事宜。

三、承租人不得將附屬事業經營權之全部轉租（借）第三人經營；未經營運機構同意，承租人不得將經營權之一部轉租（借）第三人經營。違者，終止契約。

四、承租人經營附屬事業有妨礙捷運系統之交通、安全、衛生及觀瞻，經通知限期改善而未改善者，終止契約。

第12條 營運機構自行經營或轉投資他公司經營附屬事業有妨礙捷運系統之交通、安全、衛生及觀瞻，經本府通知限期改善而未改善且情節重大者，本府得定期停止其附屬事業經營之一部或全部。

第13條 受託人或承租人經營附屬事業有妨礙捷運系統之交通、安全、衛生及觀瞻，經營運機構通知其限期改善而未改善者，應終止契約。

營運機構未依前項規定終止委託或出租經營契約且情節重大者，本府得停止其經營該附屬事業。

第14條 附屬事業之經營應受本府之監督，其財務報表應定期經會計師簽證後，報請本府備查。

本府得不定期派員視察附屬事業之營運狀況，必要時得檢閱有關文件帳冊；認為有缺失時，應即督導改正。

附屬事業拒絕提出文件帳冊或不遵從督導改正者，本府得命營運機構終止委託或出租經營契約或終止投資；自行經營附屬事業之營運機構拒絕提出文件帳冊或不遵從督導改正且情節重大者，本府得定期停止其附屬事業經營之一部或全部。

第15條 本辦法自發布日施行。

十二、桃園市大眾捷運系統附屬事業經營管理辦法

民國105.8.30訂定發布

第1條 本辦法依大眾捷運法第五十三條規定訂定之。

第2條 本辦法以桃園市政府（以下簡稱本府）主管之大眾捷運系統（以下簡稱捷運系統）為適用範圍。

第3條 桃園市大眾捷運系統營運機構（以下簡稱營運機構）經本府核准，得經營下列附屬事業：

一、與捷運系統接轉運輸之相關事業。

二、與捷運系統旅客服務之相關事業。

三、與捷運系統興建、營運所需設施設備之研發、製造或修護之相關事業。

四、與捷運系統工程管理、營運管理、諮詢及顧問服務之相關事業。

五、廣告業、觀光旅遊事業、餐飲服務業及有關增進捷運系統營運所必需之土地開發或管理事業。

六、其他經本府核准經營之相關事業。

前項附屬事業之經營項目須經其他機關核准者，應另行申請核准。

第4條 附屬事業之經營，不得於禁止飲食區內販賣食品、飲料、檳榔、香菸及口香糖等物品；其貨物堆積、存放、進出及服務方式，不得影響捷運系統之交通、安全、衛生及觀瞻。

第5條 捷運系統高架設施之下層空間，可供附屬事業經營者，其附屬事業之經營，不得影響捷運系統及場、站鄰近地區之交通、安全、衛生及觀瞻。

前項所稱場、站鄰近地區，係指捷運系統場、站附近，與捷運系統之營運有關之地區。

第6條 營運機構得於捷運系統車站內提供場所由本府勞動局設立庇護工場、視障按摩據點或其他身心障礙者就業服務措施；其位置、面積及水電清潔費等條件，由營運機構決定之。

第7條 營運機構經營附屬事業，得依下列方式為之：

一、自行經營。

二、轉投資他公司經營。

三、委託他人經營。

四、出租他人經營。

前項各種方式之經營，其衍生之收入及支出應由營運機構納入預算程序辦理。

第8條 營運機構經營附屬事業，應遵守下列規定：

一、由專責部門經營管理附屬事業。

二、捷運系統運輸部門收支與附屬事業部門收支科目，應分別列帳。

三、大眾捷運系統營運虧損時，得以附屬事業之盈餘填補之；附屬事業虧損時，不得以大眾捷運系統營運收入填補之。

第9條 營運機構實施轉投資，投資前應就投資目的、所營事業、資本組成、組織型態、投資金額及效益分析等擬具計畫，並檢具協議或契約草案及投資事業概況、背景等有關資料，報經本府核定後，依預算程序辦理，並遵守下列規定；投資計畫變更時亦同：

一、轉投資公司應以經營本辦法所規定項目之事業為主要營業項目。

二、營運機構如對轉投資他公司具控制力，應編製轉投資公司個別財務報表及合併財務報表。

第10條 附屬事業委託他人經營者，應依政府採購法相關規定辦理。委託經營契約之訂定，應遵守下列規定：

一、受託人取得委託經營權前，應先支付權利金。

二、依事業性質訂明委託期間。

三、受託人經營之報酬依經營之預期成果調整。

四、訂明履約保證金。

五、受託人不得將附屬事業轉租、轉讓或再委託第三人經營。違者，終止契約。

六、訂明受託人經營附屬事業有妨礙捷運系統之交通、安全、衛生及觀瞻者，經通知限期改善而未改善者，終止契約。

第11條 附屬事業出租他人經營者，應公開招商。

出租經營契約應訂明下列事項：

一、依事業之性質訂明出租期間及租金支付事宜。

二、押標金、履約保證金、擔保品或銀行履約保證金保證事宜。

三、承租人不得將附屬事業經營權之全部轉租（借）第三人經營；未經營運機構同意，承租人不得將經營權之一部轉租（借）第三人經營。違者，終止契約。

四、承租人經營附屬事業有妨礙捷運系統之交通、安全、衛生及觀瞻，經通知限期改善而未改善者，終止契約。

第12條 營運機構自行經營或轉投資他公司經營附屬事業有妨礙捷運系統之交通、安全、衛生及觀瞻，經本府通知限期改善而未改善且情節重大者，本府得定期停止其附屬事業經營之一部或全部。

第13條 受託人或承租人經營附屬事業有妨礙捷運系統之交通、安全、衛生及觀瞻，經營運機構通知其限期改善而未改善者，應終止契約。

營運機構未依前項規定終止委託或出租經營契約且情節重大者，本府得停止其經營該附屬事業。

第14條 附屬事業之經營應受本府之監督，其財務報表應定期經會計師簽證後，報請本府備查。

本府得不定期派員視察附屬事業之營運狀況，必要時得檢閱有關文件帳冊；認為有缺失時，應即督導改正。

附屬事業拒絕提出文件帳冊或不遵從督導改正者，本府得命營運機構終止委託或出租經營契約或終止投資；自行經營附屬事業之營運機構拒絕提出文件帳冊或不遵從督導改正且情節重大者，本府得定期停止其附屬事業經營之一部或全部。

第15條 本辦法自發布日施行。

十三、桃園捷運公司開放旅客攜帶自行車搭乘捷運應行注意事項

1. 桃園捷運公司（以下簡稱本公司）為配合交通部推行自行車友善環境，特開放旅客攜帶自行車搭乘捷運，並訂定本應行注意事項於車站公告，旅客於開放時段攜帶自行車搭乘捷運時，應遵守大眾捷運法及相關法令與本應行注意事項規定。
2. 開放進站時段：
   - 週六/日、國定假日、調整放假日：全天開放。（補班日除外）
   - 政府行政機關上班日及補行上班日：10:00~16:00。
   - 其他時段不開放。如有異動，將另行公告。
3. 開放進出及轉車車站：
   - 除下列車站外，其他車站均開放自行車進出及轉乘：
   - A12機場第一航廈站
   - A13機場第二航廈站
   - A14a機場旅館站
   - 攜帶自行車未依規定於公告開放車站進出及轉乘之旅客，將依大眾捷運法第 50 條第 1 項第 4 款處罰。
4. 進出車站動線：
   - 嚴禁使用電扶梯。
   - 車站內外之樓梯、電梯（每次使用最多限 2 輛自行車）及無障礙坡道均可使用，並僅可牽行不可騎乘或滑乘。
5. 收費：
   - 攜帶自行車單程票採人車合併收費，票價如下表，旅客請先至車站詢問處向站務人員購票，每張車票僅限1人攜帶 1 輛自行車使用，出站回收。人車須一同進出車站。
6. 進出閘門：請旅客洽車站站務人員協助，使用公務門進出付費區。
7. 進出列車：
   - 攜帶自行車僅限搭乘普通車，並僅限於普通車第一節車廂1-1車門及1-2車門；最後一節車廂4-2車門及4-3車門區域可進出與停放(如下圖)，每 1 車門區域限停 2 輛自行車，且不得佔用無障礙空間，每台列車共可停放 8輛

自行車，請旅客依標示位置候車及進出列車，如指定車門區域已明顯不足，請等候下一班車，勿強行進入車廂，以免妨礙其他旅客。

- 自行車應停放於車門中間之立柱兩側，自行車停於旅客與立柱中央，並與列車行駛方向垂直。
- 旅客攜帶自行車應「車不離身」，於車廂內旅客必須隨時扶持自行車，不可坐於座椅留置自行車單獨停放。
- 攜帶自行車旅客須隨時注意其他旅客進出車廂，禮讓進出動線，並避免污染他人衣物。
- 緊急時自行車須留置於車廂，並依列車廣播將自行車移至非開啟之車廂門邊，避免影響逃生動線。

8. 攜帶自行車注意事項及使用限制：
   - 旅客可攜帶之自行車僅限腳踏自行車及電動輔助自行車（須關閉電源），最大尺寸限制為長 180 公分、高 120 公分、寬 70 公分，禁止油類動力自行車、電動自行車、協力自行車及非屬常規型式之特殊自行車進出捷運系統。
   - 經摺疊或拆卸完成並妥善包裝後之自行車，最長邊不超過 165 公分，且長、寬、高之和不得超過 220 公分，可比照一般行李，營運時間內免費攜入各車站乘車。
   - 未滿 14 歲旅客須由成人陪同，方得攜帶自行車進出捷運系統。
   - 自行車於捷運系統內牽行、使用電梯及進出電聯車車廂，須禮讓身心障礙旅客及其他一般旅客。
   - 旅客攜帶之自行車必須保持清潔，如有髒污之虞者，本公司得拒絕運送。
   - 攜帶自行車者因其自行車造成本公司或第三人之損害，應負法律上相關之責任。
   - 旅客攜帶之自行車，若有造成他人不便或影響安全之虞者，本公司得拒絕運送。
   - 捷運系統發生緊急事件時，本公司得暫時停止旅客攜帶自行車進出捷運系統。
9. 旅客攜帶自行車進出捷運系統，應確實遵守大眾捷運法與相關法令及本公司各項規定與注意事項，若有違反上述規定者，除依相關法令規定辦理外，旅客因違反規定導致本身之損害，應自行負擔相關責任，本公司不負損害賠償責任。
10. 為因應特殊之狀況，本公司得公告調整開放之時段、車站及其他相關規定。

第六單元 臺中捷運

主題一、臺中捷運系統概述

臺中都會區大眾捷運系統（Taichung Mass Rapid Transit）簡稱臺中捷運、中捷，是服務臺中都會區的大眾捷運系統，為臺灣中部第一個大眾捷運系統，由臺中捷運公司營運。規劃中的最終路網範圍涵蓋臺中市、彰化縣、南投縣，路線包括營運中的綠線；中央政府審查階段的藍線、綠線延伸（往大坑、彰化）、機場捷運（橘線）。

一、路線規劃

目前計畫有四條路線，除了**正在興建的烏日文心北屯線（捷運綠線）與臺中臺鐵高架捷運化紅線**外，其餘路線皆尚在規劃中。

二、烏日文心北屯線

(一) **營運時程：**

1. **試營運：**於2020年11月16日首度試營運，然而數日後的11月21日發生列車重大故障，於是自11月22日起暫停試營運。
2. **正式通車營運：**2021年3月25日再度開始試營運，並於4月25日中午12時正式通車。

(二) **效益：**

1. 連接高鐵臺中站至臺中市副都心之運輸系統，透過便捷的交通路網，提供民眾高可及性之運具使用。
2. 透過轉乘服務等配套措施，除有效滿足民眾通勤、通學需求外，更可帶動大臺中地區觀光發展，整體提高大眾運輸之承載率與運量。

(三) **內容概述：**

1. **路線：**本計畫路線東起自臺中市北屯區松竹路二號橋附近，以高架型式沿松竹路西行跨越臺鐵再左轉至北屯路，沿北屯路至文心路四段路口前右轉文心路，經文心南路由中山醫學大學後方轉到建國路，並跨越環中路高架橋及穿越中彰快速道路後，沿鐵路北側跨越筏子溪進入高鐵臺中站區。

2. **路線全長**：路線全長約16.71公里，其中高架段約15.94公里，地面段約0.77公里。
3. **候車站數**：18站。
4. **機廠**：北屯機廠。
5. **路權**：A型路權；行駛的道路與一般道路完全隔離，也就是擁有專屬的道路。
6. **車輛**：捷運綠線預計採購18列電聯車，每列車由2節車廂組成，車廂間設有車間走道連通可供旅客通行，每節車廂之長度約22.17公尺、寬度約2.98公尺、高度約3.78公尺，列車總長度約44.34公尺，載客量約為536人（每節車廂約268人），車輛型式為鋼軌鋼輪，車體材質為不銹鋼，營運速度平均為35公里/小時，巡航最大速度為70公里/小時，採全自動無人駕駛。
7. **軌距**：標準軌1435mm。
8. **轉乘**：G4與臺鐵松竹站轉乘、G9市政府站轉乘、G13與臺鐵大慶站轉乘、G17與臺鐵新烏日站及高鐵臺中站轉乘。

主題二、鐵路高架捷運化

路線全長21.7公里，北起臺中市豐原站以北1.5公里，南迄大慶站以南1.4公里，將現有鐵路及車站改建為高架形式，並**增設豐南、松竹、精武、頭家厝、及五權等五處新設通勤車站預定106年3月底配合高架車站通車啟用**。未來松竹及大慶站與臺中捷運線G4、G13站將預留轉乘連通。**臺中舊站則列為古蹟原地保留**，站區闢建為交通廣場、停車場、交通轉運中心及綠地等公共設施使用。

主題三、臺中市快捷巴士概述

臺中市快捷巴士（BRT），又稱臺中捷運快捷巴士，是中華民國臺中市曾經使用的巴士快速交通系統。系統由臺中市政府交通局主導規劃，營運則由臺中市政府全額持股的臺中快捷巴士公司統籌負責，是臺灣第一個採站外收費與使用雙節巴士的BRT系統。

當時營運的藍線優先路段是由臺中快捷巴士公司與臺中客運、統聯客運及巨業交通聯營，聯營業者依提供車輛數比例分配營運班次，並依行駛營運公里分配營收及分攤BRT系統運作成本。

臺中市快捷巴士2014年通車，但2015年7月8日，臺中市長終止臺中市快捷巴士系統，原BRT藍線專用道改成優化公車專用道、原BRT藍線民營車輛改為臺中市公車300路與其他臺灣大道幹線共同使用公車專用道，臺中BRT正式走入歷史。

嚴選題庫

( ) **1** 負責臺中都會區大眾捷運系統興建的工作，除了臺中市政府捷運工程處外，另一機構為下列何者？ (A)交通部 (B)行政院公共工程委員會 (C)臺北市捷運局 (D)高雄市捷運局。

( ) **2** 臺中都會區大眾捷運系統目前計畫有幾條路線？
(A)3條 (B)4條 (C)5條 (D)6條。

( ) **3** 臺中都會區大眾捷運系統除臺中臺鐵高架捷運化紅線外，目前正在興建哪一條線？ (A)烏日文心北屯線 (B)臺中港太平線 (C)中部國際機場霧峰線 (D)以上皆非。

( ) **4** 臺中都會區大眾捷運系統烏日文心北屯線，目前預計何年全線通車營運？ (A)2018年 (B)2019年 (C)2020年 (D)2025年。

( ) **5** 臺中都會區大眾捷運系統採用何種路權行駛？ (A)A型路權 (B)B型路權 (C)C型路權 (D)D型路權。

( ) **6** 臺中都會區大眾捷運系統之機廠規劃設於何處？ (A)大慶 (B)文心 (C)烏日 (D)北屯。

( ) **7** 臺中臺鐵高架捷運化北起市豐原站南迄大慶站，將現有鐵路及車站改建為高架形式，並增設幾個通勤車站？ (A)4個 (B)5個 (C)6個 (D)7個。

( ) **8** 臺中都會區大眾捷運系統之軌距為下列何者？ (A)762mm (B)1,067mm (C)1,435mm (D)以上皆非。

解答與解析

1 **(C)**。目前興建中的捷運綠線工程由臺北市政府捷運工程局（臺北市捷運局）和臺中市政府捷運工程處負責。

2 **(B)**。目前計畫有四條路線，除了正在興建的烏日文心北屯線（捷運綠線）與臺中臺鐵高架捷運化紅線外，其餘路線皆尚在規劃中。

3 **(A)**。目前正在興建的烏日文心北屯線（捷運綠線）。

4 **(C)**。目前預計2020年12月，烏日文心北屯線全線通車營運。

5 **(A)**。A型路權亦即行駛的道路與一般道路完全隔離，也就是擁有專屬的道路。

6 **(D)**。北屯機廠為臺中都會區大眾捷運系統之機廠。

7 **(B)**。增設豐南、松竹、精武、頭家厝及五權等五處新設通勤車站。

8 **(C)**。臺中都會區大眾捷運系統之軌距為標準軌1,435mm。

NOTE

臺中捷運系統相關行政法令條文

一、臺中市大眾捷運系統旅客運送規則

民國107年7月9日公布

第1條　本規則依大眾捷運法第五十三條規定訂定之。

第2條　本規則以臺中市政府（以下簡稱本府）主管之大眾捷運系統營運機構（以下簡稱營運機構）所提供之旅客運送為適用範圍。

第3條　營運機構應於車站公告下列事項，變更或調整時亦同：

一、旅客須知。

二、路網圖及車站相關資訊。

三、車票種類、票價表。

四、營業時間。

五、首、末班車時刻及尖、離峰班距。

六、經本府指定之事項。

七、其他旅客運送相關事項。

第4條　旅客有下列情形之一者，營運機構得拒絕或中止運送，車站、車輛從業人員並得視情節依法會同警察人員強制或護送其離開車站、車輛或大眾捷運系統區域：

一、違反法令、公共秩序、善良風俗或旅客須知。

二、依法令得拒絕運送。

三、騷擾他人，或行為有明顯傷害他人或自己之虞。

四、穿著或攜帶不潔、惡臭或異味之衣著、物品影響他人或公共衛生。

五、需他人護送之旅客而無護送人陪同。

六、隨身攜帶物品之長度、體積造成他人重大不便。

旅客因前項事由遭營運機構拒絕或中止運送者，其未乘車區間之票款，旅客得請求退還。

第5條 營運機構除因天災事變、罷工、外來因素所肇致之事故或路線施工、運輸擁擠、交通管制等不可歸責於己之事由或經本府同意外，應依規定提供運送服務。

第6條 營運機構因故中斷旅客運送時，應即告知旅客並通報本府，並於官方網站首頁及相關車站公告其事由。

前項情形，營運機構應提供替代運送服務或退還當次已支付之全部票價。

第7條 營運機構應就下列與旅客搭乘之相關事項擬訂旅客運送章則，報請本府核定後實施：

一、旅客運送：包括旅客應遵守之事項、得拒絕運送之事由、旅客隨身攜帶物之限制、旅客權益受損之補償規定、中斷旅客運送之處置及其他旅客運送之規定。

二、車票使用：車票之種類、發售及使用規定。

三、旅客違規：包括處理作業、罰則、違約金及其他旅客違規之相關規定。

四、旅客遺留物：包括處理、招領、保管及其他旅客遺留物之作業規定。

五、其他經本府認有明確規範之需要者。

第八條 營運機構應擬訂旅客須知，並報請本府備查。

前項旅客須知應包括下列項目及內容：

一、得拒絕運送之事由及旅客隨身攜帶物之限制。

二、車票之種類、發售及使用規定。

三、大眾捷運法罰則及旅客須知違約金之處罰規定。

四、旅客遺留物處理之作業規定。

五、旅客權益受損之補償、中斷運送之處理。

六、其他經本府認有公告使旅客周知之需要者。

第九條 本規則自發布日施行。

二、臺中捷運系統旅客須知

第一章　一般規定

第1條　臺中捷運股份有限公司（以下簡稱本公司）為提供捷運系統旅客安全、效率、便捷之服務，依據臺中市大眾捷運系統旅客運送規則第八條訂定本須知，並於車站公告，異動時亦同。

第2條　本須知用詞定義如下：

1.捷運範圍：指本公司所經管之捷運系統路權範圍內所有路線、軌道、廠、站與列車等區域。

2.旅客：指搭乘本公司列車，或持有效車票並進出乘車處所車站大廳之人。

3.車票：指供旅客搭乘本公司經營捷運系統之憑證。

4.自動閘門：指設置於站內付費區與非付費區間，以自動驗證方式管制旅客進出之設備。

5.付費區：指旅客持車票經自動閘門驗票後，允許進入之區域。

6.無票乘車：指旅客未持有效車票或持用經由變造、偽造之車票進入付費區。

7.冒用不符身分之車票：指旅客持用與其身分不相符之車票，進入付費區或乘車者。

8.失效車票：指使用期限或次數已屆滿之車票。

第3條　非經本公司准許，旅客不得進入本公司捷運範圍非供公眾通行之處所。

第4條　捷運範圍內設備與設施，旅客不得擅自占用、破壞、損毀、干擾或搬動，應依照標示之規定或方法使用。

第5條　在捷運範圍內為下列行為，應向本公司申請許可後，始得為之：

1.聚眾講演、播放音響、演奏樂器或其他干擾公眾之虞之行為。

2.張貼、塗抹、刻畫任何文字、圖畫或其他類似標記於各項設施及建築物上。

3.於車站或車廂內，照相、拍攝或攝影，而有妨礙他人、暴露隱私、保密資訊或系統安全之虞者。

4.非營運時間內，於車站或車廂內逗留。

5.於車站、車廂內，向他人為傳教、市場調查或其他類似行為。

6.散發報紙、傳單、廣告物或宣傳品。

7.使用車站、車廂內未開放使用之電源插座。

第6條 在捷運範圍內，搭乘電扶梯，應握好扶手、站穩踏階，勿倚靠側板，年長、孕婦、攜帶大件行李及行動不便者宜改搭電梯，且不得有下列行為：

1.不按遵行之方向搭乘，而於電扶梯行走或奔跑。

2.嬉戲、跳躍、跨越兩側護欄或為其他危險行為。

第7條 旅客不得於列車或車站內散發、張貼、插設或懸掛競選物品，或有拜票、聚眾造勢意圖或行為。如發現競選文宣或物品，本公司將依相關規定予以撤除，必要時得視同廢棄物處置，且不負任何損害賠償責任。旅客因競選相關行為經本公司從業人員勸阻無效者，本公司得視情節依法會同警察人員強制其離開捷運範圍。

第二章　車票使用規定

第8條 車票種類及發售方式如下：

1.單程票：本公司發行，由加值售票機或車站詢問處發售，供旅客於購買當日營運時間內單次使用之車票。

2.紙票：本公司發行，由車站詢問處或指定地點發售，供旅客於購買特定期限內單次使用之車票。

3.電子票證：各電子票證發行機構依法發行，經本公司同意使用之車票，依各電子票證發行機構公告方式發售。

4.其他票種：依本公司公告內容辦理。

第9條 旅客應持本公司同意使用之車票通過自動閘門或公務門進出付費區。

第10條 旅客乘車應支付之票價，以本公司於網站與車站公告之票價表為準。

1.未滿六歲之兒童（出示身分證明之文件），須由持有車票之旅客陪同免費乘車。持有車票之旅客如陪同二名以上未滿六歲之兒童於進出自動閘門前，洽站務人員協助處理。

2.同站進出者，應支付本公司公告之單程票最低票價費用，如屬特殊狀況（旅客使用廁所需求等），可洽站務人員協助處理。

第11條 除團體票及未滿六歲之兒童外，每位旅客進出付費區時，須持符合身分別之有效車票，不得多人共用，否則視為無票乘車，並依大眾捷運法第四十九條辦理。

第12條 旅客持用偽造或變造之車票，本公司除依無票乘車搭乘規定處理外，得依法報請警察機關處理。

第13條 除可歸責於本公司之事由外，旅客持有效車票進入付費區至離開付費區之停留時限規定如下：

1.不同車站進出，最大時限為九十分鐘。

2.同車站進出，最大時限為十五分鐘。

違反前項規定者，旅客除應付之乘車票價外，須加收本公司公告之單程票最低票價費用。

NOTE

第七單元 高雄捷運

主題一、高雄捷運公司簡介

一、緣起

民國88年2月1日，高雄市政府公告「徵求民間參與高雄都會區大眾捷運系統紅橘線路網建設案」，中國鋼鐵股份有限公司隨即邀集其它公司成立「高雄捷運股份有限公司籌備處」，開始籌備投資高雄捷運系統。民國89年5月10日「高雄捷運股份有限公司籌備處」由高雄市政府成立之甄審委員會評定為最優申請人，經與高雄市政府議約完成後籌組公司，89年12月28日取得公司執照，並於90年1月12日與高雄市政府簽訂「興建營運合約」與「開發合約」，90年10月開始動工興建，正式啟動高雄捷運工程，經過六年多之興建期，**高雄捷運紅橘兩線於97年通車營運。高雄捷運採BOT方式興建與營運，其特許期間合計為36年，自民國90年10月底開工日起算，特許期間至民國126年10月底止。**

二、高雄捷運公司的經營理念、使命與願景

高雄捷運公司實收資本額為新台幣100億元，投資成員包括中國鋼鐵股份有限公司、榮民工程股份有限公司、遠東集團、行政院國家發展基金、統一集團、東南水泥股份有限公司、德國西門子股份有限公司等國內外知名企業與機構，秉持著「**立足高雄、回饋高雄、發展高雄**」的精神，興建及營運高雄捷運系統。高雄捷運將大幅縮短民眾通勤旅行時間，擴大都市居民的生活版圖，讓民眾感受到**安全、可靠、便捷、舒適**的運輸服務。

高雄捷運公司的**使命**是為大高雄地區大眾運輸之優質發展及城市提升做出貢獻。因此，它將憑藉民間企業的經營創意與活力，提供優質的捷運服務，並培育卓越人才，與公司共同進步與成長，為大高雄地區大眾運輸系統之發展及城市提升做出貢獻。

高雄捷運公司的願景是塑造高雄捷運為城市新地標，並成為世界一流的捷運系統。並將致力提昇營運績效、拓展附屬事業及土地開發相關業務，以成為世界一流的捷運系統，並發揮建築及藝術特色，塑造高雄捷運為城市新地標，樹立BOT成功典範。

三、高雄捷運公司的核心價值

下列四大核心價值英譯之首位字母組合成「KRTC」，為高雄捷運股份有限公司（Kaohsiung Rapid Transit Corporation）的英文簡稱，為其企業文化的重要基石。

(一) **誠心服務** Keenness：期許所有的高捷人都能以客為尊，竭誠為旅客提供最好的服務，並以高水準的表現達到客戶最高滿意度，成為民眾最信賴的大眾運輸工具。

(二) **迅速精確** Rapidity：掌握時程、落實品質與安全，同時注重營運績效，鼓勵決策明快、行動果敢，分享資訊，使員工得以主動改善績效。

(三) **團隊合作** Teamwork：重視員工的自尊與能力，發揮團隊的力量，同仁間互相以誠信、坦率、合作相待，共同為一個卓越的目標全力以赴，讓所有的成員都能從中得到成就感並享受工作。

(四) **創新積極** Creativity：延續使命「憑藉民間企業的經營創意與活力」的精神，鼓勵全體從業人員創新、開朗、包容及不斷學習、持續精進，常保公司充滿蓬勃朝氣與活力，隨時秉持積極進取、高效率的處事態度。

四、高雄捷運的企業識別（CIS）標誌

(一) 以高雄的英文KAOHSIUNG字母「K」為主體，延續代表高雄捷運在地精神的「雙箭頭K」標誌，斜向拉長的字體意喻高雄捷運現代化運輸系統的速度感；中心空白位置以國際語言－雙箭頭，表現捷運雙向奔馳、便捷安全的運輸效能。

(二) 天地連結兩組圓弧，象徵高雄捷運營運圓滿、融洽、傳動高雄新未來；由粗至細的天地圓弧自然產生的速度感，象徵高雄捷運安全、舒適、便捷、創新的服務精神。

高雄捷運的標誌

(三) 標誌的藍色象徵高雄水岸城市的意象，代表科技、理性、速度的藍給予乘客快速、便捷愉悅的乘車印象；高雄捷運和高雄市民一起傳動高雄新未來，追求優質新生活。

主題二、高雄捷運系統概況

一、高雄捷運營運系統圖

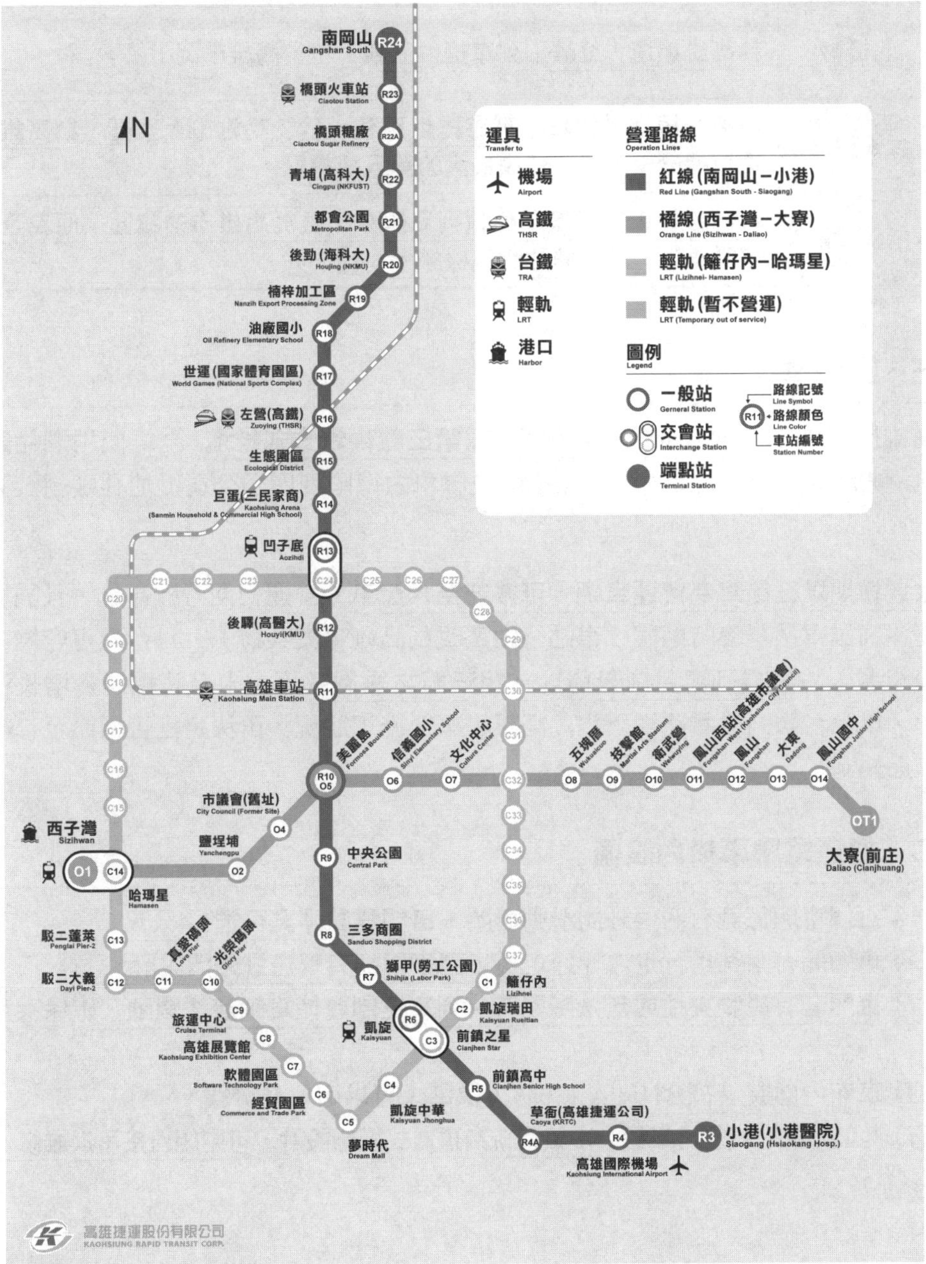

二、車輛基地

南機廠	**為高雄捷運「紅線」列車提供服務**，位於高雄市前鎮區，其亦為高雄捷運股份有限公司的所在地。
北機廠	**為高雄捷運「紅線」列車提供服務**，位於高雄市岡山區。
大寮機廠	**為高雄捷運「橘線」列車提供服務**，位於高雄市大寮區，**為高雄捷運機廠中等級、規模最大的第五級機廠。**
前鎮機廠	**為高雄捷運提供環狀輕軌列車服務，位於高雄市前鎮區，原為臺鐵調車站，原地興建輕軌機廠。**

三、列車概況

高雄捷運列車為**動力分散式電聯車，採第三軌供電方式推進**，全線使用鋼輪鋼軌，駛於1,435公釐之標準軌。高運量電聯車由德國西門子公司奧地利廠組裝製造。

營運初期以三節車為營運車輛，可擴充至六節車。營運初期考慮運量，且囿於捷運高雄車站為臨時站體（車站待由鐵改局高雄專案共構），月台僅可容納三節車廂，故**紅線列車目前只能以一組三節之編制營運**。未來將視運量增長情形，以及台鐵高雄鐵路地下化（高雄專案）施工狀況，再決定是否增節至二組六節編制。

四、捷運電聯車車內設備

(一) 每個車廂每側有四個外側滑動車門，**車門開啟淨寬可達1.4公尺。**

(二) 車廂間有乘客可行走之連通走道，**列車兩端有緊急逃生門設計。**

(三) **車門若有異物夾住或無法關閉時，列車控制會使車輛無法開動**，確保乘客安全。

(四) **車廂內部裝潢符合NFPA 130防火標準，可以耐燃45分鐘。**

(五) 每個車廂有兩組冷氣機，**冷氣系統為頂置式模組設計，可整組直接吊換維修。**

(六) 車廂內安裝旅客電子資訊顯示器，預先告知乘客下一站與下兩站站名，即早做下車或轉乘準備。

五、控制系統

(一) 列車行駛主要由行控中心控制，**高雄捷運行控中心設置於南機廠。**

(二) 配合行控中心電腦與號誌自動列車控制系統的保護，**電聯車可以進行自動列車駕駛，大幅降低人為不確定因素，增進行車安全。**

主題三、高雄環狀輕軌捷運簡介

一、興建緣起

高雄捷運目前僅紅、橘兩線及環狀輕軌，有許多地區捷運路線無法服務，因此，需持續規劃興建，讓市區捷運路網普及。且藉由發展大眾運輸系統，希望逐漸改變民眾騎乘機車、減少私人運具上路的習慣，改搭乘大眾運輸工具，一直是市政府努力的目標，也是配合**節能減碳**所需推動的政策。

平面輕軌捷運相較於目前地下及高架之紅橘線捷運系統，具有**建造成本低、施工期間短等優點**，對於城市迅速發展大眾運輸路網有加乘效益。輕軌的設計融合都市特色，是相當良好的城市移動地標；伴隨科技之發展與運用，輕軌已演進為一具車輛**低底盤、低月台，上下車方便、安全、親和性高，不產生噪音、空氣污染之安靜環保現代化綠色運輸系統**，可塑造國際化及現代化的都市意象，再造高雄都會新風貌。

二、沿革

高雄環狀輕軌捷運原欲採BOT方式進行，但因招商不順，市政府捨棄BOT模式，於100年改回政府自辦。第一階段於102年6月4日動工，初期採購西班牙CAF公司Urbos 3輕軌電聯車9組，103年9月11日起陸續交車。103年11月9日起為期1週，輕軌電聯車於完成土建的凱旋瑞田站進行首次靜態測試，下午開放大眾參觀。之後也進行多次動態測試。103年10月至104年3月進行第一階段車站命名活動，決定啟用後站名。

第一階段之籬仔內站－凱旋中華站自104年10月16日開始試營運，並於105年6月26日延長試營運路段至高雄展覽館站，預計106年6月第一階段全線正式營運。104年10月因長鴻營造發生財務問題，使得工程陸續停擺，105年6月捷運局分為三標重新發包，期盼達成原訂目標。105年8月10日，高雄市政府宣布第二階段工程施工廠商評選由中鋼公司得標。105年9月9日高雄市政府和第二階段廠商中鋼公司簽約。

嚴選題庫

(　　) **1** 高雄捷運紅線全線何時起正式收費營運？
(A)96年4月7日　(B)96年11月7日
(C)97年4月7日　(D)97年11月7日。

(　　) **2** 高雄捷運係採BOT方式興建與營運，其特許期間合計為多少年？
(A)34年　(B)35年　(C)36年　(D)37年。

(　　) **3** 高雄捷運公司實收資本額為新台幣多少金額？
(A)80億元　(B)100億元
(C)120億元　(D)150億元。

(　　) **4** 下列何者非高雄捷運公司所定的四個核心價值之一？　(A)高度績效　(B)誠心服務　(C)迅速精確　(D)創新積極。

(　　) **5** 高雄捷運紅線與橘線在哪一個站交會？
(A)高雄車站　(B)美麗島站
(C)中央公園　(D)巨蛋。

(　　) **6** 高雄捷運哪一個規模最大？　(A)小港機廠　(B)南機廠　(C)北機廠　(D)大寮機廠。

( ) **7** 下列有關高雄捷運系統之敘述，何者錯誤？
(A)高雄捷運列車為動力分散式電聯車
(B)採架空電車線供電方式推進
(C)全線使用鋼輪鋼軌，駛於1,435公釐之標準軌
(D)高運量電聯車由德國西門子公司奧地利廠組裝製造。

( ) **8** 高雄捷運行控中心設置於何處？ (A)小港機廠 (B)南機廠 (C)北機廠 (D)大寮機廠。

( ) **9** 高雄環狀輕軌預計設置幾座車站？ (A)32座 (B)34座 (C)36座 (D)38座。

解答與解析

1 (C)。橘線則於97年9月22日起正式收費營運。

2 (C)。特許期間合計為36年，自民國90年10月底開工日起算，特許期間至民國126年10月底止。

3 (B)。投資成員包括中國鋼鐵股份有限公司、榮民工程股份有限公司、遠東集團、行政院國家發展基金、統一集團、東南水泥股份有限公司、德國西門子股份有限公司等國內外知名企業與機構。

4 (A)。(A)錯誤，另一個核心價值為「團隊合作」。

5 (B)。美麗島站（原名大港埔站）位於臺灣高雄市新興區，為高雄捷運紅線、橘線交會的捷運車站，為高雄捷運初期路網唯一的轉乘車站。

6 (D)。大寮機廠為高雄捷運「橘線」列車提供服務，位於高雄市大寮區，為高雄捷運機廠中等級、規模最大的第五級機廠。

7 (B)。(B)錯誤，高雄捷運系統係採第三軌供電方式推進。

8 (B)。列車行駛主要由行控中心控制，高雄捷運行控中心設置於南機廠。

9 (C)。高雄環狀輕軌路線約22.1公里，設置36座車站，1座機廠。

高雄捷運系統相關行政法令條文

一、高雄市大眾捷運系統旅客運送規則

民國101年2月16日修正公布

第1條　為規範大眾捷運系統營運機構提供妥善之運送服務，以確保旅客權益，並依大眾捷運法第53條訂定本規則。

第2條　本規則之主管機關為高雄市政府交通局。

本規則以高雄市政府主管之高雄都會區大眾捷運系統（以下簡稱捷運系統）為適用範圍。

第3條　營運機構應於捷運系統站區公告下列事項。變更調整時，亦同：

一、旅客須知。

二、站區位置圖及路網圖。

三、車票種類、票價表。

四、營業時間。

五、首、末班車時刻及尖、離峰班距。

六、轉乘相關資訊。

七、其他經主管機關指定之事項。

第4條　旅客有下列情形之一時，營運機構得拒絕運送，已運送者得中止運送：

一、違反法令、公共秩序、善良風俗或旅客須知。

二、依法令得為拒絕運送之處置。

三、騷擾他人，或行為有明顯傷害他人或自己之虞。

四、未著衣物、穿著或攜帶不潔、惡臭或異味之衣著、物品影響他人或公共衛生。

五、攜帶物品之長度、體積造成他人重大不便。

前項情形，營運機構人員並得視情節會同警察人員強制其離開站、車或捷運系統區域，其未乘車區間之票款，旅客得請求退還。

第5條 **營運機構除有危及旅客運送安全之事故、災害、罷工等不可歸責之事由或經主管機關同意外，不得中斷旅客運送服務。**

第6條 營運機構因故中斷旅客運送時，應即告知旅客並通報主管機關，並於相關站區公告其事由。

前項情形，營運機構應依旅客請求提供替代運送服務或退還當次已支付之全部票價。

第7條 捷運車票之種類、發售及使用規定，由營運機構擬訂，經主管機關核定後實施。

第8條 營運機構對於旅客因違反旅客須知所應支付之違約金，應於旅客須知中載明。

前項違約金，以不超過旅客因違反旅客須知造成營運機構所失利益及所受損害為限。

第9條 **營運機構對於站、車內之遺留物，應設專責單位處理。**

前項遺留物處理之作業規定，由營運機構擬訂並於旅客須知中載明。

第10條 營運機構應擬訂旅客須知，經主管機關核定後實施。

前項旅客須知應包括下列項目及內容：

一、拒絕運送之事由及旅客隨身攜帶物之限制。

二、中斷旅客運送之處置。

三、車票之種類、發售及使用規定。

四、大眾捷運法罰則及旅客須知違約金之處罰規定。

五、旅客權益受損之補償規定。

六、旅客遺留物處理之作業規定。

七、其他經主管機關認有公告旅客之需要。

第11條 營運機構應擬訂旅客運送實施作業規定，經主管機關核定後實施。

前項旅客運送實施作業規定應包括下列項目及內容：

一、中斷旅客運送之處置。

二、旅客權益受損之補償規定。

三、旅客違規之處理規定。

四、代受旅客遺留物之處理作業規定。

五、其他經主管機關認有明確規範之需要。

第12條 本規則自發布日施行。

二、高雄市大眾捷運系統行車安全規則

民國104年7月2日修正公布

第一章　總則

第1條　本規則依大眾捷運法第53條規定訂定之。

第2條　本規則之主管機關為高雄市政府交通局。
本規則以高雄市政府主管之高雄都會區大眾捷運系統（以下簡稱捷運系統）。

第3條　本規則之用詞定義如下：
一、**完全獨立專用路權系統：指全部路線為獨立專用，不受其他地面交通干擾之大眾捷運系統。**
二、**非完全獨立專用路權系統：指部分地面路線以實體設施與其他地面運具區隔，僅在路口、道路空間不足或其他特殊情形時，不設區隔設施，而與其他地面運具共用車道之大眾捷運系統。**
三、正線：係指列車提供旅客運送服務經常使用之路線。
四、列車：係指車輛具備規定之標誌，並能在正線上運轉者。
五、供電線路：係指饋電線、架空線、第三軌、導電軌、迴線及相關之支撐裝置。
六、建築界限：指與軌道保持一定空間所設之界限。
七、號誌：指依形、色、音、電訊等，指示列車或車輛在一定區域內運轉條件之設施。
八、防護區域：係指受號誌迴路所防護之軌道區段。

第二章　路線及設備

第4條　路線及影響行車相關設備應進行日常及定期檢查維護。
前項各種設備之新設、改建、維修或停用後恢復使用時，應先測試功能，其與列車行駛有關之設備除日常之維修外，應以列車試運轉。

第5條　**正線及其供電線路每日營運前應巡查一次以上，並保存巡查紀錄。**

第6條 路線及供電線路無法使列車依規定速度安全運轉時，應以號誌表示之。必要時，應派人到場處置。

第7條 營運機構應採取防免列車出軌或溜逸之適當安全防護措施。

第8條 供電線路應有適當之安全防護措施，設置有關安全標示，並分段以警示燈表示通電情況。

第9條 供旅客緊急使用有關之設備，應標示位置、用途及使用方法。

第10條 建築界限內不得放置物件。但因工作之必要且無妨礙列車行駛安全者，不在此限。

前項但書情形，於非完全獨立專用路權系統與其他運具之共用路段，應經道路主管機關同意，始得為之。

物件有向建築界限內崩塌之虞時，雖在建築界限外，亦不得放置。

前項建築界限，由營運機構於本規則實施作業規定訂之。

第11條 列車、車站及相關附屬設施之消防系統配置應符合消防法規，其未規定之消防設施，應報請相關主管機關核定。

第12條 **營運時間內，營運機構臨時停放之設備或器具應離月台邊緣二公尺以上，並不得放置於緊急逃生之出入口。**

第13條 完全獨立專用路權系統之列車於到站及離站前，應以訊號警示月台區人員；非完全獨立專用路權系統之車站，其位置條件有以訊號警示之必要者，亦同。

第14條 月台末端通道非供旅客使用者，應設置邊門並加裝適當監視及管制裝置，且標示禁止旅客進入。

第三章　號誌及標誌

第15條 有下列情事之一者，應顯示禁止進入之號誌：

一、防護區域內有列車者。

二、防護區域內有關轉轍器未開通正確方向者。

三、防護區域內鄰線之列車或車輛在正線分叉處妨礙行車之安全者。

四、單線運轉區間，其相反方向之號誌顯示進行者。

第16條　軌旁號誌及車內號誌之顯示，應使接近該號誌之防護區域之列車，能在其緊急煞車距離以上確認之。

第17條　於完全獨立專用路權系統中，正線之轉轍器應與各相關號誌聯鎖使用；其因故障致轉轍器不能與號誌聯鎖時，除應依第22條規定處置外，營運機構並應於列車通過前派員將轉轍器鎖定。

第18條　列車應按下列規定設置標誌：

一、列車前端兩側各設置白光燈一盞，於夜間、霧區或隧道內時，應開燈顯示。

二、列車後端兩側各設置紅光燈一盞，日、夜間均應開燈顯示。

前項標誌，於列車退行運轉時，應保持不變。

第19條　除下列處所應設置標誌標示外，路線應視情況設置各項適當標誌：

一、轉轍器開通方向之處所。

二、列車折返處所。

三、列車之停車位置。

四、緊急斷電開關位置及其他供電線路必要之處所。

五、軌道之終端。

第四章　運轉

第20條　正線應劃分防護區域，在同一防護區域內，同時只准一列車運轉。但有下列情事之一者，不在此限：

一、救援停留之故障列車者。

二、因搶修路線，在已運轉工程列車之防護區域內，需再運轉其他工程列車者。

前項列車運轉之作業規定，由營運機構擬訂，報請主管機關核定。

第21條　列車應依號誌之顯示行駛。應有號誌顯示而無顯示或顯示不明確時，列車應立即停車，非俟顯示進行之號誌或接獲通告，不得繼續進行。非經行車控制中心之允許，並已作必要之安全措施時，不得退行。

第22條 因自動控制設備故障，致列車無號誌顯示時，行車控制中心應於確認防護區域內無列車、車輛及相關轉轍器並已鎖定於列車進行之方向後，以替代方式維持列車運轉。

前項替代方式之作業規定，由營運機構擬訂，報請主管機關核定。

第23條 正線之列車行駛速度規定如下：

一、依號誌或標誌之顯示行車時，以號誌或標誌所設定之速度行駛。

二、依前條規定之替代方式行車時，應以二十五公里以下之時速行駛。

三、置有司機員之列車，而司機員不在列車行進方向之前端駕駛列車時，應以十五公里以下之時速行駛。

四、依第二十條第一項但書各款規定行車時，應以十五公里以下之時速行駛。

前項第1款之速度，營運機構應按路線、供電線路之強度及車輛之構造情況擬訂，報請主管機關核定。

第1項第3款情形，除於設有月台門之車站月台區且設有適當安全防護措施者外，應派人員於列車行進方向之前端引導。

前項引導，應有維護引導人員安全之適當措施，始得為之。

第24條 列車編組完畢駛入正線前，應確認下列項目之功能正常：

一、聯結裝置。

二、煞車裝置及其聯動功能。

三、列車控制設備。

四、空調系統。

五、車門裝置。

六、通信裝置。

七、警示信號裝置。

八、照明設備。

九、逃生裝置。

第25條 載運旅客之列車於起動前，應關閉所有車門；於列車完全停止後，始得開啟車門。惟列車在設有月台門之車站停靠時，應停靠在允許誤差範圍內，如超過該範圍，非經行車控制中心之允許，並已作必要之安全措施時，不得開啟車門。

第五章　事故或災害之應變及處理

第26條　營運機構應就下列事故或災害擬訂適當之緊急應變計畫，其內容應包含預防、整備、訓練、通報、應變等規劃，報請主管機關核定，並應每二年檢討修正，必要時得隨時為之：

一、火災。
二、列車衝撞或傾覆。
三、供電中斷或電擊事故。
四、人為危害事故。
五、天然災害。
六、其他。

前項緊急應變計畫應與災害防救業務計畫整合，定期實施演練，並作缺失檢討及改善。

第27條　路線、車輛及其他行車設備所需之搶修器材，應經常整備於適當場所，搶修人員之召集及緊急出動，平時應施以訓練，並進行演習。

前項人員召集、緊急出動、訓練及演習，由營運機構擬訂，報請主管機關核定。

第28條　營運機構應設置緊急應變小組，於緊急事故發生時，負責溝通、協調及維持系統之運作。

第29條　因事故或災害而有危及列車安全運轉之虞時，應即依緊急應變計畫採取適當安全防護措施及對於維護旅客生命安全最適宜之處置措施，必要時應暫時停止列車運轉。

第30條　因事故或災害致人員傷亡時，應即時報告有關主管機關，並作下列處置：

一、對死亡者應儘量保持現場，並儘速通知轄區司法警察機關轉請檢警單位到場實施勘驗，經檢警單位同意後，始得移動現場。
二、受傷者應立即送醫救護，妥善處理。
三、儘速通知死傷者之家屬。

第六章　附則

第31條　本規則各項實施作業規定，由營運機構於行車規章中擬定，報請主管機關核定後實施。

第32條　本規則自發布日施行。

三、高雄市大眾捷運系統修建養護規則

民國101年2月16日修正公布

第1條 本規則依大眾捷運法第53條規定訂定之。

第2條 本規則之主管機關為高雄市政府（以下簡稱本府）交通局。

第3條 本規則用詞，定義如下：

一、路線設施：指高雄都會區大眾捷運系統之路基、軌道、橋涵、隧道、車站、建築物及附屬之排水、消防等設施。

二、機電設備：指捷運系統之水電、環控、供電、號誌、通訊、自動收費、月台門、電梯、電扶梯及電動步道等設備。

第4條 路線設施及機電設備之新設、改建或維修完畢時，應經營運機構檢查並確認功能正常，始得使用。

第5條 **營運機構應實施路線設施及機電設備之定期檢修及臨時檢修。**

第6條 路基及軌道定期檢修之項目及週期，由營運機構擬訂，經主管機關核定後實施。

前項以外之路線設施及機電設備定期檢修之項目及週期，由營運機構擬訂，經主管機關備查後實施。

第7條 有下列情形之一時，營運機構應實施路線設施及機電設備之臨時檢修。

一、發生事故與路線設施及機電設備有關者。

二、路線設施及機電設備損壞故障或有損壞故障之虞者。

三、路線設施及機電設備停用一定期間準備恢復使用者。

四、其他經主管機關認為有檢修之必要者。

前項第3款停用期間，由營運機構依路線設施及機電設備種類，於第12條作業規定中訂定之。

第8條 路線設施及機電設備檢修紀錄資料，營運機構應妥善保存，以供主管機關監督與檢查。

第9條 路線設施發生下沈或移動情形或有發生之虞時，營運機構應即時採取適當之安全防護措施，並將處理經過及情形通知主管機關。

第10條 營運機構對於橋涵之流水狀況及防護設施，應定期檢查並為必要之修補；其上下游河道有修補或疏濬之必要時，營運機構應主動洽請相關主管機關辦理。

第11條 橋樑跨越之河流，於洪水或漲水時有超過警戒水位之虞者，營運機構應定期檢查記錄水位，並繪圖記錄橋臺、橋墩附近河床之狀態，以為養護作業參考。

第12條 路基及軌道定期檢修之項目及週期、路線設施及機電設備修建養護執行方式、設施設備之停用期間、檢修紀錄資料保存等作業規定，由營運機構擬訂，經主管機關核定後實施。

第13條 本規則自發布日施行。

四、高雄市大眾捷運系統車輛機具檢修規則

民國101年2月16日修正公布

第1條 本規則依大眾捷運法第53條規定訂定之。

第2條 本規則之主管機關為高雄市政府交通局。

本規則以高雄市政府主管之高雄都會區大眾捷運系統（以下簡稱捷運系統）為適用範圍。

第3條 本規則所稱車輛，指捷運系統運送旅客之電聯車及其他客車；所稱機具，指與正線上搶修有關之工程車及各型搶修器具。

第4條 車輛檢修分為定期檢修及臨時檢修。

第5條 車輛定期檢修分為五級，各級檢修工作重點如下：

一、一級檢修：以視覺、聽覺、觸覺、嗅覺等感官，就車輛之行車主要機件、車廂及相關設備之狀態與作用施行之檢修。

二、二級檢修：以清洗、注油、測量等方式，保持車輛之動力、傳動、行駛、煞車等機件設備外表清潔、動作圓滑、使用狀態正常之檢修。

三、三級檢修：以局部拆卸分解施行檢驗、調整、校正、測試等方式，保持車輛之動力、傳動、行駛、煞車、儀錶等機件設備使用狀態正常之檢修。

四、四級檢修：就車輛之動力、傳動、行駛、煞車、儀錶、車廂、聯結器、控制、電氣輔助等主要機件設備之特定部分，施行拆卸分解之檢修。

五、**五級檢修：就車輛之主要機件設備施行重新翻修，及主要機件設備以外之機件設備施行徹底檢查之檢修。**

第6條 營運機構應於每日營運前，確認車輛下列設備功能正常：

一、聯結裝置。 二、煞車裝置。

三、行駛裝置。 四、空調系統。

五、車門裝置。 六、電氣裝置。

七、警示信號裝置。 八、車內設備。

九、擋風裝置。 十、照明設備。

十一、逃生裝置。

前項功能正常之標準，由營運機構擬訂，報經主管機關核定後實施。

第7條 車輛有下列情形之一者，營運機構應施行車輛臨時檢修：

一、發生行車事故。

二、車輛故障或有故障之虞。

三、停用一個月以上復行使用。

四、其他經主管機關認有檢修之必要。

第8條 車輛之動力、傳動、行駛、懸吊、聯結及煞車等機件設備施行臨時檢修時，應同時施行一級檢修。

第9條 **車輛停用超過一個月以上者，於停用期間得不施行定期檢修。但營運機構應予適當之處理。**

第10條 車輛有下列情形之一者，營運機構應施行試車：

一、施行四級以上之定期檢修。

二、動力、傳動、行駛機件設備施行拆卸分解之臨時檢修。

三、新製或改造完成之車輛。

四、停用一年以上復行使用。

五、其他經主管機關認有試車之必要。

前項試車完成後，營運機構應填具試車報告，並以試車完成日為檢修完畢日期。

前項試車報告之內容由營運機構擬訂。

第11條 營運機構於車輛機具檢修完畢後，應將檢修紀錄妥善保存。

第12條 機具檢修之等級及工作重點，由營運機構擬訂，報主管機關核定。

第13條 車輛機具各級檢修之項目、週期及檢修紀錄保存之方法、期限等實施作業規定，除本規則另有規定外，由營運機構依車輛機具種類擬訂，報經主管機關核定後實施。

第14條 本規則自發布日施行。

五、高雄市大眾捷運系統行車人員技能體格檢查規則

民國104年7月2日修正公布

第1條 本規則依大眾捷運法第53條規定訂定之。

第2條 本規則之主管機關為高雄市政府交通局。

本規則以高雄市政府主管之高雄都會區大眾捷運系統（以下簡稱捷運系統）為適用範圍。

第3條 本規則所稱行車人員如下：

一、運務人員：指直接從事行控、車務或駕駛等有關列車運轉或調度之人員。

二、維修人員：指直接從事供電、號誌、軌道、自動控制或列車聯結等有關設備維護或保養之人員。

第4條 行車人員專業訓練及技能檢查，由營運機構辦理；體格檢查，由營運機構指定醫院辦理。

第5條 新進行車人員應經體格檢查、專業訓練及技能檢查合格，並報請主管機關核定後，營運機構始得進用。

第6條 **營運機構每年應定期辦理行車人員技能及體格檢查一次。**

前項檢查於必要時，得臨時辦理。

前二項檢查不合格者，營運機構應暫停或調整其職務。

第1項人員自覺體能衰退，致難以勝任行車工作時，得隨時申請體格檢查，營運機構接獲申請或認有必要時，得洽請符合第4條指定之醫院施行該行車人員身體之全部或部分之檢查。

第7條 **行車人員中斷行車工作持續達半年以上者，應經技能及體格檢查合格，並報請主管機關核定後，始得再任行車人員。**

第8條 有下列情形之一者，為體格檢查不合格，不得擔任行車人員：

一、不使用助聽器收聽五百、一千及二千赫頻率之信號時，任一耳聽力平均超過四十分貝（DB）。

二、兩眼矯正視力未達0.8，或色盲、夜盲、斜視等重症眼疾。

三、慢性酒精中毒。

四、法定傳染病需隔離治療。

五、語言、知覺、運動或智能等機能障礙、精神異常或癲癇症等發作性神經系統疾病。

六、平衡機能障礙。

七、肺結核病。但已鈣化或纖維化，無傳染之虞者，不在此限。

八、藥物依賴或成癮，有妨礙工作之虞。

九、發育不全或骨骼肌肉畸形，有妨礙工作之虞。

十、高血壓或冠狀動脈疾病，有妨礙工作之虞。

十一、其他經中央衛生主管機關依全民健康保險法第 36 條第 2 項所公告之重大傷病，有妨礙工作之虞。

第9條 運務人員技能檢查項目如下：

一、行車規章。 二、駕駛操作或行車調度。

三、緊急情況處理。 四、行車安全防護知識。

第10條 維修人員技能檢查項目如下：

一、與維修相關之行車規章。 二、維修作業程序。

三、緊急情況處理。 四、維修工作安全知識。

第11條 營運機構應擬訂行車人員技能體格檢查實施作業規定，報請主管機關核定後實施。

第12條 本規則自發布日施行。

六、高雄市大眾捷運系統附屬事業經營管理辦法

民國104年7月2日修正公布

第1條 為規範高雄都會區大眾捷運系統（以下簡稱捷運系統）附屬事業之經營管理，以維護旅客權益及促進營運機構永續經營，並依大眾捷運法第53條規定訂定本辦法。

第2條 本辦法之主管機關為高雄市政府（以下簡稱本府）交通局。

第3條 本辦法之用詞定義如下：

一、附屬事業，指營運機構經營捷運系統運輸本業外之事業。

二、完全獨立專用路權系統：指全部路線為獨立專用，不受其他地面交通干擾之大眾捷運系統。

三、非完全獨立專用路權系統：指部分地面路線以實體設施與其他地面運具區隔，僅在路口、道路空間不足或其他特殊情形時，不設區隔設施，而與其他地面運具共用車道之大眾捷運系統。

第4條 營運機構得經主管機關核准，經營下列附屬事業：

一、與捷運系統接轉運輸有關之事業。

二、與捷運系統旅客服務有關之事業。

三、與捷運系統興建營運所需設施設備之研發、修護或製造有關之事業。

四、與捷運工程管理、諮詢、顧問或服務有關之事業。

五、其他經主管機關核准經營之事業。

經營前項附屬事業，依法令需經其他有關機關核准者，並應申請核准之。

第5條 營運機構應於捷運系統車站內提供場所設立庇護商店；其比例不得低於附屬事業總商店數百分之四。

營運機構應提出庇護商店之位置、面積及租金等條件，經主管機關核准後，由本府勞工局辦理庇護性就業服務。

前二項規定，於非完全獨立專用路權系統之車站不適用之。

第6條 附屬事業之經營，不得於禁止飲食區內販賣食品、飲料、檳榔、香菸及口香糖等物品。

附屬事業之經營，其貨物堆積、存放、進出及服務方式，不得影響捷運系統或鄰近地區之交通、安全、衛生及觀瞻。

第7條 於捷運系統車站內經營餐飲服務業之附屬事業，不得使用瓦斯及火源，並應符合相關消防法令之規定。

第8條 營運機構得自行或以委託、出租第三人方式經營附屬事業。但不得以再委託或全部轉租方式為之。

第9條 營運機構經營附屬事業，應遵守下列規定：

一、由專責部門經營管理附屬事業。

二、捷運系統本業與附屬事業之收支，應分別列帳。

三、捷運系統本業虧損時，得以附屬事業盈餘填補之；附屬事業虧損時，不得以本業收入填補之。

第10條 營運機構經營附屬事業，應依大眾捷運系統經營維護與安全監督實施辦法相關規定辦理，並受主管機關之監督。

第11條 營運機構應於附屬事業開始經營前六個月，提出附屬事業經營計畫送主管機關審核；經營後有變更者，應於變更前二個月提出。

前項經營計畫應包括下列事項：

一、經營方式。

二、經營項目。

三、經營期間。

四、區域配置。

五、預期財務效益。

六、其他經主管機關認應載明之事項。

第12條 營運機構以委託或出租第三人方式經營附屬事業者，應於該第三人經營契約中載明，營運機構喪失從事經營附屬事業之權利時，除經主管機關同意者外，該第三人經營契約應隨同終止。

第13條 本辦法自發布日施行。

NOTE

第八單元　歷屆試題與解析

108年　桃園大眾捷運公司新進人員

(　　) **1** 假設一捷運路線其排定路線容量（Scheduled Line Capacity）為4800人/小時，營運採每列車4節車廂組成，在某一時段以5分鐘班距營運，其每節車廂載運人數為多少？　(A)100人　(B)200人　(C)300人　(D)400人。

(　　) **2** 假定有一條大眾捷運路線尖峰小時的承載率為0.89，最多允許4節車廂營運，每一車廂有150個座位，最小班距為5分鐘，試問路線尖峰小時總載客人數為多少人？　(A)6,400　(B)7,400　(C)8,600　(D)9,600。

(　　) **3** 通常高運量的大眾捷運系統之每小時單方向的運量（人）約為？　(A)20,000以上　(B)5,000至8,000之間　(C)4,000至6,000之間　(D)4,000以下。

(　　) **4** 依據「桃園縣大眾捷運系統運輸有效距離內汽車客運業營運路線調整辦法」之路線運輸有效距離係指大眾捷運系統路線兩側各多少公尺範圍？　(A)五十公尺　(B)一百公尺　(C)一百五十公尺　(D)二百公尺。

(　　) **5** 假設一捷運路線，採站式停車（跳蛙式營運）的營運方式，且沿線各站旅客需求為均勻的情況下，這種營運方式主要是為了什麼？　(A)減少營運成本，減少停靠站數　(B)提高營運速率，減少停靠站數　(C)提高營運速率，減少旅客乘載量　(D)降低營運速率，減少停靠站數。

(　　) **6** 目前桃園捷運於購票後，進出不同一車站，最大時限為多久？　(A)一小時　(B)二小時　(C)三小時半　(D)半天。

(　　) **7** 下列那間航空公司可以於桃園機場捷運系統進行預辦登機作業？　(A)中華航空公司　(B)中國國際航空公司　(C)新加坡航空公司　(D)西北航空公司。

(　　) 8 桃園國際機場捷運線下列那段均為高架路段？ (A)長庚醫院站—山鼻站 (B)長庚醫院站—領航站 (C)橫山站—環北站 (D)臺北車站—大園站。

(　　) 9 桃園機場捷運所採取何種軌距？ (A)標準軌 (B)窄軌 (C)寬軌 (D)單軌。

(　　) 10 依大眾捷運法規定，下列何行為得於禁建範圍內為之？ (A)連通設施 (B)障礙物之堆置 (C)廣告物之設置 (D)工程設施之構築。

(　　) 11 桃園大眾捷運系統附屬事業不得以下列何種方式經營？ (A)自行經營 (B)出租他人經營 (C)轉投資他公司經營 (D)地上權予他人經營並免租賃費。

(　　) 12 設置預辦登機及行李託運之機場捷運系統捷運站亦須配合建置行李安檢設施，若檢驗發現旅客攜帶未經許可攜帶經公告之危險或易燃物進入捷運站，即可依大眾捷運法處新臺幣多少元罰緩？ (A)五千元以上一萬元以下 (B)五千元以上五萬元以下 (C)一萬元以上三萬元以下 (D)一萬元以上五萬元以下。

(　　) 13 大眾捷運系統發生停止運轉若干時間以上，除須採取緊急救難措施外，應立即通知地方及中央主管機關？ (A)1小時 (B)2小時 (C)3小時 (D)4小時。

(　　) 14 依大眾捷運法規定，由民間自行規劃之大眾捷運系統者，其規劃報告書應由下列那個單位核定？ (A)內政部 (B)總統府 (C)法務部 (D)行政院。

(　　) 15 依大眾捷運法規定，每年應將大眾捷運系統狀況、營業盈虧、運輸情形及改進計畫，於年度終了後幾個月內報備一次？ (A)一個月 (B)三個月 (C)六個月 (D)九個月。

(　　) 16 桃園機場捷運路線沿線車站，下例何者為地下車站？ (A)林口站 (B)青埔站 (C)領航站 (D)體育大學站。

(　　) 17 因第三軌電壓值大，為避免觸電意外發生，通常採用何種安全措施保護？ (A)以絕緣漆隔絕 (B)以絕緣蓋板隔絕 (C)以絕緣布隔絕 (D)以絕緣膠帶隔絕。

( ) **18** 桃園機場捷運延伸線規劃共有幾站地下車站？ (A)2站 (B)4站 (C)6站 (D)8站。

( ) **19** 在市中心區域通當採用何種型式的車站，容易解決用地問題及可對週遭環境衝擊最小？ (A)地面型車站 (B)高架型車站 (C)地下型車站 (D)混合型車站。

( ) **20** 桃園捷運系統車輛動力系統的供電方式採取那一種設備取得電力？ (A)集電線 (B)集電弓 (C)集電靴 (D)集電襪。

( ) **21** 下列何者不是大眾捷運系統規劃報告書中應包含之項目？ (A)財務計畫 (B)經濟效益及財務評估 (C)運量分析及預測 (D)GNP預測。

( ) **22** 小世小姐搭乘捷運至林口站上班，但因過站來不急下車，小世小姐於列車行駛中擅自開啟車門並跳車，依大眾捷運法規定應罰鍰多少？ (A)一千元以上三千元以下 (B)一千元以上七千元以下 (C)一千五百元以上三千五百元以下 (D)一千五百元以上七千五百元以下。

( ) **23** 阿信無視大眾捷運公司進入車站時之警告標示，依然邊走邊吃剛買的雞排，經捷運警察勸告無效，此時捷運警察可以依大眾捷運法規定應罰鍰多少？ (A)一千元以上三千元以下 (B)一千元以上七千元以下 (C)一千五百元以上三千五百元以下 (D)一千五百元以上七千五百元以下。

( ) **24** 阿通開車送朋友青埔站搭乘桃園捷運，但阿通發現自己車輛沒有汽油，於是阿通自行搭乘捷運至大園站外加油站購買一瓶1000cc的汽油並搭乘捷運回青埔站，回乘時阿通未經申請許可，經查獲阿通須罰鍰多少？ (A)一萬元以上五萬元以下 (B)一萬元以上十萬元以下 (C)五萬元以上十萬元以下 (D)五萬元以上二十萬元以下。

( ) **25** 小世與阿通二人攜帶氰化物及硝化甘油試圖於捷運車站內製造恐慌，被捷運警察查獲雖然可依公共危險罪移送外，另外亦可依大眾捷運法規定應罰鍰多少？ (A)一萬元以上五萬元以下 (B)一萬元以上十萬元以下 (C)五萬元以上十萬元以下 (D)五萬元以上二十萬元以下。

(　　) **26** 政府在辦理大眾捷運系統規劃時，其主管機關應徵求社會意見之作法為何？　(A)召開記者會　(B)召開學術論談　(C)辦理公聽會　(D)辦理專家學者座談會。

(　　) **27** 假設桃園捷運系統桃園機場至臺北車站路線之目標年尖峰小時運量預估為單方向7,200人次/小時，該系統採用之列車廂最大載客量為100人次，營運公司為符合旅客需求規劃每五分鐘一班列車，若以最大設計載客量計算，請問每列車共應需多少節車廂才能滿足最大載客量需求？　(A)4節車廂　(B)5節車廂　(C)6節車廂　(D)7節車廂。

(　　) **28** 桃園機運系統目前共有幾處列車車輛維修站？　(A)二處　(B)三處　(C)四處　(D)與臺北捷運共同使用列車維修站。

(　　) **29** 小呂及阿通二人於捷運月臺中邊滑手機邊行走及玩耍，不小心小呂整個人掉落軌道中，此時捷運公司站務人員發現時應採處理方式下列何者有誤？　(A)站務人員緊急跳軌救人避免小呂被列車碾過　(B)立即按下月台上的緊急開關，將列車供電系統斷電　(C)以通訊系統通知列車駕駛員，要求列車緊急煞車　(D)通知行控中心並要求列車緊急煞車。

(　　) **30** 桃園捷運公司因為人手短缺嚴重，擅自僱用具有公共危險罪前科的小呂，同時小呂為未經技能檢定合格之技術人員擔任列車設施之修護，經主管機關查獲應罰鍰多少？　(A)一萬元以上五萬多以下　(B)一萬元以上十萬元以下　(C)五萬元以上十萬元以下　(D)十萬元以上五十萬元以下。

(　　) **31** 假設桃園捷運系統採單方向每小時最大運能為9600人次，若採每輛列車載運480人次計算，此時桃園捷運系統的服務班距應為幾分鐘一班？　(A)2分鐘　(B)3分鐘　(C)4分鐘　(D)5分鐘。

(　　) **32** 桃園捷運公司除票箱收入外，其附屬事業經營不得以下列何種方式經營？　(A)地上權予他人經營並且免收租任費　(B)自行經營　(C)轉投資他公司經營　(D)出租他人經營。

(　　) **33** 桃園捷運公司對於大眾捷運系統財產，可依下列何種方式進行辦理？(A)並不共有財產　(B)依出資之比例持有　(C)接受經費補助比例與中央政府、地方政府共有　(D)按自償及非自償經費出資比例持有。

( ) **34** 捷運站務人員發現到有身心障礙人士使用輪椅搭乘捷運時，此時站務人員應採取何種方式將輪椅推進入車廂？ (A)俯衝進入車廂 (B)由旁人抬入車廂 (C)由前輪進入車廂 (D)由後輪進入車廂。

( ) **35** 阿信帶著自己的滿五歲小孩小呂至捷運搭乘捷運，此時小童未滿幾歲可免費搭乘？ (A)五歲 (B)六歲 (C)三歲 (D)十歲。

( ) **36** 桃園機場捷運路線沿線車站，下列何者為高架車站？ (A)體育大學 (B)新莊副都心 (C)臺北車站 (D)機場第一航廈。

( ) **37** 桃園捷運公司屬於 (A)依公司法成立的股份有限公司 (B)依公司法成立的無限公司 (C)非依公司法成立的股份有限公司 (D)非依公司法成立的無限公司。

( ) **38** 下列何種狀況捷運公司得拒絕運送？ (A)穿著不適當之服飾 (B)攜帶物品造成他人不便 (C)行動不方便的人 (D)攜帶行李的人。

( ) **39** 有關大眾運輸系統的營運服務特性之敘述，何者正確？ (A)成本可分為績效成本、營運成本 (B)服務水準是吸收乘客的主要因素 (C)運量是周圍環境對大眾運輸影響 (D)捷運系統地下化成本較高架化來的低。

( ) **40** 高架捷運設施自構造物外緣起算，應維持6公尺的什麼淨距離？ (A)水平距離 (B)垂直距離 (C)視角距離 (D)45度角距離。

( ) **41** 依「桃園市大眾捷運系統行車安全規則」，正線及其供電線路每日營運前應巡查幾次以上，並保存巡查紀錄？ (A)1次 (B)2次 (C)3次 (D)無需巡查。

( ) **42** 依「桃園市大眾捷運系統行車安全規則」指出應顯示禁止進入之號誌，下列何種狀況有誤？ (A)閉塞區間內有列車 (B)月台燈故障 (C)號誌發生故障 (D)單線運轉區間，其相反方向之號誌顯示進行。

( ) **43** 大眾捷運系統旅客運送責任保險，預收保費為預估全年總保費乘以多少？ (A)百分之二十 (B)百分之三十 (C)百分之五十 (D)百分之六十。

( ) **44** 依桃園市大眾捷運系統旅客運送規則，下列何者不是應於車站公告事項？ (A)車票種類、票價表 (B)營業時間 (C)尖、離峰班距 (D)每日運量。

( ) **45** 當自動控制設備故障致列車無法依自動控制設備所顯示之號誌行駛時應以多少時速以下行駛？ (A)15 (B)25 (C)35 (D)45 。

( ) **46** 大眾捷運系統實質設施之組成要素為何？ (A)列車 (B)駐車場 (C)控制系統 (D)以上皆是。

( ) **47** 桃園捷運購票同一車站進出，最大時限為多久？ (A)15分 (B)20分 (C)25分 (D)30分。

( ) **48** 大眾運輸系統營運機構應於那些處所明顯標示使用及安全說明？ (A)車廂外 (B)場站門口 (C)冷氣及供電設備 (D)場站月台。

( ) **49** 在「大眾捷運法」中違反第三十七條規定，未經核准兼營其他附屬事業者應罰鍰？ (A)新臺幣十萬元以上五十萬元以下罰鍰 (B)新臺幣二十萬元以上五十萬元以下罰鍰 (C)新臺幣五十萬元以上二百五十萬元以下罰鍰 (D)新臺幣一百萬元以上三百五十萬元以下罰鍰。

( ) **50** 依「大眾捷運法」中違反第二十九條第二項規定，未經核定或未依公告實施運價應處多少罰鍰 (A)新臺幣十萬元以上五十萬元以下罰鍰 (B)新臺幣二十萬元以上五十萬元以下罰鍰 (C)新臺幣五十萬元以上二百五十萬元以下罰鍰 (D)新臺幣一百萬元以上三百五十萬元以下罰鍰。

解答與解析（答案標示為#者，表官方曾公告更正該題答案。）

1 (A)。60分÷5分＝12班（每小時班次）
4（每列車車廂）×12＝48（1小時共有車廂數目）
4800人÷48＝100人（每節車廂載運人數）

2 (A)。150人（座位）×4（節）＝600人（每班車總載客人數）
60（分）÷5（分）＝12（每小時班次）
600人×12（班）＝7,200人（每小時最大載客總人數）
7,200人×0.89（乘載率）＝6,408人（≒6,400人）

3 **(A)**。高運量捷運系統，每小時單向運量在20,000人次以上；中運量捷運系統，每小時單向運量在5,000至25,000人次間；低運量捷運系統，每小時單向運量在5,000人次以下。

4 **(B)**。「桃園縣大眾捷運系統運輸有效距離內汽車客運業營運路線調整辦法」第4條規定，路線運輸有效距離係指大眾捷運系統路線兩側各一百公尺之範圍。

5 **(B)**。此法將車站分成幾類，列車只停靠於相關類別，但分類時應注意各分類站載客數的平衡，並且數目須相當，其適於班距較短及旅客較均勻的路線。

6 **(B)**。桃園捷運車票使用規則規定，旅客持用車票，除可歸責於本公司之事由外，進入付費區至離開付費區之停留時限規定：
(1)不同車站進出，最大時限為2小時。
(2)同一車站進出，最大時限為15分鐘。

7 **(A)**。桃園機場捷運系統將提供旅客於：臺北車站（A1）、新北產業園區站（A3）及高鐵桃園站（A18），辦理預辦登機及托運行李。目前僅開放臺北車站（A1）辦理。配合的公司則有：中華航空、長榮航空、華信航空、立榮航空等4家航空公司。

8 **(A)**。桃園國際機場捷運線桃園國際機場捷運線「長庚醫院站一山鼻站」為高架路段。

9 **(A)**。標準軌是指國際鐵路聯盟在1937年制定1435毫米的標準軌距，軌距比標準軌更寬的稱為寬軌，更窄的則稱為窄軌。北捷、高捷與臺灣高鐵皆採用此種軌距。

10 **(A)**。大眾捷運法第45-1條規定，禁建範圍內除建造其他捷運設施或連通設施或開發建築物外，不得為右列行為：(1)建築物之建造；(2)工程設施之構築；(3)廣告物之設置；(4)障礙物之堆置；(5)土地開挖行為；(6)其他足以妨礙大眾捷運系統設施或行車安全之工程行為。

11 **(D)**。依「桃園市大眾捷運系統附屬事業經營管理辦法」第7條規定，營運機構經營附屬事業，得依右列方式為之：(1)自行經營；(2)轉投資他公司經營；(3)委託他人經營；(4)出租他人經營。

12 **(D)**。大眾捷運法第50-1條規定，未經許可攜帶經公告之危險或易燃物進入大眾捷運系統路線、場、站或車輛內，處新臺幣一萬元以上五萬元以下罰鍰。

13 **(A)**。「大眾捷運系統經營維護與安全監督實施辦法」第13條規定，大眾捷運系統發生右列行車上或非行車上之重大事故時，除需採取緊急救難措施，迅速恢復通車外，應立即通知地方及中央主管機關，並隨時將經過及處理情形報請查核，事後並應填具事故報告表報請地方主管機關備查：(1)列車衝撞；(2)列車傾覆；(3)停止運轉一小時以上；(4)人員死亡；(5)其他經中央主管機關規定者。

14 **(D)**。大眾捷運法第12條第1項規定，大眾捷運系統規劃報告書，應由中央主管機關報請或核轉行政院核定。同條第3項規定，民間自行規劃大眾捷運系統者，第1項規劃報告書應向地方主管機關提出，經層報中央主管機關核轉行政院核定。

15 **(C)**。大眾捷運法第35條規定，大眾捷運系統營運機構，應依右列規定，報請地方主管機關核轉中央主管機關備查：(1)營運時期之營運狀況，每三個月報備一次；(2)每年應將大眾捷運系統狀況、營業盈虧、運輸情形及改進計畫，於年度終了後六個月內報備一次。

16 **(D)**。桃園機場捷運在桃園市龜山區體育大學（龜山樂善）站為地下車站。

17 **(B)**。因為第三軌電容量（電壓值）架高電車線為大，為避免人畜觸電，通常安全措施是以「絕緣蓋板」隔絕第三軌的帶電部位。

18 **(A)**。機場捷運延伸線計畫由機場捷運環北站（不含）起，全長約2.06公里，全線採「地下化」方式前進，設有「老街溪站」與「中壢站」兩處。

19 **(C)**。在都市中心區一般均採地下型車站，不但可解決用地問題，並使其對周遭環境負面衝擊最小。

20 **(C)**。集電靴指的是安裝在列車轉向架上，為列車從剛性供電軌（第三軌）進行動態取流（採集電流），滿足列車電力需求的一套動態受流設備。平常集電靴不使用時，可以加以鎖定並保持在放下位置，需要集電時，則利用氣缸上的脈衝氣壓作用來打開鎖定。

21 **(D)**。大眾捷運法第12條規定，大眾捷運系統規劃報告書內容應包含右列事項：(1)規劃目的及規劃目標年；(2)運量分析及預測；(3)工程標準及技術可行性；(4)經濟效益及財務評估；(5)路網及場、站規劃；(6)興建優先次序；(7)財務計畫；(8)環境影響說明書或環境影響評估報告書；(9)土地取得方式及可行性評估；(10)依第10條第2項規定召開公聽會之經過及徵求意見之處理結果；(11)其他有關事項。

22 **(D)**。大眾捷運法第50條第1項第2款規定，列車行駛中「妨礙車門、月台門關閉或擅自開啟」，處行為人或駕駛人新臺幣一千五百元以上七千五百元以下罰鍰。

23 **(D)**。大眾捷運法第50條第1項第9款規定，「於大眾捷運系統禁止飲食區內飲食，嚼食口香糖或檳榔，或隨地吐痰、檳榔汁、檳榔渣，拋棄紙屑、菸蒂、口香糖、瓜果或其皮、核、汁、渣或其他一般廢棄物」，處行為人或駕駛人新臺幣一千五百元以上七千五百元以下罰鍰。

24 **(#)**。依官方公告，本題一律送分。

25 **(A)**。大眾捷運法第50-1條第1項第1款規定，「未經許可攜帶經公告之危險或易燃物（本題之氰化物及硝化甘油）進入大眾捷運系統路線、場、站或車輛內」，處新臺幣一萬元以上五萬元以下罰鍰。

26 **(C)**。大眾捷運法第10條規定，大眾捷運系統之規劃，由主管機關或民間辦理。辦理大眾捷運系統規劃時，主管機關或民間應召開公聽會，公開徵求意見。

27 **(C)**。60（分）÷5（分）＝12（每小時列車班次）
7,200人次÷12＝600人次（每小時承載量）
600人次÷100人次＝6節（每班車車廂節數）

28 **(A)**。桃園機運系統目前設有青埔與蘆竹兩處列車車輛維修站。

29 **(A)**。人員掉落軌道，捷運公司站務人員發現時應採的處理方式如題目選項(B)(C)(D)所述。這些在捷運公司於月台安全宣導之「文字說明」中皆已提醒乘客。

30 **(D)**。大眾捷運法第30條規定，大眾捷運系統設施之操作及修護，應由依法經技能檢定合格之技術人員擔任之。同法第51條規定，違反第30條規定，僱用未經技能檢定合格之技術人員擔任設施之操作及修護者，處新臺幣十萬元以上五十萬元以下罰鍰。

31 **(B)**。9600（人次）÷480（人次）＝20（每小時應有服務班次）
60（分鐘）÷20（班次）＝3（分鐘）

32 **(A)**。依「桃園市大眾捷運系統附屬事業經營管理辦法」第7條規定，營運機構經營附屬事業，得依右列方式為之：(1)自行經營；(2)轉投資他公司經營；(3)委託他人經營；(4)出租他人經營。

33 **(A)**。大眾捷運法第25條規定，政府建設之大眾捷運系統財產，依各級政府出資之比率持有。由中央政府補助辦理者，由路線行經之各該地方政府，按自償及非自償經費出資比率共有之，「營運機構（捷運公司）」不共有大眾捷運系統財產；該財產以出租方式提供營運機構使用、收益者，營運機構應負責管理維護。

34 **(D)**。身心障礙人士使用輪椅搭乘捷運時，站務人員應採取由後輪進入車廂方式將輪椅推進入車廂。

35 **(B)**。依桃園大眾捷運系統旅客須知第14點規定：身高未滿115公分之兒童，或身高滿115公分但未滿6歲之兒童經出示身分證明文件者，得免購票乘車，但須由已購票旅客陪同，違者本公司得拒絕運送。每1位購票旅客以陪同2名免購票兒童為限。

36 **(B)**。桃園機場捷運路線沿線由三重站至泰山貴和站，皆為高架車站。

37 **(A)**。大眾捷運法第26條規定，大眾捷運系統營運機構，以依公司法設立之股份有限公司為限。

38 **(B)**。依各捷運系統旅客須知「壹、一般規定」第七點規定，有下列情形之一者，捷運公司得拒絕運送：(1)違反法令、公共秩序、善良風俗或本公司旅客運送章則等各項規定；(2)有明顯傷害他人或自己之虞，或有騷擾他人行為；(3)穿著惡臭或攜帶不潔物品影響公共衛生；(4)老、幼、重病等需要護送而無人護送；(5)攜帶物品造成他人不便；(6)其他經本公司公告禁止之事項。

39 **(B)**。大眾運輸系統特性分別為績效、服務水準、影響和成本。績效評估項目則包含了班次、營運速度、服務可靠性、安全、路線容量、生產容量、生產力與使用率。

40 **(A)**。水平方向為自捷運設施結構體外緣起算向外六公尺以內，垂直方向為自地面起算向上至捷運設施或行車安全之最小淨空以內，其有屋頂者則向上至屋頂結構上緣以內，兩者所形成之封閉區域，屬禁建範圍。

41 **(A)**。「桃園市大眾捷運系統行車安全規則」第5條規定，正線及其供電線路每日營運前應巡查一次以上，並保存巡查紀錄。

42 **(B)**。「桃園市大眾捷運系統行車安全規則」第14條規定，有右列情事之一者，應顯示禁止進入之號誌：(1)閉塞區間內有列車；(2)閉塞區間內有關轉轍器未開通正確方向；(3)鄰線之列車或車輛在正線分叉處妨礙行車之安全；(4)號誌發生故障；(5)單線運轉區間，其相反方向之號誌顯示進行。

43 **(D)**。「大眾捷運系統旅客運送責任保險投保金額辦法」第4條規定，大眾捷運系統旅客運送責任保險預收保費為預估全年總保費乘以百分之六十。

44 **(D)**。「桃園市大眾捷運系統旅客運送規則」第3條規定，營運機構應於車站公告右列事項，變更調整時亦同：(1)旅客須知；(2)路網圖暨車站相關資訊；(3)車票種類、票價表；(4)營業時間；(5)首、末班車時刻及尖、離峰班距；(6)其他旅客運送相關事項；(7)經本府指定之事項。

45 **(B)**。依「桃園市大眾捷運系統行車安全規則」第21條規定，列車應依自動控制設備所顯示之號誌行駛，因自動控制設備故障，致列車無法依自動控制設備所顯示之號誌行駛時，行車控制中心得於確認防護區域內無列車、車輛，相關轉轍器並已鎖定於列車進行之方向後，以替代方式維持列車運轉。同規則第22條規定，依前條規定之替代方式行車時，以時速25公里以下之時速行駛。

46 **(D)**。大眾捷運系統實質設施之組成要素包括：列車或車廂、車道、車站、駐車調度場與控制系統（如通訊、監視、號誌等）。

47 **(A)**。桃園捷運車票使用規則規定，旅客持用車票，除可歸責於本公司之事由外，進入付費區至離開付費區之停留時限規定，同一車站進出，最大時限為15分鐘。

48 **(#)**。依官方公告，本題一律送分。

49 **(A)**。大眾捷運法第51條規定，違反第37條「大眾捷運系統營運機構，得經地方主管機關核准兼營其他附屬事業」之規定，未經核准兼營其他附屬事業者，處新臺幣十萬元以上五十萬元以下罰鍰。

50 **(C)**。大眾捷運法第29條第2項規定，「大眾捷運系統之運價，由其營運機構依前項運價率計算公式擬訂，報請地方主管機關核定後公告實施；變更時亦同」。同法第50-1條規定，「違反第二十九條第二項規定，未經核定或未依公告實施運價」，處新臺幣五十萬元以上二百五十萬元以下罰鍰。

NOTE

108年 臺北捷運公司新進司機員

( ) **1** 臺北捷運系統蘆洲線的營運機關為何？ (A)新北市政府 (B)臺北市政府 (C)臺北捷運公司 (D)臺北市政府捷運局。

( ) **2** 下列哪站不屬於板南線的車站？ (A)海山站 (B)小南門站 (C)西門站 (D)市政府站。

( ) **3** 某乘客從北投欲搭乘捷運前往南京三民站，請問他應該在何站轉車？ (A)直達，不用轉車 (B)臺北車站 (C)東門站 (D)中山站。

( ) **4** 旅客將自行車摺疊或拆卸完成並妥善包裝後（包裝後之最長邊不超過165公分，且長、寬、高之和未超過220公分），是否可以搭乘捷運？ (A)可以比照一般行李進出各捷運車站乘車 (B)僅假日允許搭乘 (C)僅假日可以搭乘且要另付自行車費用50元 (D)另付自行車費用50元即可搭乘。

( ) **5** 有關淡水線的車站敘述，下列何者正確？ (A)全線皆為島式月台 (B)全線皆為側式月台 (C)混合使用島式月台與側式月台 (D)全線皆為混合式月台。

( ) **6** 下列何者非屬臺北捷運公司所提供的溫馨服務？ (A)置物櫃服務 (B)無障礙服務 (C)無線上網服務 (D)夜間代叫計程車服務。

( ) **7** 某位乘客在臺北小巨蛋站欲前往新北市政府洽公，請問他該如何搭乘？ (A)直接搭乘綠線前往 (B)搭乘綠線在北門站轉藍線 (C)搭乘綠線在西門站轉藍線 (D)直接搭乘藍線前往。

( ) **8** 下列何者非屬捷運電聯車配備的安全逃生設備？ (A)緊急對講機 (B)滅火器 (C)偵煙器 (D)乘客防煙面罩。

( ) **9** 大眾捷運系統若非屬獨立專用路權者，其共用路線的長度以不超過全部路線的多少比例為限？ (A)1/2 (B)1/3 (C)1/4 (D)1/5。

( ) **10** 下列何者非屬大眾捷運系統規劃時應考慮的主要因素？ (A)人口分布 (B)房價高低 (C)地理條件 (D)生態環境。

( ) **11** 臺北捷運車輛進站時，車廂內偶而會有音樂聲響起，請問其目的為何？ (A)提醒轉乘站到了 (B)提醒車門即將開啟 (C)提醒視障乘客到站了 (D)提醒整點時間。

( ) **12** 南港線的終點站為何？ (A)南港站 (B)昆陽站 (C)南港展覽館站 (D)市政府站。

( ) **13** 臺北捷運系統路線完工後應該報請交通部辦理何種程序後方得開始營運？ (A)會勘 (B)檢查 (C)履勘 (D)監理。

( ) **14** 臺北捷運公司定期報備營運狀況的規定為何？ (A)每三個月報備一次 (B)每四個月報備一次 (C)每六個月報備一次 (D)不用報備。

( ) **15** 臺北捷運單程票的最高票價為何？ (A)50元 (B)55元 (C)60元 (D)65元。

( ) **16** 下列哪站不屬於淡水信義線的車站？ (A)士林站 (B)市政府站 (C)芝山站 (D)忠義站。

( ) **17** 下列何者屬於臺北捷運公司的受託事業？ (A)經營臺北小巨蛋 (B)經營臺北車站停車場 (C)經營中山地下街 (D)經營淡水站地下停車場。

( ) **18** 有關攜帶自行車搭乘臺北捷運的規定下列何者正確？ (A)所有車站均開放 (B)採取人車合併收費 (C)依照里程收取50~80元的費用 (D)依照里程收取60或100元的票價。

( ) **19** 臺北捷運系統臺北車站的月台係屬： (A)島式月台 (B)側式月台 (C)綜合式月台 (D)混合月台。

( ) **20** 下列何者非屬捷運車站服務台的服務項目？ (A)發售敬老愛心優惠票 (B)發售一般單程票 (C)聽障旅客傳真服務 (D)開立購票證明。

( ) **21** 無障礙自動售票機的特色在於： (A)有語音說明，方便視障者使用 (B)有販售優惠票 (C)有無障礙坡道與扶手 (D)高度低於一般自動售票機，方便輪椅旅客購票使用。

( ) **22** 使用輪椅、嬰兒車與大件行李者出入閘門，建議使用何種閘門（或出入口）？ (A)一般驗票閘門 (B)特殊驗票閘門 (C)無障礙驗票閘門 (D)服務台旁之團體出入口。

( ) **23** 有關兒童乘車購票的規定，下列何者正確？ (A)身高超過115公分之兒童即應購票 (B)身高超過115公分，但有身分證明其未滿六歲者得免購票乘車 (C)免票兒童得自行搭車 (D)每一購票旅客可有一名免票兒童陪同。

( ) **24** 下列何者非屬現行臺北捷運系統車廂內普遍使用的語言？ (A)台語 (B)客語 (C)英語 (D)日語。

( ) **25** 某旅客搭乘國道客運至臺北轉運站，欲前往北投泡湯，請問他應該搭乘何線前往？ (A)藍線 (B)綠線 (C)紅線 (D)橘線。

( ) **26** 臺北捷運所發售的單程票，其有效期限為何？ (A)發售當日有效 (B)發售後24小時有效 (C)發售後7日有效 (D)發售後一年有效。

( ) **27** 有關臺北捷運系統的自動收費系統，下列敘述何者正確？ (A)單程票有獨立的閘門 (B)具有電子票證自動加值的功能 (C)閘門的票種警示燈顯示方式固定 (D)新式驗票閘門採取三柱轉軸。

( ) **28** 假設某一捷運路線的路線容量為每小時15000人，班距6分鐘。假設車輛供給無虞，若要將容量提升為每小時18000人，則班距應該調整為何？ (A)3分鐘 (B)4分鐘 (C)4.5分鐘 (D)5分鐘。

( ) **29** 為配合大眾運輸導向的都市發展，下列敘述何者錯誤？ (A)應提高捷運站周邊的使用密度 (B)捷運站周邊應該有良好的人行道設計 (C)強調混合土地使用 (D)捷運站應配合提供充足的轉乘停車位。

( ) **30** 請問頭前庄站位於哪條捷運路線上？ (A)板南線 (B)文湖線 (C)中和新蘆線 (D)淡水信義線。

解答與解析（答案標示為#者，表官方曾公告更正該題答案。）

1 (C)。臺北捷運系統營運單位為臺北捷運公司，臺北捷運系統蘆洲線僅係臺北捷運系統的一條路線，自屬於臺北捷運公司，故其營運機關當然為臺北捷運公司。

2 **(B)**。臺北捷運系統板南線的車站包括：南港展覽館站、南港站、昆陽站後山埤站、永春站、市政府站、國父紀念館站、忠孝敦化站、忠孝復興站、忠孝新生站、善導寺站、臺北車站、西門站、龍山寺站、江子翠站、新埔站、板橋站、府中站、亞東醫院站、海山站、土城站、永寧站及頂埔站。

3 **(D)**。請參閱本書第三單元臺北捷運「陸、臺北捷運路網轉乘車站」圖，可知乘客從北投欲搭乘捷運前往南京三民站，須在「中山站」轉車。

4 **(A)**。依「臺北捷運公司開放旅客攜帶自行車搭乘捷運應行注意事項」規定，自行車，最長邊不超過165公分，且長、寬、高之和不超過220公分，經妥善包裝後，可比照一般行李，營運時間內免費攜入各車站乘車。

5 **(C)**。淡水線除「紅樹林站到復興崗站之間」，為側式月台，其餘各站皆為島式月台。

6 **(D)**。臺北捷運公司所提供的溫馨服務包括：置物櫃服務、i郵箱服務、無障礙服務、無線上網服務及貼心措施。

7 **(C)**。請參閱本書第三單元臺北捷運「陸、臺北捷運路網轉乘車站」圖，可知乘客從臺北小巨蛋站欲前往新北市政府，須搭乘綠線在西門站轉藍線。

8 **(D)**。捷運電聯車配備的安全逃生設備包括有：緊急逃生門、列車上之滅火器、偵煙器、緊急對講機、逃生把手、緊急開門旋鈕與列車車門和月台門重開裝置。

9 **(C)**。大眾捷運法第3條規定，大眾捷運系統為非完全獨立專用路權者，其共用車道路線長度，以不超過全部路線長度四分之一為限。但有特殊情形，經中央主管機關報請行政院核准者，不在此限。

10 **(B)**。大眾捷運法第11條規定，大眾捷運系統之規劃，應考慮右列因素：(1)地理條件；(2)人口分布；(3)生態環境；(4)土地之利用計畫及其發展；(5)社會及經濟活動；(6)都市運輸發展趨勢；(7)運輸系統之整合發展；(8)採用非完全獨立專用路權路段所經鄰近道路之交通衝擊；(9)其他有關事項。

11 **(A)**。當列車駛進路線轉接點時，輕快的鋼琴音階迴盪在車廂間，提醒旅客轉乘。

12 **(C)**。板南線依興建期間與階段營運所使用的路線名稱，可分為南港線、板橋線和土城線三個路段，這三個路段是以西門站、府中站為分界，西門站以東為南港線（其起點在南港展覽館），西門站到府中站為板橋線，府中站以南為土城線。

13 **(C)**。大眾捷運法第15條第2項規定，路網全部或一部工程完竣，應報請中央主管機關「履勘」；非經核准，不得營運。

14 (A)。大眾捷運法第35條規定，大眾捷運系統營運機構，應依右列規定，報請地方主管機關核轉中央主管機關備查：(1)營運時期之營運狀況，每三個月報備一次；(2)每年應將大眾捷運系統狀況、營業盈虧、運輸情形及改進計畫，於年度終了後六個月內報備一次。

15 (D)。臺北捷運系統收費票價方式，係依照旅客所搭乘的最短里程長度來計算。票價最低下限為20元，最高上限為65元，並以5為單位。

16 (B)。請參閱本書第三單元「臺北捷運路網圖」。

17 (A)。臺北捷運公司的受託（委管）事業包括經營貓空纜車、臺北小巨蛋、兒童新樂園。

18 (B)。依「臺北捷運公司開放旅客攜帶自行車搭乘捷運應行注意事項」第5點規定，旅客攜帶自行車搭乘捷運之收費，係採人車合併收費，單趟不限里程，一律全票收費，攜帶自行車單程票每張收費新臺幣80元整。人車須一同進出車站。

19 (A)。島式月台是鐵路月台的一種型態，為路軌在兩旁，月台被夾在中間的設計。

20 (B)。捷運車站服務台的服務項目一般包括：發售敬老愛心優惠票、聽障旅客傳真服務、開立購票證明、行動不便旅客協助、受理旅客意見申訴、遺失物協尋、旅客電話查詢、協助旅客解決捷運相關疑難等。

21 (D)。捷運各車站至少設有一臺無障礙自動售票機，其高度低於一般自動售票機，方便輪椅使用者購票。

22 (C)。各車站內於較接近非付費區無障礙電梯出入口附近，設有一臺無障礙自動售票機及閘門，其高度低於一般自動售票機，方便輪椅使用者購票。

23 (B)。未滿 6 歲之兒童（身高滿 115 公分應出示身分證明）、身高未滿115公分之兒童，得由購票旅客陪同免費乘車。每1位購票旅客最多以陪同4名為原則，並妥善照護其安全。

24 (D)。目前臺北捷運車廂內的到站廣播語言分別為中文、英語、台語、客語等4種，並在臺北車站、士林站、東門站、臺北101／世貿站、淡水站、西門站、龍山寺站、劍潭站、中正紀念堂站、北投站、新北投站等站點試行日語廣播。

25 (C)。為利於旅客辨識搭乘，目前已通車的捷運路線，分別以顏色區分為：紅線（淡水線、信義線、新北投支線）、綠線（新店線、小碧潭支線）、藍線（板南線、土城線）、橘線（中和線、新莊線、蘆洲線）、棕線（文湖線）。

26 (A)。「臺北捷運系統旅客須知」第12點規定，單程票發售當日有效。

27 (B)。臺北捷運新一代的自動收費系統更新的重點包括：票證系統更換為非接觸式電子票證（包含悠

遊 卡、IC代幣單程票及IC紙特種票）；資料及指令的上傳及下載整合為一套系統，它已具有電子票證自動加值的功能。

28 **(D)**。60（分鐘）÷6（分鐘）＝10（班）（每小時為10班）
15,000人÷6＝1,500人（每班車乘載人數）
18,000人÷1,500人＝12班（容量提升每小時必需的班次）
60（分鐘）÷12＝5（分鐘）（班距應調整的時間）

29 **(D)**。台灣以公路交通為都市發展主軸之政策，已違反了永續發展的理念，而為求解決這些課題，以「大眾運輸導向發展」為規劃理念被提出，其成功的關鍵因素就是以車站週邊土地為核心，「提高土地使用強度」、「混合土地使用」及「人行步道之都市設計」，這些規劃方式稱之為3D原則，國外實證研究指出3D確實有助於提高大眾運輸的搭乘率。

30 **(C)**。請參閱本書第四單元「臺北捷運路網圖」，可知頭前庄站位於中和新蘆線捷運路線上。

NOTE

108年 臺北捷運公司新進隨車站務員

( ) **1** 臺北捷運系統的營運機關為何？ (A)臺北市政府交通局 (B)臺北市政府捷運工程局 (C)臺北捷運公司 (D)臺北市政府都市發展局。

( ) **2** 依照現行體制，臺北捷運系統的中央主管機關為何？ (A)交通部 (B)行政院 (C)臺北市政府 (D)新北市政府。

( ) **3** 非獨立專用路權的大眾捷運系統應考量路口行車安全設置何種設備？ (A)行人專用號誌 (B)平交道專用號誌 (C)續進號誌 (D)優先通行號誌。

( ) **4** 依現行大眾捷運法的規定，下列何者非屬大眾捷運系統規劃時應考慮的主要因素？ (A)都市運輸的發展趨勢 (B)自駕車的發展趨勢 (C)運輸系統的整合發展 (D)社會經濟活動。

( ) **5** 某電影公司欲利用捷運車站拍攝影片，請問這樣的行為是否允許？ (A)向捷運公司申請許可，獲准即可拍攝 (B)為維護旅客安全，捷運站區一律不准拍攝影片 (C)離峰時間不影響旅客安全即可自由拍攝 (D)離峰時間不影響旅客通行經站長同意即可拍攝。

( ) **6** 旅客持票進入付費區至離開付費區之停留時限，在不同車站進出的最大時限為： (A)1小時 (B)1.5小時 (C)1小時40分鐘 (D)2小時。

( ) **7** 旅客同站進出者應支付何種票價？ (A)20元 (B)25元 (C)30元 (D)15元。

( ) **8** 板南線的終點站為 (A)板橋站 (B)亞東醫院站 (C)頂埔站 (D)土城站。

( ) **9** 下列何者不屬於大眾捷運法所定義之大眾捷運系統？ (A)完全獨立路權的重運量系統 (B)完全獨立路權之中運量系統 (C)非完全獨立專用路權，部分路口採優先號誌與其他交通共用之輕軌系統 (D)非完全獨立專用路權之快捷公車系統。

( ) **10** 為促進地區發展，部分捷運車站會與其相鄰的百貨公司設置連通道，這種開發方式稱為： (A)自行開發 (B)聯合開發 (C)共同開發 (D)BOT。

( ) **11** 民間自行規劃的大眾捷運系統應由何機關核定？ (A)臺北市政府 (B)臺北市議會 (C)交通部 (D)行政院。

( ) **12** 臺北捷運系統路網部份工程完竣時應報請哪一機關辦理履勘，方得開始營運？ (A)臺北市政府捷運工程局 (B)臺北市政府 (C)交通部 (D)行政院。

( ) **13** 大眾捷運系統因工程上之必要須穿越私有土地時，下列處理方式何者錯誤？ (A)應使用損害最小的方式，並給予補償 (B)應與土地所有權人協議設定地上權，協議不成得徵收之 (C)私有土地因捷運系統穿越致不能為相當使用時，得請主管機關徵收 (D)直接於土地登記簿註記空間範圍，於施工前依土地徵收條例規定徵收之。

( ) **14** 臺北捷運公司報備年度營業盈虧、運輸情形及改進計畫的規定為何？ (A)每三個月報備一次 (B)每六個月報備一次 (C)年度終了後六個月內報備一次 (D)依主管機關函示辦理。

( ) **15** 捷運單程票的最低票價為何？ (A)16元 (B)18元 (C)20元 (D)25元。

( ) **16** 有關臺北捷運系統提供之貼心措施，下列敘述何者錯誤？ (A)乘客可以出站使用非付費區的廁所 (B)付費區的廁所僅供付費乘客使用 (C)實施反偷拍偵測 (D)提供計程車叫車資訊。

( ) **17** 下列何者屬於臺北捷運公司的法定附屬事業？ (A)經營站區停車場 (B)經營美食廣場 (C)開演唱會 (D)經營貓空纜車。

( ) **18** 下列何者屬於臺北捷運公司的受託事業？ (A)經營兒童新樂園 (B)經營地下書街 (C)經營臺北車站廣告 (D)經營台鐵板橋車站商場。

( ) **19** 下列何者屬於臺北捷運系統的支線？ (A)新莊支線 (B)新北投支線 (C)新店支線 (D)信義支線。

(　　) **20** 根據臺北捷運列車運行中斷旅客延誤退費暨受困補償要點之規定，旅客受困車廂10分鐘以上，未達20分鐘者，可獲得什麼補償？ (A)未達補償標準 (B)捷運免費搭乘卷一張 (C)捷運免費搭乘卷二張 (D)捷運免費搭乘卷三張。

(　　) **21** 臺北捷運中運量的電聯車係由： (A)4車（CAR）獨立編組 (B)由二組「2－CAR」車組所組成 (C)由二組「3－CAR」車組所組成 (D)由三組「2－CAR」車組所組成。

(　　) **22** 有關臺北捷運中運量系統內湖線之機電控制何者正確？ (A)沿用木柵線，使用固定式閉塞區間 (B)使用移動式閉塞區間 (C)無區間車營運模式 (D)列車位置不確定。

(　　) **23** 有關臺北捷運新店線的系統敘述，下列何者正確？ (A)全線皆為地下車站 (B)全線皆為高架車站 (C)以高架車站為主，另有少數地下車站 (D)以地下車站為主，另有少數高架車站。

(　　) **24** 為提高捷運系統的營運效率，下列敘述何者錯誤？ (A)行動不便者請搭電梯 (B)背後背包的旅客進入車廂請改手提 (C)進出車廂應先禮讓下車乘客 (D)搭乘電扶梯應靠右站立。

(　　) **25** 松山新店線從松山到新店之行駛時間約36分鐘，松山站與新店站的停站時間各約4分鐘。若營運單位能調配20列車，則不考慮支線的影響時其服務班距可以達到何種水準？ (A)2分鐘 (B)4分鐘 (C)6分鐘 (D)8分鐘。

(　　) **26** 中和新蘆線為一共同營運區間，若往新莊與蘆洲的班距皆為6分鐘，則南勢角－大橋頭區間的班距為： (A)6分鐘 (B)12分鐘 (C)3分鐘 (D)4.5分鐘。

(　　) **27** 臺北捷運系統劍潭站的月台係屬： (A)島式月台 (B)側式月台 (C)綜合式月台 (D)混合月台。

(　　) **28** 臺北捷運系統中運量文湖線的車輛運轉供電電壓為何？ (A)直流750V (B)交流750V (C)直流1.5KV (D)交流1.5KV。

(　　) **29** 12人的團體，若購買團體票可以有何優惠？ (A)15人以上團體才有優惠 (B)單程票7折優惠 (C)單程票8折優惠 (D)單程票9折優惠。

(　) **30** 下列何者不屬於臺北捷運公司所規劃提供的夜間安全服務措施？(A)月臺中間規劃設置夜間安心候車區 (B)在夜間安心候車區設置監視系統及對講機 (C)派駐捷運警察站崗 (D)由服務人員加強巡視留意。

解答與解析（答案標示為#者，表官方曾公告更正該題答案。）

1 (C)。臺北捷運系統營運單位為臺北捷運公司，工程興建單位則是由臺北市政府捷運工程局負責，新北市境內部分路線另由新北市政府捷運工程局負責規劃。

2 (A)。大眾捷運法第4條規定，大眾捷運系統主管機關在中央為交通部；在直轄市為直轄市政府；在縣（市）為縣（市）政府。

3 (D)。大眾捷運法第3條第4項規定，非完全獨立專用路權之大眾捷運系統，應考量路口行車安全、行人與車行交通狀況、路口號誌等因素，設置優先通行或聲光號誌。

4 (B)。大眾捷運法第11條規定，大眾捷運系統之規劃，應考慮右列因素：(1)地理條件；(2)人口分布；(3)生態環境；(4)土地之利用計畫及其發展；(5)社會及經濟活動；(6)都市運輸發展趨勢；(7)運輸系統之整合發展；(8)採用非完全獨立專用路權路段所經鄰近道路之交通衝擊；(9)其他有關事項。

5 (A)。大眾捷運法第50條第1項第7款規定：「未經許可在車上或站區內募捐、散發或張貼宣傳品、銷售物品或『為其他商業行為』，處行為人或駕駛人新臺幣一千五百元以上七千五百元以下罰鍰。」反面解釋，若經申請許可在車上或站區內『為其他商業行為』，即可進行拍攝。

6 (D)。依臺北捷運車票使用規則規定，旅客持用車票，除可歸責於本公司之事由外，進入付費區至離開付費區之停留時限規定：(1)不同車站進出，最大時限為2小時；(2)同一車站進出，最大時限為15分鐘。

7 (A)。依「臺北捷運系統旅客須知」第14點規定，旅客乘車應支付之票價，以本公司於車站公告之票價表為準。其運價一律全票收費。同站進出者，應支付車站公告「最低單程票票價」（目前為20元）。

8 (C)。板南線起點在南港展覽館站，終點在頂埔站，中間穿越雙北最熱鬧的信義區、東區、臺北車站、西門町、板橋區。

9 (D)。大眾捷運法第3條規定，大眾捷運系統，依使用路權型態，分為有列二類：(1)完全獨立專用路權：全部路線為獨立專用，不受其他地面交通干擾（重運量及中運量捷運系統皆屬此類）；(2)非完全獨立專用路權：部分地面路線以實體設施與其他地面運具區隔，僅在路口、道路空間不足或其他特殊情形時，不設區隔設施，而與其他地面運具共用車道（輕軌系統即屬此類）。

10 **(B)**。所謂聯合開發就是將交通設施與不動產緊密結合起來，依靠交通設施所提供的市場活動和區位優勢，推動地區發展。大眾捷運法第7條第1項規定，為有效利用土地資源，促進地區發展，主管機關得辦理大眾捷運系統路線、場、站土地及其毗鄰地區土地之開發。此即屬「聯合開發」的實質意義。

11 **(D)**。大眾捷運法第12條第3項規定，民間自行規劃大眾捷運系統者，規劃報告書應向地方主管機關提出，經層報中央主管機關核轉行政院核定。

12 **(C)**。大眾捷運法第15條第2項規定，路網全部或一部工程完竣，應報請中央主管機關履勘；非經核准，不得營運。

13 **(D)**。大眾捷運法第19條規定，大眾捷運系統因工程上之必要，得穿越公、私有土地及其土地改良物之上空或地下，或得將管、線附掛於沿線之建物上。但應擇其對土地及其土地改良物之所有人、占有人或使用人損害最少之處所及方法為之，並應支付相當之補償。

前項須穿越私有土地及其土地改良物之上空或地下之情形，主管機關得就其需用之空間範圍，在施工前，於土地登記簿註記，或與土地所有權人協議設定地上權，協議不成時，準用土地徵收條例規定徵收取得地上權。

14 **(C)**。大眾捷運法第35條規定，大眾捷運系統營運機構，應依右列規定，報請地方主管機關核轉中央主管機關備查：(1)營運時期之營運狀況，每三個月報備一次；(2)每年應將大眾捷運系統狀況、營業盈虧、運輸情形及改進計畫，於年度終了後六個月內報備一次。

15 **(C)**。臺北捷運系統收費票價方式，係依照旅客所搭乘的最短里程長度來計算。票價最低下限為20元，最高上限為65元，並以5元為單位。

16 **(B)**。(B)錯誤。民眾若有使用車站付費區廁所之需求時，或旅客乘車途中，有使用車站非付費區廁所之需求時，均可洽站務人員協助經由公務門進出站免費使用廁所。

17 **(A)**。臺北捷運公司的法定附屬事業包括廣告、地下街、車站販賣店、停車場、捷運與地下街設施之移設及連通。

18 **(A)**。臺北捷運公司的受託（委管）事業包括經營貓空纜車、臺北小巨蛋、兒童新樂園。

19 **(B)**。臺北捷運系統的支線包括(1)新北投支線：新北投站－北投站；(2)小碧潭支線：小碧潭站－七張站。

20 **(B)**。依「列車運行中斷旅客延誤退費暨受困補償要點」規定，旅客受困10分鐘以上，未滿20分鐘者，發給捷運免費搭乘券1張。

21 **(B)**。臺北捷運中運量的電聯車每列車係由二組「2－CAR」車組（兩對車，每對車有2個車廂，共計4個車廂）組成。

22 **(B)**。移動式閉塞區間大都用於自動控制系統之鐵路或捷運系統上，這種方式，可以使得區間之長度為零，以此種區間閉塞制行車，將可使路線之容量達到最大化。

23 **(A)(D)**。本題(A)(D)兩者之敘述均屬正確。因小碧潭站部分為高架，其餘均為地下段。

24 **(D)**。臺北市民搭捷運手扶梯，都會習慣性靠右站立，讓左側通勤族同行，但北捷十年前就已取消「右側站立，左側通行」的政策。但因民眾靠右習慣難改，並未加以宣導。事實上，現在北捷通常會在尖峰時間、特定節日等時間點，加派人力紓解人潮，以防止意外發生。

25 **(B)**。（36×2）＋（4×2）＝80（分鐘）→每列車往返所需時間
80÷20＝4（分鐘）

26 **(C)**。60（分鐘）÷6（分鐘）＝10（班）→大橋頭往新莊（每小時）
60（分鐘）÷6（分鐘）＝10（班）→大橋頭往蘆洲（每小時）
10＋10＝20（班）→大橋頭每小時開出的車班總數
60（分鐘）÷20（班）＝3（分鐘）→每3分鐘須開出一班，輪流開往新莊與蘆洲。

27 **(A)**。島式月台即是軌道在兩側，月台在中央，如淡水站等大部分高運量路線車站皆有採用此種型式佈設。此種月台車站最適合當起、訖（終端）站，而從營運觀點來看，捷運終端站之月台，亦是採島式較側式為佳。

28 **(A)**。一般而言同樣的體積直流馬達可以輸出較大功率，直流馬達轉速不受電源頻率限制可以製作出高速馬達，只要控制電壓即可控制速度，比較簡單容易，故中運量系統的車輛運轉供電電壓乃採直流電壓。

29 **(C)**。根據臺北捷運系統的收費方式規定，使用團體票，進出車站時，由公務閘門進出，且團體必須同時同一車站進出。10人以上（含）之團體可享單程票價之8折優惠，40人以上（含）可享單程票價之七折優惠。

30 **(C)**。臺北捷運公司為維護旅客安全，各捷運車站月臺中間已規劃設置夜間安心候車區，並設有監視系統及對講機，由服務人員加強巡視留意。

108年　臺北捷運公司新進技術員（第二次）

(　) **1** 淡海輕軌的營運機關為何？　(A)臺北市政府捷運工程局　(B)新北市政府捷運工程局　(C)臺北大眾捷運公司　(D)新北大眾捷運公司。

(　) **2** 有關捷運系統的主管機關，下列敘述何者正確？　(A)由交通部統一主管　(B)中央為交通部，地方為直轄市政府　(C)中央為交通部，縣（市）為縣（市）政府　(D)中央為行政院，地方為交通部。

(　) **3** 依照大眾捷運法的定義，下列何者非屬大眾捷運系統可以使用的路權型式？　(A)完全獨立專用路權　(B)非完全獨立專用路權　(C)部分路線與其他地面運具區隔，部分與其他地面運具共用車道　(D)完全共用車道。

(　) **4** 某交通公益團體擬利用捷運車站穿堂發送傳單宣導交通安全，請問這樣的行為是否允許　(A)向捷運公司申請許可，獲准即可　(B)為維護旅客通行，捷運站區一律禁止發送傳單　(C)離峰時間不影響旅客通行即可　(D)離峰時間不影響旅客通行且經站長同意即可。

(　) **5** 某旅客持票由淡水站進站，南港展覽館出站，其在捷運系統內的停留時限以不超過多久為限，以維持正常的營運？　(A)正常行駛時間加20%　(B)正常行駛時間加半小時　(C)1小時30分鐘　(D)2.0小時。

(　) **6** 下列哪一車站非終點站？　(A)新莊站　(B)動物園站　(C)迴龍站　(D)頂埔站。

(　) **7** 為有效利用土地資源，促進地區發展，捷運主管機關得辦理大眾捷運系統場站毗鄰地區土地之開發。此種開發型式一般稱為：　(A)TOD　(B)區段開發　(C)聯合開發　(D)BOT。

(　) **8** 民間建設的大眾捷運系統，其建設所需經費如何籌措？　(A)由交通部補助非自償性經費的50%　(B)由地方主管機關補助非自償性經費的50%　(C)依BOT計畫協商而定　(D)自行籌措。

( ) 9 中和新蘆線大部分的路線範圍在新北市，則其建設機關為何？ (A)臺北市政府捷運工程局 (B)新北市政府捷運工程局 (C)臺北大眾捷運公司 (D)新北大眾捷運公司。

( ) 10 下列哪一車站具有同月台轉車的的功能？ (A)臺北車站 (B)古亭站 (C)中山站 (D)民權西路站。

( ) 11 下列何者為現階段臺北捷運公司的使命？ (A)提供安全、可靠、親切的運輸服務，追求永續發展 (B)顧客至上，品質第一 (C)堅持人本精神的優質運輸 (D)提供高品質的運輸服務，協助都市發展。

( ) 12 下列何者非屬於臺北捷運公司的受託事業？ (A)經營兒童新樂園 (B)營運貓空纜車 (C)經營臺北小巨蛋 (D)經營中山地下街。

( ) 13 臺北捷運系統目前有幾條支線營運？ (A)1條 (B)2條 (C)3條 (D)4條。

( ) 14 臺北捷運松山新店線的電聯車係由： (A)4車（CAR）獨立編組 (B)由二組「2－CAR」車組所組成 (C)由二組「3－CAR」車組所組成 (D)由三組「2－CAR」車組所組成。

( ) 15 有關臺北捷運中運量系統的操控方式，下列敘述何者正確？ (A)由駕駛員與號誌引導列車行進 (B)由行控中心進行控制全自動無人駕駛 (C)由行控中心引導行車人員進行控制駕駛 (D)由駕駛員配合行控中心操作。

( ) 16 為便利自由行觀光旅客搭乘，捷運公司發行24小時旅遊票，請問其票價為何？ (A)120元 (B)150元 (C)180元 (D)200元 。

( ) 17 淡水信義線從淡水到象山之行駛時間約55分鐘，淡水站與象山站的停站時間各約5分鐘。若營運單位以10列車營運，則其平均服務班距最短約多少分鐘？ (A)6分鐘 (B)6.5分鐘 (C)11分鐘 (D)12分鐘。

( ) 18 臺北捷運系統中山國中站的月台係屬： (A)島式月台 (B)側式月台 (C)綜合式月台 (D)混合月台。

( ) 19 有關乘客使用衝浪板搭乘捷運的規定，下列何者正確？ (A)僅假日開放攜帶 (B)應使用電扶梯 (C)人板合計票價80元 (D)僅限攜帶200公分以內的衝浪板。

( ) **20** 有關團體票的敘述，下列何者正確？ (A)10人以上，每人以單程票打8折優惠 (B)20人以上，每人以單程票打7.5折優惠 (C)30人以上，每人以單程票打7折優惠 (D)40人以上，每人以單程票打6折優惠。

( ) **21** 有關臺北捷運系統提供之貼心措施，下列敘述何者正確？ (A)於所有車站設置哺集乳室 (B)僅提供非付費區的廁所供一般民眾使用 (C)於每個月台規劃夜間安心候車區 (D)提供夜間計程車叫車服務。

( ) **22** 某旅客搭乘高鐵至臺北車站，欲前往烏來泡湯，請問他應該搭乘何路線前往？ (A)紅線直達 (B)紅線轉綠線 (C)藍線直達 (D)藍線轉橘線。

( ) **23** 為提高捷運系統的營運效率，下列敘述何者錯誤？ (A)行動不便者請搭電梯 (B)背後背包的旅客進入車廂請改手提 (C)進出車廂應先禮讓下車乘客 (D)搭乘電扶梯應靠右站立。

( ) **24** 現行臺北捷運系統的車廂主要廣播，根據「大眾運輸工具播音語言平等保障法」之規定，應播放哪些語言（請選出最完整答案）？ (A)僅有國語 (B)國語與閩南語 (C)國語、閩南語與客家語 (D)國語、閩南語、客家語與英語。

( ) **25** 有關臺北市公共運輸定期票的敘述，下列何者錯誤？ (A)限定以悠遊卡作為載具 (B)可使用於新北市所有市區公車，包括里程計費路線 (C)可使用於淡海輕軌 (D)可使用與臺北市聯營公車。

( ) **26** 臺北捷運系統中，「橘線」係指？ (A)淡水信義線 (B)板南線 (C)中和新蘆線 (D)松山新店線。

( ) **27** 有關文湖線的敘述，下列何者正確？ (A)全線皆為高架車站 (B)僅大直與松山機場為地下車站 (C)早期設置，全線採取自然通風 (D)屬於中運量系統，每一列車有6節車廂。

( ) **28** 臺北捷運公司的監理機關為何？ (A)臺北市捷運工程局 (B)臺北市都發局 (C)臺北市交通局 (D)臺北市工務局。

( ) **29** 下列有關乘客在捷運系統內的行為敘述何者正確？ (A)得於車廂內喝飲料 (B)得於站區內散發宣傳品 (C)無票乘車應補繳票價，並支付票價50倍違約金 (D)絕對禁止攜帶動物進入捷運車廂內。

(　　) **30** 有關臺北捷運公司開放旅客攜帶自行車搭乘臺北捷運系統之規定，下列何者有誤？ (A)只限特定車站，僅開放週六、週日及國定假日，06：00至營運結束為止 (B)搭乘時，自行車停放車廂僅限第一節及最後一節電聯車廂之車門區，每列車共可停放16輛自行車 (C)攜帶折疊完成並妥善包裝之折疊式自行車，則不限開放時間、不限車站，旅客於平假日均可攜帶進出所有車站及車廂 (D)文湖線全線車站皆不開放自行車進出。

解答與解析（答案標示為#者，表官方曾公告更正該題答案。）

1 (D)。新北大眾捷運股份有限公司於107年成立之專業捷運營運公司，由新北市政府獨資成立，公司登記資本額為30億元。

2 (C)。大眾捷運法第4條第1項規定，大眾捷運系統主管機關，在中央為交通部；在直轄市為直轄市政府；在縣（市）為縣（市）政府。

3 (D)。大眾捷運法第3條第2項規定，前項大眾捷運系統，依使用路權型態，分為右列二類：(1)完全獨立專用路權：全部路線為獨立專用，不受其他地面交通干擾；(2)非完全獨立專用路權：部分地面路線以實體設施與其他地面運具區隔，僅在路口、道路空間不足或其他特殊情形時，不設區隔設施，而與其他地面運具共用車道。

4 (B)。大眾捷運法第50條第1項規定，未經許可在車上或站區內募捐、散發或張貼宣傳品、銷售物品或為其他商業行為，處行為人或駕駛人新臺幣一千五百元以上七千五百元以下罰鍰。

5 (D)。「臺北捷運系統營運服務規約」車票使用規定，旅客持用車票，除因可歸責於本公司之事由外，經驗票閘門進入付費區至離開付費區之停留時限規定如右：(1)不同一車站進出，最大時限為2小時；(2)同一車站進出，最大時限為15分鐘。

6 (A)。動物園站為臺北捷運文湖線之終點站，迴龍站為中和新蘆線（新莊線）之終點車站（新莊站為本線之中間站），頂埔站為板南線之終點站。

7 (C)。「聯合開發」係指將交通設施與不動產緊密結合起來，依靠交通設施所提供的市場活動和區位優勢，推動地區發展。「大眾捷運法」第7條規定，為有效利用土地資源，促進地區發展，主管機關得辦理大眾捷運系統路線、場、站土地及其毗鄰地區土地之開發。

8 (D)。大眾捷運法第5條規定，建設大眾捷運系統所需經費及各級政府分擔比例，應依第12條規定納入規劃報告書財務計畫中，由中央主管機關報請或核轉行政院核定。前項建設由民間辦理者，除其他法令另有規定外，所需資金應「自行籌措」。

9 (A)。臺北都會區大眾捷運系統營運單位為臺北捷運公司，工程建設機關為由臺北市政府捷運工程局負責。第1期路網工程興建在2000年初期路網大致完工後，第2期路網工程開始進行，包括新莊線、蘆洲線、內湖線、南港線東延段、土城線延伸頂埔段、信義線和松山線等。至於新北市境內部分路線則另由新北市政府捷運工程局負責規劃。

10 (B)。同月台平行轉乘站目的是在同一個島式月臺上讓通勤者從一個路線系統的列車的月臺下車後，直接步行到對面另一條路線的月臺轉車，節省車站內的轉乘時間、提高通勤效率，臺北捷運系統古亭站即為同月台平行轉乘站。

11 (A)。現階段臺北捷運公司的使命為「提供安全、可靠、親切的運輸服務，追求永續發展」。

12 (D)。目前臺北捷運公司的受託事業僅包括「經營兒童新樂園、營運貓空纜車及經營臺北小巨蛋」等三者。

13 (B)。臺北捷運已經通車營運的路線有文湖線、淡水信義線、松山新店線、中和新蘆線、板南線共5條主線，以及新北投支線、小碧潭支線2條支線。

14 (C)。2組3－CAR（6節）運轉【DM1－T－M2】×2（DM1：駕駛馬達車；T：拖車；M2：馬達車）。

15 (B)。臺北捷運中運量系統的操控由行控中心進行控制全自動無人駕駛，列車之控制及營運皆已完全自動化，不需使用司機，由控制中心進行統一指揮與調度。

16 (C)。旅客可自由選擇啟用日期，經車站驗票閘門自動感應啟用後，連續24小時內可不限次數、里程重複搭乘臺北捷運，每次搭乘限一人使用

17 (D)。【55×2（雙向來回）+5+5】/10＝12分鐘。

18 (B)。中山國中站在文湖線上，臺北捷運系統文湖線除南港展覽館站、西湖站、大直站、松山機場站外，所有車站皆為側式月台。

19 (A)。臺北捷運系統旅客隨身攜帶衝浪板者，衝浪板之最長邊165公分以上180公分以下者，僅限假日時段攜帶進入車站，搭乘列車第一節或最後一節車廂，不得使用電扶梯。

20 (A)。團體票10人（含）以上，每人以單程票打8折優惠；40人（含）以上，每人以單程票打7折優惠。

21 (C)。臺北捷運系統為維護旅客安全，各捷運車站月臺中間已規劃設置夜間安心候車區，並設有監視系

統及對講機，由服務人員加強巡視留意。

22 **(B)**。臺北車站搭紅線（淡水象山線）至中正紀念堂站轉綠線（松山新店線）至新店站。

23 **(D)**。手扶梯別再靠右，北捷建議搭乘捷運靠右邊站已取消10年，應握緊扶手最安全。

24 **(C)**。「大眾運輸工具播音語言平等保障法」第6條規定，大眾運輸工具除國語外，另應以閩南語、客家語播音。

25 **(B)**。臺北市公共運輸定期票係以悠遊卡作為載具發行，雙北全區使用30日，於票卡有效期間內可不限次數搭乘臺北捷運、淡海輕軌、臺北市聯營公車及新北市市區公車（僅限段次計費路線，不含里程收費公車），並可享臺北市境YouBike借車前30分鐘免費優惠（須先註冊），每次搭乘限一人使用。

26 **(C)**。臺北捷運系統高運量部分已通車路線，包括淡水線（紅線）、新店線（綠線）、中和新蘆線（橘線）、板南線（藍線）、新北投支線（紅線）與小碧潭支線（綠線）。

27 **(B)**。文湖線屬於中運量系統，本線除松山機場站和大直站為地下車站外，均為高架車站。

28 **(C)**。臺北市政府交通局組織規程第3條第3款規定，交通局運輸管理科負責公共運輸督導管理事項、路政、車輛動員、駕駛人訓練、裁決業務、汽車運輸業、大眾捷運、藍色公路營運及公有「大眾捷運系統」財產等督導管理事項。

29 **(C)**。大眾捷運法第49條規定，旅客無票、持用失效車票或冒用不符身分之車票乘車者，除補繳票價外，並支付票價50倍之違約金。

30 **(A)**。「臺北捷運公司開放旅客攜帶自行車搭乘捷運應行注意事項」第2點規定，開放時段為週六、週日及國定假日，06：00至營運結束為止，旅客可攜帶自行車進入特定車站；同應行注意事項第4點規定，除右列車站不開放自行車進出外，其他車站均開放自行車進出：淡水站、臺北車站、大安站、忠孝復興站、南京復興站及文湖線各車站。

108年 桃園大眾捷運公司新進人員（第二次）

( ) **1** 捷運系統內常用到的閉塞區間是指？ (A)軌道施工所封閉的區間 (B)列車故障所封閉的軌道路段區間 (C)指不能同時運轉二列以上列車之號誌區間 (D)指不能同時停靠二列車於同一車站中。

( ) **2** 何者功能為提供捷運列車待避或捷運列車超車用之路線？ (A)迴線 (B)正線 (C)側線 (D)幹線。

( ) **3** 下列何者針對桃園捷運系統敘述有誤？ (A)桃園機場捷運線可分為普通車及直達車二種 (B)桃園捷運系統採取單軌系統建設營運 (C)桃園捷運系統的軌距採取標準軌 (D)桃園機場捷運線可從桃園機場至臺北市。

( ) **4** 假設有一大眾捷運系統最大路線容量為每小時13500名旅客人數，已知尖峰時間採取最小班距為2分鐘、每節車廂最大可承載90名旅客，試問每列車採用幾節車廂營運才能滿足需求？ (A)4節車廂 (B)5節車廂 (C)6節車廂 (D)7節車廂。

( ) **5** 假設有一大眾捷運路線最多可允許7節車廂營運，每一車廂可以承載100名旅客，其中尖峰時段最小班距為90秒。此時，若在某一時段，營運路線上採取5節車廂及班距180秒營運時，其最大運載區間（maximum load section）的總運載人數為每小時7200名旅客人數，試問其承載率為多少？ (A)0.26 (B)0.36 (C)0.4 (D)0.72。

( ) **6** 桃園捷運公司企業標誌設計中，圖形內隱含3T的意象，所謂3T是指什麼？ (A)Transportation、Technique、Trust (B)Technology、Trader、Trust (C)Transportation、Technology、Trust (D)Traffic、Technique、Trust。

( ) **7** 桃園捷運從大園站（A15）至環北站（A21）路段中，哪一個車站為地下車站？ (A)大園站 (B)機場第一航廈站 (C)興南站 (D)環北站。

(　　) **8** 假設有一捷運路線全長為54公里，共12個車站，列車從起點站行駛至終點站需花費54分鐘（包含每站停靠時間1分半鐘），請問列車平均行駛速率為多少？ (A)每小時60公里 (B)每小時70公里 (C)每小時80公里 (D)每小時90公里。

(　　) **9** 假設捷運列車緊急煞車係採用碟式煞車以減速率達2.5公尺／平方秒，若當列車時速為72公里／小時進行緊急煞車，試問煞車距離約為多少？ (A)約80公尺 (B)約90公尺 (C)約100公尺 (D)約110公尺。

(　　) **10** 下列何者對於A型路權敘述有誤？ (A)A型路權的軌道或道路不得混合兩種以上的車輛 (B)A型路權的軌道列車僅只能使用架空線方式供電（如：台灣高速鐵路） (C)A型路權型式可採取高架、地下或地面上型式 (D)A型路權的道路及軌道，沒有平交道的設置。

(　　) **11** 下列針對輕軌捷運系統（LRRT）敘述何者有誤？ (A)LRRT為大眾捷運系統之一 (B)LRRT行駛於B型路權為主，但亦可行駛於A型路權及C 型路權 (C)LRRT具備固定班次、固定費率、固定停靠車站及固定路線等特性 (D)LRRT的乘客為一般大眾。

(　　) **12** 假定捷運系統營運服務規約規定，從A站至F站全程行駛時間應低於52分鐘，其中平均班距應低於8分鐘。請問A站至F站（雙向對開）至少需要多少列營運列車才能滿足捷運系統的營運要求？ (A)12列 (B)14列 (C)16列 (D)18列。

(　　) **13** 下列哪一項是大眾運輸與都市發展之間的關係？ (A)催化效應 (B)互補效應 (C)倍率效應 (D)擴散效應。

(　　) **14** 下列何者不是都市運輸系統發展大眾運輸的必要性？ (A)可提升能源使用效率 (B)可照顧弱勢族群 (C)可有效降低溫室氣體排放量 (D)可提升小客車使用率。

(　　) **15** 下列何者不是副大眾運輸系統的運輸工具？ (A)計程車 (B)Uber (C)撥召公車 (D)腳踏車共乘。

( ) **16** 桃園市交通局調查從臺北到桃園市中心的旅次人數多寡，並借以要求桃園捷運公司調整列車班次及班距，這種旅次名稱我們又稱之為？ (A)通過旅次 (B)區內旅次 (C)外向旅次 (D)內向旅次。

( ) **17** 下列何者為半大眾捷運系統（Semi－rapid Transit）？ (A)桃園客運 (B)高雄輕軌 (C)台灣大車隊計程車 (D)桃園捷運。

( ) **18** 桃園市區公車所行駛的路權為何種路權？ (A)A型路權 (B)B型路權 (C)C型路權 (D)D型路權。

( ) **19** 針對中運量捷運系統及高運量捷運系統的特性，下列何者敘述正確？ (A)高運量捷運系統的單向運量每小時60,000萬人次以上 (B)中運量捷運系統投資成本較高 (C)中運量捷運系統大多數採取公車捷運化為主 (D)臺北文湖線為高運量系統。

( ) **20** 一輛捷運列車從甲地開往乙地，如果把列車速度提高40%，可以比原定時間提早6分鐘到達；如果採取列車速度提高40%行駛2公里後，再將速度提高80%，則可提早9分鐘到達，因此甲地到乙地的距離約為多少公里？ (A)10公里 (B)20公里 (C)30公里 (D)50公里。

( ) **21** 假設捷運列車從A站到F站，若採取每小時50公里的速度行駛3分鐘後，感覺這樣行駛下去將會遲到6分鐘。後來駕駛者改用每小時80公里的速度行駛，結果提早3分鐘到達。試問A站到F站距離為多少公里 (A)20 (B)40 (C)60 (D)80。

( ) **22** 下列何者不是一般都市運輸系統常見的經營管理問題？ (A)路線及班次規劃不良 (B)司機態度不佳 (C)勞工工會力量大 (D)車輛管理不良。

( ) **23** 某捷運系統由政府投資興建，在興建完成後以特許經營權轉移交由民間公司加以營運，待營運期滿後再將相關資產收回，由政府接手營運，此種建設營運方式稱之為？ (A)BOT (B)BTO (C)BOO (D)OT。

( ) **24** 一般大眾捷運系統之車站設計旅客流量，係以下列何者為基礎？ (A)每週車站總旅客流量 (B)每日車站總旅客流量 (C)目標年車站尖峰小時流量 (D)目標年每日車站總旅客流量。

( ) **25** 下列何者設備的功用在支承車體並由其車輪隨著鋼軌自由轉動而導引列車前進，同時要能符合營運安全及乘坐舒適性 (A)座架 (B)轉向架 (C)連結器 (D)牽引換流器。

( ) **26** 下列何種設備系統的功能為確保列車只能在聯鎖區內使用設定路徑並且轉轍器鎖定在安全位置時才前進，一旦有兩列車爭用軌道共用段，安全系統會適當的當調度，只讓一列車通過？ (A)TWC (B)ATP (C)ATC (D)ATH。

( ) **27** 桃園機場捷運路線目前直達車尚未停靠那一車站？ (A)臺北車站 (B)三重車站 (C)新北產業園區 (D)長庚醫院。

( ) **28** 依大眾捷運法指出與捷運設施用地相連接之用地為？ (A)崎凌地 (B)毗鄰地 (C)零碎地 (D)鄰接用地。

( ) **29** 依大眾捷運法規定，捷運營運時期之營運狀況，應多久報備一次？ (A)一個月 (B)三個月 (C)半年 (D)一年。

( ) **30** 阿伯剛來到都會區，看到捷運列車自動門開啟及關閉覺得好奇，於是於下一班列車開門時，阿伯用手按壓列車車門，造成列車車門無法順利關閉，此時可對阿伯罰鍰多少？ (A)1500元以上7500元以下 (B)1500元以上8500 元以下 (C)2000元以上8000元以下 (D)3000元以上8000元以下。

( ) **31** 白先生與其同事小玲搭乘桃園機場捷運線從青埔站至臺北車站，兩人進入捷運車站時便一路嬉戲打鬧，嚴重影響週遭旅客及捷運站內作業秩序及行車安全，經站務人員及捷運警察勸導後仍舊嬉戲打鬧，此時白先生與其同事應罰鍰多少？ (A)1000元以上3000元以下 (B)1000元以上3500元以下 (C)1500元以上7500元以下 (D)10000元以上75000元以下。

( ) **32** 桃園捷運系統供電架構中的緊急發電機是用於？ (A)車站售票系統用電 (B)車站的維生設備用電 (C)廁所燈光 (D)車站冷氣。

( ) **33** 指在一定的產量範圍內，隨著產量的增加（如：旅客人數增加），平均成本不斷降低的事實？ (A)範疇經濟 (B)規模經濟 (C)生產經濟 (D)科技經濟。

( ) **34** 桃園捷運公司的購票規則中指出未滿6歲之兒童（身高滿115公分應出示身分證明），得免費乘車，但須由購票旅客陪同，每1 位購票旅客最多可陪同多少名兒童？ (A)1名兒童 (B)2名兒童 (C)3名兒童 (D)沒有限制人數。

( ) **35** 依桃園捷運公司的車票使用規定中，旅客若毀損單程票，須繳回單程票並支付票卡工本費新台幣多少費用？ (A)20元 (B)50元 (C)100元 (D)200元。

( ) **36** 依桃園大眾捷運系統旅客須知指出，攜帶動物進入站區或車輛內，應裝於尺寸不超過長、寬、高各幾公分之寵物箱、寵物車、小籠或小容器內，且包裝完固，無排泄物、液體漏出之虞，動物之頭、尾及四肢均不得露出？ (A)45CM、35CM、40CM (B)55CM、45CM、40CM (C)65CM、55CM、45CM (D)65CM、55CM、35CM。

( ) **37** 依大眾捷運法規範，若當有旅客遺留手機時，桃園捷運公司應如何處理 (A)由桃園捷運公司獲得所有權 (B)立即丟棄 (C)公告招領 (D)由桃園捷運公司公開拍賣。

( ) **38** 依桃園縣大眾捷運系統行車安全規則指出，營運機構臨時停放之設備或器具應離月台邊緣多少公尺以上，並不得放置於緊急逃生之出入口 (A)一公尺 (B)二公尺 (C)十公尺 (D)二十公尺。

( ) **39** 依桃園市大眾捷運系統行車安全規則中列車設置標誌的敘述何者正確？ (A)列車前端左側設置白光燈一盞、右側設置藍光燈一盞，於夜間、霧區或隧道內時，應開燈 (B)列車後端兩側各設置紅光燈一盞，日、夜間均應開燈顯示。前項標誌，於列車退行運轉時，應改為白光燈顯示保持不變 (C)列車後端兩側各設置紅光燈一盞，日、夜間均應開燈顯示。前項標誌，於列車退行運轉時，應保持不變 (D)列車前端兩側各設置藍黃光燈一盞，於夜間、霧區或隧道內時，應開燈顯示。

( ) **40** 上班族白先生為節省交通費用，假冒學生身分搭乘桃園機場捷運線從青埔至臺北車站間，經站務人員查獲，此時白嗤炵先生除補繳票價外，並應支付票價幾倍的違約金？ (A)20 (B)30 (C)40 (D)50。

(　　) **41** 陳同學搭乘捷運時，因一時好奇誤觸列車緊急停車鈕，造成列車嚴重延誤，此時陳同學將依造捷運法規規定應罰鍰多少金額？
(A)1500元以上7500元以下
(B)10000元以上50000元以下
(C)100000元以上500000元以下
(D)500000元以上2500000元以下。

(　　) **42** 桃園捷運公司未經地方主管機關核准兼營販賣捷運便當之餐飲事業，經民眾檢舉查獲。此時，可對桃園捷運公司裁罰多少金額之罰鍰？
(A)1500元以上7500元以下
(B)10000元以上50000元以下
(C)100000元以上500000元以下
(D)500000元以上2500000元以下。

(　　) **43** 桃園捷運公司列車司機為爭取薪資調整並行使罷工，造成桃園機場捷運線無預警停止營運，嚴重影響旅客權益。此時，可對桃園捷運公司裁罰多少金額之罰鍰？
(A)無須罰鍰
(B)10000元以上50000元以下
(C)100000元以上500000元以下
(D)500000元以上2500000元以下。

(　　) **44** 下列何者非維修人員技能檢查項目？　(A)維修相關規章　(B)車故處理　(C)維修作業能力　(D)維修及行車安全知識。

(　　) **45** 桃園機場捷運之回數票有效期限為幾天？　(A)購買或續購後首次使用起連續30天　(B)購買或續購後首次使用起連續60天　(C)購買或續購後首次使用起連續90天　(D)購買或續購後首次使用起連續120天。

(　　) **46** 大眾捷運系統路線主管機關應會商相關客運主管機關調整路線運輸有效距離內路線重疊百分比超過多少之汽車客運業營運路線，並得增闢汽車客運業營運路線，以應乘客轉乘需要　(A)百分之二十　(B)百分之三十　(C)百分之四十　(D)百分之五十。

( ) **47** 設n 為捷運列車之車廂數，Tmax為每小時之最大列車數，q為捷運路線每小時之車輛容量，則以下關係式中何者正確？
(A)q=Tmax・n　(B)q=Tmax/n
(C)q=Tmax/（n－1）　(D)q=Tmax・（n－1）。

( ) **48** 行車人員停止行車工作多久以上者，應經體格檢查及技能測驗合格，始得再任行車人員？ (A)3個月 (B)6個月 (C)9個月 (D)1年。

( ) **49** 下列哪一項不是判定行車人員體格不合格之內容？ (A)慢性酒精中毒 (B)患有法定傳染病未經治癒且須強制隔離治療 (C)平衡機能障礙 (D)具有O型腿。

( ) **50** 下列何者不是綠色運輸系統的運輸工具？ (A)電動機車 (B)捷運系統 (C)機車 (D)腳踏車。

解答與解析（答案標示為#者，表官方曾公告更正該題答案。）

1 (C)。依鐵路行車規則第2條定義，閉塞區間係指不能同時運轉二列以上列車之號誌區間。

2 (C)。依鐵路行車規則第2條定義，正線係指提供旅客運送服務使用之路線或其他列車運轉經常使用之路線，側線則是指正線以外之路線，其功能為提供捷運列車待避或捷運列車超車用之路線。

3 (B)。桃園捷運棕線連結桃園與新莊，全長11公里，共設置8個車站，以桃園火車站為起站，該站為鐵路、棕線、綠線三鐵共構，捷運棕線經過龜山、嶺頂至迴龍，在迴龍站與臺北捷運新莊線、萬大線接軌，是北桃間的重要捷運系統。棕線原先規劃為「高架、單軌」，後經修改為「市區段地下化、輕軌」，已獲交通部核定。

4 (B)。總座位數13500（最大容量/（不算站位））÷（座位90×班次30）＝5

5 (D)。5×100＝500 3600/180＝20
500×20＝10000
7200÷10000＝0.72

6 (C)。桃園大眾捷運公司藍色與紫色形的橢圓形企業識別LOGO，隱含3T意象，充分展現桃園捷運營運目標，也就是運輸（Transportation）、科技（Technology）、信賴（Trust）。

7 (D)。桃園捷運的地下車站包括「體育大學、機場第一航廈－機場第二航廈－機場旅館、環北、鳳鳴」等站。

8 (D)。54分鐘－18分鐘＝36分鐘（實際行駛時間）

54公里÷36＝1.5公里（每分鐘行駛里程）
1.5公里×60（分鐘）＝90公里

9 **(A)**。速度V＝72公里／小時＝20公尺／秒
a為減速率＝2.5公尺／平方秒
剎車距離＝$V^2 \div 2a = 20^2 \div (2\times2.5)$＝80公尺

10 **(B)**。A型路權的軌道列車亦能使用第三軌方式供電。

11 **(B)**。輕軌捷運系統（Light Rail Rapid Transit, LRRT）行駛於B型路權，可不受交通號誌的限制。因此，其又安全，速度亦比較快。

12 **(B)**。52÷8＝6.5：題目要求分子（行駛時間）應低於52；分母（班距）應低於8，故為7（列）；7×2（雙向對開）＝14（列）。

13 **(A)**。催化效應係指在都市中現有的人口與經濟活動，均會產生、吸引旅次，其中部分旅次會使用大眾運輸，使得大眾運輸的需求增加；因此，政府著手建設大眾運輸系統，當政府引進大眾運輸系統時，民眾就會預期車站附近（如捷運站）將會快速發展而進行投資，致使人口移入、商業活動與住宅需求增加，促使都市發展，形成一種相互的催化作用。

14 **(D)**。發展都市運輸系統發展大眾運輸之必要性之一在改善大眾運輸系統、降低私人運具（如小客車）使用。

15 **(D)**。副大眾運輸雖具有部分大眾運輸的性質，但是由於它的運量小，又無法構成都市大眾運輸的要件，如撥召公車、隨停公車、計程車、中型車共乘、訂座公車、出租轎車、小汽車共乘等皆屬之。

16 **(D)**。都會區運輸點之空間分布，依其起迄關係，由都會區外向都會區內移動，稱為內向旅次（Inbound）。

17 **(B)**。半大眾捷運系統主要採用B型路權，但有些路段亦可能採用C型或A型路權，例如在專用路權上行駛的公車與輕軌運輸系統，都屬此類。半捷運系統通常只有在市中心及擁擠地區才會使用A型路權，以提高運輸系統的服務效率。因此，題目所述者，只有高雄輕軌為半大眾捷運系統。

18 **(C)**。C型路權係指以一般之交通混合行駛之車道或軌道；或者有專用車道，而街道上如遇有紅燈之號誌交叉口，仍需依管制停車者皆屬之，通常有固定路線、站牌、時間及費率。一般公車、直達公車、短程來回公車、副大眾運輸皆屬此類。

19 **(A)**。題目所述只有(A)正確。其他三者正確敘述如右：(B)中運量捷運系統投資成本較低；(C)中運量捷運系統車體較輕、多採用膠輪，軌道較小，班次較密，服務於都市內或都市與郊區間；(D)臺北文湖線為中運量系統。

20 (B)。僅將求解過程示之於下：
設距離為X km，時速為Y，則時間為X/Y。
1.4Y×（X/Y－6/60）＝X；1.4X－0.14Y＝X；0.4X＝0.14Y；X＝0.35Y
（2/1.4Y）+【（X－2）/1.8Y】
＝（X/Y）－（9/60）
＝（X/Y）－（3/20）
（2/1.4）+（X－2）/1.8
＝（60X－9Y）/60
（3.6+1.4X－2.8）/2.52
＝（60X－9Y）/20
＝（20X－3Y）/20
（0.8+1.4X）/2.52
＝（20X－3Y）/20
16+28X＝50.4X－7.56Y；
16＝22.4X－7.56Y；
7.84Y－7.56Y＝16
0.28Y＝16；
Y＝57.14（X＝0.35Y）
X＝19.999約為20（公里）

21 (A)。假設距離為X公里
（X/50）×60（分鐘）－6
＝（X/80）×60＋3
X＝20公里

22 (C)。由於一般都市運輸系統勞工的權益相當制度化，規定明確，故較不會產生勞資糾紛，工會力量就不易強大。

23 (D)。OT（Operation營運、Transfer移轉）係指政府投資興建完成，委由民間機構營運，營運期滿，營運權歸還政府。

24 (C)。大眾捷運系統之車站設計旅客流量係以「目標年車站尖峰小時流量」為基礎。

25 (B)。「轉向架」為電聯車之行走裝置，其下藉著鋼輪行駛於鋼軌上，其上則與車廂聯結，經由懸吊系統支撐車廂重量。轉向架透過「集電靴」引進第三軌直流電，經變流器轉換成交流電源，供應牽引馬達所需之電力，使輪軸傳遞牽引力便車輛前進，或藉由煞車系統使電聯車減速或停止。

26 (B)。
列車自動防護系統（Automatic Train Protection, ATP）主要功能在監督軌道之狀況與列車之速度，以保證列車在最安全之狀況下行駛。其次要功能係在對列車司機提供適當之資訊與警告信號，並使其保持適當之煞車距離，以防止車輛相撞或進入未經許可的區間。

27 (B)。桃園機場捷運路線目前停靠A1臺北車站、A3新北產業園區站、A8長庚醫院站、A12機場第一航廈站、A13機場第二航廈站。直達車目前尚未停靠三重車站。

28 (B)。大眾捷運法第7條規定，為有效利用土地資源，促進地區發展，主管機關得辦理大眾捷運系統路線、場、站土地及其毗鄰地區土地之開發。
有下列情形之一者，為前項所稱之毗鄰地區土地：

(1)與捷運設施用地相連接。
(2)與捷運設施用地在同一街廓內，且能與捷運設施用地連成同一建築基地。
(3)與捷運設施用地相鄰之街廓，而以地下道或陸橋相連通。

29 (B)。大眾捷運法第35條規定，大眾捷運系統營運機構，應依下列規定，報請地方主管機關核轉中央主管機關備查。
(1)營運時期之營運狀況，每三個月報備一次。
(2)每年應將大眾捷運系統狀況、營業盈虧、運輸情形及改進計畫，於年度終了後六個月內報備一次。

30 (A)。大眾捷運法第50條第1項第2款規定，妨礙車門、月台門關閉或擅自開啟者，處行為人或駕駛人新臺幣一千五百元以上七千五百元以下罰鍰。

31 (C)。大眾捷運法第50條第1項第14款規定，於月台上嬉戲、跨越黃色警戒線，或於電扶梯上不按遵行方向行走或奔跑，或為其他影響作業秩序及行車安全之行為，不聽勸止者，處行為人或駕駛人新臺幣一千五百元以上七千五百元以下罰鍰。

32 (B)。當二組主變電站（計三組）同時發生故障而停止供電時，行控中心電力控制員即透過電力控制系統啟動緊急發電機，經升壓變電器提供22仟伏之電力予車站變電站內之維生電力使用。

33 (B)。大規模生產導致的經濟效益簡稱規模經濟，是指在一定的產量範圍內，隨著產量的增加，平均成本不斷降低的事實。

34 (B)。「桃園大眾捷運系統旅客須知」第15點規定，桃園捷運公司的購票規則中指出未滿6歲之兒童（身高滿115公分應出示身分證明），得免費乘車，但須由購票旅客陪同，每1位購票旅客最多可陪同2名兒童。

35 (B)。「桃園捷運乘車指南車票使用規則」規定，旅客毀損單程票，須繳回單程票並支付票卡工本費新台幣50元。

36 (B)。「桃園大眾捷運系統旅客須知」第31點規定，攜帶動物進入站區或車輛內，應裝於尺寸不超過長55公分、寬45公分、高40公分之寵物箱、寵物車（僅計算本體尺寸，不含支架及輪子）、小籠或小容器內，且包裝完固，無排泄物、液體漏出之虞，動物之頭、尾及四肢均不得露出，每1位購票旅客以攜帶1件為限。

37 (C)。若當有旅客遺留手機時，桃園捷運公司應予公告招領。

38 (B)。桃園縣大眾捷運系統行車安全規則第10條規定，營運機構臨時停放之設備或器具應離月台邊緣二公尺以上，並不得放置於緊急逃生之出入口。

39 (C)。桃園縣大眾捷運系統行車安全規則第17條規定，列車應按下列規定設置標誌：

(1) 列車前端兩側各設置白光燈一盞，於夜間、霧區或隧道內時，應開燈顯示。

(2) 列車後端兩側各設置紅光燈一盞，日、夜間均應開燈顯示。

前項標誌，於列車退行運轉時，應保持不變。

40 (D)。大眾捷運法第49條第1項規定，旅客無票、持用失效車票或冒用不符身分之車票乘車者，除補繳票價外，並支付票價五十倍之違約金。

41 (A)。大眾捷運法第50條第1項第14款規定，於月台上嬉戲、跨越黃色警戒線，或於電扶梯上不按遵行方向行走或奔跑，或「為其他影響作業秩序及行車安全」之行為，不聽勸止者，處行為人或駕駛人新臺幣一千五百元以上七千五百元以下罰鍰。

42 (C)。大眾捷運法第51條第1項第7款規定，大眾捷運系統營運機構違反第37條規定，未經地方主管機關核准兼營其他附屬事業者，處新臺幣十萬元以上五十萬元以下罰鍰。

43 (D)。大眾捷運法第51-1條1項第3款規定，大眾捷運系統營運機構非因不可抗力而停止營運，處新臺幣五十萬元以上二百五十萬元以下罰鍰。

44 (B)。桃園市大眾捷運系統行車人員技能體格檢查規則第10條規定，維修人員技能檢查項目如右：(1)維修相關規章；(2)維修作業能力；(3)應變處理能力；(4)維修及行車安全知識。

45 (C)。「桃園機場捷運回數票（自有票卡）使用須知」規定，回數票有效期限為購買或續購後首次使用當日起連續90天，可搭乘12次，費用以指定站間單程票全票金額乘以10計價。

46 (D)。桃園縣大眾捷運系統運輸有效距離內汽車客運業營運路線調整辦法第5條規定，大眾捷運系統路線營運前，主管機關應會商當地公路主管機關調整大眾捷運系統路線運輸有效距離內，與單一大眾捷運系統路線平行百分比超過百分之五十之汽車客運業營運路線，並得增闢汽車客運業營運路線，以應乘客轉乘需要。

47 (A)。捷運路線每小時之車輛容量（q）＝每小時之最大列車數（Tmax）×捷運列車之車廂數（n），寫成公式，即為$q=T_{max} \cdot n$

48 (B)。桃園市大眾捷運系統行車人員技能體格檢查規則第6條規定，行車人員停止行車工作半年以上者，應經體格檢查及技能檢查合格，始得再任行車人員。

49 (D)。桃園市大眾捷運系統行車人員技能體格檢查規則第8條規定，有下列情形之一者，為體格檢查不合格，不得擔任行車人員：

(1) 兩耳純聽力平均值超過四十分貝（DB）。
(2) 兩眼矯正視力未達零點八，或色盲、夜盲、斜視等重症眼疾。
(3) 慢性酒精中毒。
(4) 法定傳染病需隔離治療。
(5) 語言、知覺、運動或智能等機能障礙、精神疾病或癲癇症等發作性神經系統疾病。
(6) 平衡機能障礙。
(7) 肺結核病。但已鈣化或纖維化，無傳染之虞者，不在此限。
(8) 藥物依賴或成癮，有妨礙工作之虞。
(9) 發育不全或骨骼與關節疾病或畸形，有妨礙工作之虞。
(10) 高血壓或冠狀動脈疾病，有妨礙工作之虞。
(11) 患有其他重大疾病，足以妨礙工作。

50 **(C)**。綠色運輸係指以「節約能源、減少廢氣排放」為特徵的運輸，凡能符合此概念之運輸工具，即稱為綠色運輸系統的運輸工具，例如捷運系統、高鐵、臺鐵、輕軌電車、步行、公車、電動機車和腳踏車等都是屬於廣義的綠色運輸系統。

NOTE

108年　臺中捷運公司新進人員
（站務員、技術員、行控資訊員、票務員、事務員）

(　　) **1** 大眾捷運系統與之相涉何類事項，須依大眾捷運法之規定？　(A)規劃建設　(B)營運監督　(C)營運安全　(D)以上皆是。

(　　) **2** 大眾捷運系統，依使用路權型態，分為以下何者二類？　(A)平面獨立專用與高架獨立專用　(B)完全獨立專用與非完全獨立專用　(C)直線獨立專用與交叉獨立專用　(D)公路獨立專用與軌道獨立專用。

(　　) **3** 大眾捷運系統主管機關，在中央為交通部；在地方為何機關？(A)各地方捷運公司　(B)地方政府經濟發展局　(C)直轄市政府或縣（市）政府　(D)地方政府停車管理處。

(　　) **4** 大眾捷運系統路網跨越不相隸屬之行政區域者，如何決定該系統主管機關？　(A)由各有關直轄市、縣（市）政府協議決定地方主管機關，協議不成者，由交通部指定之　(B)路權比例高者為之　(C)路網線公里數最長者為之　(D)由行政院院會決議之。

(　　) **5** 民間建設大眾捷運系統所需經費，如何辦理？　(A)各級政府分擔比例　(B)向中央主管機關申請後核轉行政院核定支出　(C)向地方主管機關申請後核轉交通部核定支出　(D)除其他法令另有規定外，所需資金應自行籌措。

(　　) **6** 辦理大眾捷運系統規劃時，主管機關或民間應召開何項會議，公開徵求意見？　(A)區分所有權人會議　(B)公聽會　(C)聽證會　(D)記者會。

(　　) **7** 路網全部或一部工程完竣，如何方得營運？　(A)報請中央主管機關履勘並經核准　(B)報請地方主管機關驗收完成　(C)報請捷運公司點交同意　(D)由地方議會履勘並經其同意。

( ) **8** 依大眾捷運法之規定，應以企業方式經營，旅客運價一律全票收費。惟如法令另有規定予以優待者，應如何辦理？
(A)由其主管機關編列預算補貼之
(B)由其主管機關自土地開發基金中勻支因應
(C)由其主管機關向中央爭取預備金
(D)營運機構自行吸收。

( ) **9** 大眾捷運系統營運機構依法應擬訂服務指標，提供如何之服務？
(A)安全 (B)快速 (C)舒適 (D)以上皆是。

( ) **10** 大眾捷運系統營運機構，若需兼營其他附屬事業時，應經何項程序？ (A)經中央主管機關核准 (B)經地方主管機關核准 (C)陳報中央主管機關備查 (D)陳報地方主管機關備查。

( ) **11** 大眾捷運系統營運機構，對行車事故，依法應有何作為義務？
(A)蒐集資料調查研究 (B)分析原因
(C)採取預防措施 (D)以上皆是。

( ) **12** 大眾捷運系統營運機構依法之損害賠償責任，是採何項責任理論？
(A)無過失責任 (B)過失責任 (C)行政補償 (D)特別補償。

( ) **13** 擅自占用或破壞大眾捷運系統用地、車輛或其他設施之行為人，負有何種法律責任？ (A)刑事責任 (B)民事責任 (C)行政責任 (D)以上皆有。

( ) **14** 旅客無票、持用失效車票或冒用不符身分之車票乘車者，除補繳票價外，並應支付票價多少倍之違約金？ (A)十倍 (B)二十倍 (C)五十倍 (D)一百倍。

( ) **15** 未經許可攜帶經公告之危險或易燃物進入大眾捷運系統路線、場、站或車輛內，依大眾捷運法如何處罰？
(A)處新臺幣一萬元以上五萬元以下罰鍰
(B)處新臺幣五十萬元以上二百五十萬元以下罰鍰
(C)處新臺幣五百元以上一千二百元以下罰鍰
(D)處新臺幣一千五百元以上七千五百元以下罰鍰。

( ) **16** 於大眾捷運系統禁止飲食區內飲食，嚼食口香糖或檳榔，或隨地吐痰、檳榔汁、檳榔渣、拋棄紙屑、菸蒂、口香糖、瓜果或其皮、核、汁、渣或其他一般廢棄物，依大眾捷運法如何處罰？
(A)處新臺幣一萬元以上五萬元以下罰鍰
(B)處新臺幣五十萬元以上二百五十萬元以下罰鍰
(C)處新臺幣五百元以上一千二百元以下罰鍰
(D)處新臺幣一千五百元以上七千五百元以下罰鍰。

( ) **17** 臺中捷運綠線之軌距為： (A)1435mm (B)1067mm (C)1600mm (D)762mm。

( ) **18** 台北捷運環狀線電聯車之車輛製造廠商為： (A)AnsaldoBreda (B)Simens (C)Hitachi (D)日本車輛。

( ) **19** 臺中捷運綠線全長約為幾公里？ (A)19.91 (B)17.81 (C)16.71 (D)15.61。

( ) **20** 臺中捷運綠線中運量電聯車之車輛編組為： (A)八車固定編組 (B)六車固定編組 (C)四車固定編組 (D)二車固定編組。

( ) **21** 臺中捷運綠線路線系統所採用的牽引動力系統為：
(A)第三軌750 DC (B)第三軌1200 DC
(C)架空線25000 AC (D)架空線15000 AC。

( ) **22** 為滿足全線某站間之尖峰旅客需求，可採以下何種營運方式？ (A)全線營運 (B)分段營運 (C)區間營運 (D)緊急營運。

( ) **23** 臺中捷運綠線下列何車站非捷運與台鐵之轉運站？
(A)松竹站 (B)臺中火車站
(C)大慶站 (D)臺中高鐵站。

( ) **24** 以下何者非主要推動捷運土地開發的目的？ (A)創造地主、投資人、政府三贏 (B)順利取得捷運用地 (C)挹注捷運經費 (D)可以節省建設經費。

( ) **25** 台北捷運自動收費系統之出入閘門為： (A)三桿式閘門 (B)門擋式閘門 (C)旋轉式閘門 (D)無閘門。

( ) **26** 下列何者非捷運系統中之機電工程？ (A)車輛 (B)號誌 (C)軌道 (D)供電。

( ) **27** 捷運車站用地取得的主要原則為：
(A)沿道路之上方或下方佈設 (B)沿道路兩邊的建築基地
(C)沿線公園 (D)找低密度開發的用地。

( ) **28** 捷運車站站體與出入口設計量體之處理原則儘可能為：
(A)透明且輕量化方向設計 (B)越便宜為佳
(C)越豪華為宜 (D)以容易施工為宜。

( ) **29** 台北捷運系統防洪設計標準為：
(A)防洪設計高程採200年之洪水位+110cm
(B)防洪設計高程採200年之洪水位+10cm
(C)防洪設計高程採100年之洪水位+110cm
(D)防洪設計高程採100年之洪水位+10cm。

( ) **30** 在鐵路行車保安設備中以下何種裝置可以避免兩列車進入同一個閉塞區間？ (A)ATS (B)ATO (C)CTC (D)ATP。

( ) **31** 臺中捷運綠線一節車廂長度為：
(A)22.17公尺 (B)23.17公尺
(C)25公尺 (D)12公尺。

( ) **32** 臺中捷運綠線預定何時全線通車？
(A)民國109年 (B)民國110年
(C)民國108年 (D)民國111年。

( ) **33** 將來臺中捷運開始營運後之主管監理單位為：
(A)交通部 (B)鐵道局
(C)臺中市交通局 (D)臺中市捷運工程處。

解答與解析（答案標示為#者，表官方曾公告更正該題答案。）

1 (D)。大眾捷運法第2條規定，大眾捷運系統之規劃、建設、營運、監督及安全，依本法之規定；本法未規定者，適用其他法律之規定。

2 **(B)**。大眾捷運法第3條規定，大眾捷運系統，依使用路權型態，分為右列二類：

(1)完全獨立專用路權：全部路線為獨立專用，不受其他地面交通干擾。

(2)非完全獨立專用路權：部分地面路線以實體設施與其他地面運具區隔，僅在路口、道路空間不足或其他特殊情形時，不設區隔設施，而與其他地面運具共用車道。

3 **(C)**。大眾捷運法第4條第1項規定，大眾捷運系統主管機關：在中央為交通部；在直轄市為直轄市政府；在縣（市）為縣（市）政府。

4 **(A)**。大眾捷運法第4條第2項規定，路網跨越不相隸屬之行政區域者，由各有關直轄市、縣（市）政府協議決定地方主管機關，協議不成者，由交通部指定之。

5 **(D)**。大眾捷運法第5條規定，建設大眾捷運系統所需經費及各級政府分擔比例，應依第十二條第一項規定納入規劃報告書財務計畫中，由中央主管機關報請或核轉行政院核定。前項建設由民間辦理者，除其他法令另有規定外，所需資金應自行籌措。

6 **(B)**。大眾捷運法第10條規定，大眾捷運系統之規劃，由主管機關或民間辦理。辦理大眾捷運系統規劃時，主管機關或民間應召開公聽會，公開徵求意見。

7 **(A)**。大眾捷運法第15條第2項規定，路網全部或一部工程完竣，應報請中央主管機關履勘；非經核准，不得營運。

8 **(A)**。大眾捷運法第27條規定，大眾捷運系統之營運，應以企業方式經營，旅客運價一律全票收費。如法令另有規定予以優待者，應由其主管機關編列預算補貼之。

9 **(D)**。大眾捷運法第28條規定，大眾捷運系統營運機構應擬訂服務指標，提供安全、快速、舒適之服務，以及便於身心障礙者行動與使用之無障礙運輸服務，報請地方主管機關核定，並核轉中央主管機關備查。

10 **(B)**。大眾捷運法第37條規定，大眾捷運系統營運機構，得經地方主管機關核准兼營其他附屬事業。

11 **(D)**。大眾捷運法第43條規定，大眾捷運系統營運機構，對行車事故，應蒐集資料調查研究，分析原因，並採取預防措施。

12 **(B)**。大眾捷運法第46條規定，大眾捷運系統營運機構，因行車及其他事故致旅客死亡或傷害，或財物毀損喪失時，應負損害賠償責任。前項事故之發生，非因大眾捷運系統營運機構之過失者，對於非旅客之被害人死亡或傷害，仍應酌給卹金或醫療補助費。但事故之發生係出於被害人之故意行為者，不予給付。

13 **(D)**。大眾捷運法第48條規定，擅自占用或破壞大眾捷運系統用地、車輛或其他設施者，除涉及「刑責」應依法移送偵辦外，該大眾捷運系統工程建設或營運機構，應通知行為人或其僱用人（行政責任）償還修復費用或依法賠償（民事責任）。

14 **(C)**。大眾捷運法第49條第1項規定，旅客無票、持用失效車票或冒用不符身分之車票乘車者，除補繳票價外，並支付票價五十倍之違約金。

15 **(A)**。大眾捷運法第50-1條第1項第1款規定，未經許可攜帶經公告之危險或易燃物進入大眾捷運系統路線、場、站或車輛內者，處新臺幣一萬元以上五萬元以下罰鍰。

16 **(D)**。大眾捷運法第50條第1項第9款規定，於大眾捷運系統禁止飲食區內飲食，嚼食口香糖或檳榔，或隨地吐痰、檳榔汁、檳榔渣，拋棄紙屑、菸蒂、口香糖、瓜果或其皮、核、汁、渣或其他一般廢棄物者，處行為人或駕駛人新臺幣一千五百元以上七千五百元以下罰鍰。

17 **(A)**。臺中捷運綠線之軌距為標準軌1435mm。

18 **(A)**。台北捷運環狀線電聯車是一款屬於台北捷運的中運量動力分散式電聯車，由日立軌道義大利公司（Hitachi Rail Italy S.p.A,HRI）與台灣車輛承造，合計生產17列列車，是台灣繼台鐵EMU300型電聯車之後再度購入由義大利製造的列車。

19 **(C)**。臺中捷運綠線全長約16.71公里，其中高架段約15.94公里，地面段約0.77公里。

20 **(D)**。臺中捷運綠線電聯車，每列車由2節車廂組成，車廂間設有車間走道連通可供旅客通行。

21 **(A)**。臺中捷運綠線採用第三軌供電系統，在既有電聯車行進的軌道旁加上一導電軌，可提供750伏特直流電傳導至電聯車的集電靴，轉化為電聯車的行駛動力來源，不同於高鐵及台鐵的架空電纜集電弓系統，不但不需要在沿線設置大量高架電桿及電纜，也可減低對沿線景觀所帶來的影響。

22 **(C)**。鐵路系統加開區間車的營運模式，在滿足全線某站間之尖峰旅客需求，並以提高中、短程市場的競爭力。

23 **(B)**。臺中捷運綠線北起北屯區松竹路，經北屯路、文心路、文心南路、建國北路至高鐵臺中站，全長約16.71公里，並於重要幹道路口設有18座車站，編號由G0至G17站，中間G4、G13及G17三站分別與台鐵松竹站、大慶站、新烏日站及高鐵臺中站相互轉乘。

24 **(D)**。捷運土地開發的目的係在降低政府財政負擔，並藉由土地開發收入以挹注建設成本，並肩負起提高財務自償能力之目的性任務。

25 **(B)**。門擋式閘門又稱作活板驗票閘門，為使用門片作為管制進出的驗票閘門。活板驗票閘門設有紅外線感應裝置，平常尖峰人數較多時可維持開放的狀態，以利大量旅客通行，且減少活板反覆開闔的損耗，增加使用壽命；而一旦票券發生錯誤，或有人要強行通過時，閘門會快速關閉以防逃票。

26 **(C)**。依台北市捷運局機電系統設計處之職掌，知悉捷運系統中之機電工程包括：車輛設備系統、機廠設施系統、電力供應系統、號誌系統、通訊系統、自動收費系統。

27 **(A)**。捷運系統大多沿道路系統佈設，使用道路之下方或上方佈設路線、車. 站等設施。

28 **(A)**。捷運車站站體與出入口設計量體應儘可能為透明且輕量化，故在設計上必需減少任何不必要的裝飾，車站的量體必需儘可能的遠離道路旁的建築，在這些設計限制下，選用現代建築造型，並以鋼材及玻璃表達出現代化都市中的交通科技系統應為最佳選擇。

29 **(A)**。為確保旅客及設施之安全，使系統可以永續經營，必須採用較嚴格之標準，如防洪設計高程採200年之洪水位+110cm，而耐震設計採迴歸期475年之地震，且最大考量地震為迴歸期2500年之地震。

30 **(D)**。列車自動保護系統（ATP）主要功能是監督軌道的狀況與列車之行駛速度，以確保列車在最安全的狀況下行駛；其次要功能則是能對列車司機提供適當的資訊和警告信號，並保持適當的剎車距離，以防止車輛追撞或進入未經許可之區間。

31 **(A)**。臺中捷運綠線每節車廂之長度約22.17公尺、寬度約2.98公尺、高度約3.78公尺，列車總長度約44.34公尺。

32 **(A)**。臺中捷運綠線預定民國109年全線通車。

33 **(C)**。臺中市交通局為臺灣臺中市的交通管理機關，隸屬於臺中市政府，負責臺中市的大眾運輸、道路、交通等事務。

108年 臺中捷運公司新進人員（工程員、副站長）

( ) **1** 大眾捷運系統需用之土地，依法如何取得？
(A)直接由地方地政機關劃歸捷運單位使用
(B)統一由行政院取得所有權後即得營建
(C)依法徵收或撥用之
(D)支付所有權人權利金後使用。

( ) **2** 大眾捷運系統之規劃，下列何者非為應予考慮因素？
(A)國防需求 (B)地理條件
(C)生態環境 (D)社會及經濟活動。

( ) **3** 大眾捷運系統由民間投資建設者，申請人申請投資捷運建設計畫時，其公司最低實收資本額不得低於新臺幣十億元，並應為總工程經費百分之多少以上？ (A)五 (B)十 (C)十五 (D)二十。

( ) **4** 大眾捷運系統因工程上之必要，得穿越公、私有土地及其土地改良物之上空或地下，或得將管、線附掛於沿線之建物上。而主管機關得就其需用之空間範圍，在施工前，於土地登記簿註記，或與土地所有權人協議設定地上權，協議不成時，準用何項法規而徵收取得地上權？
(A)民法物權篇 (B)行政程序法
(C)土地徵收條例 (D)土地法。

( ) **5** 政府建設之大眾捷運系統財產，各級政府如何分配持有之？
(A)依各地方之統籌分配款比例 (B)中央主管機關協議
(C)依國是會議決議之 (D)依出資之比率。

( ) **6** 臺中捷運公司依何種法規而設立？
(A)民法總則篇法人章 (B)行政法人法
(C)公司法 (D)人民團體法。

( ) **7** 大眾捷運系統營運機構營運時期之營運狀況，每多久報請地方主管機關核轉中央主管機關備查？
(A)半年 (B)一年
(C)三個月 (D)二年。

( ) **8** 大眾捷運系統營運機構，如有何情事，主管機關應有限期改善、命停止營運等行政作為？
(A)經營不善
(B)其他有損公共利益之重大情事
(C)情況緊急，遲延即有害交通安全或公共利益
(D)以上皆是。

( ) **9** 妨礙車門、月台門關閉或擅自開啟，依大眾捷運法如何處罰？
(A)處新臺幣一萬元以上五萬元以下罰鍰
(B)處新臺幣五十萬元以上二百五十萬元以下罰鍰
(C)新臺幣五百元以上一千二百元以下罰鍰
(D)新臺幣一千五百元以上七千五百元以下罰鍰。

( ) **10** 未經許可在車上或站區內募捐、散發或張貼宣傳品、銷售物品或為其他商業行為，依大眾捷運法如何處罰？
(A)處新臺幣一萬元以上五萬元以下罰鍰
(B)處新臺幣五十萬元以上二百五十萬元以下罰鍰
(C)處新臺幣五百元以上一千二百元以下罰鍰
(D)處新臺幣一千五百元以上七千五百元以下罰鍰。

( ) **11** 大眾捷運法中有關罰則之規定（第50、50-1及51條），依其法律性質，屬： (A)刑事罰 (B)行政秩序罰 (C)行政刑罰 (D)行政指導。

( ) **12** 大眾捷運法所定之罰鍰，由何人機關處罰之？
(A)中央主管機關 (B)司法警察機關
(C)地方主管機關 (D)行政院指定機關。

( ) **13** 台北捷運高運量電聯車一列車幾輛車輛？
(A)八車固定編組 (B)六車固定編組
(C)四車固定編組 (D)二車固定編組。

( ) **14** 在計算尖峰小時列車班距，以下何者非考慮因素？
(A)尖峰小時最大站間運量 (B)列車座位數
(C)列車站位數 (D)營運全程往返時間。

( ) **15** 在臺中捷運路網規劃中，未來藍線與綠線之轉運站為何？
(A)臺中市政府站 (B)臺中火車站
(C)大慶站 (D)臺中高鐵站。

( ) **16** 下列設備何者用來區別捷運車站的付費區與非付費區？
(A)鐵捲門 (B)防洪門
(C)月台門 (D)自動收費閘門。

( ) **17** 下列何者非捷運系統中之土木工程？
(A)高架車站 (B)隧道
(C)橋梁 (D)通訊。

( ) **18** 政府單位因公共所需公共不動產以
(A)有償撥用為原則 (B)無償撥用為原則
(C)沒有一定標準 (D)依面積大小價格而定。

( ) **19** 以下何者為列車自動無人駕駛之簡稱？
(A)ATO (B)ATS
(C)ATP (D)CTC。

( ) **20** 臺中捷運綠線全長與車站數為何？
(A)18.7公里，15站 (B)17.7公里，16站
(C)16.7公里，18站 (D)18.7公里，18站。

( ) **21** 在通車前交通部進行通車前之營運安全檢查稱之為：
(A)履勘 (B)初勘
(C)監理 (D)複查。

解答與解析（答案標示為#者，表官方曾公告更正該題答案。）

1 **(C)**。大眾捷運法第6條規定，大眾捷運系統需用之土地，得依法徵收或撥用之。

2 **(A)**。大眾捷運法第11條規定，大眾捷運系統之規劃，應考慮右列因素：(1)地理條件、(2)人口分布、(3)生態環境、(4)土地之利用計畫及其發展、(5)社會及經濟活動、(6)都市運輸發展趨勢、(7)運輸系統之整合發展、(8)採用非完全獨立專用路權路段所經鄰近道路之交通衝擊、(9)其他有關事項。

3 **(B)**。大眾捷運法第13條規定，大眾捷運系統由民間投資建設者，申請人申請投資捷運建設計畫時，其公司最低實收資本額不得低於新臺幣十億元，並應為總工程經費百分之十以上。取得最優申請人資格者，應於六個月內完成最低實收資本額為總工程經費百分之二十五以上之股份有限公司設立登記。

4 **(C)**。大眾捷運法第19條規定，大眾捷運系統因工程上之必要，得穿越公、私有土地及其土地改良物之上空或地下，或得將管、線附掛於沿線之建物上。前項須穿越私有土地及其土地改良物之上空或地下之情形，主管機關得就其需用之空間範圍，在施工前，於土地登記簿註記，或與土地所有權人協議設定地上權，協議不成時，準用「土地徵收條例」規定徵收取得地上權。

5 **(D)**。大眾捷運法第25條規定，政府建設之大眾捷運系統財產，依各級政府出資之比率持有。由中央政府補助辦理者，由路線行經之各該地方政府，按自償及非自償經費出資比率共有之，營運機構不共有大眾捷運系統財產；該財產以出租方式提供營運機構使用、收益者，營運機構應負責管理維護。

6 **(C)**。大眾捷運法第26條規定，大眾捷運系統營運機構，以依「公司法」設立之股份有限公司為限。

7 **(C)**。大眾捷運法第35條規定，大眾捷運系統營運機構，營運時期之營運狀況，應每三個月報備一次，報請地方主管機關核轉中央主管機關備查。

8 **(D)**。大眾捷運法第38條規定，大眾捷運系統營運機構，如有經營不善或其他有損公共利益之重大情事者，主管機關應命其限期改善，屆期仍未改善或改善無效者，停止其營運之一部或全部。但情況緊急，遲延即有害交通安全或公共利益時，得立即命其停止營運之一部或全部。

9 **(D)**。大眾捷運法第50條第1項第2款規定，有妨礙車門、月台門關閉或擅自開啟者，處行為人或駕駛人新臺幣一千五百元以上七千五百元以下罰鍰。

10 **(D)**。大眾捷運法第50條第1項第7款規定，未經許可在車上或站區內募捐、散發或張貼宣傳品、銷售物品或為其他商業行為者，處行為人或駕駛人新臺幣一千五百元以上七千五百元以下罰鍰。

11 **(B)**。大眾捷運法中第50、50-1及51條之罰則規定，皆為「罰鍰」，罰鍰屬行政秩序罰的範疇。因罰鍰僅是人民違反公法上義務行為，單純為公法上義務的懈怠，亦即僅危害行政法規秩序的行為，並未造成實際損害者，則尚不值得以刑罰加以制裁非難，因此通常科以行政秩序罰。

12 **(C)**。大眾捷運法第52條規定，本法所定之罰鍰，由地方主管機關處罰。

13 **(B)**。臺北捷運高運量列車編組為3輛1組，2組配對，共6輛為1列。

14 **(D)**。實際發車班距則隨尖峰、離峰時段及旅客多寡調整。調配得宜的班距不止能達到運載容量的目標，有助於捷運服務品質有所提昇。

15 **(A)**。在臺中捷運路網規劃中，未來藍線與綠線之轉運站為臺中市政府站。

16 **(D)**。捷運車站付費區與非付費區之界線在自動收費閘門。

17 **(D)**。依台北市捷運局各處之職掌區分，通訊係屬捷運系統中之機電工程。土木工程掌理有關捷運工程路線之測量、調查與鑽探；軌道、廠站、設施機電及其他附屬建築之土木、結構、大地、建築、景觀與水電、環控、電扶梯、電梯等之規劃、設計。

18 **(B)**。依「各級政府機關互相撥用公有不動產之有償與無償劃分原則」依土地法第26條或國有財產法第38條申辦撥用時，以無償為原則。

19 **(A)**。列車自動操作系統（ATO）之作用在行車經由CTC控制中心之電腦加以控制，達成列車運轉完全自動化，不僅列車無須人員駕駛，調度上也全由控制中心統一完成，操作上完全採用自動化。

20 **(C)**。臺中捷運綠線全長約16.71公里，其中高架段約15.94公里，地面段約0.77公里；候車站數共18站。

21 **(A)**。大眾捷運法第15條第2項規定，路網全部或一部工程完竣，應報請中央主管機關「履勘」（通車前之營運安全檢查）；非經核准，不得營運。

109年 桃園大眾捷運公司新進人員（第一次）

( ) **1** 小李在台北採取預辦登機及行李託運，但小李為了因為肺炎疫情，攜帶一整箱95%的酒精進入捷運車站，並未向捷運公司申報，經檢驗發現旅客攜帶，即可依大眾捷運法處新臺幣多少元罰緩？
(A)新臺幣五千元以上一萬元以下
(B)新臺幣一萬元以上五萬元以下
(C)新臺幣一萬元以上六萬元以下
(D)新臺幣三萬元以上六萬元以下。

( ) **2** 小李有嚼食檳榔習慣，且不小心從捷運車站外直接嚼食檳榔進入捷運車站，並隨地吐檳榔汁，經民眾向捷運站務人員檢舉查獲，此時應罰鍰多少？
(A)新臺幣一千五百元以上七千五百元以下
(B)新臺幣一萬元以上五萬元以下
(C)新臺幣一萬元以上六萬元以下
(D)新臺幣十萬元以上五十萬元以下。

( ) **3** 下列那一條大眾運輸系統路線同時具備都市運輸與城際運輸的功能？
(A)高雄捷運紅線　(B)臺中捷運綠線
(C)台北捷運文湖線　(D)桃園機場捷運線。

( ) **4** 一般而言，標準軌的軌距為多少？
(A)1067毫米　(B)1372毫米　(C)1432毫米　(D)1435毫米。

( ) **5** 單方向每小時載客數5000人以下的運具為？
(A)捷運系統　(B)輕軌系統
(C)中運量捷運　(D)撥召公車。

( ) **6** 下列對於當前高雄輕軌所營運路線之路權描述，何者最為正確？
(A)只有A型路權　(B)只有B型路權
(C)同時有A型與B型路權　(D)並沒有A型或B型路權。

( ) **7** 曲率與列車行駛噪音有顯著的關聯性，請問下列曲線何者曲率較大？
(A)曲率半徑=600公尺 (B)曲率半徑=400公尺
(C)曲率半徑=3,000公分 (D)曲率半徑=3,000公尺。

( ) **8** 下列何者為機場捷運與台北捷運環狀線的轉乘車站？
(A)台北車站 (B)三重 (C)新北產業園區 (D)新莊副都心。

( ) **9** 下者何者並非常見的優先號誌策略？
(A)插入紅燈 (B)綠燈延長 (C)紅燈縮短 (D)插入綠燈。

( ) **10** 當前台灣所有的捷運系統當中，尖峰班距最短的系統為何？
(A)台北捷運環狀線 (B)機場捷運
(C)台北捷運板南線 (D)台北捷運文湖線。

( ) **11** 假設桃園機場捷運系統某一路線之目標年尖峰小時運量預估為單方向12000人次/小時，該系統採用之列車廂最大載客量為100人次，每列車共含6節車廂，若以最大設計載客量計算，請問針對該捷運系統路線，營運公司應規劃尖峰班距為多少才能符合尖峰需求？
(A)3分鐘 (B)5分鐘 (C)7分鐘 (D)10分鐘。

( ) **12** 假設桃園機場捷運路線每列車由6節車廂組成，每車廂可容納100人，在某一時段以5分鐘班距營運，其路線上最大運載區間的總運載人數為5,000人／小時，則其排定路線容量（Scheduled Line Capacity）為多少人數／小時？ (A)6200 (B)7200 (C)9800 (D)18000。

( ) **13** 若當捷運列車產生誤點時，可以借由下列那位人員的職務功能加以調整列車行駛速度？
(A)主任控制員 (B)列車控制員
(C)環境控制員 (D)各車站站務員。

( ) **14** 大眾捷運系統營運機構所訂定的服務指標中，下列何者屬於舒適的服務指標？ (A)速率 (B)能源消耗 (C)加減速變化率 (D)安全率。

( ) **15** 目前桃園機場捷運系統共設立幾座列車維修基地？ (A)四座 (B)三座 (C)二座 (D)一座。

( ) **16** 請問鋼軌鋼輪系統中，輪緣的主要功能為何？ (A)控制 (B)導引 (C)推進 (D)支撐。

(　　) **17** 目前桃園捷運公司的資本與股權比例是如何由桃園市、新北市、台北市劃分？
(A)依照各行政區域使用桃園捷運系統的人數比例
(B)依照行政區域大小比例
(C)依照行政區域人口數比例
(D)依照機場捷運路線行經行政區域之長度比例。

(　　) **18** 桃園捷運的預辦登機服務，旅客須於班機起飛多久之前辦理預辦登機手續？　(A)4小時　(B)3小時　(C) 2小時　(D) 1小時。

(　　) **19** 鐵路機車頭有時因運轉上的限制，有調頭轉向的需求，請問以下設施何者無法協助鐵路機車調頭？
(A)轉車盤　(B)環形迴車線　(C)三角線　(D)剪式橫渡線。

(　　) **20** 有關木枕的闡述，下列何者正確？
(A)側向穩定性高　(B)每根木枕重量達200~300公斤
(C)列車出軌不致造成損壞　(D)不適合當岔枕。

(　　) **21** 下列那一項情形，桃園捷運公司人員視情節會同警察人員強制或護送其離開捷運系統範圍？
(A)身體有自然的狐臭味
(B)有家人陪同的精神疾病犯者
(C)攜帶導盲犬搭乘捷運
(D)隨身攜帶物品之長度、體積造成他人重大不便。

(　　) **22** 搭乘桃園機場捷運時可隨身攜帶下列那一項物品？
(A)可攜帶已摺疊或拆卸完成並妥善包裝之自行車（含腳踏自行車，以及電源關閉之電動輔助自行車，最長邊不超過165公分，且長、寬高之和不得超過220公分）
(B)可攜帶氣球，最長長度以不超過100公分
(C)可攜帶大型犬搭乘，但不具攻擊性如：黃金獵犬、拉不拉多或哈士奇
(D)可攜帶長度不得超過160公分，長、寬、高之和不得超過200公分的物品或行李。

( ) **23** 桃園捷運公司的願景為何？
(A)優質的捷運服務、科技創新的安全系統
(B)永續經營、世界典範
(C)可靠創新科技的系統、永續的經營
(D)優質的服務、創新技術。

( ) **24** 某一捷運公司由於列車維修人員離職率過高，為配合維修需求，捷運公司讓尚未通過技能檢定合格之技術人員擔任設施之操作及修護者，若經查獲應該捷運公司應罰鍰多少？
(A)新臺幣五萬元以上十萬元以下
(B)新臺幣十萬元以上五十萬元以下
(C)新臺幣二十萬元以上九十萬元以下
(D)新臺幣五十萬元以上一百萬元以下。

( ) **25** 某一大眾捷運公司若因列車駕駛員離職人數過多，因此該捷運公司立即停止營運，亦未報請主管機關，此時捷運公司應罰鍰多少？
(A)不需罰則
(B)新臺幣五十萬元以上二百五十萬元以下罰鍰
(C)新臺幣一百五十萬元以上三百五十萬元以下罰鍰
(D)新臺幣五百萬元以上罰鍰。

( ) **26** 請問跨座式單軌系統的最高運輸容量與下列何者最為相似？
(A)自動導軌運輸系統 (B)通勤鐵路系統
(C)個人捷運系統 (D)高運量捷運系統。

( ) **27** 請問下列何者並非寬軌距的可能優點？
(A)提高列車行駛速度 (B)增大運輸能力
(C)增加列車穩定性 (D)增進過彎的便利性。

( ) **28** 大眾捷運系統通車前所提出之系統穩定性測試報告中，發車失敗不得超過幾件？ (A)0件 (B) 1件 (C) 2件 (D) 3件。

( ) **29** 當前台灣所有的捷運系統當中，單向每小時列車載運量最高的為何？
(A)台北捷運文湖線 (B)台北捷運板南線
(C)機場捷運 (D)高雄捷運紅線。

( ) **30** 請問捷運系統的自動列車控制(ATC) 包含哪三個子系統？
(A)ATC-1、ATC-2、ATC-3 (B)ATO、ATP、ATS
(C)ATW、ATO、AST (D)ATP、CTC、TSS。

( ) **31** 下列何者不是桃園大眾捷運股份有限公司運務處的組織單位與負責項目？ (A)行控中心 (B)車務中心 (C)系統安全組 (D)票務中心。

( ) **32** 負責桃園大眾捷運股份有限公司的負責電聯車系統、機廠維修設備、軌道工程維修車輛之維護工作等相關維修作業等工作是什麼單位的工作項目？
(A)車輛廠 (B)電機廠 (C)電子廠 (D)軌土廠。

( ) **33** 下列那一軌道運輸系統的軌距不是標準軌？ (A)台鐵系統 (B)高雄捷運系統 (C)台灣高鐵系統 (D)臺中捷運系統。

( ) **34** 下列何者不是興建捷運系統後所可能產生的效益？
(A)出生率增加 (B)帶動捷運系統周邊經濟活動
(C)改善都是生活品質 (D)減少交通事故的發生。

( ) **35** 下列何者不是捷運系統場站聯合開發所可能產生的效益？
(A)有效利用空權與地役權，增加系統之收入
(B)增加週遭民眾的所得收入
(C)增加民間投資參與運輸系統建設之機會
(D)促進土地開發，抑制土地投機。

( ) **36** 相較於動力集中式列車，以下何者並非動力分散式列車的優點？
(A)增加座位數 (B)降低軸重
(C)動軸數多，加速性能佳 (D)降低維修成本。

( ) **37** 請問一個單一橫渡線當中，有幾個岔心？
(A)0 (B)1 (C)2 (D)4。

( ) **38** RAMS是捷運安全管理的要素，其中維護度(Maintainability) 可用以下哪一方式評估？
(A)平均失效間隔時間 (B)平均修復時間
(C)平均失效間隔里程 (D)平均修復里程。

( ) **39** 以目前台灣捷運系統的列車而言，有關動力型式的闡述，何者正確？
(A)均為動力集中式 (B)均為動力分散式
(C)動力集中與分散式兩種都有 (D)動力集中與分散式兩種都沒有。

( ) **40** 請問軌道電路的主要功能為何？
(A)提供列車所需電力 (B)提供第三軌所需電力
(C)偵測號誌之位置 (D)偵測列車之位置。

( ) **41** 防杜人為疏失、蓄意或天然災害等因素使其免於遭受內、外部的蓄意或意外之威脅，為桃園大眾捷運股份有限公司的何種政策？
(A)品質政策 (B)職業安全衛生政策
(C)資訊安全政策 (D)保安政策。

( ) **42** 對於桃園捷運公車的車票使用規則，下列何者有誤？
(A)未滿6歲之兒童（身高滿115公分應出示身分證明），得免費乘車，但須由購票旅客陪同
(B)購票旅客陪同之免費乘車兒童人數逾2位規定且已搭乘者，購票旅客應依超過之兒童人數購買單程票全票
(C)旅客毀損單程票，須繳回單程票並支付票卡工本費新台幣100元
(D)同站進出者，應支付車站公告之單程票最低票價費用。

( ) **43** 大眾捷運系統土地開發辦法中提到除捷運設施使用部分樓層之高度得不計入高度限制外，並得視個案情形酌予增加，但增加部分以不超過該基地面前道路寬度之幾倍？ (A)一倍 (B)二倍 (C)三倍 (D)四倍。

( ) **44** 應新冠肺炎疫情，桃園捷運公司除了每日，針對第一線執勤工作人員量測體溫進行自我健康管理，且使用酒精進行消毒並配戴口罩；車站和旅客有直接接觸的設備，如電梯、電扶梯、售票機均加密清潔消毒次數外，在列車空調系統還採取什麼系統加強殺菌？ (A)空調紫外線殺菌模組 (B)空調電漿殺菌模組 (C)空調臭氧殺菌模組 (D)空調冷光殺菌模組。

( ) **45** 桃園機場捷運線經延伸至中壢車站後經營運長度約多少公里？
(A)50.01公里 (B)51.03公里 (C)53.09公里 (D)54.03公里。

( ) **46** 根據大眾捷運系統建設及周邊土地開發計畫申請與審查作業要點，交通部審核可行性研究報告書及綜合規劃報告書，應檢視其經濟效益，以下何者並非所指定的評估指標？
(A)等額年值 (B)益本比 (C)淨現值 (D)內生報酬率。

( ) **47** 請問機場捷運的行控中心位於何處？
(A)台北車站 (B)機場第二航廈站 (C)青埔機廠 (D)環北站。

( ) **48** 根據大眾捷運法，旅客發生下列何種情形可處新臺幣一萬元以上五萬元以下罰鍰？
(A)車輛行駛中，攀登、跳車或攀附隨行
(B)進入大眾捷運系統之路線、橋樑、隧道、涵管內及站區內非供公眾通行之處所
(C)任意操控站、車設備或妨礙行車、電力或安全系統設備正常運作
(D)拒絕大眾捷運系統站、車人員查票或妨害其執行職務。

( ) **49** 在行控中心當中，負責消防設備訊息之監控的是哪一種控制員？
(A)路線控制員 (B)環境控制員
(C)工程控制員 (D)電力控制員。

( ) **50** 一般而言，在捷運系統的可行性研究中，下列何者並未被列為計畫收入當中？
(A)票箱收入 (B)TIF效益 (C)TOD效益 (D)路線開發效益。

解答與解析（答案標示為#者，表官方曾公告更正該題答案。）

1 (B)。大眾捷運法第50-1條規定，未經許可攜帶經公告之危險或易燃物進入大眾捷運系統路線、場、站或車輛內者，處新臺幣一萬元以上五萬元以下罰鍰。

2 (A)。大眾捷運法第50條規定，於大眾捷運系統禁止飲食區內飲食，嚼食口香糖或檳榔，或隨地吐痰、檳榔汁、檳榔渣，拋棄紙屑、菸蒂、口香糖、瓜果或其皮、核、汁、渣或其他一般廢棄物者，處行為人或駕駛人新臺幣一千五百元以上七千五百元以下罰鍰。

3 (D)。桃園機場捷運線是一條橫跨臺北市、新北市及桃園市的捷運路線，故同時具備都市運輸與城際運輸的功能。

4 **(D)**。標準軌是指國際鐵路聯盟在1937年制定1435公釐（毫米）的標準軌距，軌距比標準軌更寬的稱為寬軌，更窄的則稱為窄軌。

5 **(D)**。高運量係指單方向每小時載客數20,000人以上；中運量係指單方向每小時載客數5,000人至20,000人之間；低運量係指單方向每小時載客未達5,000人以下的運具。

6 **(B)**。高雄輕軌系統屬於非完全獨立專用路權，須與汽、機車等運具共用部分平面道路，屬於B型路權，不像高鐵或捷運系統為專用路權。

7 **(C)**。
(A)曲率半徑= 600(m)=60,000(cm)g曲率為1/60,000
(B)曲率半徑= 400(m)=40,000(cm)g曲率為 1/40,000
(C)曲率半徑= 3,000(cm)曲率為1/3,000(最大)
(D)曲率半徑=3,000(m)
= 300,000(cm)g曲率為1/300,000

8 **(C)**。(A)台北車站：為台北捷運板南線及淡水線之轉乘站；(B)三重：為台北捷運新蘆線轉乘站；(C)新北產業園區：為台北捷運環狀線與機場捷運轉乘站；(D)新莊副都心：未有轉乘站。

9 **(A)**。常見的優先號誌策略只有綠燈延長、紅燈縮短及插入綠燈三種。

10 **(D)**。尖峰時段（07:00～09:00，17:00～19:30）台北捷運文湖線：約2～4分鐘；板南線約6分鐘；運環狀線約4～7分鐘；機場捷運直達車尖峰時間15分鐘班距。

11 **(A)**。(每節車廂最大容量/100人，共有6節車廂，1小時有60分鐘)
60×6×100＝36000(總時間)；
36000÷12000＝3(分鐘)

12 **(B)**。1小時有60/5=12（班）車；每列車由6節車廂組成，每車廂可容納100人，每列車最多可容納6×100＝600人；6×100×12=7,200人/小時。

13 **(B)**。當電聯車行駛已經有誤點時，由「列車控制員」負責調整行車速度。

14 **(C)**。依大眾捷運系統經營維護與安全監督實施辦法第3條規定，舒適的服務指標包括：加減速變化率、平均承載率、通風度、溫度、噪音。

15 **(C)**。桃園機場捷運系統共設立青埔與蘆竹兩處維修廠。

16 **(B)**。車輪沿鋼軌滾動之接觸面稱為「車輪踏面」，在車輪踏面的內側製成凸緣，稱為「輪緣」，以導引車輪沿鋼軌滾動時不致脫軌。

17 **(D)**。2010年7月6日「桃園縣大眾捷運股份有限公司」成立，資本額為新臺幣30億元，由臺北市政府、新北市政府、桃園縣政府按照桃園捷運路線行經行政區域的長度比例出資（出資比例依序為6.67%、29.32%、64.01%），並由桃園縣政府主導經營。

18 (B)。旅客須於航班起飛當日上午6時至航班起飛前3小時(180分鐘)之任何時間辦理市區預辦登機手續。

19 (D)。橫渡線是指用以連接兩條平行鐵軌的連接線，通過一組聯動道岔達到轉線的目的，使行駛於某路線的列車可以換軌至另外一條線路，並無法協助鐵路機車調頭。

20 (C)。軌枕的材料，為木枕、鋼枕或混凝土枕，其中又以木枕的性能最佳，因列車出軌不致造成損壞。但現代化的鐵路，由於列車的載重大、速度高、車次密，因之乃有採用混凝土軌道版的趨勢。

21 (D)。桃園大眾捷運系統旅客須知第5條規定，攜帶物品造成他人不便，本公司得拒絕運送，站、車人員並得視情節會同警察人員強制或護送其離開站、車或大眾捷運系統區域。

22 (A)。桃園大眾捷運系統旅客須知第31條規定，旅客隨身攜帶行李及物品，每件長度不得超過165公分，長、寬、高之和不得超過220公分。但輪椅、嬰兒車、寵物推車及其他經本公司公告物品，不在此限。

23 (B)。桃園大眾捷運股份有限公司以提供「安全、可靠、優質的捷運服務」為使命，並致力於透過創新及持續改進，以達成機場捷運線安全通車、永續經營的目標及願景，成為大眾捷運系統運輸業之典範。

24 (B)。大眾捷運法第51條規定，大眾捷運系統營運機構違反第30條規定，僱用未經技能檢定合格之技術人員擔任設施之操作及修護者，處新臺幣十萬元以上五十萬元以下罰鍰。

25 (B)。大眾捷運法第51-1條規定，大眾捷運系統營運機構非因不可抗力而停止營運者，處新臺幣五十萬元以上二百五十萬元以下罰鍰。

26 (A)。跨座式單軌系統之最高運輸容量與自動導軌運輸系統最相似，兩者單方向尖峰小時的運量可達30000人次。

27 (D)。寬軌距的優點除了(A)(B)(C)三者外，尚有「行駛較長距離，可減輕車輛磨耗」及「車輛寬度可以加寬，底盤有空間可供檢查、修理或裝置各式各樣容器使用」的優點。

28 (A)。依「大眾捷運系統履勘作業要點」規定，系統啟動正常，且不得有發車失敗之情形。(即0件)

29 (B)。北捷文湖線係中運量，其餘皆為高運量，而雙北市人口多於桃園及高雄，故台北捷運板南線單向每小時列車載運量必然最高。

30 (B)。列車自動控制(ATC)包括三種系統：列車自動防護系統(ATP)、列車自動運轉系統(ATO)及列車自動監督系統(ATS)。

31 (C)。運務處為桃園大眾捷運股份有限公司一級單位，主要為行車控制、車務、站務及票務等規劃管理及業務執行、運務相關規章制度之研(修)訂等事項。

32 **(A)**。大眾捷運股份有限公司車輛廠負責電聯車系統、機廠維修設備、軌道工程維修車輛之維護工作等相關維修作業。

33 **(A)**。台鐵軌距為1,067㎜，小於標準軌距1,435mm，稱為窄軌。

34 **(A)**。興建捷運系統後可能產生社會效益、旅運效益、經濟效益及環境效益等相當多，但無「出生率增加」這一項。

35 **(B)**。捷運周遭環境會隨著場站聯合開發之建設，帶動鄰近地區的發展，提昇場站地區土地使用強度，對於鄰近較老舊的地區，亦可配合辦理都市更新，增進居住品質，改善都市環境，這些對週遭民眾的所得收入並無直接關係。

36 **(D)**。動力分散式列車由於馬達多並分散在各節動力車，所以其零組件和維護也較為複雜，維修成本及生產成本也較高。

37 **(C)**。岔心及護軌是使機車車輛的車輪由一股鋼軌越過另一股鋼軌的過渡設備一個單一橫渡線當中，有2個岔心。

38 **(B)**。維護度係指在指定的條件下進行維修，並使用指定的程序及資源時，對於一個已知之主動維修行動，在指定的時間內能夠完成修護之機率。一般常見之可維修度度量指標包含：平均維修時間、完成修復機率等。

39 **(B)**。動力分散式列車是一種動力分布在多個車廂的鐵路列車（俗稱火車），其特點是動力來源分散在列車各個車廂上的發動機或電動機，而不是集中在機車上，台北、桃園、臺中及高雄的捷運列車皆為此種動力的電聯車。

40 **(D)**。軌道電路並非透過軌道傳遞電力的線路，而是一個安裝在軌道上的電路裝置，藉著列車通過時車軸的導電作用，偵測列車在路軌上之位置，從而令信號系統作出適當的燈號顯示。

41 **(C)**。題目所述「防杜人為疏失……意外之威脅。」係桃園捷運公司的「資訊安全政策」之一。該公司另三個資安政策包括：(1)確保本公司所屬之資訊資產之機密性、完整性及可用性；(2)保障本公司所屬利害關係人之權益；(3)符合相關法令法規之要求。

42 **(C)**。桃園捷運公車的車票使用規則規定，旅客遺失或毀損單程票者，補票時須加收單程票工本費。

43 **(A)**。大眾捷運系統土地開發辦法第29條規定，除捷運設施使用部分樓層之高度得不計入高度限制外，並得視個案情形酌予增加，但增加部分以不超過該基地面前道路寬度之一倍，並以三十公尺為限。

44 **(A)**。外線空調殺菌燈組有最強殺菌力的UV(紫外線)，可被使用於空氣和水中的殺菌。

45 **(C)**。桃園機場捷運經過桃園國際機場後，沿著新街溪、領航北路、高鐵北路、高鐵南路、中豐北路至中豐路，繼續沿中豐路、中正路至中壢車站止，全長53.09公里。

46 **(A)**。根據大眾捷運系統建設及周邊土地開發計畫申請與審查作業要點第七點規定，交通部審核第五點可行性研究報告書及第六點綜合規劃報告書，應一併檢視經濟及財務效益，其經濟效益評估指標包括：淨現值、益本比及內生報酬率。

47 **(C)**。桃園捷運青埔機廠屬於該三捷運系統唯一功能最完整之第五級機廠。

48 **(C)**。大眾捷運法第50-1條規定，任意操控站、車設備或妨礙行車、電力或安全系統設備正常運作者，處新臺幣一萬元以上五萬元以下罰鍰。

49 **(B)**。環境控制員負責消防設備訊息之監控及監視車站和隧道內環境控制系統。

50 **(D)**。依「大眾捷運系統建設及周邊土地開發計畫申請與審查作業要點」第五點規定之「財務分析專章」，財務可行性分析「包含大眾捷運系統建設經費及營運成本、票價收入、附屬事業成本及收入、初估周邊土地開發成本及效益、初估可挹注本計畫之增額或其他可貨幣化之外部效益金額。」其中並無「路線開發效益」一項。

NOTE

109年 桃園大眾捷運公司新進人員（第二次）

( ) **1** 下列何者組織名稱不正確？ (A)航空警察局 (B)鐵路警察局 (C)捷運警察局 (D)高速公路警察局。

( ) **2** 人們預期大眾捷運系統附近會快速發展而投資房地產，致使都市迅速發展而擴張，可視為下列何者效應所造成？
(A)因果效應 (B)催化效應 (C)可及性效應 (D)蜂群效應。

( ) **3** 下列何者對於場站調度時間的說明正確？
(A)指車輛停留在月臺的時間
(B)指車輛停留在軌道的時間
(C)指車輛停留在路線調度場的時間
(D)此時間不包括旅客上、下車所需的時間。

( ) **4** 下列何者不是大眾運輸系統的特性？ (A)固定的路線 (B)固定的班次 (C)固定的車輛 (D)固定的乘客。

( ) **5** 以下何者是促使無軌電車比一般公車更為有利的條件？ (A)地形平坦的城市 (B)重視天空景觀的城市 (C)噪音及空氣污染受重視的城市 (D)重視運量的城市。

( ) **6** 辦理大眾捷運系統規劃時，主管機關或民間必須進行以下何種工作？
(A)召開公聽會，公開徵求意見 (B)召開招商會，為未來營運準備
(C)召開募資會，公開籌措財源 (D)召開徵才會，為未來儲備人才。

( ) **7** 大眾捷運系統旅客運送所投保之責任保險，其投保金額由何單位指定？ (A)中央主管機關 (B)地方主管機關 (C)捷運系統營運單位 (D)消費者保護團體。

( ) **8** 我國第一條通車營運的捷運路線為何？
(A)臺北捷運木柵線 (B)臺北捷運松山新店線
(C)臺北捷運淡水線 (D)臺北捷運板南線。

(　　) 9臺北捷運系統之路線中，那一條屬於中運量系統？
(A)臺北捷運淡水信義線　(B)臺北捷運松山新店線
(C)臺北捷運文湖線　(D)臺北捷運板南線。

(　　) 10臺北捷運所推出之「月票」，可在啟用後一個月內無限次使用臺北捷運與公車，目前此「月票」的售價為何？　(A)新臺幣1080元　(B)新臺幣1280元　(C)新臺幣1480元　(D)新臺幣1680元。

(　　) 11依據國際鐵路聯盟之定義，新建鐵路其營運速率要達多少才可稱為高速鐵路？　(A) 200公里/小時　(B) 220公里/小時　(C) 250公里/小時　(D) 300公里/小時。

(　　) 12桃園機場捷運路線在中壢延伸線完成後，將會再增加幾個營運的車站？　(A) 1個　(B) 2個　(C) 3個　(D) 4個。

(　　) 13桃園捷運公司所發售之團體票，除須要所有搭乘旅客全程同行且起訖點均相同外，其對旅客人數的要求為何？　(A)須旅客10人以上　(B)須旅客12人以上　(C)須旅客15人以上　(D)須旅客20人以上。

(　　) 14桃園機場捷運之「路線設計最高時速」及「實際營運最高時速」各為何？
(A)路線設計最高時速90公里，實際營運最高時速80公里
(B)路線設計最高時速100公里，實際營運最高時速90公里
(C)路線設計最高時速110公里，實際營運最高時速100公里
(D)路線設計最高時速120公里，實際營運最高時速110公里。

(　　) 15下列有關中運量捷運之敘述，何者不正確？
(A)單方向每小時可載運乘客超過20,000人
(B)「中運量捷運」之最大坡度較「高運量捷運」為大
(C)「中運量捷運」之行車間距較「高運量捷運」為小
(D)「中運量捷運」之建造成本較「高運量捷運」為低。

(　　) 16大眾捷運系統建設及車輛製造之技術規範，由何單位訂定？　(A)中央主管機關　(B)地方主管機關　(C)技師公會　(D)產業公會。

(　　) 17下列何者為鐵路運輸系統特性？　(A)爬坡能力高　(B)轉彎噪音大　(C)滾動阻力大　(D)均以電力為動力。

( ) **18** 市區公共汽車、無軌電車及高運量捷運有何相同之處？
(A)均有固定路線 (B)皆使用電力為動力
(C)皆有導引軌道 (D)均有月臺門之設計。

( ) **19** 大眾捷運系統旅客無票、持用失效車票或冒用不符身分之車票乘車者，除補繳票價外，並支付多少違約金？
(A)票價五倍 (B)票價十倍
(C)票價五十倍 (D)票價一百倍。

( ) **20** 地方主管機關建設之大眾捷運系統，應由地方主管機關備具下列那些文書，報請中央主管機關核定後辦理？ j經核定之規劃報告書；k初步工程設計圖說；l財源籌措計畫書；m民眾請願書；n營運損益估計表； (A) jkl (B)jklmn (C)jkln (D) jkln。

( ) **21** 下列何者屬於大眾捷運系統路線、場、站土地的毗鄰地區土地？
(A)所有與捷運設施用地在同一街廓內的建築基地
(B)所有與捷運設施用地相連接的土地
(C)所有與捷運設施用地相鄰之街廓
(D)主管機關認定通行影響範圍內之土地。

( ) **22** 下列何者不為大眾捷運系統之特色？
(A)運能高 (B)班次密集
(C)專用路權 (D)造價低廉。

( ) **23** 目前桃園捷運編號01的第1站為及編號21的最後1站分別為何？
(A)興南站、臺北車站 (B)臺北車站、興南站
(C)環北站、臺北車站 (D)臺北車站、環北站。

( ) **24** 大眾捷運系統所需電能之供應，下列何者正確？
(A)捷運內部使用之電力，除了電車使用之電力外，其他不需經電業主管機關之核准即可使用
(B)應優先使自行設置供自用之發電系統所產生之電力
(C)非警急需求，不得使用自行設置供自用之發電系統發電
(D)由電業機構優先供應。

(　　) **25** 大眾捷運系統營運機構對於其他附屬事業規定何者正確？
(A)由營運機構評估後直接設立兼營
(B)得經地方主管機關核准兼營
(C)須經經濟部投資審議委員會許可後設立兼營
(D)經股東大會通過後設立兼營。

(　　) **26** 依據大眾捷運法對大眾捷運系統路權之規範，下列敘述何者不正確？
(A)大眾運輸系統可為「完全獨立」之路權
(B)大眾運輸系統可為「非完全獨立」之專有路權
(C)「非完全獨立」專有路權之大眾捷運系統，其共用車道路線長度，以不超過全部路線長度三分之一為限
(D)特殊情形下，「非完全獨立」專有路權之大眾捷運系統，經中央主管機關報請行政院核准者，其共用車道路線長度占全部路線長度之比率得不受限制。

(　　) **27** 大眾捷運系統建設於路網全部或部分工程完竣，應報請中央主管機關履勘；非經核准，不得營運。某大眾捷運系統營運機構在未經履勘核准下就逕行營運，依『大眾捷運法』該機構將遭受何等之處分？
(A)處罰新臺幣一千五百元以上，七千五百元以下之罰鍰
(B)處罰新臺幣一萬元以上，五萬元以下之罰鍰
(C)處罰新臺幣十萬元以上，五十萬元以下之罰鍰
(D)處罰新臺幣五十萬元以上，二百五十萬元以下之罰鍰。

(　　) **28** 下列臺北捷運車站中，那一個車站之「2019年平均日進出旅客量」為最少？　(A)小碧潭站　(B)忠義站　(C)辛亥站　(D)萬芳社區站。

(　　) **29** 有關桃園機場捷運之直達車，下列敘述何者有誤？　(A)以紫色為代表色　(B)由四節車廂所構成　(C)有一節車廂為行李車廂　(D)座位採橫向設計。

(　　) **30** 下列何者不是「兒童得免購票搭乘桃園機場捷運」之條件？
(A)身高未滿115公分之兒童
(B)身高滿115公分但未滿六歲之兒童經出示身分證明文件者
(C)須由已購票之旅客陪同
(D)每位購票之旅客至多能夠攜帶兩位符合免購票條件之兒童搭乘。

( ) **31** 下列有關桃園大眾捷運股份有限公司之組織與功能的敘述，何者有誤？
(A)資訊組隸屬於企劃處
(B)票務中心隸屬於運務處
(C)車輛廠隸屬於維修處
(D)勞安衛生組隸屬於人力資源處。

( ) **32** 依據大眾捷運法之規定，下列何種行為將處以一萬元以上五萬元以下之罰鍰？
(A)未將許可攜帶經公告之危險或易燃物進入大眾捷運系統路線、廠、站或車輛內
(B)未經驗票程序、不按規定處所或方式出入車站或上下車
(C)拒絕大眾捷運系統站、車人員查票或妨礙其執行職務
(D)躺臥於車廂內或月台上之座椅，不聽勸阻。

( ) **33** 下列有關預力混凝土枕木之描述，何者不正確？
(A)可永久保持軌距　(B)使用年限長
(C)安裝和換修容易　(D)重量足夠，行車穩定。

( ) **34** 桃園機場捷運從「A1臺北車站」開往「A13機場第二航廈」之「首班及末班車」直達車的發車時間為何？
(A)首班5：00；末班23：00　(B)首班5：30；末班23：30
(C)首班6：00；末班22：00　(D)首班6：30，末班22：30。

( ) **35** 臺鐵、臺灣高鐵、臺北捷運、高雄捷運及桃園捷運等我國目前之五大軌道運輸系統中，2019年之年平均日載客量超過20萬人次者有幾個？　(A) 1個　(B) 2個　(C) 3個　(D) 4個。

( ) **36** 旅客無票、持用失效車票或冒用不符身分之車票乘車者所應補繳之票價，其起點如何計算？
(A)均以營運機構公告之單程票最高票價計算
(B)均以該線捷運系統中點站至下車地點之票價計算
(C)如旅客能證明其起站地點者，則以起站地點至下車地點之票價計算
(D)均以營運機構公告之單程票平均票價計算。

(　　) **37** 大眾捷運系統為非完全獨立專用路權者，若沒有特殊情形，經中央主管機關報請行政院核准者，其共用車道路線長度，以不超過全部路線長度多少為限？
(A)沒有限制　(B)1/2
(C)1/3　(D)1/4。

(　　) **38** 於大眾捷運系統禁止飲食區內飲食，嚼食口香糖或檳榔，可處行為人或駕駛人新臺幣多少元罰鍰？
(A)1000~3000元　(B) 2000~5000元
(C) 1500~7500元　(D)1200~5400元。

(　　) **39** 大眾捷運系統車輛來回一趟，包括場站調度時間的平均速度稱為？
(A)商業速度　(B)營運速率
(C)功能速率　(D)往返速率。

(　　) **40** 在大眾捷運系統兩側限建範圍內，進行下列何項行為前，不需先會商捷運主管機關？
(A)土地出售　(B)廣告物之設置
(C)抽降地下水　(D)地基調查鑽孔。

(　　) **41** 下列對於公車捷運系統的規劃原則，何者正確？
(A)每站皆停的路線，單趟旅行時間最高為3小時
(B)公車捷運系統與輕軌捷運系統一樣，可全程規劃為C型路權
(C)合理的路線長度為20公里以內
(D)對於緊急車輛，如警車、消防車，公車捷運系統道路優先權較高。

(　　) **42** 下列何者為捷運系統之資本成本項目？
(A)運輸成本　(B)初期投資成本
(C)工程意外事故成本　(D)公關成本。

(　　) **43** 臺鐵之所有營運車站中，下列那一個車站之年平均日進出站旅客人數僅次於臺北車站？
(A)桃園車站　(B)中壢車站
(C)臺南車站　(D)臺中車站。

( ) **44** 桃園機場捷運正式通車營運以來，最高之月平均日運量為多少？
(A) 76,235人次 (B)83,208人次
(C) 89,204人次 (D) 93,104人次。

( ) **45** 下列有關臺北捷運列車之敘述，何者不正確？
(A)列車皆為動力分散式的電聯車
(B)以第三軌供電
(C)使用750伏特直流電
(D)所有列車之開停及自動門開關均由中央控制，採用無人駕駛之運行方式。

( ) **46** 有關桃園機場捷運之普通車，下列敘述何者有誤？
(A)以藍色為代表色
(B)由四節車廂所構成
(C)每節車廂均提供無線充電座，供旅客手機充電
(D)座位採縱向設計。

( ) **47** 對旅客攜帶自行車使用桃園機場捷運之相關規定，何者不正確？
(A)週六/日、國定假日、調整放假日全天開放
(B)政府行政機關上班日及補行上班日之開放時間為10：00~16：00
(C)未經驗票程序，逕行攜帶自行車上車者，將處以新臺幣1500元以下之罰鍰
(D)攜帶自行車搭乘桃園機場捷運，進出車站時嚴禁使用電扶梯。

( ) **48** 下列有關軌道岔心之敘述，何者有誤？
(A)直線軌與岔軌分離之軌道稱為岔心
(B)岔心由護軌、翼軌及鼻軌組成
(C)兩岔心間之夾角大小決定道岔號數
(D)道岔號數愈大，夾角愈大，容許車速愈高。

( ) **49** 臺北捷運系統之年平均日運量於那一年首度達到200萬人次？
(A) 2015年 (B) 2016年
(C) 2017年 (D) 2018年。

(　　) **50** 下列有關軌道運輸系統電氣化採用「直流電」或「交流電」之描述，何者不正確？
(A)不論直流電系統或交流電系統，電氣化軌道系統均由發電廠提供電力
(B)直流電系統是在鐵路沿線之車外設置變壓與整流設備
(C)交流電系統是在移動的車上設置變壓與整流設備
(D)在高速率、高動力、班次較少之城際式鐵路系統，採直流電(DC)系統較為經濟。

解答與解析（答案標示為#者，表官方曾公告更正該題答案。）

1 **(#)**。依公告答案為(C)或(D)。大眾捷運法第40條規定，大眾捷運系統地方主管機關，為防護大眾捷運系統路線、維持場、站及行車秩序、保障旅客安全，應由其警察機關置專業交通警察；內政部警政署國道公路警察局簡稱「國道公路警察局」，為中華民國內政部警政署附屬警察機關。

2 **(B)**。當政府引進大眾捷運系統時，民眾就會預期車站附近將會快速發展而進行投資，致使人口移入、商業活動與住宅需求增加，促使都市發展，形成一種相互的催化作用。

3 **(D)**。場站調度時間係指車輛停留在路線終點站的時間，此時間不包括旅客上、下車所需的時間。對於捷運系統而言，司機休息與調整延誤時間，占場站調度時間的絕大部分。

4 **(D)**。大眾運輸係指服務於都市內及其鄰近衛星市鎮，具有固定路線、固定班次、固定車站及固定費率等特性，乘客為一般大眾之公共運輸方式，例如公共汽車、大眾捷運系統等即是。

5 **(C)**。無軌電車係以電力牽引的公車，其行駛路線上有兩條導電線，行駛之車輛頂上有兩根觸輪桿與導電線連接，而輸入電源，可降低噪音及空氣污染。

6 **(A)**。大眾捷運法第10條規定，辦理大眾捷運系統規劃時，主管機關或民間應召開公聽會，公開徵求意見。

7 **(A)**。大眾捷運法第47條第1項規定，大眾捷運系統旅客之運送，應依中央主管機關指定金額投保責任保險，其投保金額，得另以提存保證金支付之。同條第2項規定，前項投保金額、保證金之提存及其他相關事項之辦法，由中央主管機關定之。

8 **(A)**。85.3.28全臺首條無人駕駛中運量捷運系統「臺北捷運木柵線」通車。

9 **(C)**。臺北捷運系統木柵線於85年3月28日通車營運，內湖線於98年7月4日通車營運。木柵線連結內湖線營運，全線合稱「台北捷運文湖線」。

10 **(B)**。台北市及新北市107年4月16日起共同推出交通定期票，只要新台幣1280元，30日內可無限次搭乘捷運、雙北公車，以及YouBike前30分鐘免費。

11 **(C)**。(請特別注意)本題是指根據國際鐵路聯盟的定義，所以不能用「鐵路法」的定義(200公里)來看。

12 **(B)**。桃園機場捷運中壢延伸線完工後，將會再增加老街溪站、中壢站兩個車站。

13 **(A)**。依據桃園大眾捷運系統旅客須知規定，團體票係指提供旅客10人以上，全程同行且起訖站相同使用之車票。

14 **(C)**。桃園機場捷運全長53.09公里，營運時速設計為110公里，但實際營運最高時速約為100公里。

15 **(A)**。中運量捷運系統係指單方向運輸量每小時在5,000人次至20,000人次之間的捷運系統，其車體較輕、多採用膠輪，軌道較小，班次較密，服務於都市內或都市與郊區間，臺北捷運文山線即是中運量捷運系統。

16 **(A)**。大眾捷運法第24-2條第1項規定，大眾捷運系統建設及車輛製造之技術規範，由中央主管機關定之。

17 **(B)**。鐵路運輸系統之缺點，除轉彎噪音大外，尚包括資本密集且固定資產龐大、設施龐大不易維修、貨損較高、營運缺乏彈性、編組費時等。

18 **(A)**。市區公共汽車、無軌電車及高運量捷運系統都是有固定路線、固定班次、固定車站及固定費率等特性的運輸方式。

19 **(C)**。大眾捷運法第49條規定，旅客無票、持用失效車票或冒用不符身分之車票乘車者，除補繳票價外，並支付票價五十倍之違約金。

20 **(D)**。大眾捷運法第14條規定，地方主管機關建設之大眾捷運系統，應由地方主管機關備具相關文書，報請中央主管機關核定後辦理，相關文書除題目所述四者外，尚需「工程實施計畫書」及「大眾捷運系統營運機構之設立計畫及營運計畫書」。

21 **(B)**。大眾捷運法第7條規定，為有效利用土地資源，促進地區發展，主管機關得辦理大眾捷運系統路線、場、站土地及其毗鄰地區土地之開發。所稱之毗鄰地區土地，係指「與捷運設施用地相連接」的土地。

22 **(D)**。大眾捷運系統之特色除(A)(B)(C)三者外，尚有「速度快」及「服務水準高」等兩項特色。

23 **(D)**。桃園捷運編號01的第1站為台北車站及編號21的最後1站為環北站。

24 **(D)**。大眾捷運法第23條規定，大眾捷運系統所需電能，由電業機構優先供應；經電業主管機關之核准，得自行設置供自用之發電、變電及輸電系統之一部或全部。

25 **(B)**。大眾捷運法第37條規定，大眾捷運系統營運機構，得經地方主管機關核准兼營其他附屬事業。

26 **(C)**。大眾捷運法第3條規定，大眾捷運系統為非完全獨立專用路權者，其共用車道路線長度，以不超過全部路線長度四分之一為限。但有特殊情形，經中央主管機關報請行政院核准者，不在此限。

27 **(D)**。大眾捷運法第51-1條規定，大眾捷運系統營運機構違反第15條第2項規定，未經履勘核准而營運者，處新臺幣五十萬元以上二百五十萬元以下罰鍰。

28 **(D)**。經查題目所述各站「2019年平均日進出旅客量」分別為(A)6508、(B)6120、(C)5996、(D)4535。

29 **(B)**。直達車由五節車廂所構成，其中四節車廂為旅客車廂，一節車廂為行李車廂，座位採用橫向式設計。

30 **(#)**。(本題送分)

31 **(D)**。桃園捷運公司勞安衛生組屬於工安處，人力資源處下設人力發展組及人事管理組。

32 **(A)**。大眾捷運法第50-1條規定，未經許可攜帶經公告之危險或易燃物進入大眾捷運系統路線、場、站或車輛內者，處新臺幣一萬元以上五萬元以下罰鍰。

33 **(C)**。由於列車的車次密、載重大、速度高，而木枕又易遭腐蝕，還需為了抵抗風化及劈裂須塗裝且每年亦須養護更換約3%。反之，預力混凝土枕木具有可永久保持軌距，使用年限長，且重量足夠，行車穩定的優點。因之晚近以來乃有採用預力混凝土枕木的趨勢，並已成為主流。

34 **(C)**。桃園機場捷運從A1臺北車站往A13機場第二航廈的直達車，其首班發車為6：00，末班為22：00。

35 **(B)**。2019僅台鐵與北捷平均日運量超過20萬人，台鐵為55萬人，北捷216萬。

36 **(C)**。大眾捷運法第49條第2項規定，應補繳票價及支付之違約金，如旅客不能證明其起站地點者，以營運機構公告之單程票最高票價計算。反之，如旅客能證明其起站地點者，則以起站地點至下車地點之票價計算。

37 **(D)**。大眾捷運法第3條規定，大眾捷運系統為非完全獨立專用路權者，其共用車道路線長度，以不超過全部路線長度四分之一為限。但有特殊情形，經中央主管機關報請行政院核准者，不在此限。

38 **(C)**。大眾捷運法第50條規定，有於大眾捷運系統禁止飲食區內飲食，嚼食口香糖或檳榔者，處行為人或駕駛人新臺幣一千五百元以上七千五百元以下罰鍰。

39 **(A)**。商業速率係指車輛來回一趟之平均速率，包含場站調度時間。對運輸業者來說非常重要，營運速率決定系統所需車輛數與營運成的重要因數。

40 **(A)**。大眾捷運法第45-1條規定，禁建範圍內除建造其他捷運設施或連通設施或開發建築物外，不得為下列行為：

一、建築物之建造。
二、工程設施之構築。
三、廣告物之設置。
四、障礙物之堆置。
五、土地開挖行為。
六、其他足以妨礙大眾捷運系統設施或行車安全之工程行為。

41 **(C)**。公車捷運的路線應以幹線服務為主，盡量減少彎繞，路線長度不宜過短或過長，參考國外案例，合理的路線長度係以20公里內為其規劃的原則。

42 **(B)**。初期投資成本係指取得投資時實際支付的全部價金。

43 **(A)**。臺鐵之所有營運車站中，旅客進出人次排前四名者依序為臺北車站、桃園車站、臺南車站和中壢車站。

44 **(C)**。桃園機場捷運正式通車營運以來，最高之月平均日運量89,204人次。

45 **(D)**。所有列車之開停及自動門開關均由行控中心是捷運系統的中樞，主要負責整體捷運系統與列車的運作及操控。行控中心想要控制行駛中的電聯車速度時，通常是以「自動列車控制系統」的電腦加以控制。

46 **(C)**。每節車廂均提供無線充電座，供旅客手機充電係直達車才有的裝置。

47 **(C)**。依「桃園捷運公司開放旅客攜帶自行車搭乘捷運應行注意事項」規定，攜帶自行車未依規定於公告開放車站進出及轉乘之旅客，將依大眾捷運法第50條第1項第4款(未經驗票程序、不按規定處所或方式出入車站或上下車)處罰，處行為人或駕駛人新臺幣一千五百元以上七千五百元以下罰鍰。

48 **(D)**。道岔號數越大轍叉角越小，轍叉角越小則導曲線半徑越大，導曲線半徑越大，列車通過道岔就越平穩，過岔速度越高，缺點就是比較貴和佔地多。

49 **(B)**。年平均日運量在2016年達到2,021,831。

50 (#)。依公告答案為(A)或(D)。(A)錯誤，一些電氣化機車使用變壓器和整流器來提供低壓脈動直流電給馬達使用，通過調節變壓器來控制馬達速度；另一些則使用可控矽或場效應管來產生突變交流或變頻交流電來供應給機車的交流電機。(D)錯誤，目前台鐵、台灣高鐵(屬城際式鐵路系統)使用的都是25kV交流電供電系統；因為營運路線很長，且可能經過一些較偏僻的地區，使用如此高的電壓較能減少耗損、確保輸送容量。

NOTE

110年 桃園大眾捷運公司新進人員

( ) 1 桃園捷運系統列車最高營運速度為何？
(A)每小時60公里 (B)每小時90公里
(C)每小時100公里 (D)每小時120公里。

( ) 2 桃園捷運之路線型態？
(A)以地下段占大部分 (B)以高架段占大部分
(C)地下段與高架段約各占一半 (D)全部為地下段。

( ) 3 下列何者非桃園機場捷運直達車停靠站點？
(A)機場第二航廈站 (B)長庚醫院站
(C)林口站 (D)新北產業園區站。

( ) 4 大眾捷運系統營運機構對於站、車內所有人不明之遺留物，應公告招領之。公告保管多少期間，仍無權利人領取時，取得其所有權？
(A)公告一個月後繼續保管至三個月期滿
(B)公告一個月後繼續保管至六個月期滿
(C)公告三個月後繼續保管至六個月期滿
(D)公告一年後繼續保管至六個月期滿。

( ) 5 單位時間內，大眾運輸路線上車輛通過某一固定點，所提供的旅客總位數，稱為？
(A)路線流量 (B)路線密度
(C)路線容量 (D)旅客乘載量。

( ) 6 大眾捷運系統服務指標之指標項目中，加減速變化率屬於下列何者範疇？
(A)安全指標 (B)快速指標
(C)舒適指標 (D)可靠指標。

( ) 7 某軌道系統決定加開班次以降低乘客旅行時間，乘客量因此由50人增加至100人，旅行時間由10分鐘降低為8分鐘。假設旅行時間價值1分鐘為1塊錢，請問此項改善措施所增加之消費者剩餘為？
(A)80塊 (B)100塊 (C)150塊 (D)300塊。

( ) 8 改善捷運系統無障礙設施，是增加捷運系統之哪種特性？
(A)移動性 (B)連結性 (C)效率性 (D)可及性。

( ) 9 桃園機場捷運為提供國際旅客貼心服務，目前自動售票機提供多少種語言選擇？ (A)4種 (B)6種 (C)10種 (D)9種。

( ) 10 桃園捷運「桃捷Tickets APP」可以購買的票種為何？
(A)敬老愛心優待票 (B)兒童單程優待票
(C)回數票 (D)單程票。

( ) 11 桃園捷運自行車單程票係於購買
(A)當班次有效 (B)當日有效 (C)當月有效 (D)無效期限制。

( ) 12 桃園捷運在A1臺北車站提供之預辦登機服務，其服務時間為？
(A)06:00~21:30 (B)06:00~22:30
(C)07:00~21:30 (D)07:00~22:00。

( ) 13 在不考慮任何票價優惠下，機場捷運站間最低票價為？
(A)20元 (B)25元 (C)30元 (D)35元。

( ) 14 若未經許可，即攜帶汽油、玩具煙火等易燃液體或易爆裂物進入捷運車站，最高可處多少罰鍰？
(A)3萬元 (B)5萬元 (C)10萬元 (D)15萬元。

( ) 15 利用電信溝通和軌道設備以達到交通管理和設施控制的軌道號誌系統，簡稱為 (A)ICBC (B)CBTC (C)ACTC (D)ICTC。

( ) 16 從運輸行銷管理角度來看，桃園捷運為提供能滿足潛在需求者之服務，如桃園機場捷運與臺北捷運聯合套票，屬於
(A)刺激性行銷 (B)維持性行銷
(C)再行銷 (D)開發性行銷。

( ) **17** 下列有關軌道運輸安全風險指標之敘述，何者為真？
(A)個人安全風險指標之定義為：「某特定對象對某特定活動在一年內遭遇死亡的機率」
(B)社群風險指標之定義為：「大型運輸活動發生事故的機率」
(C)若安全風險落於可忍受合理實際風險區域(ALARP)，則個人或營運單位無須採取任何措施降低風險
(D)軌道運輸安全「風險忍受度」應綜合考量倫理、公平及經濟效率，由營運者制定。

( ) **18** 高雄捷運系統之建置方式為何？
(A)OT (B)BOO (C)BOT (D)ROT。

( ) **19** 大眾捷運系統營運機構之營運狀況應定期報請地方主管機關，其定期陳報頻率為？ (A)每個月 (B)每三個月 (C)每半年 (D)每年。

( ) **20** 下列哪一項資料非屬大眾捷運系統營運機構於每年年度終了後，法定應報請地方主管機關核轉中央主管機關備查之項目？
(A)行銷計畫 (B)營業盈虧 (C)改進計畫 (D)服務水準。

( ) **21** 對於雙線配置與複線運轉的都會捷運系統而言，下列哪一種容量對路線容量的影響最大？
(A)路線容量 (B)路段容量 (C)車站容量 (D)折返點容量。

( ) **22**「每單位表定服務容量載客人數」為以下哪一種鐵道容量使用效率的衡量指標？
(A)表訂容量利用率 (B)客座利用率
(C)乘載係數 (D)客座占有率。

( ) **23** 依據大眾捷運法規定，有關旅客運價之計算，下列敘述何者正確？
(A)各項優待票種折合全票，內部交叉補貼
(B)一律全票收費，法令另有規定優惠者，應由其主管機關編列預算補貼之
(C)法令有規定優惠者，應由交通局編列預算補貼之
(D)法令有規定優惠者，應由地方政府編列預算補貼之。

( ) **24** 大眾運輸營運者根據服務政策與收益，訂定出最小的服務班次數，其對應的班距，稱為
(A)時鐘班距 (B)導出班距
(C)服務班距 (D)政策班距。

( ) **25** 依據大眾捷運法相關規定，大眾捷運系統全部或一部工程完竣，決定開始營運前，應如何處理？
(A)報請市長剪綵試乘
(B)報請地方主管機關履勘，非經核准，不得營運
(C)報請中央主管機關履勘，非經核准，不得營運
(D)報請交通部辦理通車典禮。

( ) **26** 公車捷運系統，簡稱為
(A)MRT (B)LRT (C)AGT (D)BRT。

( ) **27** 由社會整體福利觀點來界定及估計軌道建設計畫的成本與效益，屬於哪一種評估？
(A)環境影響評估 (B)經濟效益評估
(C)財務可行性評估 (D)工程技術評估。

( ) **28** 下列何者為捷運規範不允許之旅客行為？
(A)攜帶滑板車進入車廂
(B)坐於車站地板
(C)在未妨礙他人前提下，在車廂內以手機拍照
(D)搭乘電扶梯時站於左側。

( ) **29** 依「桃園市大眾捷運系統行車安全規則」，桃園捷運之正線應多久巡查一次？
(A)每日 (B)每週
(C)每月 (D)每季。

( ) **30** 依消防法令規定，捷運月台之手提滅火器應如何設置？
(A)每月台至少一具 (B)每月台至少兩具
(C)月台每20公尺至少一具 (D)月台每40公尺至少一具。

( ) **31**「表訂服務容量」可由下述哪個關係求得？
(A)實際旅客流量除以表訂服務容量
(B)表訂服務容量除以最大供給客量
(C)時刻表已使用容量乘以列車容量
(D)時刻表已使用客量除以路線容量。

( ) **32** 某都市運輸走廊的大眾運輸路線，其需求估計為每小時(單向)35,000人次，採下列何種系統為宜？
(A)公車捷運系統 (B)輕軌運輸系統
(C)中運量捷運系統 (D)高運量捷運系統。

( ) **33** 辦理鐵路、大眾捷運與其他鐵道運輸系統之工程建設及監督管理相關業務之單位為何？
(A)交通部鐵道局 (B)交通部鐵工局
(C)交通部捷運總局 (D)交通部高鐵局。

( ) **34** 建置轉運站之主要目的，係為改善何種運輸縫隙？
(A)空間縫隙 (B)時間縫隙
(C)資訊縫隙 (D)價格縫隙。

( ) **35** 下列敘述何者錯誤？
(A)A型路權的鐵道系統，對列車運轉的干擾最大
(B)路線折返點可作為列車整備或司機員交班之用
(C)車輛基地可作為提供車輛儲存之場所
(D)路線供電電壓穩定度會影響其運轉時隔。

( ) **36** 臺北捷運系統中，哪一條路線採用膠輪路軌系統？
(A)文湖線 (B)環狀線
(C)中和新蘆線 (D)板南線。

( ) **37** 在分析捷運車站站內服務設施空間配置程序包含規劃設施之配置與動線(a)、決定尖峰小時乘客數(b)、計算尖峰分鐘使用服務設施之乘客數(c)、估計所需服務設施之數量(d)，請問前述步驟處理程序為何？ (A)abcd (B)bcda (C)cdab (D)dabc。

(　　) **38** 下列何者屬於鐵道運輸系統，在規劃階段會面臨的問題？
(A)計算運轉時隔，作為號誌系統設計參考
(B)驗證時刻表之可行性
(C)月臺寬度之設計
(D)週邊新增購物商圈，評估是否需新建其他路線。

(　　) **39** 桃園機場捷運延伸計畫預計增加幾站？
(A)1站　(B)2站　(C)3站　(D)4站。

(　　) **40** 下列何者非屬大眾捷運系統受主管機關監督事項？
(A)兼營附屬事業　(B)服務水準
(C)董事長與總經理任免　(D)行車安全及保安措施。

(　　) **41** 大眾捷運系統之檢查分為定期檢查及臨時檢查二種，定期檢查多久執行一次？
(A)每三個月　(B)每六個月
(C)每一年　(D)每二年。

(　　) **42** 大眾捷運系統旅客運送責任保險中，每一事故身體傷亡最低投保金額為？
(A)新臺幣二百五十萬元　(B)新臺幣二億五千萬元
(C)新臺幣二百萬元　(D)新臺幣二千五百萬元。

(　　) **43** 大眾捷運系統之經營、維護與安全應受監督；監督實施辦法由
(A)大眾捷運系統營運機構定之　(B)地方主管機關定之
(C)中央主管機關定之　(D)第三方公正團體訂定執行之。

(　　) **44** 鐵道系統三時相與四時相號誌中，唯一差異的時相為？
(A)綠燈　(B)黃燈
(C)雙黃燈　(D)紅燈。

(　　) **45** 鐵道系統四時相號誌綠燈(G)、紅燈(R)、黃燈(Y)、雙黃燈(YY)，排列順序依序為？
(A)G/R/Y/YY　(B)G/Y/R/YY
(C)G/Y/YY/R　(D)G/YY/Y/R。

(　　) **46** 下列何者屬於鐵道運輸系統，在設計階段會面臨的問題？
(A)在需求與班距已知下，求算所需列車數
(B)在需求條件已知下，對數種鐵道系統進行評估與選擇
(C)尋找路線上之容量瓶頸點
(D)分析現有車種簡化之效益。

(　　) **47** 就軌道運輸而言，下列成本中屬於營運成本的有那些？　(1)列車購置　(2)員工薪資　(3)電費　(4)興建車站　(5)列車維修
(A)(1)(2)(3)(4)(5)　(B)(2)(3)(4)(5)
(C)(2)(3)(5)　(D)(1)(2)(3)(5)。

(　　) **48** 下列有關捷運車站對於火災及其他緊急事故逃生之設計標準的敘述，何者為真？
(A)進出容量之設計應以5分鐘尖峰期間最大旅客數量為依據
(B)緊急情況下，站台上旅客應能在4分鐘內以D~E級服務水準全數疏散
(C)若為地下車站，則站台及大廳的任何角落距離出口皆不可超過90公尺
(D)每一站台至少應有二個出口，其間距應在50公尺以上。

(　　) **49** 軌道列車的平均行駛速率，為乘客所關心的重要變數，稱為？
(A)商業速率　(B)營運速率
(C)時間平均速率　(D)空間平均速率。

(　　) **50** 大眾運輸最大承載區間(Maximum Load Section, MLS)係指？
(A)路線上具有最大旅客載運量的時段
(B)路線上具有最大旅客載運量的路段
(C)單位時間內，車輛通過大眾運輸路線上某一區間所提供的旅客總位數
(D)在最小可能的營運班距下，大眾運輸路線上每小時所能運送的最大旅客數。

解答與解析（答案標示為#者，表官方曾公告更正該題答案。）

1 **(C)**。桃園捷運系統營運時速設計為110公里，但實際營運時則維持在100公里左右。

2 **(B)**。桃園捷運之路線全長約51.03公里，其中高架段約40.11公里，地下段約10.92公里。

3 **(C)**。桃園機場捷運直達車從臺北市中心A1站出發，中間停靠新北產業園區站(A3)、長庚醫院站(A8)、機場第一航廈站(A12)與機場第二航廈站(A13)。

4 **(#)**。依公告，本題答(B)或(C)或(D)。由於《大眾捷運法》第32-1條對捷運站、車內所有人不明之遺留物之處理規定於102年6月廢除。所以本題只能循民法807-1條之規定辦理，該條文規定，遺失物於下列期間未經有受領權之人認領者，由拾得人取得其所有權或變賣之價金：

一、自通知或招領之日起逾十五日。

二、不能依前項規定辦理，自拾得日起逾一個月。

5 **(C)**。所謂「路線容量」，係指某一路線每日可行駛之最多列車次數。路線容量受限於軌道數、閉塞區間長度、站間距離、車輛性能及行車制度而有所不同，又稱為軌道容量。

6 **(C)**。依《大眾捷運系統經營維護與安全監督實施辦法》第3條規定，大眾捷運系統營運機構應於開始營業前，依下列項目，訂定服務指標，報請地方主管機關核轉中央主管機關備查，變更時亦同。其中「舒適指標」係指：加減速變化率、平均承載率、通風度、溫度、噪音。

7 **(C)**。50×10=500元(加開班次前消費者支付金額)

100×8=800 元 (加開班次後消費者支付金額)。

(800-500)÷2=150 元

（除以加開班次後減少的旅行時間就是此項改善措施所增加之消費者剩餘。）

8 **(D)**。以步行、汽車或公共運輸等方式，使得土地易於通達的特性稱為可及性。改善捷運系統無障礙設施，可增加捷運系統之使用人數，並使旅客可自由通達各地之間，故可增加捷運系統的可及性。

9 **(C)**。桃園機場捷運目前自動售票機提供「繁體中文、簡體中文、英語、日文、韓文、德文、印尼、馬來西亞、泰文、西班牙」共10種語言選擇。

10 **(D)**。桃園機場捷運安裝「桃捷Tickets APP」後即可購買單程票，若需敬老愛心優待券或其他票種，須至車站詢問處購票。

11 **(B)**。桃園捷運自行車單程票係於購買當日有效，而且車票一經使用將不受理退票。

12 (A)。A1臺北車站提供之預辦登機服務的服務時間為每日06:00~21:30。

13 (C)。桃園機場捷運線站間最低票價下限為30元，上限為160元。

14 (B)。《大眾捷運法》第50-1條規定，未經許可攜帶經公告之危險或易燃物進入大眾捷運系統路線、場、站或車輛內，處新臺幣1萬元以上5萬元以下罰鍰。

15 (B)。通訊式列車控制系統（Communication-based Train Control, CBTC）是一種鐵路號誌系統，利用電信溝通列車和軌道設備以達到交通管理和設施控制。相較傳統號誌系統，目前的通訊式列車控制系統能更準確地追蹤列車位置。

16 (D)。開發性行銷是指面對現實中沒有適當的產品和服務能夠滿足消費需求時，企業所採取的行銷對策，以誘使消費者之潛在需求外顯。

17 (A)。(A)個人安全風險指標之定義正確。其他三種風險亦一併說明如下：

(B)社會風險指標：係指運輸活動發生多人死傷之大型事故的機率。

(C)若安全風險落於可忍受區域時，應採取能符合經濟效益的手段，以降低風險。

(D)軌道運輸安全「風險忍受度」應綜合考量倫理、公平及經濟效率的觀點，並由政府制訂之。

18 (C)。所謂BOT就是以興建(Build)、營運(Operate)、移轉(Transfer)方式，推動民間參與公共工程的建設，高雄捷運在路線的興建與通車後的營運，都是以BOT方式建置。

19 (B)。依《大眾捷運法》第35條規定，大眾捷運系統營運機構，營運時期之營運狀況，應每三個月報請地方主管機關核轉中央主管機關備查。

20 (A)。依《大眾捷運法》第35條規定，大眾捷運系統營運機構，每年應將大眾捷運系統狀況、營業盈虧、運輸情形及改進計畫，於年度終了後六個月內，報請地方主管機關核轉中央主管機關備查。

21 (C)。對都會捷運系統而言，車站內的軌道佈置方式影響「車站容量」，自然對對路線容量有很大的影響。

22 (C)。乘載係數是指實際的乘客流量與路線表訂容量的比值，它可顯示「每單位表定服務容量載客人數」，亦即「乘客的擁擠程度」。其他三者的意義亦一併說明如下：

(A)表訂容量利用率：亦即路線利用率，係指路線表訂服務容量與路線最大供給容量的比值。

(B)客座利用率：係指實際座位的使用量與座位容量的比例，可用於計算中長程運輸系統的乘載強度。

(D)客座占有率：係指定座位與總座位的比值。

23 **(B)**。依《大眾捷運法》第27條規定，大眾捷運系統之營運，應以企業方式經營，旅客運價一律全票收費。如法令另有規定予以優待者，應由其主管機關編列預算補貼之。

24 **(D)**。班距又稱為「班次」，是指巴士、鐵路、渡輪等公共運輸系統計算服務時間的一種方式。政策班距係指政府規定的最大營運班距，亦即營運期間內之最小(少)的班次。

25 **(C)**。依《大眾捷運法》第15條規定，大眾捷運系統建設，路網全部或一部工程完竣，應報請中央主管機關履勘；非經核准，不得營運。

26 **(D)**。公車捷運系統（Bus Rapid Transit)簡稱為BRT，是一種以公車為基礎而發展成的大眾運輸系統。

27 **(B)**。經濟效益評估是以社會觀點，透過經濟分析方法，預估計畫之經濟成本與效益，以確定計畫妥適性及提高公部門資源使用效率，並使有限資源達到最適配置。

28 **(B)**。依《桃園大眾捷運系統旅客須知》第7條規定：在捷運範圍內，不得坐、臥於車廂、車站地板、設備或設施上。

29 **(A)**。《桃園市大眾捷運系統行車安全規則》第5條規定，正線及其供電線路每日營運前應巡查一次以上，並保存巡查紀錄。

30 **(D)**。《桃園市大眾捷運系統行車安全規則》第11條規定，列車及車站均應依消防法令規定備置消防安全設備，月台每四十公尺至少應備置手提滅火器一具。

31 **(C)**。如果用列車數為客體單位計算，那麼「表訂服務容量」＝時刻表已使用容量乘以列車容量。

32 **(D)**。高運量是指單方向每小時載客數20,000人以上；中運量係指單方向每小時載客數5,000人至2,0000人之間；低運量係指單方向每小時載客數5,000人以下。因此所需求估計為每小時(單向)35,000人次，以採高運量系統為宜。

33 **(A)**。依《交通部鐵道局組織法》第1條規定，交通部為辦理鐵路、大眾捷運與其他鐵道運輸系統之工程建設及監督管理等相關業務，特設鐵道局。

34 **(A)**。建置轉運站的主要目的在使不同公共運輸工具間可以無縫接軌，讓交通運輸不致因「空間縫隙」而中斷，造成旅客因更換運具而拉長搭乘的時間。

35 **(A)**。A型路權的鐵道系統採立體隔離路權，這種路權係採用完全與外界交通隔離之車道或軌道，沒有平交道且不與其他車輛混合行駛，故對列車運轉的干擾最小。

36 **(A)**。膠輪路軌系統並不適合用於高運量捷運系統，所以在臺北捷運系統中，僅有文湖線採膠輪系統。

37 **(B)**。在分析捷運站內服務設施空間配置時，其處理程序依序為bcda，亦即：(1)決定尖峰小時進出車站與轉車之乘客數→(2)計算尖峰分鐘使用服務設施之乘客數→(3)估計所需服務設施之數量→設施之配置與動線之規畫。

38 **(D)**。鐵道運輸系統在規劃的階段，必須根據規劃範圍內的運輸需求，以及預期的系統服務水準，粗略的評估鐵道系統所應具有的設施數量或應採取的運轉策略，以便日後是否需新建其他路線的參考。

39 **(B)**。桃園機場捷運中壢延伸線完工後，將會再增加老街溪站、中壢站兩個車站。

40 **(C)**。《大眾捷運系統經營維護與安全監督實施辦法》第2條規定，大眾捷運系統受主管機關監督事項如下：

一、營運機構之增減資本、租借營業、抵押財產、移轉管理、全部或部分宣告停業或終止營業。

二、營運狀況、系統狀況、營業盈虧、運輸情形及改進計畫。

三、兼營附屬事業。

四、旅客運價及聯運運價。

五、聯運業務。

六、財務及會計。

七、服務水準。

八、行車安全及保安措施。

九、其他有關指定之事項。

41 **(C)**。《大眾捷運系統經營維護與安全監督實施辦法》第16條規定，大眾捷運系統的檢查分為定期及臨時檢查二種。第17條規定，定期檢查每年一次。

42 **(B)**。《大眾捷運系統旅客運送責任保險投保金額辦法》第2條規定，大眾捷運系統旅客運送責任保險最低投保金額如下：

一、每一個人身體傷亡：新臺幣250萬元。

二、每一事故身體傷亡：新臺幣2億5千萬。

三、每一事故財物損失：新臺幣2百萬元。

四、保險期間總保險金額：新臺幣5億元。

43 **(C)**。《大眾捷運法》第34條規定，大眾捷運系統之經營、維護與安全應受主管機關監督；監督實施辦法，由中央主管機關定之。

44 **(C)**。鐵道系統專用號誌燈紅綠燈，係在提醒司機員調整車速。號誌燈顏色有「紅、黃、綠」3種。紅燈(R)表示「險阻」、黃燈(Y)表示「注意」、綠燈(G)表示「安全」。有時因應路上狀況，會加上白、紅、黃燈，變成四燈或五燈。三時相號誌為：綠燈（平安）、黃燈（注意）、紅燈（險阻）三種；四時相號誌為：綠燈（平安）、雙黃燈（警戒）、黃燈（注意）、紅燈（險阻）四種。兩者之差異為「雙黃燈（警戒）」。

45 **(D)**。四時相號誌系統依照「綠燈、雙黃燈、黃燈、紅燈」的順序排列。

46 **(A)**。鐵道運輸系統在設計階段在「旅運需求與列車目標班距已知下」面臨的問題在「求算系統所需列車數」。

47 **(C)**。軌道運輸的營運成本可分為「直接成本」、與運輸量相關的「變動成本」，以及其他輔助的「間接成本」。直接成本會隨運量大小相關而變動，故又稱為「變動成本」。例如營運人員的薪資、加班費、水電費、列車運轉與維修的燃料等費用。

48 **(B)**。捷運車站對於火災及其他緊急事故逃生之設計標準，在緊急情況下，捷運站台上旅客應能在4分鐘內以D~E級服務水準全數疏散(緊急狀況下。

49 **(B)**。營業速率係指車輛的平均行駛速率「單趟(不含場站調度)」，此速率為乘客較為關心的營運重要變數。其計算公式為：(60*路線長度)/營運時間(以分鐘為計算)。

50 **(B)**。最大乘載區間係指路線上具有最大，實際旅客運載量之路段，通常是指兩站之間。

NOTE

110年 臺中捷運公司新進人員

(　　) **1** 於大眾捷運系統服勤之捷運警察，應受何單位指揮、監督？
(A)地方主管機關　(B)警政署　(C)地方警察局　(D)捷運公司。

(　　) **2** 大眾捷運法所定之罰鍰，由地方主管機關處罰之，然其得委託何人以機關名義為之？
(A)行政院消保會　(B)消基會
(C)地方政府交通局　(D)大眾捷運系統營運機構。

(　　) **3** 下列何者為非？
(A)旅客不得於列車或車站內散發、張貼、插設或懸掛競選物品，或有拜票、聚眾造勢意圖或行為
(B)如發現競選文宣或物品，捷運公司將依相關規定予以撤除，必要時得視同廢棄物處置，惟需負任何損害賠償責任
(C)旅客因競選相關行為經捷運公司從業人員勸阻無效者，捷運公司得視情節依法會同警察人員強制其離開捷運範圍，其未乘車區間之票款，不予退還
(D)在捷運範圍內，搭乘電扶梯，握好扶手、站穩踏階，不倚靠側板。

(　　) **4** 因列車延誤或運行中斷等情形，捷運公司對旅客有下列何項義務？
(A)沒有義務，為營建廠商之責任
(B)旅客預期利益之賠償義務
(C)確保旅客仍可及時抵達目的地之義務
(D)開立誤點證明。

(　　) **5** 因車站發生緊急事故、異常狀況或列車因故運行中斷，須疏散旅客出站時，持用單程票及紙票之旅客得於當日起算幾個日曆天內請求退還全部票價？
(A)7　(B)14
(C)30　(D)45。

( ) **6** 旅客欲購買50元單程票，請問下列何者敘述有誤？
(A)可於加值售票機購買
(B)可於詢問處購買
(C)於購買當日營運時間內可使用
(D)於購買起的24小時內可使用。

( ) **7** 臺中捷運於2021/3/25起免費試乘1個月，請問哪家票證公司無法使用？
(A)悠遊卡 (B)一卡通
(C)愛金卡 (D)遠鑫（有錢卡）。

( ) **8** 未滿幾歲的兒童，搭乘臺中捷運須由持有車票之旅客陪同？
(A)6歲 (B)8歲 (C)10歲 (D)12歲。

( ) **9** 下列何者非臺中捷運加值售票機提供的服務項目？
(A)購買單程票 (B)加值
(C)黑名單鎖卡 (D)購買電子票證卡片。

( ) **10** 捷運車站月台型式係依該捷運系統之場站規劃等因素而配置，請問臺中捷運綠線119高鐵臺中站月台為哪種型式呢？
(A)側式月台 (B)疊式月台
(C)島式月台 (D)混合式月台。

解答與解析（答案標示為#者，表官方曾公告更正該題答案。）

1 (A)。大眾捷運法第40條第1項規定，大眾捷運系統地方主管機關，為防護大眾捷運系統路線、維持場、站及行車秩序、保障旅客安全，應由其警察機關置專業交通警察，執行職務時並受該地方主管機關之指揮、監督。

2 (D)。大眾捷運法第52條第1項規定，本法所定之罰鍰，由地方主管機關處罰。同條第2項規定，第50條第1項或第50-1條規定之處罰，地方主管機關得委託大眾捷運系統營運機構為之。

3 (B)。大眾捷運法第50條1項第7款規定，未經許可在車上或站區內募捐、散發或張貼宣傳品、銷售物品或為其他商業行為，處行為人或駕駛人新臺幣一千五百元以上七千五百元以下罰鍰。

4 (D)。因列車延誤或運行中斷等情形，捷運公司對旅客有開立誤點證明的義務。

5 (A)。須疏散旅客出站時，持用單程票及團體票旅客得於當日起算7日內請求退還全部票價。持用定期票、電子票證及其他票種旅客，得於下次進站時，由驗票閘門自動免費更正車票資料或至車站詢問處免費更正車票資料。

6 (D)。依「臺中捷運系統旅客須知」第8條規定，本公司發行，由加值售票機或車站詢問處發售，供旅客於購買當日營運時間內單次使用之車票。

7 (D)。試營運當時，民眾必須持電子票證（悠遊卡、一卡通及愛金卡）進出車站，試營運期間免費搭乘，進出站不會扣款，若無攜帶電子票證，可至車站旅客詢問處購買。

8 (A)。依「臺中捷運系統旅客須知」第10條規定，未滿六歲之兒童（出示身分證明之文件），須由持有車票之旅客陪同免費乘車。持有車票之旅客如陪同二名以上未滿六歲之兒童於進出自動閘門前，洽站務人員協助處理。

9 (D)。臺中捷運加值售票機提供的服務項目為：販售單程票、電子票證加值 （Easy Card 悠遊卡、iPASS一卡通、icash2.0）服務。

10 (C)。島式月台是鐵路月台的一種型態，為路軌在兩旁，月台被夾在中間的設計。

NOTE

111年 臺北捷運公司新進司機員（一般類）

( ) **1** 未經許可，違反攜帶經公告之危險品易燃物進入捷運範圍，處罰鍰新臺幣？ (A)1500~7500元 (B)2000元 (C)1萬~5萬元 (D)10萬元。

( ) **2** 違反規定在捷運車廂內吸菸，最高處罰新臺幣？
(A)1500元 (B)20000元 (C)7500元 (D)10000元。

( ) **3** 違反旅客須知規定，下列何者不是？
(A)得拒絕運送
(B)依法處以罰鍰
(C)視情節會同警察強制其離開，但未乘車區間票價要退還
(D)擅自開啟車門要處罰新臺幣1500~7500元。

( ) **4** 捷運車票相關使用規定，下列何者正確？
(A)身高未滿115公分之兒童，需由購票旅客陪同才可免費搭乘
(B)同一車站進出最大時限為16分鐘
(C)剛進站後立即出站，在時限內驗票閘門不會扣錢
(D)遺失車票可從公務門進出。

( ) **5** 取締旅客持用偽造車票乘車之處理規定？
(A)補繳票價並支付票價50倍之違約金
(B)補繳票價並支付50倍之違約金，罰鍰新臺幣1500元
(C)罰緩新臺幣1500元
(D)以上皆非。

( ) **6** 有關大眾捷運法第50條處罰的違規行為，下列何者不是？
(A)未經許可在捷運路權範圍設攤
(B)攜帶物品造成他人不便，且不聽勸阻
(C)拒絕站、車人員查票
(D)旅客進入捷運系統隧道內。

(　) 7 有關遺失物處理規定，下列何者不是？
(A)在車廂拾得者得交由車站詢問處
(B)可洽24小時遺失物中心協尋
(C)車站、車廂以外遺失物，自行交由警察機關處理
(D)認領時須證明其為遺失物所有人。

(　) 8 未滿十四歲之旅客，因其法定代理人或監護人監督不週，而任意妨礙車門關閉而影響列車運行，依規定應如何處罰？
(A)不予處罰
(B)處罰其法定代理人或監護人
(C)減輕處罰
(D)行為人減輕處罰，連帶處罰法定代理人或監護人。

(　) 9 北捷開放旅客攜帶寵物車搭乘捷運，下列何者正確？
(A)中型、大型寵物車皆採人車合一，不限里程，每張單程票新臺幣80元
(B)各型寵物車僅限停放列車第一節及最後一節車廂
(C)使用電梯，禁止使用電扶梯
(D)以上皆是。

(　) 10 北捷開放攜帶自行車搭乘捷運，下列何者正確？
(A)可從紅樹林站搭乘到東門站
(B)不限里程每輛自行車單程票新臺幣80元
(C)僅開放非上班的假日全天
(D)每節車廂每1車門限停2輛。

(　) 11 違反大眾捷運法第五十條第一項規定之處罰，應由哪個機關處罰？
(A)中央主管機關　　(B)地方主管機關
(C)中央、地方主管機關　　(D)建設機關。

(　) 12 大眾捷運系統營運機構，對行車人員之安全規定，下列何者錯誤？
(A)應予有效訓練與管理
(B)應對其技能、體格及精神狀態進行定期檢查
(C)經檢查不合標準者，可續值勤等候補檢
(D)確切瞭解並嚴格執行法令之規定。

( ) **13** 有關大眾捷運系統之定義，下列何者錯誤？
(A)使用專用動力車輛行駛於導引之路線
(B)非完全獨立專用路權者其共用車道路線長度，以不超過全部路線長度三分之一
(C)非完全獨立專用路權者，應設置優先通行或聲光號誌
(D)台北捷運全部營運路線皆屬完全獨立專用路權。

( ) **14** 大眾捷運系統營運機構兼營其他附屬事業之規定為何？
(A)沒有規定可以兼營其他附屬事業
(B)得經中央主管機關核准
(C)得經地方主管機關核准
(D)可由營運機構董事會自行決定即可。

( ) **15** 旅客冒用不符身分之車票乘車，遭車站人員取締之相關規定，下列何者正確？
(A)罰鍰新臺幣1500元
(B)補繳票價外並罰緩新臺幣1500元
(C)補繳票價外並支付票價50倍之違約金
(D)罰緩新臺幣1500元，補繳票價並支付票價50倍之違約金。

( ) **16** 捷運主管機關為順利取得捷運用地，且有效利用土地資源，促進地區發展，得辦理場站毗鄰地區土地之開發，此種開發型式一般稱為？
(A)以大眾運輸為導向的開發TOD (B)聯合開發
(C)區段開發 (D)BOT。

( ) **17** 台北捷運一日票的有效期限為何？
(A)自使用起至當日營運結束 (B)自使用起24小時內
(C)自使用起18小時內 (D)累計票價滿新臺幣200元止。

( ) **18** 台北捷運公司目前營運的路線，哪條路線不是？
(A)棕線 (B)橘線 (C)紫線 (D)綠線。

( ) **19** 台北捷運路網中，下列哪1站不是2條路線的轉乘站？
(A)大坪林站 (B)景安站
(C)亞東醫院站 (D)南港展覽館站。

( ) **20** 有關台北市政府推出的大眾運輸定期票，下列何者錯誤？
(A)公車、捷運皆可用
(B)有效期1個月
(C)售票金額1280元
(D)可使用於公共自行車前30分鐘免費優惠。

( ) **21** 有關台北捷運電聯車的安全設備，下列何者錯誤？
(A)擊窗器 (B)滅火器 (C)對講機 (D)攝影機。

( ) **22** 有關捷運車站詢問處的服務項目，下列何者錯誤？
(A)購買全票單程票 (B)補票加值
(C)孩童走失協尋 (D)受傷處理。

( ) **23** 假設某捷運路線日常的運輸能量為單方向每小時6000人，班距5分鐘。如車輛足夠，跨年疏運需要將運輸能量提升為每小時15000人，則班距應該調整為何？
(A)3分鐘 (B)2.5分鐘 (C)2分鐘 (D)1分鐘。

( ) **24** 有關北捷文湖線營運資訊，下列何者錯誤？
(A)供電系統為750V直流電
(B)每一列車由2組三節電聯車廂所組成
(C)為無人駕駛系統
(D)路線有高架及地下路段。

( ) **25** 旅客從板南線頂埔站欲搭乘到台北小巨蛋看表演，請問他應該在何站1次轉乘？
(A)忠孝復興站 (B)南京復興站
(C)南港展覽館站 (D)西門站。

( ) **26** 北捷常客優惠方案，下列何者錯誤？
(A)持儲值卡之普通卡、學生卡及優待卡皆可享優惠
(B)每次搭乘皆需支付全票票價
(C)累計搭乘40次可享現金回饋25%
(D)回饋金自動加值有效期間為自當月1日起1年內有效。

( ) **27** 台北捷運與公車(不含里程收費公車)間有雙向轉乘優惠，下列何者錯誤？ (A)鼓勵使用大眾運輸工具之政策 (B)轉乘優惠容許時間是1小時內 (C)普通卡每次優惠新臺幣8元整 (D)搭完捷運票卡餘額為負值時仍可直接轉乘公車享有轉乘優惠。

( ) **28** 搭乘台北捷運於禁止飲食區內違規飲食，將遭下列機關處罰？ (A)市政府鐵道局 (B)市政府交通局 (C)市政府捷運局 (D)市政府衛生局。

( ) **29** 旅客搭乘台北捷運，未經驗票程序跳躍閘門出入車站，被車站人員發現取締，其處罰規定？ (A)開立處分書罰鍰新臺幣1500元 (B)補繳票價 (C)補繳票價並支付違約金票價的50倍 (D)開立處分書罰鍰新臺幣1萬元。

( ) **30** 台北捷運列車上安全設備，下列何者不是？ (A)滅火器 (B)車廂內緊急開門旋鈕 (C)車門旁對講機 (D)車門重開裝置。

解答與解析 (答案標示為#者，表官方曾公告更正該題答案。)

1 (C)。依《大眾捷運法》第50-1條規定，「未經許可攜帶經公告之危險或易燃物進入大眾捷運系統路線、場、站或車輛內」者，處新臺幣一萬元以上五萬元以下罰鍰。

2 (D)。《大眾捷運法》第50條規定，於大眾捷運系統禁菸區內吸菸，可處新臺幣一千五百元以上七千五百元以下罰鍰。但《菸害防制法》第15條則規定，不得於大眾運輸工具、捷運系統、車站及旅客等候室吸菸，違者可處新台幣2千元至1萬元罰鍰。故應依菸害防制法規定，裁處2千元至1萬元罰款。

3 (C)。《大眾捷運法》第50條第1項規定，妨礙車門、月台門關閉或擅自開啟，處行為人或駕駛人新臺幣一千五百元以上七千五百元以下罰鍰。同條第2項規定，有前項情事者，大眾捷運系統站、車人員得視情節會同警察人員強制其離開站、車或大眾捷運系統區域，其未乘車區間之票款，不予退還。

4 (A)。《臺北捷運系統旅客須知》規定：未滿6歲之兒童（身高滿115公分應出示身分證明）、身高未滿115公分之兒童，得由購票旅客陪同免費乘車。

5 (D)。《大眾捷運法》第49條第1項規定，旅客無票、持用失效車票或冒用不符身分之車票乘車者，除補繳票價外，並支付票價五十倍之違約金。同條第2項規定，前項應補繳票價及支付之違約金，如旅客不能證明其起站地點者，以營運機構公告之單程票最高票價計算。

6 (B)。《大眾捷運法》第50條規定，有下列情形之一者，處行為人或駕駛人新臺幣一千五百元以上七千五百元以下罰鍰。(A)(C)(D)屬違規之情形，該條文並無「攜帶物品造成他人不便，且不聽勸阻」之情形。

7 (B)。《台北捷運系統旅客須知》「肆、遺失物」第31點之規定，旅客遺失物品時，可洽車站詢問處、24小時客服中心或捷運遺失物中心請求協尋。

8 (A)。《大眾捷運法》第50-1條第1項規定，有下列情形之一者，處新臺幣一萬元以上五萬元以下罰鍰：
一、未經許可攜帶經公告之危險或易燃物進入大眾捷運系統路線、場、站或車輛內。
二、任意操控站、車設備或妨礙行車、電力或安全系統設備正常運作。
三、違反第44條第3項規定，未經天橋或地下道，跨越完全獨立專用路權之大眾捷運系統路線。
依同條第3項規定，未滿十四歲之人，因其法定代理人或監護人監督不周，致違反第1項規定時，處罰其法定代理人或監護人。

9 (C)。《臺北捷運公司開放旅客攜帶寵物車搭乘捷運應行注意事項》規定，(A)(B)(D)錯誤，其正確答案如右：(A)大型寵物車，須購買「攜帶寵物車單程票」（人車合一、不限里程，每張新臺幣80元）；(B)大型寵物車僅限停放列車第一節及最後一節車廂，且不得佔用無障礙空間；因(A)(B)錯誤，所以(D)亦屬錯誤。

10 (A)。《臺北捷運公司開放旅客攜帶自行車搭乘捷運應行注意事項》第三點規定，開放進出及轉車車站：除「淡水站、台北車站、忠孝新生站、中山站、大安站、忠孝復興站、南京復興站、文湖線各車站、環狀線各車站」外，其他車站均開放自行車進出及轉乘，故(A)正確。

11 (B)。《大眾捷運法》第52條第1項規定「本法所定之罰鍰，由地方主管機關處罰。」同條第2項規定「第50條第1項或第50-1條規定之處罰，地方主管機關得委託大眾捷運系統營運機構為之。」

12 (C)。《大眾捷運法》第42條規定，大眾捷運系統營運機構，對行車人員，應予有效之訓練與管理，使其確切瞭解並嚴格執行法令之規定；對其技能、體格及精神狀況，應施行定期檢查及臨時檢查，經檢查不合標準者，應暫停或調整其職務。

13 (B)。《大眾捷運法》第3條第3項規定，大眾捷運系統為非完全獨立專用路權者，其共用車道路線長度，以不超過全部路線長度四分之一為限。但有特殊情形，經中央主管機關報請行政院核准者，不在此限。

14 **(C)**。《大眾捷運法》第37條規定，大眾捷運系統營運機構，得經地方主管機關核准兼營其他附屬事業。

15 **(C)**。《大眾捷運法》第49條第1項規定，旅客無票、持用失效車票或冒用不符身分之車票乘車者，除補繳票價外，並支付票價五十倍之違約金。同條第2項規定，前項應補繳票價及支付之違約金，如旅客不能證明其起站地點者，以營運機構公告之單程票最高票價計算。

16 **(B)**。聯合開發係指地方主管機關依執行機關所訂之計畫，與私人或團體合作開發大眾捷運系統場、站與路線土地及其毗鄰地區之土地，以有效利用土地資源之不動產興闢事業而言。

17 **(A)**。購買台北捷運一日票，旅客可自由選擇啟用日期，票卡限啟用當日有效，經車站驗票閘門自動感應啟用後至當天營運結束為止，可不限次數、里程重複搭乘臺北捷運，每次搭乘限一人使用。

18 **(C)**。台北捷運公司目前營運的路線，棕線為文湖線，橘線為中和新蘆線，綠線為松山新店線。

19 **(C)**。大坪林站為綠線和黃線轉乘站，景安站為黃線和橘線轉乘站，南港展覽館站為藍線和棕線轉乘站，亞東醫院站為藍線上之一站而已。

20 **(#)**。依公告，本題答(A)(B)。《公共運輸定期票使用須知》「貳、發售票種及說明」，公共運輸定期票以悠遊卡發行，售價1280元，持卡人於定期票有效期間內，不限里程、不限次數搭乘臺北捷運、臺北市聯營公車及新北市市區公車（不含里程收費公車），並可享臺北市YouBike站點借車前30分鐘免費之優惠措施。

21 **(A)**。台北捷運電聯車的安全設備，並沒有設置「擊窗器」。

22 **(#)**。題目四個選項皆為捷運車站詢問處的服務項目，故本題無解。

23 **(C)**。班距5分鐘，6000人，表示1小時有12班車，每班承載500人。
每小時若欲承載15000人，則(15000人/500人)，須開30(班)。
每小時有60分鐘，60(分鐘)/30＝2分鐘。

24 **(B)**。北捷文湖線係使用兩節車廂為一組，兩組共四節的列車營運中（車站月台預留容納三組共六節車廂的空間），尖峰時刻會加開加班車以紓解人潮。

25 **(D)**。題目亦即欲「從藍線轉到綠線」。(A)忠孝復興站是藍棕線，(B)南京復興站是棕綠線，(C)南港展覽館站是藍棕線，(D)西門站是藍綠線。

26 **(C)**。台北捷運「常客優惠專案」規定，依每卡每月累計搭乘次數，決定現金回饋比例，並依累計搭乘金額，計算回饋金。

27 **(D)**。台北捷運與公車間雙向轉乘優惠方案規定，公車捷運轉乘前加值不影響轉乘優惠。當搭完捷運(公車)票卡餘額為負值時，須於轉乘公車(捷運)前將電子票證加值成正值，即可享有轉乘優惠。另若轉乘前未正常感應捷運系統出站閘門或公車讀票機，則會無法判斷是否有轉乘情形，而影響轉乘權益。

28 (B)。《大眾捷運法》第50條規定「於大眾捷運系統禁止飲食區內飲食搭乘者，處行為人新臺幣一千五百元以上七千五百元以下罰鍰。再依同法第52條第1項規定「本法所定之罰鍰，由地方主管機關(即台北市府交通局)處罰」。

29 (A)。《大眾捷運法》第50條規定「未經驗票程序、不按規定處所或方式出入車站或上下車」，處行為人新臺幣一千五百元以上七千五百元以下罰鍰。

30 (B)。台北捷運列車「緊急開門旋鈕」係裝置於高運量每節「車廂外」之兩側下方各配有一具，緊急時於月臺上將旋鈕順時鐘旋轉90度即可開啟一扇車廂門，車廂內並「無車廂內緊急開門旋鈕」的安全設備。

NOTE

111年 臺北捷運公司新進常年大夜技術員、司機員（原住民）

( ) **1** 未經許可，手提攜帶煤油進站搭乘捷運，遭站長發現取締，將處罰鍰新臺幣？
(A)1萬~5萬元 (B)10萬元
(C)1500~7500元 (D)沒有違規。

( ) **2** 違反規定，在捷運車站任意操作火警報知器致鳴動影響營運，最低處罰新台幣？
(A)1500元 (B)2000元
(C)7500元 (D)10000元。

( ) **3** 違反旅客須知規定，下列何者正確？
(A)不得拒絕運送
(B)需會同警察開單處罰
(C)視情節會同警察強制其離開，未乘車區間票價退還
(D)擅自開啟車門要處罰新臺幣1500~7500元。

( ) **4** 旅客隨身攜帶行李及物品之規定，下列何者正確？
(A)物品的長、寬、高之和不超過220公分即可
(B)禁止攜帶衝浪板
(C)每位購票旅客以攜帶2件寵物箱為限
(D)可使用代步車行動輔具以不超過時速5公里在站內通行。

( ) **5** 北捷開放旅客攜帶大型寵物車搭乘捷運，下列何者正確？
(A)採人車合一，不限里程，每張單程票新台幣80元
(B)可在捷運動物園站進出
(C)開放時間僅在非上班的假日全天
(D)以上皆是。

(　　) 6 張三違反以下行為，「未經許可在站區銷售物品或為其他商業行為」，並在同日中午1次、傍晚1次，試問張三當日將被處罰緩總計新臺幣？
(A) 3000元　(B) 6000元
(C) 7500元　(D) 9000元。

(　　) 7 旅客違反「任意操控站、車設備或妨礙行車安全系統正常運作」並造成列車延誤5分鐘以上未滿10分鐘，將被處罰鍰新臺幣？
(A) 1萬元　(B) 2萬元
(C) 2萬5千元　(D) 7500元。

(　　) 8 旅客於大眾捷運系統禁止飲食區內飲食，嚼食口香糖或檳榔，並造成環境髒亂者，將被處罰鍰新臺幣？
(A) 1500元　(B) 4500元　(C) 7500元　(D)10000元。

(　　) 9 違反大眾捷運法第五十條之一規定之處罰，應由哪個機關處罰？
(A)中央主管機關　(B)地方主管機關
(C)中央、地方主管機關　(D)建設機關。

(　　) 10 有關捷運系統安全規定，下列何者錯誤？
(A)應於適當處所標示安全規定
(B)設置專業交通警察
(C)在限建範圍內不得設置廣告物
(D)採完全獨立專用路權之路線，不得跨越。

(　　) 11 有關大眾捷運系統營運之相關規定，下列何者錯誤？
(A)依公司法設立之股份有限公司為限
(B)旅客運價一律全票收費
(C)政府應給予營運機構補助
(D)依法規定票價優待者應由其主管機關編列預算補貼之。

(　　) 12 台北捷運系統環狀線的建設機關為何？
(A)新北市政府捷運工程局　(B)台北市政府捷運工程局
(C)新北市政府捷運公司　(D)台北市政府捷運公司。

(　　) **13** 旅客違反以下規定，何項可不經勸止直接開立處分書處罰？
(A)在站區內銷售物品
(B)躺臥於車廂座椅
(C)滯留車站出入口致妨礙旅客通行
(D)在電扶梯上奔跑。

(　　) **14** 某旅客持票由新店站進站，因淡水線風景很美就邊搭車邊下車欣賞美景，一路搭到淡水站出站，試問在多久的時限內，即不會超過停留時限？
(A)正常行駛時間加30分鐘　(B)60分鐘
(C)90分鐘　(D)120分鐘。

(　　) **15** 文湖線與松山新店線的交會轉乘站？
(A)松江南京站　(B)南京復興站
(C)台北小巨蛋站　(D)中山國中站。

(　　) **16** 台北捷運提供貼心服務措施，下列何者錯誤？
(A)協助免費使用車站廁所　(B)提供計程車叫車資訊
(C)借用詢問處電話　(D)規劃設置夜間安心候車區。

(　　) **17** 假設某捷運路線某路段尖峰運輸能量為單方向每小時32000人，班距3分鐘。如果離峰時段運輸能量為每小時19200人，則班距應該調整為何？　(A) 6分鐘　(B) 5分鐘　(C) 4分鐘　(D) 3分鐘。

(　　) **18** 有關北捷小碧潭支線營運資訊，下列何者錯誤？
(A)使用三節車廂電聯車組
(B)營運路線終點是大坪林站
(C)小碧潭站是高架車站僅1側月台
(D)沒有轉運列車。

(　　) **19** 旅客從板南線市政府站欲搭乘到大湖公園玩，請問他應該在何站1次轉乘較方便省時？
(A)南京復興站　(B)忠孝新生站
(C)南港展覽館站　(D)南港軟體園區站。

( ) **20** 北捷常客優惠方案，下列何者錯誤？
(A)敬老卡、愛心卡不適用
(B)每次搭乘皆需支付全票票價
(C)累計搭乘30次可享現金回饋15%
(D)回饋金自動加值有效期間為自當月1日起半年內有效。

( ) **21** 台北捷運月台安全設備，下列何者不是？
(A)緊急停車按鈕 (B)月台消防設備
(C)列車入站廣播 (D)緊急對講機。

( ) **22** 有關遺失物經公告招領期滿，無失主前來認領，拾得人之權益及後續處理？
(A)公司會主動通知拾得人於期限內取得其所有權
(B)智慧手機亦會通知拾得人領取
(C)逾保管期滿一律送區里辦公室公益使用
(D)以上皆是。

( ) **23** 台北捷運公司的核心價值，下列何項不是？
(A)正直誠信 (B)永續發展
(C)創新卓越 (D)開放共享。

( ) **24** 北捷高運量系統電聯車技術特性，下列何者正確？
(A)每一列車由2組二節電聯車廂(EMU)所組成
(B)供電系統為第三軌750V直流供電
(C)無人駕駛系統但有配隨車人員監控
(D)每一列車有8組轉向架(bogies)。

( ) **25** 旅客持用車票搭乘捷運，除發生異常事件可歸責捷運公司外，於同一車站進出，經驗票閘門進入至離開付費區之停留最大時限為多久？ (A)2小時 (B)60分鐘 (C)15分鐘 (D)10分鐘。

( ) **26** 有關台北捷運推出常客優惠的票價策略，下列何者正確？
(A)儲值卡每次扣款與單程票相同 (B)搭乘21~30次享折扣8折
(C)使用悠遊卡才享有折扣優惠 (D)敬老愛心卡亦享有常客優惠。

( ) **27** 配合大眾運輸導向的都市發展(TOD)，下列敘述何者錯誤？
(A)以大眾運輸樞紐和車站為核心
(B)捷運站提供充足轉乘停車位
(C)強調高效、混合的土地利用
(D)讓民眾出行更願意使用大眾運輸。

( ) **28** 台北捷運系統中，「黃線」係指？
(A)文湖線 (B)環狀線
(C)淡海輕軌 (D)中和新蘆線。

( ) **29** 下列哪一車站具有同層月台轉車的功能？
(A)東門站 (B)南港展覽館站
(C)民權西路站 (D)大坪林站。

( ) **30** 以下是4位小學生到台北捷運進行校外教學後，將所見所聞上台分享的內容，何者沒有錯誤？
(A)我在搭板南線時，坐在列車上望著藍天白雲，心情十分輕鬆
(B)我利用列車在松山機場站出發往大直站時，從第1節走到第4節車廂去跟班長會合
(C)我在等車時，看到月台上的電視顯示第3節車廂較為擁擠，於是就提醒大家到顯示旅客較少的車廂對應位置候車
(D)我搭板南線到忠孝新生站要轉乘中和新蘆線時發現很方便，下車後走到對面月台等車就行了。

解答與解析（答案標示為#者，表官方曾公告更正該題答案。）

1 (A)。大眾捷運法第50-1條規定，未經許可攜帶經公告之危險或易燃物進入大眾捷運系統路線、場、站或車輛內者，處新臺幣一萬元以上五萬元以下罰鍰。

2 (D)。大眾捷運法第50-1條規定，任意操控站、車設備或妨礙行車、電力或安全系統設備正常運作者，處新臺幣一萬元以上五萬元以下罰鍰。

3 (D)。大眾捷運法第50條規定，妨礙車門、月台門關閉或擅自開啟者，處行為人或駕駛人新臺幣一千五百元以上七千五百元以下罰鍰。

4 (D)。臺北捷運系統旅客須知第26點規定，旅客不得攜帶或乘坐車

輛、代步車、電動車及其他類似動力機具。但領有身心障礙證明（手冊）或其他經本公司許可之旅客，可使用坐乘式輪椅或代步車等行動輔具，以不超過時速5公里速度於車站內通行。

5 **(A)**。臺北捷運比照旅客假日攜帶自行車搭乘捷運方式，試辦於淡水信義線淡水站至中山站（含新北投站）共19個車站，開放旅客攜帶長、寬、高總和小於210公分的寵物車搭乘捷運。飼主須購買「攜帶寵物車單程票」（人車合一、不限里程，每張新台幣80元），並經由公務門進出

6 **(D)**。依「臺北市政府處理違反大眾捷運法第50條及第50-1條裁罰基準」規定，「未經許可在站區銷售物品或為其他商業行為」者，其行為於同一日內被查獲第一次者，處一千五百元罰鍰；其行為於同一日內被查獲第二次以上者，處七千五百元罰鍰。

7 **(C)**。依「臺北市政府處理違反大眾捷運法第50條及第50-1條裁罰基準」規定，旅客「任意操控站、車設備或妨礙行車安全系統正常運作」，其行為造成列車延誤5分鐘以上未滿10分鐘或致設備損害，未立即影響行車安全或公共安全者，處二萬五千元罰鍰。

8 **(B)**。依「臺北市政府處理違反大眾捷運法第50條及第50-1條裁罰基準」規定，旅客於大眾捷運系統禁止飲食區內飲食，嚼食口香糖或檳榔，造成環境髒亂者，處四千五百元罰鍰。

9 **(B)**。大眾捷運法第52條第1項規定，本法所定之罰鍰，由地方主管機關處罰。同條第2項規定，第50條第1項或第50-1條規定之處罰，地方主管機關得委託大眾捷運系統營運機構為之。

10 **(C)**。大眾捷運法第45-1條項規定，「禁建範圍」內除建造其他捷運設施或連通設施或開發建築物外，不得為「廣告物之設置」。

11 **(C)**。大眾捷運法有關營運之規定，除題目(A)(B)(D)所述者外，第27條規定「大眾捷運系統之營運，應以企業方式經營」，並無「政府應給予營運機構補助」之規定。

12 **(B)**。台北捷運系統環狀線第一階段全線皆位於新北市境內，且興建費用除中央政府補助經費外皆由新北市政府支出，依《大眾捷運法》第25條規定，第一階段之所有權人為新北市。然地方主管機關得設立營運機構，新北市政府係第一階段之地方主管機關，台北市政府(捷運工程局)為第一階段之「建設地方主管機關」。

13 **(A)**。依大眾捷運法第50條第1項規定，未經許可在車上或站區內募捐、散發或張貼宣傳品、銷售物品或為其他商業行為者，處行為人新臺幣一千五百元以上七千五百元以下罰鍰。同條第2項規定，有前述情事者，大眾捷運系統站、車人員

得視情節會同警察人員強制其離開站、車或大眾捷運系統區域，其未乘車區間之票款，不予退還。

14 **(D)**。台北捷運公司旅客須知第13條規定，除可歸責於本公司之事由外，旅客持有效車票進入付費區至離開付費區之停留時限規定：不同車站進出，最大時限為一百二十分鐘。

15 **(B)**。文湖線列車營運區間「木柵動物園~南港展覽館」與松山新店線在南京復興站交會轉乘。

16 **(C)**。「臺北捷運系統提供的貼心措施」共有12個項目，其中有一項係「設置對講機」提供服務，但無「借用詢問處電話」服務。

17 **(B)**。60/3＝20(每小時開20班)；
32000/20＝1600(每班車可載人數)
19200/1600＝12(須開班車數)；
60/12＝5(分鐘開一班)

18 **(B)**。北捷小碧潭支線營運路線係由小碧潭站到七張站。。

19 **(C)**。南港展覽館站係台北捷運文湖線及板南線交會處，可直接轉乘。

20 **(D)**。回饋金自動加值有效期間自當月1日零時起，1年內有效。於有效期間內，首次通過捷運閘門即自動加值，超過有效期間均未搭乘捷運，則尚未存入電子錢包之回饋金，將於到期日之翌日零時起失效歸零。

21 **(C)**。台北捷運月台安全設備，除(A)(B)(D)三者外，尚有列車進站警示燈、黃色月台警戒線、排煙閘門手動開關裝置、避難的空間、逃生指示燈、供電軌警示標示、月台門關門警示燈及旅客行車資訊等。

22 **(A)**。經公告招領期滿，無失主前來認領，即由拾得人取得所有權部分，可於台北捷運公司網站查詢，台北捷運公司亦會主動以電話或簡訊方式通知拾得人於期限內取得其所有權。

23 **(B)**。台北捷運公司的核心價值為「正直誠信、團隊合作、創新卓越、開放共享」。

24 **(B)**。台北捷運供電系統之功能是負責將台電公司提供之三相交流電，電壓為161KV高壓電，轉換成電聯車使用之750V直流電力供電。

25 **(C)**。依臺北捷運系統旅客須知規定，旅客持用車票，除因可歸責於本公司之事由外，經驗票閘門進入付費區至離開付費區之停留時限於同一車站進出，最大時限為15分鐘。

26 **(A)**。依臺北捷運系統常客優惠方案規定，持電子票證(含儲值卡)搭乘捷運以全票票價扣款，並於票卡累積搭乘次數及搭乘金額。

27 **(B)**。台灣以公路交通為都市發展主軸之政策，已違反了永續發展的理念，而為求解決這些課題，配合大眾運輸導向的都市發展(TOD)，其成功的關鍵因素就是要以大眾運輸樞紐和車站為核心，強調高效、混合的土地利用及人行步道之都市設計，讓民眾出行更願意使用大眾運輸。

28 **(B)**。黃線係指環狀線(新北產業園區－大坪林)。

29 **(A)**。台北捷運「同層對向轉乘」之車站包括(綠、橘線轉乘)古亭站，(紅、橘線轉乘)東門站，(紅、綠線轉乘)中正紀念堂站及(綠、藍線轉乘)西門站。

30 **(C)**。(A)錯誤，板南線全程為地下段，看不到藍天白雲；(B)錯誤，文湖線4節車廂互不相通；(D)錯誤，「忠孝新生站」並非可以「同層對向轉乘」之車站。

NOTE

111年 臺中捷運公司新進人員

( ) **1** 大眾捷運系統之經營、維護與安全應受主管機關監督；監督實施辦法，由哪一機關定之？
(A)捷運公司 (B)地方主管機關 (C)中央主管機關 (D)營運機構。

( ) **2** 未經許可攜帶經公告之危險或易燃物進入大眾捷運系統路線、場、站或車輛內者，處新臺幣多少罰鍰？
(A)新臺幣一千五百元以上七千五百元以下罰鍰
(B)新臺幣一萬元以上五萬元以下罰鍰
(C)新臺幣五萬元以上十萬元以下罰鍰
(D)新臺幣十萬元以上五十萬元以下罰鍰。

( ) **3** 旅客無票、持用失效車票或冒用不符身分之車票乘車者，除補繳票價外，並支付票價幾倍之違約金？
(A)10倍 (B)20倍 (C)49倍 (D)50倍。

( ) **4** 除可歸責於捷運公司之事由外，旅客持有效車票不同車站進出，進入付費區至離開付費區之停留最大時限為多久？
(A)15分鐘 (B)30分鐘 (C)60分鐘 (D)90分鐘。

( ) **5** 下列何者為非？
(A)大眾捷運系統之營運，應以企業方式經營，旅客運價一律全票收費。如法令另有規定予以優待者，應由其主管機關編列預算補貼之
(B)大眾捷運系統運價率之計算公式，由中央主管機關擬訂，報請行政院核定；變更時亦同
(C)大眾捷運系統之運價，由其營運機構依運價率計算公式擬訂，報請地方主管機關核定後公告實施；變更時亦同
(D)大眾捷運系統營運機構，得經中央主管機關核准兼營其他附屬事業。

( ) **6** 有關旅客攜帶動物進入站區或車廂之規定，以下何者有誤？
(A)應放置於寵物箱、袋或籠中
(B)寵物箱、袋或籠尺寸不受隨身攜帶行李及物品之尺寸限制
(C)需包裝完固，無糞便、液體漏出之虞
(D)動物之頭、尾及四肢均不得露出。

( ) **7** 臺中捷運公司的願景是？ (A)一流捷運、連結幸福 (B)安全、可靠、舒適、便捷 (C)一流捷運，美好臺中 (D)永續經營、世界典範。

( ) **8** 有關台中捷運綠線電聯車的構型，下列何者正確？
(A)每列車6節車廂，每節車廂單側4個車門，鋼輪鋼軌
(B)每列車4節車廂，每節車廂單側3個車門，鋼輪鋼軌
(C)每列車4節車廂，每節車廂單側2個車門，膠輪系統
(D)每列車2節車廂，每節車廂單側5個車門，鋼輪鋼軌。

( ) **9** 有關捷運搭車禮節，下列何者錯誤？
(A)離站警音響起不強行上車
(B)於月台門兩側排隊候車，先上後下
(C)緊握扶手欄杆，避免跌傷
(D)隨身物品不佔位。

( ) **10** 下列何種行為處罰之法源非大眾捷運法？
(A)於禁止飲食區內飲食
(B)於禁止飲食區內吸菸
(C)於禁止飲食區內嚼食口香糖或檳榔
(D)妨礙車門、月台門關閉或擅自開啟

( ) **11** 為了降低噪音與震動對沿線居民的影響，台中捷運綠線採用各項減噪措施，以下何者為非？
(A)長焊鋼軌 (B)浮動式道床 (C)月台門 (D)可動式岔心。

( ) **12** 有關台中捷運綠線路線的敘述，下列何者有誤？
(A)台中捷運綠線總長16.71公里
(B)台中捷運綠線目前共有18個車站
(C)袋形軌設置於文心櫻花站與市政府站間
(D)北屯總站及高鐵臺中站皆為地面車站。

( ) **13** 台中捷運綠線的哪個車站可轉乘台鐵及高鐵？
(A)高鐵台中站 (B)烏日站 (C)松竹站 (D)市政府站。

( ) **14** 下列台中捷運綠線車站中，哪一站採用島式月台設計？
(A)北屯總站 (B)豐樂公園站 (C)高鐵臺中站 (D)文華高中站。

( ) **15** 台中捷運綠線電聯車的動力來源為何？
(A)柴油動力 (B)第三軌直流750伏特
(C)第三軌直流1,500伏特 (D)架空線交流25,000伏特。

( ) **16** 台中捷運的遺失物中心位於哪一站？
(A)市政府站 (B)北屯總站 (C)文心中清站 (D)高鐵臺中站。

( ) **17** 下圖為何種設備？
(A)雙燈號誌機
(B)月台門狀態指示燈
(C)月台人潮指示燈
(D)轉轍器方向指示燈。

( ) **18** 有關臺中捷運發行之24小時旅遊票，請問下列敘述何者有誤？
(A)每張售價150元
(B)票卡不具加值功能且不含押金
(C)票卡啟用後，於當日營運時間內可不限區間、不限次數搭乘臺中捷運
(D)可於車站詢問處購買。

( ) **19** 請問下列哪家票證公司無法於臺中捷運使用？
(A)一卡通 (B)愛金卡 (C)悠遊卡 (D)遠鑫（有錢卡）。

( ) **20** 有關臺中捷運發行之團體票，請問下列敘述何者有誤？
(A)可於車站詢問處購買 (B)車票限發售當日有效
(C)旅客需團進團出 (D)可於前一日預購。

( ) **21** 持各縣市政府發行之敬老愛心卡搭乘臺中捷運享5折優惠折扣，若折扣後不足1元之數值，採下列何者方式計算？
(A)無條件捨去 (B)無條件進位 (C)四捨五入 (D)奇進偶捨。

( ) **22** 請問下列何種車票在臺中捷運不可經由自動閘門進出站？
(A)單程票 (B)台中市敬老愛心卡 (C)台中市兒童卡 (D)團體票。

( ) **23** 有關臺中捷運「捷粉回饋專案」，可透過下列何者設備靠卡感應領取回饋金？
(A)自動閘門（進站時） (B)自動閘門（出站時）
(C)加值售票機 (D)站務員售票機。

( ) **24** 有關臺中捷運車站詢問處發售之單程票，請問下列敘述何者正確？
(A)發售當日營運時間內有效 (B)發售24小時內有效
(C)發售48小時內有效 (D)發售7日內有效。

( ) **25** 旅客持單程票搭乘臺中捷運，若遺失或毀損單程票，需支付單程票工本費，請問工本費費用為何？
(A)30元 (B)40元 (C)50元 (D)100元。

( ) **26** 旅客持電子票證搭乘臺中捷運，10:00北屯總站進站，乘車期間因故需返回，10:20北屯總站出站，應支付何種票價？
(A)10元 (B)20元 (C)30元 (D)40元。

( ) **27** 關於單程票之敬老愛心優待票的敘述，下列何者錯誤？ (A)可於車站詢問處購買 (B)依公告票價之5折收費 (C)可委託他人購買 (D)需出示經政府核發之證件正本。

( ) **28** 下列何者設置於車站付費區與非付費區之間？
(A)查詢機 (B)自動閘門 (C)加值售票機 (D)禁止飲食線。

( ) **29** 有關臺中捷運的自動收費系統，下列敘述何者錯誤？
(A)自動閘門採用伸縮門檔
(B)自動閘門以自動驗證方式管制旅客進出
(C)查詢機提供票證公司票卡6筆交易紀錄之查詢服務
(D)加值售票機於加值功能提供找零服務。

(　　) **30** 有關單程票退票之規定，下列敘述何者正確？
(A)使用後仍可退票
(B)未使用限購買當日辦理退票
(C)未使用限購買7日內辦理退票
(D)購買後不可退票。

解答與解析（答案標示為#者，表官方曾公告更正該題答案。）

1 **(C)**。依大眾捷運法第34條規定，大眾捷運系統之經營、維護與安全應受主管機關監督；監督實施辦法，由中央主管機關定之。

2 **(B)**。依大眾捷運法第50-1條規定，經許可攜帶經公告之危險或易燃物進入大眾捷運系統路線、場、站或車輛內者，處新臺幣一萬元以上五萬元以下罰鍰。

3 **(D)**。依大眾捷運法第49條規定，旅客無票、持用失效車票或冒用不符身分之車票乘車者，除補繳票價外，並支付票價50倍之違約金。

4 **(D)**。依台中捷運旅客須知第13條規定，除可歸責於捷運公司之事由外，旅客持有效車票進入付費區至離開付費區之停留時限規定，不同車站進出，最大時限為90分鐘；同車站進出，最大時限為15分鐘。

5 **(D)**。依大眾捷運法第37條規定，大眾捷運系統營運機構，得經「地方主管機關」核准兼營其他附屬事業。

6 **(B)**。依台中捷運旅客須知第30條規定，旅客攜帶動物進入站區或車廂，應依第29條尺寸規定(每件長度不得超過165公分，長、寬、高之和不得超過220公分)安置於寵物箱、袋或籠內，且包裝完固，無糞便、液體漏出之虞，動物之頭、尾及四肢均不得露出。

7 **(A)**。臺中捷運公司之願景為「一流捷運、連結幸福」。

8 **(D)**。台中捷運綠線電聯車的構型為：每列車2節車廂，每節車廂單側5個車門，鋼輪鋼軌。

9 **(B)**。捷運搭車禮節為「於月台門兩側排隊候車，先下後上」。

10 **(B)**。題目選項(A)(C)(D)所敘述之情形，係依《大眾捷運法》第50條之規定，處行為人或駕駛人新臺幣一千五百元以上七千五百元以下罰鍰。該條文並無(B)所述情形之處罰。

11 **(C)**。「月台門」係火車站或捷運站設置於月台邊緣之障礙，用以分隔開月台和軌道，其功用係在避免乘客意外墮軌或蓄意跳軌，改善安全，減少意外風險，它並非屬減噪的措施。

12 (C)。台中捷運綠線在「市政府站～水安宮站」間有設置袋狀軌，由列車末端可以看到。

13 (A)。台中捷運路線綠線從北屯開始，順著文心路，一路延伸到南邊的高鐵站，除了底站「高鐵台中站/新烏日站」可以直接轉乘高鐵及臺鐵外，途中的烏日、大慶和松竹站，都可以轉乘臺鐵。

14 (C)。島式月台是指軌道在兩側，月台在中央，兩月台共用。台北捷運大部分高運量車站以及部分文湖線車站屬之。此種月台車站最適合當起訖站。

15 (B)。第三軌受電電壓為直流750伏特供電，它是電氣化鐵路的供電形式之一，該供電系統不同於鐵道運輸中架設輸電網的模式，可減少軌道上方空間及兩側空間的占用。

16 (C)。台中捷運之遺失物中心位於文心中清站。

17 (B)。月台門狀態指示燈位於月台門前後兩端，用以確認月台門開啟與關閉狀態。

18 (C)。臺中捷運發行之24小時旅遊票，可自行至車站驗票閘門感應啟用，自首次刷卡進站之時間起計連續24/48小時內，於營運時間內，可不限次數、不限里程搭乘，每次搭乘限1人使用。

19 (D)。遠東集團旗下遠鑫電子票證，業經主管機關核准，終止電子票證(有錢卡)業務，因此現在只有悠遊卡、一卡通、愛金卡（icash）三家電子票證可在臺中捷運使用。

20 (D)。臺中捷運發行之團體票，可於車站詢問處購買，車票限發售當日有效，須旅客(10人以上)團進團出。

21 (A)。各縣市政府發行之敬老愛心卡搭乘臺中捷運享5折優惠折扣，若折扣後不足1元之數值，無條件捨去。

22 (D)。臺中捷運之團體票，旅客須團進團出者，由公務門進出車站。

23 (C)。臺中捷運「捷粉回饋專案」，可透過「加值售票機」靠卡感應領取回饋金。

24 (A)。臺中捷運車站詢問處發售的單程票，於發售當日營運時間內有效，逾期作費。

25 (C)。旅客持單程票搭乘臺中捷運，若遺失或毀損單程票，需支付單程票工本費50元。

26 (D)。《臺中捷運系統旅客須知》第13條規定，除可歸責於本公司之事由外，旅客持有效車票進入付費區至離開付費區之停留時限，如係「同車站進出，最大時限為15分鐘。」所以必須支付40元。

27 (C)。旅客購買單程票的敬老愛心優待票，須出示經政府核發之證件正本，所以無法委託他人購買。

28 (B)。捷運系統的自動閘門設置於車站付費區與非付費區之間。

29 (D)。捷運之自動收費系統並未在加值功能中提供旅客找零服務。

30 (B)。《臺中捷運系統旅客須知》第19條規定，未使用且狀態正常之單程票限於「購買當日」辦理退費，其他票種依本公司公告及相關規定辦理。

NOTE

一試就中，升任各大
國民營企業機構
高分必備，推薦用書

共同科目

2B811111	國文	高朋・尚榜	560元
2B821121	英文	劉似蓉	650元
2B331121	國文(論文寫作)	黃淑真・陳麗玲	近期出版

專業科目

2B031091	經濟學	王志成	590元
2B041121	大眾捷運概論（含捷運系統概論、大眾運輸規劃及管理、大眾捷運法	陳金城	560元
2B061101	機械力學(含應用力學及材料力學)重點統整＋高分題庫	林柏超	430元
2B071111	國際貿易實務重點整理+試題演練二合一奪分寶典	吳怡萱	560元
2B081111	絕對高分! 企業管理(含企業概論、管理學)	高芬	650元
2B111081	台電新進雇員配電線路類超強4合1	千華名師群	650元
2B121081	財務管理	周良、卓凡	390元
2B131101	機械常識	林柏超	530元
2B161121	計算機概論(含網路概論)	蔡穎、茆政吉	590元
2B171101	主題式電工原理精選題庫	陸冠奇	470元
2B181111	電腦常識(含概論)	蔡穎	470元
2B191101	電子學	陳震	530元
2B201091	數理邏輯(邏輯推理)	千華編委會	430元

2B211101	計算機概論(含網路概論)重點整理+試題演練	哥爾	460元
2B311111	企業管理(含企業概論、管理學)棒！bonding	張恆	610元
2B321101	人力資源管理(含概要)	陳月娥、周毓敏	550元
2B351101	行銷學(適用行銷管理、行銷管理學)	陳金城	550元
2B421121	流體力學（機械）·工程力學（材料）精要解析	邱寬厚	650元
2B491111	基本電學致勝攻略	陳新	650元
2B501111	工程力學(含應用力學、材料力學)	祝裕	630元
2B581111	機械設計(含概要)	祝裕	580元
2B661121	機械原理(含概要與大意)奪分寶典	祝裕	近期出版
2B671101	機械製造學(含概要、大意)	張千易、陳正棋	570元
2B691111	電工機械(電機機械)致勝攻略	鄭祥瑞	570元
2B701111	一書搞定機械力學概要	祝裕	630元
2B741091	機械原理(含概要、大意)實力養成	周家輔	570元
2B751111	會計學(包含國際會計準則IFRS)	歐欣亞、陳智音	550元
2B831081	企業管理(適用管理概論)	陳金城	610元
2B841111	政府採購法10日速成	王俊英	530元
2B851111	8堂政府採購法必修課：法規+實務一本go！	李昀	460元
2B871091	企業概論與管理學	陳金城	610元
2B881111	法學緒論大全(包括法律常識)	成宜	650元
2B911111	普通物理實力養成	曾禹童	590元
2B921101	普通化學實力養成	陳名	530元
2B951101	企業管理(適用管理概論)滿分必殺絕技	楊均	600元

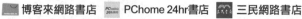

以上定價，以正式出版書籍封底之標價為準

學習方法 系列

如何有效率地準備並順利上榜，學習方法正是關鍵！

江湖流傳已久的必勝寶典

國考救星 王永彰

九個月上榜 的驚人歷程	十餘年的 輔導考生經驗	上榜率 高達 95%

國考救星 · 讓考科從夢魘變成勝出關鍵
地表最狂 · 前輩跟著學都上榜了
輔導考生上榜率高達 95%
國考 YouTuber 王永彰精心編撰

作者公開九個月就考取的驚人上榜歷程，及長達十餘年的輔導考生經驗，所有國考生想得到的問題，都已收錄在這本《國考聖經》中。希望讓更多考生朋友，能站在一個可以考上的角度來思考如何投入心力去準備。

作者線上分享

網路書店

國考網紅 Youtuber 開心公主

首本著作

榮登博客來排行第 7 名
金石堂排行第 10 名

初考、普考、高考 連連上榜秘訣大公開

挑戰國考前必看的一本書

作者線上分享

開心公主以淺白的方式介紹國家考試與豐富的應試經驗，與你無私、毫無保留分享擬定考場戰略的秘訣，內容囊括申論題、選擇題的破解方法，以及獲取高分的小撇步等，讓你能比其他人掌握考場先機！

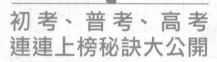

後防疫時代「學習」新提案
千華棒學校
歡迎參加0元體驗課程
導遊實務
發展觀光

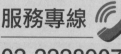

國家圖書館出版品預行編目(CIP)資料

(捷運招考)大眾捷運概論(含捷運系統概論、大眾運輸規劃及管理、大眾捷運法及相關捷運法規)/白崑成編著. -- 第四版. -- 新北市 : 千華數位文化股份有限公司, 2022.09

面； 公分

ISBN 978-626-337-282-5(平裝)

1.CST: 大眾捷運系統

557.85 111012945

[捷運招考]

大眾捷運概論
(含捷運系統概論、大眾運輸規劃及管理、大眾捷運法及相關捷運法規)

編 著 者：白 崑 成

發 行 人：廖 雪 鳳
登 記 證：行政院新聞局局版台業字第 3388 號
出 版 者：千華數位文化股份有限公司
地址／新北市中和區中山路三段 136 巷 10 弄 17 號
電話／(02)2228-9070　傳真／(02)2228-9076
郵撥／第 19924628 號　千華數位文化公司帳戶
千華公職資訊網：http://www.chienhua.com.tw
千華網路書店：http://www.chienhua.com.tw/bookstore
網路客服信箱：chienhua@chienhua.com.tw

法律顧問：永然聯合法律事務所
編輯經理：甯開遠
主　　編：甯開遠
執行編輯：廖信凱
校　　對：千華資深編輯群
排版主任：陳春花
排　　版：蕭韻秀

出版日期：2022 年 9 月 5 日　　第四版／第一刷

本書如有勘誤或其他補充資料，
將刊於千華公職資訊網　http://www.chienhua.com.tw
歡迎上網下載。

【捷運招考】

大眾捷運概論

(含捷運系統概論、大眾運輸規劃及管理、大眾捷運法及相關捷運法規)

編 著 者：白崑成

發 行 人：廖雪鳳
登 記 證：行政院新聞局局版台業字第 3388 號
出 版 者：千華數位文化股份有限公司
地址／新北市中和區中山路三段 136 巷 10 弄 17 號
電話／(02)2228-9070　傳真／(02)2228-9076
郵撥／第 19924628 號　千華數位文化公司帳戶
千華公職資訊網：http://www.chienhua.com.tw
千華網路書店：http://www.chienhua.com.tw/bookstore
網路客服信箱：chienhua@chienhua.com.tw

法律顧問：永然聯合法律事務所
編輯經理：甯開遠
主　　編：甯開遠
執行編輯：廖信凱
校　　對：千華資深編輯群
排版主任：陳春花
排　　版：蕭韻秀

出版日期：2022 年 9 月 5 日　第四版／第一刷